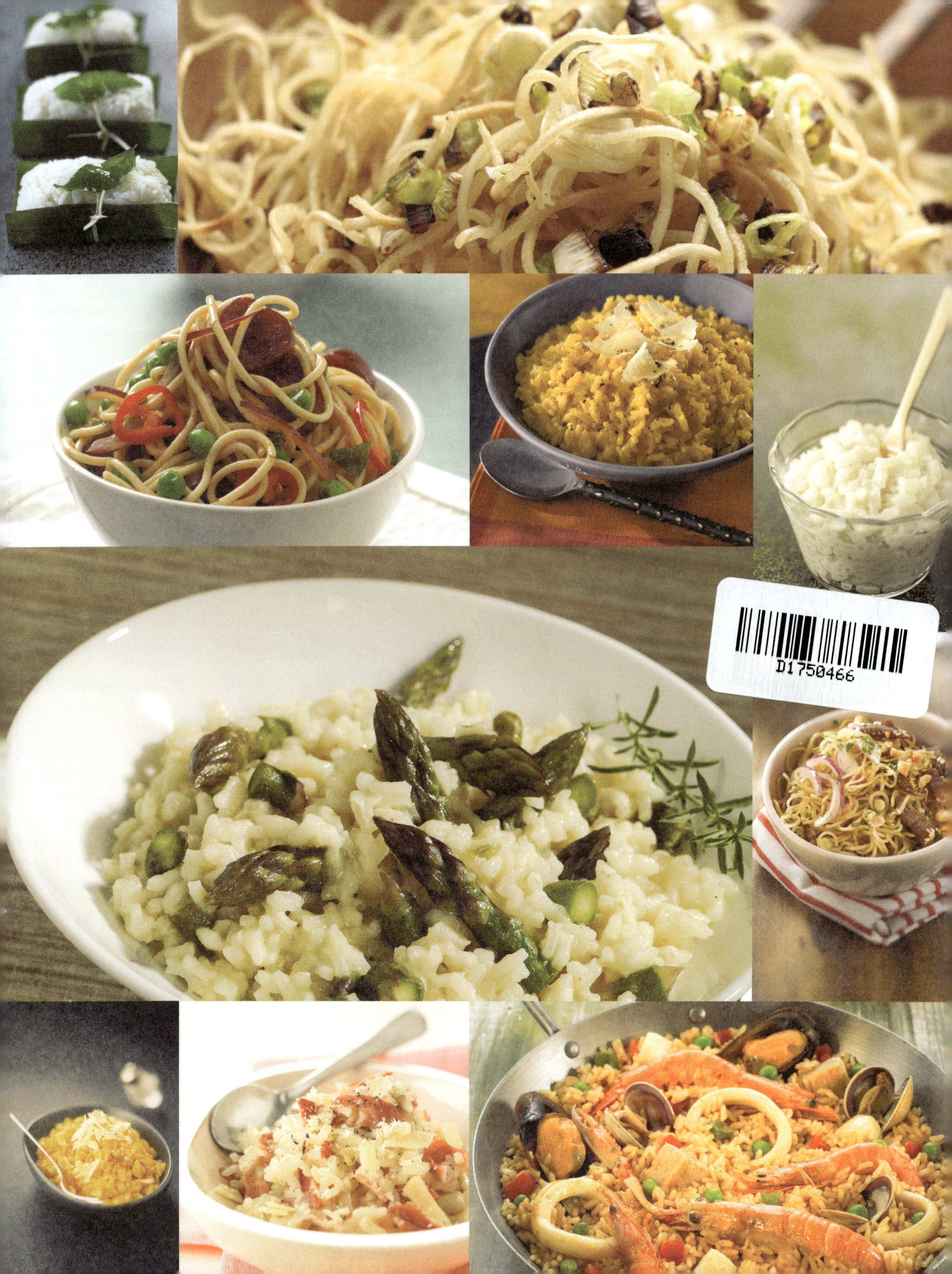

1000 Rezepte
Die Küchenbibel

igloobooks

igloobooks

Deutsche Erstausgabe 2013
Igloo Books Ltd
Cottage Farm
Sywell
NN6 0BJ

Copyright© 2013 Igloo Books Ltd

Alle Rechte vorbehalten. Die vollständige oder auszugsweise Speicherung, Vervielfältigung oder Übertragung dieses Werkes, ob elektronisch, mechanisch, durch Fotokopie oder Aufzeichnung, ist ohne vorherige Genehmigung des Rechteinhabers urheberrechtlich untersagt.

LEO002 0913
10 9 8 7 6 5 4 3 2 1
ISBN 978-1-78197-118-5

Foodfotografie und Rezeptentwicklung: PhotoCuisine UK
Coverbilder © PhotoCuisine UK

Übersetzung Susanne Müller für Print Company, Wien

Gedruckt und hergestellt in China

1000 Rezepte
Die Küchenbibel

INHALT

EIER	5	VOM LAMM	154
SAUCEN, DRESSINGS & FONDS	22	GEFLÜGEL	168
		FISCH & KRUSTENTIERE	182
SUPPEN	36	SÜSSE DESSERTS	198
PASTA	50	KUCHEN & TORTEN	214
REIS & NUDELN	66	SÜSSE KLEINIGKEITEN	230
KARTOFFELN	80	TEIGWAREN SÜSS & SALZIG	248
GEMÜSE	96		
SALATE	110	BROT & GEBÄCK	264
VOM RIND	124	EINGEMACHTES	282
VOM SCHWEIN	138	REGISTER	298

EIER

1 — 16 STÜCK

Pfannkuchen mit Schokoladensauce

VORBEREITUNG: 25 MINUTEN
KOCHZEIT: 20 MINUTEN

ZUTATEN

225 g Mehl (Type 550)
2 TL Backpulver
1 TL Zucker
1 Prise Salz
300 ml Milch
2 Eier
1 TL Vanille-Aroma
Öl für die Pfanne
tiefgefrorene gemischte Beeren, z. B. Heidelbeeren, Himbeeren, Erdbeeren

FÜR DIE SCHOKOSAUCE

1 Glas Haselnusscreme (200 g)
100 g Sahne

- In einer Schüssel Mehl mit Backpulver, Zucker und Salz vermischen.
- Milch, Eier und Vanille-Aroma verquirlen.
- Die Milchmischung unter die trockenen Zutaten heben und alles zu einer glatten, dickflüssigen Masse verrühren, dann 15 Minuten ruhen lassen.
- Eine dünne Schicht Öl in der Pfanne erhitzen, dann einen großen Schöpfer Teigmasse darin zu einem Kreis von 15 cm Durchmesser verteilen. Backen, bis sich an der Oberfläche Blasen bilden, dann wenden und weitere 1–2 Minuten backen.
- Aus der Pfanne nehmen und warm halten, mit der übrigen Masse ebenso verfahren.
- Für die Schokosauce Haselnusscreme und Sahne in einer kleinen Kasserolle erhitzen. Sauce und kurz erwärmte Beeren zu den Pfannkuchen reichen.

2 — Pfannkuchen mit Schoko-Cointreau-Sauce

- 2 EL Cointreau oder Orangenlikör zusammen mit Haselnusscreme und Sahne erhitzen.

3 — 4 PERSONEN

Rührei-Toast

VORBEREITUNG: 5 MINUTEN
KOCHZEIT: 8 MINUTEN

ZUTATEN

4 Brötchen oder Toasties, quer halbiert
6 Eier
40 g Butter
6 TL Sahne
Salz und Pfeffer

- Eier in eine Schüssel schlagen und leicht verquirlen.
- Den Großteil der Butter in einer Kasserolle zerlassen. Wenn sie schaumig ist, die Eier unterrühren.
- Bei niedriger Hitze unter ständigem Rühren garen, bis das Ei stockt, aber noch Flüssigkeit übrig ist.
- Sahne unterrühren und mit Salz und Pfeffer abschmecken.
- Auf den gerösteten Brötchen sofort servieren.

4 — Kräuter-Rührei-Toast

- Mit der Sahne ½ Bund gehackten Schnittlauch oder Kerbel unterrühren.

EIER

5 | 4 PERSONEN
Schinken-Tomaten-Omelett

- Öl in einer großen Bratpfanne erhitzen und die Tomaten darin einige Sekunden anbraten.
- Die verquirlten Eier mit Salz und Pfeffer abschmecken, in die Pfanne gießen und die Masse in der Pfanne schwenken.
- Omelett mit Schinkenstreifen belegen und mit Schnittlauch bestreuen.
- Die Pfanne 5–6 Minuten in den Backofengrill stellen, bis die Masse sich setzt. Achtung, das Omelett verbrennt leicht!
- Etwas abkühlen lassen und in Tortenstücke geschnitten servieren.

VORBEREITUNG: 5 MINUTEN
KOCHZEIT: 8 MINUTEN

ZUTATEN

1 EL Olivenöl
3 Scheiben Schinken in Streifen
6 Eier, leicht verquirlt
Salz und Pfeffer
8 Kirschtomaten, halbiert
1 Bund Schnittlauch, gehackt

Schinken-Omelett mit Pilzen | 6

- Statt der Tomaten 8 Champignons vierteln und in der Pfanne 5 Minuten garen, dann Eier hinzugeben.

7 | 4 PERSONEN
Schottische Eier

- In einer Kasserolle Wasser zum Köcheln bringen und 4 Eier darin 1 Minute garen. Dann zudecken, vom Herd nehmen und genau 5 Minuten ziehen lassen.
- Abkühlen lassen.
- Fleisch mit Kräutern, Salz und Pfeffer würzen, Senf zugeben und gut verrühren. In vier Portionen teilen.
- Die gekochten Eier schälen. Verquirlte Eier, Mehl und Semmelbrösel in je einen tiefen Teller füllen.
- Ein Viertel der Fleischmasse auf ein Stück Frischhaltefolie legen und mit einer zweiten Folie bedecken, dann groß genug ausrollen, um ein gekochtes Ei damit zu umhüllen.
- Jedes Ei zuerst in Mehl wälzen, in die Mitte der Fleischmasse setzen und zu einer Kugel formen. Dann in Mehl, den verquirlten Eiern und den Semmelbröseln wälzen.
- Öl in einer Pfanne erhitzen und je 2 Eier 6–7 Minuten knusprig goldbraun braten.

VORBEREITUNG: 25 MINUTEN
KOCHZEIT: 6–7 MINUTEN

ZUTATEN

4 Eier + 2 Eier, verquirlt
200 g Wurstbrät
200 g Schweinehackfleisch
1 EL Petersilie, fein gehackt
½ EL Salbei, fein gehackt
½ TL Mazis (Muskatblüte), gemahlen
1 EL Ganzkorn- oder Dijon-Senf (nach Belieben)
2 EL Mehl (Type 550)
100 g Semmelbrösel, gemischt mit
1 Prise Cayennepfeffer
Öl für die Pfanne

Schottische Eier mit Blutwurst | 8

- Für eine herzhafte Alternative das Schweinehackfleisch durch die gleiche Menge Blutwurst ersetzen.

9 | 4 PERSONEN | Tortilla mit Tomaten, Koriander und Feta

VORBEREITUNG: 30 MINUTEN
KOCHZEIT: 30 MINUTEN

ZUTATEN

6 Eier
1 EL Crème fraîche
8 Kirschtomaten, halbiert
100 g Feta, gewürfelt
6 Zweige Koriandergrün, gehackt
Olivenöl
Salz und Pfeffer

- Backofen auf 180 °C (Umluft 160 °C) vorheizen.
- In einer großen Schüssel Eier mit Creme fraîche verrühren.
- Tomaten, Feta, Koriander sowie Salz und Pfeffer zugeben und alles gut verrühren.
- Eine große Bratpfanne mit Öl ausstreichen, die Eiermischung hineingießen und etwa 35 Minuten im Backofen garen, bis die Tortilla aufgeht und bräunt. Die Eiermischung soll gar sein.
- Die Tortilla vierteln und warm oder kalt servieren.

Tortilla mit Kirschtomaten, Petersilie und Ziegenkäse | 10

- Den Feta durch Ziegenkäse und den Koriander durch Petersilie ersetzen.

11 | 4 PERSONEN | Eier Benedict

VORBEREITUNG: 10 MINUTEN
KOCHZEIT: 3–5 MINUTEN

ZUTATEN

4 Eier
4 dicke Scheiben Schinken
4 Brötchen oder Toasties
30 g Butter

FÜR DIE SAUCE HOLLANDAISE
175 g Butter
1 EL Weißweinessig
2 EL Zitronensaft
3 Eigelb
1 Prise Salz

- Butter in einer Kasserolle zerlassen. In einer weiteren Kasserolle Essig und Zitronensaft zum Kochen bringen.
- Eigelb mit Salz in der Küchenmaschine kurz mixen, dann die noch flüssige Mischung nach und nach unter die Essigmischung heben.
- Sehr langsam die zerlassene Butter zugeben, bis sich alles zu einer Sauce verbindet. In einer Schüssel über kochendem Wasser warm halten.
- Inzwischen die Eier in knapp siedendem Wasser etwa 3 Minuten pochieren, sodass das Eigelb noch flüssig ist. Auf Küchenpapier abtropfen lassen.
- Die Brötchen quer halbieren und die Schnittflächen kurz anrösten, dann mit Butter bestreichen.
- Die Brötchenhälften auf einem Teller anrichten und mit Schinkenscheiben belegen.
- Je ein pochiertes Ei darauflegen und mit Sauce Hollandaise garnieren.

Eier Benedict mit Brunnenkresse | 12

- Für eine würzige Note eine kleine Packung Brunnenkresse in etwas Butter garen, bis sie zusammenfällt, und den Schinken damit belegen.

EIER

Florentinische Eier mit Sauce Mornay

13 · 4 PERSONEN

Florentinische Eier mit Tomatensauce

14

- Statt der Sauce Mornay eine Dose Tomatenwürfel köcheln lassen, bis sie eindickt, salzen und pfeffern und die Eier damit übergießen.

Florentinische Eier mit Speck

15

- Zwei Scheiben durchwachsenen Speck in die Pfanne legen, dann Spinat zugeben und andünsten.

Florentinische Eier mit Ofenchampignons

16

- Kohlenhydratarme Alternative: Servieren Sie Spinat und Ei auf einem gebutterten, ofengebratenen Wiesenchampignon.

VORBEREITUNG: 5 MINUTEN

KOCHZEIT: 8 MINUTEN

ZUTATEN

2 Handvoll Blattspinat
1 EL Butter
4 Eier
4 Scheiben Brot, geröstet

FÜR DIE SAUCE MORNAY

150 ml Milch
150 g Sahne
1 TL Dijon-Senf
1 EL Mehl (Type 550)
1½ EL Butter
50 g geriebener Käse (z. B. Cheddar)
1 EL Parmesan, gerieben
½ Bund Petersilie, gehackt
ein Spritzer Zitronensaft
Salz und Pfeffer

- Für die Sauce Mornay in einer Kasserolle Milch mit Sahne, Senf, Mehl und Butter bei mittlerer Hitze glatt und dickflüssig rühren.
- Käse unterrühren, bis er geschmolzen ist, dann die Sauce bei niedriger Hitze etwa 5 Minuten weitergaren lassen, bis sich das Mehl auflöst.
- Petersilie zugeben, mit Salz und Pfeffer abschmecken und warm halten.
- Eier in knapp siedendem Wasser etwa 3 Minuten pochieren, sodass das Eigelb noch fast flüssig ist. Auf Küchenpapier abtropfen lassen.
- Den Spinat in einer Kasserolle andünsten, bis er zusammenfällt. Überschüssige Flüssigkeit ausdrücken, zurück in den Topf geben und die Butter unterrühren, bis sie schmilzt.
- Brot rösten und mit Spinat belegen. Je ein Ei darauflegen und die Sauce Mornay darüber verteilen.

17 — Spiegelei mit Champignons
4 PERSONEN

Spiegelei mit Kräutern — 18
- Wer es würzig mag, bestreut das Spiegelei vor dem Servieren mit gehacktem Estragon.

Spiegelei mit Schinken — 19
- Die Auflaufform mit einer dicken Scheibe Schinken auslegen, dann das Ei hineinschlagen.

Knoblauch-Spiegelei — 20
- 1 Knoblauchzehe fein hacken und die Spiegeleier damit bestreuen.

VORBEREITUNG: 10 MINUTEN
KOCHZEIT: 15 MINUTEN

ZUTATEN
60 g zerlassene Butter
100 g Champignons in feinen Scheiben
4 Eier
Salz und Pfeffer

- Backofen auf 190 °C (Umluft 170 °C) vorheizen.
- Butter in einer Kasserolle zerlassen und die Champignons darin portionsweise goldbraun braten.
- 4 kleine Auflaufformen mit Butter ausstreichen und je 1 Ei hineinschlagen.
- Die Champignonscheiben auf den Spiegeleiern verteilen und mit etwas Butter übergießen. Mit Salz und Pfeffer abschmecken.
- Die Förmchen auf ein hohes Backblech oder in eine Backform stellen und die Form halbhoch mit Wasser füllen. Im Backofen 15 Minuten garen, bis die Eier stocken.

EIER

21 — Pochierte Eier mit Sauce Aurore
4 PERSONEN

- Butter in einer Kasserolle zerlassen und mit Mehl zu einer dicken Paste verrühren.
- Fond zugießen und alles zu einer glatten, dickflüssigen Masse verrühren. Bei sehr niedriger Hitze etwa 10 Minuten garen.
- Tomatenmark, Crème fraîche und Schnittlauch zugeben und mit Salz und Pfeffer abschmecken. Warmhalten.
- Die Eier in knapp siedendem Wasser etwa 3 Minuten pochieren, sodass das Eigelb noch fast flüssig ist. Auf Küchenpapier abtropfen lassen.
- Zum Servieren die Eier mit der Sauce übergießen.

VORBEREITUNG: 5 MINUTEN
KOCHZEIT: 18 MINUTEN

ZUTATEN
FÜR DIE SAUCE AURORE
1 EL Butter
1 EL Mehl (Type 550)
300 ml Hühner- oder Gemüsefond
2 EL Tomatenmark
2 EL Crème fraîche
½ Bund Schnittlauch, fein gehackt
Salz und Pfeffer
4 Eier

Pochierte Eier mit Tomaten — 22
- Eine Dose Tomatenwürfel mit Salz, Pfeffer und einem Zweig Rosmarin würzen und köcheln lassen, bis die Mischung eindickt, dann die Eier damit übergießen.

23 — Rührei auf Toast
4 PERSONEN

- Eier in eine Schüssel schlagen und leicht verquirlen.
- Den Großteil der Butter in einer Kasserolle zerlassen, dann die Eiermischung einrühren.
- Bei niedriger Hitze unter häufigem Rühren mit einem Holzlöffel garen, bis das Ei stockt, aber noch nicht ganz fest ist.
- Sahne und Schnittlauch unterrühren und mit Salz und Pfeffer abschmecken.
- Auf getoastetem Brot sofort servieren.

VORBEREITUNG: 5 MINUTEN
KOCHZEIT: 8 MINUTEN

ZUTATEN
6 Eier
40 g Butter
6 TL Sahne
Salz und Pfeffer
1 EL Schnittlauch, gehackt
4 dicke Scheiben Weißbrot, getoastet und mit Butter bestrichen

Rührei de luxe — 24
- Wenn das Ei stockt, einige Scheiben fein geschnittenen Räucherlachs zugeben.

25 — 4 PERSONEN
Gefüllte Tomaten

VORBEREITUNG: 10 MINUTEN
KOCHZEIT: 10–15 MINUTEN

ZUTATEN

6 Eier, leicht verquirlt
40 g Butter
6 TL Sahne
Salz und Pfeffer
1 EL Petersilie, gehackt
4 große Tomaten

- Backofen auf 200 °C (Umluft 180 °C) vorheizen.
- Den Großteil der Butter in einer Kasserolle zerlassen, dann die verquirlten Eier einrühren.
- Bei niedriger Hitze mit einem Holzlöffel gleichmäßig rühren und wenden, bis sie halb gar, aber noch nicht fest sind.
- Sahne und Petersilie unterrühren, mit Salz und Pfeffer abschmecken.
- Von den Tomaten den Stielansatz abschneiden, Tomaten aushöhlen und das Rührei in die Vertiefung füllen.
- Die gefüllten Tomaten in eine Auflaufform geben und im Backofen 10–15 Minuten weich garen.

Gefüllte Tomaten mit Champignons — 26

- 6 gehackte Champignons in der zerlassenen Butter anbraten, dann die Eier zugeben.

27 — 4 PERSONEN
Gebackener Vanillepudding

VORBEREITUNG: 10 MINUTEN
KOCHZEIT: 50–60 MINUTEN

ZUTATEN

500 ml Milch
1 TL Vanille-Aroma
40 g Zucker
3 Eier, leicht verquirlt
¼ TL frisch geriebene Muskatnuss

- Backofen auf 180 °C (Umluft 160 °C) vorheizen.
- Milch und Vanille in einer Kasserolle erwärmen, bis die Milch fast kocht, dann eine Minute abkühlen lassen.
- Inzwischen Eier und Zucker verquirlen.
- Die Vanillemilch über die Zucker-Ei-Mischung gießen und alles mit dem Schneebesen zu einer glatten, dickflüssigen Masse schlagen.
- Eine ofenfeste Backform (ca. 500 ml) buttern und die Eimasse hineinfüllen. Im Ofen 50–60 Minuten backen, bis die Masse fest wird.
- Mit frisch geriebener Muskatnuss bestreut servieren.

Rosenpudding — 28

- Vor dem Backen 2 Tropfen Rosenwasser in die Eiermischung geben.

EIER

29 · 6 PERSONEN
Frittata mit Zucchini, Tomaten und Feta

- Backofen auf 180 °C (Umluft 160 °C) vorheizen.
- Eier und Crème fraîche in einer großen Schüssel schaumig schlagen.
- Zucchiniwürfel, Tomaten, Feta und Thymian untermengen, salzen und pfeffern. Gut verrühren.
- Eine große Bratpfanne mit Öl ausstreichen, die Eiermischung hineingießen und im Backofen etwa 35 Minuten backen, bis sie goldbraun ist und aufgeht. Das Ei sollte gar sein.
- In Würfel geschnitten warm oder kalt servieren.

VORBEREITUNG: 30 MINUTEN
KOCHZEIT: 35 MINUTEN

ZUTATEN

8 Eier
1 EL Crème fraîche
2 Zucchini, fein gewürfelt
1 Handvoll getrocknete Tomaten, fein gehackt
100 g Feta, gewürfelt
6 Zweige Thymian
Olivenöl
Salz und Pfeffer

Frittata mit Zucchini, Tomaten und Taleggio-Käse — 30

- Eine zartschmelzende Frittata erhalten Sie, wenn Sie den Feta durch Taleggio ersetzen.

31 · 6 PERSONEN
Frittata mit grünem Spargel

- Backofen auf 180 °C (Umluft 160 °C) vorheizen.
- Eier und Crème fraîche in einer großen Schüssel schaumig schlagen.
- Von den Spargelstangen die holzigen Enden entfernen, die Spargel in mundgerechte Stücke schneiden.
- Die Zwiebelringe bei niedriger Hitze in 2 EL Olivenöl etwa 20 Minuten goldbraun braten.
- Die Eiermischung zugießen, Spargel zugeben und gleichmäßig verteilen.
- Die Frittata 35 Minuten backen, bis sie goldbraun ist und aufgeht. Das Ei sollte gar sein.
- In Würfel geschnitten warm oder kalt servieren.

VORBEREITUNG: 30 MINUTEN
KOCHZEIT: 35 MINUTEN

ZUTATEN

8 Eier
1 EL Crème fraîche
1 Bund grüne Spargel
1 Zwiebel, geschält und in Ringen
Olivenöl
Salz und Pfeffer

Frittata mit Spargel und Schinken — 32

- 2 klein geschnittene Scheiben Schinken zur Eiermischung in die Pfanne geben. Ihre Würze passt gut zum süßlichen Spargel.

13

Omelett mit Zwiebel und Minze

33 · 4 PERSONEN

VORBEREITUNG: 5 MINUTEN
KOCHZEIT: 8 MINUTEN

ZUTATEN

1 EL Olivenöl
1 EL Butter
1 Zwiebel, in feinen Ringen
4 Eier
Salz und Pfeffer
½ Bund frische Minze, fein gehackt

- Öl und Butter in einer großen Bratpfanne erhitzen und die Zwiebel darin langsam goldbraun rösten.
- Inzwischen die Eier in eine Schüssel schlagen und leicht verquirlen. Die Eiermasse in die Pfanne gießen und gleichmäßig auf dem Pfannenboden verteilen.
- Wenn das Omelett fast gar ist, mit Minze bestreuen und kurz im vorgeheizten Backofen bei Grillfunktion fertig garen.
- Aus der Pfanne nehmen und gleich servieren.

Omelett mit Zwiebel und Petersilie — 34

- Die Minze durch Petersilie ersetzen und mit 1 fein gehackten Knoblauchzehe ergänzen.

Omelett mit roter Zwiebel — 35

- Rote statt weiße Zwiebel sorgt für eine süßliche Note.

Zwiebel-Käse-Omelett — 36

- Statt mit Minze mit 50 g geriebenem Gruyère oder anderem würzigem Käse bestreuen, dann fertig grillen.

EIER

37 — 6 PERSONEN
Frühstücks-Frittata

- Backofen auf 180 °C (Umluft 160 °C) vorheizen.
- Eier und Crème fraîche in einer großen Schüssel schaumig rühren.
- Öl in einer Pfanne erhitzen und Wurstwürfel und Speck darin goldbraun anbraten.
- Champignons zugeben und kurz mitbraten, bis die Flüssigkeit vollständig verdampft ist, dann die Tomaten zugeben.
- Die Eiermischung zugeben und schwenken.
- Die Frittata 35 Minuten backen, bis sie goldbraun ist und aufgeht. Das Ei sollte gar sein.
- In Stücke schneiden und warm oder kalt servieren.

VORBEREITUNG: 15 MINUTEN
KOCHZEIT: 35 MINUTEN

ZUTATEN
8 Eier
1 EL Crème fraîche
2 EL Olivenöl
4 hochwertige Schweinewürstchen, die Haut entfernt und das Fleisch klein gewürfelt
4 Streifen durchwachsener Räucherspeck, gehackt
100 g Champignons, grob in Scheiben geschnitten
12 Kirschtomaten, geviertelt
½ Bund Petersilie, gehackt
Salz und Pfeffer

38 — Frühstücks-Frittata mit Blutwurst
- Wer es besonders herzhaft mag, gibt zusätzlich gewürfelte Blutwurst dazu.

39 — 4 PERSONEN
Spiegelei

- Fett in der Pfanne bei mittlerer Hitze erwärmen, dann die Eier hineinschlagen.
- Die Eier nach Geschmack braten, bis sie innen noch flüssig oder vollständig gestockt sind. Die Oberfläche immer wieder mit etwas Bratfett bestreichen, damit das Eigelb stockt und mehr Geschmack erhält.
- Mit Salz und Pfeffer abschmecken und gleich servieren.

KOCHZEIT: 5 MINUTEN

ZUTATEN
4 Eier
2–3 EL Erdnussöl, Bratfett oder Schmalz
Salz und Pfeffer

40 — Enteneier
- Enteneier sind intensiver im Geschmack und eignen sich sehr gut als Sonntagsfrühstück.

41 — Rührei spanische Art

4 PERSONEN

VORBEREITUNG: 5 MINUTEN
KOCHZEIT: 15 MINUTEN

ZUTATEN

1 EL Erdnussöl
1 rote Paprikaschote, Samen entfernt, in feinen Streifen
6 Eier
40 g Butter
6 TL Sahne
Salz und Pfeffer
1 EL Schnittlauch, gehackt
4 Scheiben Serranoschinken oder Prosciutto, in Streifen gerissen
4 dicke Scheiben Weißbrot, getoastet und mit Butter bestrichen

- Öl in einer Pfanne erhitzen und die Paprikastreifen darin weich und süßlich braten.
- Eier in eine Schüssel schlagen und leicht verquirlen.
- Butter in die Pfanne zugeben, dann die Eimischung einrühren.
- Bei niedriger Hitze braten, dabei mit einem Holzlöffel häufig rühren, bis das Ei halb gar, aber noch nicht fest ist.
- Sahne, Schnittlauch und Schinken unterrühren und mit Salz und Pfeffer abschmecken.
- Auf getoastetem Weißbrot anrichten und sofort servieren.

Käse-Rührei spanische Art — 42

- Das Rührei vor dem Servieren mit 2 EL fein geriebenem Manchego-Käse bestreuen.

43 — Pilz-Rührei auf Toast

4 PERSONEN

VORBEREITUNG: 5 MINUTEN
KOCHZEIT: 10 MINUTEN

ZUTATEN

40 g Butter
80 g Champignons, halbiert
6 Eier
6 TL Sahne
Salz und Pfeffer
1 EL Petersilie, gehackt
4 dicke Scheiben Schwarzbrot, getoastet und mit Butter bestrichen

- Butter in einer Kasserolle erhitzen und die Champignonhälften darin goldbraun garen, bis die Flüssigkeit verdampft ist.
- Eier in eine Schüssel schlagen und leicht verquirlen.
- Die Eimischung unter die Champignons heben und bei niedriger Hitze braten, dabei mit einem Holzlöffel häufig rühren, bis das Ei halb gar, aber noch nicht fest ist.
- Sahne und Petersilie unterrühren und mit Salz und Pfeffer abschmecken.
- Auf Brotscheiben anrichten und sofort servieren.

Pilz-Rührei mit Speck — 44

- Herzhaft: Eine Scheibe Rückenspeck in der Pfanne anbraten und die Brotscheiben damit belegen, dann das Rührei darauf verteilen.

EIER

45 — Œufs en cocotte Tomate-Knoblauch
4 PERSONEN

VORBEREITUNG: 10 MINUTEN
KOCHZEIT: 15–20 MINUTEN

ZUTATEN

60 g Butter
2 Tomaten, halbiert
1 Knoblauchzehe, zerdrückt
4 Eier
30 g Butter
Salz und Pfeffer

- Backofen auf 190 °C (Umluft 170 °C) vorheizen.
- 4 kleine Auflaufförmchen großzügig buttern, je eine Tomatenhälfte hineinlegen und mit etwas Knoblauch, Salz und Pfeffer bestreuen.
- In jede Auflaufform 1 Ei schlagen und mit Butterflocken belegen.
- Die Förmchen auf ein hohes Backblech oder in eine Backform stellen und die Form bis auf halbe Höhe der Förmchen mit Wasser füllen. Im Backofen etwa 15–20 Minuten backen, bis die Eier stocken.

46 — Œufs en cocotte scharf
- Für ein wenig Schärfe ½ fein gehackte rote Chilischote über die Tomatenhälften streuen, dann das Ei darüber schlagen.

47 — Œufs en cocotte mit Tomaten und Käse
- Etwa 5 Minuten vor Ende der Backzeit die Eier mit einer Handvoll geriebenem Käse bestreuen.

48 — Œufs en cocotte auf Toast
- Etwa 5 Minuten vor Ende der Backzeit 4 Scheiben Brot toasten und buttern. Je eine Scheibe mit 1 Ei belegt servieren.

1000 REZEPTE • DIE KÜCHENBIBEL

49 — 4 PERSONEN: Pochierte Eier mit Pilzen

50 — Pochierte Eier mit Wiesenchampignons

- Wenn die Pilzsaison schon vorüber ist, 100 g Wiesenchampignons in Butter etwa 20 Minuten braten und mit Salz und Pfeffer abschmecken.

51 — Pochierte Eier mit Pilzen und Spinat

- Kurz bevor die Eier zugegeben werden, 2 große Handvoll jungen Blattspinat zu den Pilzen geben.

52 — Pochierte Eier auf Schwarzbrot

- Für eine herzhafte Mahlzeit und mehr Genuss servieren Sie die Eier auf getoastetem Schwarzbrot oder reichen Sie Brot zum Tunken dazu.

VORBEREITUNG: 5 MINUTEN
KOCHZEIT: 10 MINUTEN

ZUTATEN

60 g Butter
100 g gemischte Wildpilze
Salz und Pfeffer
4 Eier

- Butter in einer Kasserolle zerlassen, dann die Pilze zugeben.
- Die Pilze weich garen, bis die überschüssige Flüssigkeit verdampft ist. Mit Salz und Pfeffer abschmecken und warm halten.
- Inzwischen die Eier in knapp siedendem Wasser etwa 3 Minuten pochieren, bis sie stocken, das Eigelb innen aber noch flüssig ist. Auf Küchenpapier abtropfen lassen.
- Die Eier auf dem Pilzbett servieren.

EIER

53 Hart gekochte Eier mit Béchamel
4 PERSONEN

- Eier in einer Kasserolle mit kaltem Wasser erwärmen, zum Köcheln bringen und 6 Minuten garen.
- Dann mit kaltem Wasser abschrecken und vorsichtig schälen.
- Inzwischen für die Béchamel Butter in einer Kasserolle zerlassen, Mehl zugeben und gut verrühren.
- Nach und nach mit Milch ablöschen und dabei weiterrühren, bis eine cremige, dicke Sauce entsteht. Lorbeerblatt zugeben und weitere 10 Minuten unter gelegentlichem Rühren garen. Mit Salz und Pfeffer abschmecken.
- Die Eier halbieren und in einer Backform anrichten. Die Béchamelsauce darüber verteilen und im Backofengrill überbacken, bis die Sauce goldbraun ist und Blasen wirft.

VORBEREITUNG: 20 MINUTEN
KOCHZEIT: 5 MINUTEN

ZUTATEN
4 Eier (Zimmertemperatur)
FÜR DIE SAUCE BÉCHAMEL
1 EL Butter
1 EL Mehl (Type 550)
300 ml Milch
1 Lorbeerblatt
Salz und Pfeffer

54 Hart gekochte Eier mit Sauce Mornay
- Statt der Béchamelsauce die Eier mit Sauce Mornay übergießen (Seite 9).

55 Florentiner Frühstückseier
4 PERSONEN

- Spinat zugedeckt in der Pfanne dünsten, bis er zusammenfällt.
- Überschüssige Flüssigkeit ausdrücken.
- Spinat zurück in die Pfanne geben, salzen, pfeffern, Muskatnuss und Butter zugeben und alles verrühren, bis die Butter geschmolzen ist.
- In der Spinatmasse kleine Vertiefungen bilden und je 1 Ei hineinschlagen. Wieder zudecken und 5–6 Minuten oder nach Geschmack weitergaren, bis die Eier stocken und gar sind.
- Mit Brot sofort servieren.

VORBEREITUNG: 5 MINUTEN
KOCHZEIT: 10–12 MINUTEN

ZUTATEN
1 kg Blattspinat, gut geputzt
Salz und Pfeffer
¼ TL frisch geriebene Muskatnuss
4 EL Butter
4 Eier

56 Florentiner Frühstückseier mit Tomaten
- 2 reife Rispentomaten klein hacken und zum Dünsten unter den Spinat mischen.

57 — 4 PERSONEN
Thunfisch-Zucchini-Tortilla

VORBEREITUNG: 10 MINUTEN
KOCHZEIT: 20 MINUTEN

ZUTATEN

4 EL Olivenöl
1 Zucchini, geviertelt und in Scheiben geschnitten
6 Eier
200 g Thunfisch aus der Dose, abgegossen und mit der Gabel zerteilt
frischer Oregano zum Garnieren

- Die Hälfte des Öls in einer beschichteten Pfanne erhitzen und die Zucchinischeiben darin 5 Minuten anbraten.
- Inzwischen die Eier in einer Schüssel gut verquirlen. Die gebratenen Zucchini unterrühren, Thunfischstücke zugeben und alles mit Salz und Pfeffer abschmecken.
- Das übrige Öl in der Pfanne erhitzen und die Eiermischung zugießen.
- Alles bei niedriger Hitze 6–8 Minuten braten, bis das Ei außen stockt, innen aber noch leicht flüssig ist.
- Tortilla auf einen Teller stürzen, wenden und zurück in die Pfanne geben. Auf der anderen Seite weitere 4–6 Minuten braten.
- 5 Minuten abkühlen lassen, dann in Tortenstücke schneiden und mit Oregano garnieren.

Zucchini-Tortilla mit Lachs — 58
- Anstelle des Thunfischs einige Scheiben Lachs zerkleinern und zugeben.

59 — 6 PERSONEN
Bunte Paprika-Tortilla

VORBEREITUNG: 30 MINUTEN
KOCHZEIT: 35 MINUTEN

ZUTATEN

1 rote Paprikaschote, Samen entfernt und halbiert
1 gelbe Paprikaschote, Samen entfernt und halbiert
4 EL Olivenöl
1 Knoblauchzehe, zerdrückt
8 Eier
1 EL Crème fraîche
½ Bund Petersilie, gehackt
Olivenöl
Salz und Pfeffer

- Backofen auf 200 °C (Umluft 180 °C) vorheizen.
- Die Paprikahälften auf ein Backblech legen, mit Öl beträufeln und im Backofen etwa 30 Minuten weich grillen, bis sie leicht angekohlt sind.
- Paprika vom Blech nehmen, in einen Gefrierbeutel füllen und abkühlen lassen.
- Von den abgekühlten Paprikaschoten die Haut abziehen und die Schoten grob hacken.
- Eier und Crème fraîche in einer großen Schüssel schaumig schlagen.
- Paprika, Knoblauch und Petersilie untermischen.
- Eine große Bratpfanne mit Öl ausstreichen, die Eiermischung zugießen und im Backofen bei 180 °C etwa 35 Minuten locker und goldbraun backen. Die Eier sollten gar sein.
- In Stücke schneiden und warm oder kalt servieren.

Bunte Paprika-Tortilla mit Serrano-Schinken — 60
- Für eine würzige Note einige Scheiben Serrano-Schinkenstreifen dazugeben.

EIER

Arme Ritter

61 — 4 PERSONEN

Arme Ritter mit Speck und Ahornsirup

62

- Vanille-Aroma weglassen und die Armen Ritter mit gebratenen oder gegrillten Speckscheiben und Ahornsirup servieren.

Arme Ritter pikant

63

- Vanille-Aroma weglassen und stattdessen etwas fein gehackten Schnittlauch unter die Eiermischung rühren.

Arme Ritter mit Käse

64

- Vanille-Aroma weglassen und 50 g geriebenen Parmesan unter die Eiermischung rühren.

VORBEREITUNG: 15 MINUTEN
KOCHZEIT: 10 MINUTEN

ZUTATEN

1 dicke Scheibe Weißbrot pro Person (oder je nach Hunger)
2 Eier, verquirlt
300 ml Vollmilch
1 TL Vanille-Aroma
½ TL gemahlener Zimt
2 EL Öl

- Eier, Milch, Vanille und Zimt in einer flachen Schüssel verrühren.
- Die Brotscheiben in die Eiermischung legen und einige Minuten einweichen lassen.
- Öl in einer Pfanne erhitzen und darin je 2 Brotscheiben beidseitig goldbraun und knusprig braten.
- Noch heiß servieren.

SAUCEN, DRESSINGS & FONDS

SAUCEN, DRESSINGS & FONDS

65 — Senf-Vinaigrette

FÜR 100 ML

- Essig mit Senf und Salz zu einer cremigen Masse verquirlen.
- Zucker zugeben, dann nach und nach das Olivenöl einrühren, bis es sich mit der Masse verbindet und eine dicke Creme entsteht.
- Bei Bedarf abschmecken und zu Salat servieren.

VORBEREITUNG: 5 MINUTEN

ZUTATEN

1 EL Rotweinessig
1 EL Dijon-Senf
1 Prise Salz
1 Prise Zucker
6 EL natives Olivenöl extra
schwarzer Pfeffer

66 — Pesto

FÜR 100 ML

VORBEREITUNG: 10 MINUTEN

ZUTATEN

2 Handvoll Pinienkerne
1 Knoblauchzehe, geschält, gehackt
2 Bund Basilikum
80 g Parmesan, gerieben
natives Olivenöl extra
Salz und Pfeffer

- Pinienkerne in einer Pfanne ohne Öl bei mittlerer Hitze einige Sekunden goldbraun rösten.
- Zusammen mit Knoblauch, Basilikum und Parmesan in die Küchenmaschine geben.
- Alle Zutaten in der Küchenmaschine grob vermischen, dann mit ausreichend Olivenöl zu einer Masse verrühren.
- Der Pesto ist im Kühlschrank bis zu 3 Tage haltbar.

67 — Minz-Mayonnaise

FÜR 75 ML

VORBEREITUNG: 10 MINUTEN

ZUTATEN

2 Eigelb
½ Knoblauchzehe, zerdrückt
1 TL Senfpulver
1 TL Salz
schwarzer Pfeffer
125 ml Erdnussöl
125 ml Olivenöl
Weißweinessig
½ Bund frische Minze, fein gehackt

- Eigelb in einer Schüssel mit Knoblauch, Senfpulver, Salz und Pfeffer gut verquirlen.
- Beide Ölsorten nach und nach tropfenweise zugeben und jeweils mit dem Handrührgerät oder einem Schneebesen gleichmäßig verrühren.
- Wenn die Mischung einzudicken beginnt, größere Mengen Öl zugeben und wieder gut verrühren.
- Wenn die Hälfte des Öls eingerührt ist, 1 TL Essig unterrühren. Dann unter ständigem Rühren langsam das übrige Öl langsam zugießen. Mit Salz und Pfeffer abschmecken und die Minze zugeben.
- Wenn die Mischung zwischendurch gerinnt, ein Eigelb in eine saubere Schüssel schlagen, die Mischung tropfenweise zugeben und immer verquirlen. Erst dann das übrige Öl zugeben.
- Die Mayonnaise ist bis zu 7 Tage im Kühlschrank haltbar.

68 — FÜR 100 ML
Senf-Vinaigrette mit Minze

VORBEREITUNG: 5 MINUTEN

ZUTATEN

1 EL Rotweinessig
1 EL Dijon-Senf
1 Prise Salz
1 Prise Zucker
6 EL natives Olivenöl extra
schwarzer Pfeffer
½ Bund frische Minze, fein gehackt

- Essig mit Senf und Salz verrühren.
- Zucker zugeben, dann das Olivenöl nach und nach unterrühren, bis es sich mit der Masse verbindet und eine dicke Creme entsteht.
- Die Minze unterrühren.
- Bei Bedarf mit Salz und Pfeffer abschmecken und zu Salat servieren.

Senf-Vinaigrette mit Estragon — 69
- Eine französische Variation ersetzt die Minze durch Estragon.

70 — 4–6 PERSONEN
Sauce Béarnaise

VORBEREITUNG: 5 MINUTEN
KOCHZEIT: 15 MINUTEN

ZUTATEN

1 EL Estragon, gehackt
1 Schalotte, fein gehackt
6 schwarze Pfefferkörner, zerstampft
2 EL Weißweinessig
150 ml trockener Weißwein
3 Eigelb
1 TL Senfpulver
25 g Butter (Zimmertemperatur)
180 g Butter, zerlassen
Salz

- Estragon mit gehackter Schalotte, Pfeffer, Essig und Wein in einer Kasserolle erwärmen, bis von der Flüssigkeit etwa ein Drittel verdampft ist und etwa 3 EL Flüssigkeit übrig sind. Durch ein Sieb abgießen.
- In einer Schüssel über köchelndem Wasser Eigelb mit Senfpulver verrühren.
- Die Essigreduktion mit dem Eigelb verquirlen, dann 1 EL Wasser unterrühren.
- Nach und nach 25 g warme Butter mit dem Schneebesen unterrühren, dann die zerlassene Butter tropfenweise einträufeln, dabei ständig mit dem Schneebesen rühren, bis die Sauce bindet und eingedickt ist.
- Mit Salz und Pfeffer abschmecken und bis zum Gebrauch warm halten.

Sauce Choron — 71
- Zum Schluss ½ EL Tomatenmark unter die Sauce heben.

SAUCEN, DRESSINGS & FONDS

72
4 PERSONEN

Sauce Hollandaise klassisch

- Essig mit Wasser, Zwiebel, Mazis, Lorbeer und Pfefferkörnern in einer kleinen Kasserolle erhitzen und auf etwa 1 EL einkochen lassen. In eine Schüssel sieben und 1 EL Wasser zugeben.
- Die Mischung mit dem Eigelb verquirlen.
- Die Schüssel über leicht köchelndem Wasser erwärmen und eine kleine Menge von der Butter zugeben, dabei mit dem Schneebesen rühren, bis sie geschmolzen ist.
- Nach und nach unter ständigem Rühren die übrige Butter zugeben, bis die Masse bindet und eindickt.
- 2 Minuten bei niedriger Hitze weitergaren, dann mit etwas Zitronensaft, Salz und Pfeffer abschmecken.

VORBEREITUNG: 5 MINUTEN
KOCHZEIT: 10–15 MINUTEN

ZUTATEN

2 EL Weißweinessig
2 EL Wasser
1 Zwiebelscheibe
1 Prise Mazis, gemahlen
1 Lorbeerblatt
6 schwarze Pfefferkörner, ganz
3 Eigelb
180 g Butter (Zimmertemperatur)
1 Schuss Zitronensaft
Salz und weißer Pfeffer

Kräuter-Hollandaise 73
- Gegen Ende der Garzeit ¼ Bund fein gehackten Kerbel, Estragon oder Petersilie unterrühren.

74
FÜR 200 ML

Sauce Tartare

- Schalotte und Essiggurken fein hacken.
- Alle Zutaten in einer Schüssel vermischen, zuletzt die Mayonnaise zugeben.
- Alle Zutaten gut miteinander verrühren.
- Nach Geschmack mit Salz und Pfeffer abschmecken und gleich servieren.

VORBEREITUNG: 10 MINUTEN

ZUTATEN

200 g Mayonnaise
1 Schalotte
2 Essiggurken
2 EL Kapern, abgetropft
½ Bund Petersilie, gehackt
Saft von ½ Zitrone
Salz und Pfeffer

Sauce Gribiche 75
- Zusätzlich 1 fein gehacktes hart gekochtes Ei unterrühren.

76 Aioli
FÜR 275 ML

VORBEREITUNG: 10 MINUTEN

ZUTATEN

2 Eigelb
4 Knoblauchzehen, zerdrückt
1 TL Senfpulver
1 TL Salz
Pfeffer
125 ml Erdnussöl
125 ml Olivenöl
1 TL Weißweinessig
½ Bund frische Minze, fein gehackt

- In einer Schüssel Eigelb mit Knoblauch, Senfpulver, Salz und Pfeffer gut verquirlen.
- Die Hälfte beider Ölsorten tropfenweise zugeben und mit dem Handmixer oder Schneebesen jeweils gut verrühren.
- Wenn die Mischung einzudicken beginnt, das Öl etwas rascher zugeben. Dabei gut verrühren.
- 1 TL Essig unterrühren, dann das übrige Öl unter ständigem Rühren langsam einträufeln. Mit Salz und Pfeffer abschmecken und Minze zugeben.
- Wenn die Mischung gerinnt, 1 Eigelb in eine saubere Schüssel schlagen, die Mischung tropfenweise zugeben und unterrühren, dann das übrige Öl zugeben.
- Die Aioli ist bis zu 2 Tage im Kühlschrank haltbar.

77 Kräuter-Aioli
- Zusätzlich ¼ Bund fein gehackte Petersilie unterrühren.

78 Tomaten-Aioli
- Zusätzlich ½ EL Tomatenmark unterrühren.

79 Safran-Aioli
- Einige Safranfäden in 1 TL warmem Wasser einweichen, dann unter die Mayonnaise rühren.

SAUCEN, DRESSINGS & FONDS

Madeira-Sauce

80 — 4 PERSONEN

- Butter in einer großen Kasserolle zerlassen und Zwiebel, Karotte und Sellerie darin anschwitzen. Mit Mehl binden.
- Rinderfond, Tomatenwürfel und ganze Petersilienstängel einrühren, bis eine dickflüssige Sauce entsteht. Auf niedrige Hitze reduzieren und etwa 1½–2 Stunden köcheln lassen, bis eine sahneähnliche Masse entsteht. Die Sauce abseihen, die Gemüsestücke bleiben im Sieb zurück.
- Champignons zugeben und 1 weiteren Liter Rinderfond zugießen. Nach und nach auf die Hälfte einkochen lassen, dann in eine saubere Kasserolle abseihen.
- 120 ml Madeira-Wein und 50 g Butter zugeben, mit Salz und Pfeffer abschmecken. Diese braune Kraftsauce kann gekühlt gelagert oder eingefroren werden.
- Vor dem Servieren die gewünschte Menge abmessen und mit 100 ml Madeira ergänzen. Auf die Hälfte einkochen lassen, abschmecken und mit der kalten Butter glänzend sämig rühren.

VORBEREITUNG: 20 MINUTEN
KOCHZEIT: 3–3½ STUNDEN

ZUTATEN

80 g Butter
1 Zwiebel, geschält und gehackt
1 Karotte, geschält und gewürfelt
1 Selleriestange, gewürfelt
80 g Mehl (Type 550)
2 l Rinderfond
1 Dose gewürfelte Tomaten (400 g)
1 Bund Petersilie mit Stängel, gebunden
50 g Champignons, gehackt
1 l Rinderfond
120 ml Madeira-Wein
50 g Butter
100 ml Madeira-Wein
Salz und Pfeffer
1 EL kalte Butter

Madeira-Sauce geräuchert — 81

- 50 g gewürfelten Pancetta oder durchwachsenen Räucherspeck mit dem Gemüse anbraten – das sorgt für Würze.

Gemüsefond

82 — FÜR 600 ML

- Gemüse in eine Kasserolle geben und mit 570–850 ml kaltem Wasser bedecken.
- Alles zum Kochen bringen, dann die Hitze reduzieren und 30 Minuten köcheln lassen.
- Die Flüssigkeit abseihen. Der Fond ist jetzt fertig zur Verwendung.

VORBEREITUNG: 5 MINUTEN
KOCHZEIT: 30 MINUTEN

ZUTATEN

2 Selleriestangen, gehackt
1 Zwiebel, geschält und gehackt
2 Karotten, gehackt
2 Lorbeerblätter
10 schwarze Pfefferkörner, ganz
1 Bund Petersilie mit Stängel, gebunden
Salz

Consommé — 83

- Der abgeseihte Fond eignet sich gut, um Nudeln, Ravioli etc. darin zu kochen und in dem reichhaltigen Fond zu servieren.

84 — Grüne Pfeffersauce

4 PERSONEN

VORBEREITUNG: 5 MINUTEN
KOCHZEIT: 12 MINUTEN

ZUTATEN

1 EL Butter
1 Schalotte, fein gehackt
50 ml trockener Weißwein
300 g Sahne
1 TL Lake von eingelegtem grünem Pfeffer
1 EL grüne Pfefferkörner, ganz
Salz und Pfeffer

- Butter in einer Kasserolle zerlassen und die Schalotte darin glasig anschwitzen.
- Wein zugeben und die Mischung garen, bis die Flüssigkeit beinahe verdampft ist. Dann die Sahne einrühren.
- Die Sauce aufkochen, bis sie Blasen wirft und eindickt, dann Pfefferkörner und Lake zugeben.
- Die Lake verleiht der Sauce Säure und Würze. Nach Bedarf zusätzlich mit Salz und Pfeffer abschmecken.

Scharfe Pfeffersauce — 85

- Für noch mehr Schärfe 2 große Prisen frisch gemahlenen weißen Pfeffer zugeben.

86 — Buttersauce

FÜR 500 ML

VORBEREITUNG: 5 MINUTEN
KOCHZEIT: 25 MINUTEN

ZUTATEN

250 ml trockener Weißwein
120 ml Weißweinessig
1 EL fein gehackte Schalotten
500 g kalte Butter
Salz

- Weißwein mit Essig und Schalotten in einer Kasserolle aufkochen, dann die Hitze leicht reduzieren und die Flüssigkeit auf etwa 2 EL einkochen lassen.
- Die kalte Butter rasch klein würfeln und bei Bedarf die Würfel kühl stellen.
- Die Flüssigkeit abseihen, zurück in die Kasserolle geben und die Butterwürfel einzeln unterrühren. Dabei mit dem Schneebesen ständig rühren, bis sich die Butter mit der Flüssigkeit verbindet und die Mischung eindickt.
- Wenn die Butter fast aufgebraucht ist, vom Herd nehmen. Unter ständigem Rühren die restliche Butter auflösen.
- Abschmecken und noch warm servieren.

Butter-Kräuter-Sauce — 87

- Feine Kräuter wie Estragon, Basilikum oder Kerbel unterstreichen den Geschmack, wenn sie zum Schluss eingerührt werden.

SAUCEN, DRESSINGS & FONDS

Tsatsiki

88 — 6 PERSONEN

Tsatsiki mit Dill — 89
- Zusätzlich ½ Bund gehackten Dill unterrühren.

Avocado-Tsatsiki — 90
- 1 reife Avocado aushöhlen, das Fruchtfleisch mit der Gabel zerdrücken und statt der Minze unter das Tsatsiki rühren.

Koriander-Tsatsiki — 91
- Zusätzlich ¼ Bund fein gehackten Koriander unterrühren.

VORBEREITUNG: 40 MINUTEN

ZUTATEN

1 Salatgurke
500 g griechisches Joghurt, abgegossen
4 Knoblauchzehen, zerdrückt
4 EL natives Olivenöl extra
1 Bund frische Minze, fein gehackt
1-2 EL Rotweinessig
Salz und Pfeffer
warme Pita-Brote
Rohkost zum Dippen

- Gurke mit der groben Seite der Gemüsereibe raspeln. In ein Sieb füllen, mit etwas Salz bestreuen und 30 Minuten Saft ausziehen lassen.
- Überschüssiges Wasser ausdrücken, dann die Gurken in das Joghurt einrühren.
- Nach Belieben Knoblauch zugeben. Öl und Minze unterrühren.
- Nach und nach etwas Essig zugeben und immer abschmecken, ob die Menge reicht. Die Schärfe soll das cremige Joghurt ergänzen, aber nicht übertünchen.
- Mit Salz und Pfeffer abschmecken und mindestens 1 Stunde kühl stellen.
- Zusammen mit geröstetem Pita-Brot und gemischtem Gemüse als Dip servieren.

92 — Selbstgemachtes Apfelmus

4 PERSONEN

VORBEREITUNG: 5 MINUTEN
KOCHZEIT: 10–15 MINUTEN

ZUTATEN

250 g Kochäpfel (Bramley oder Boskop)
250 g fruchtige Äpfel (Cox Orange)
1 EL Zucker (oder nach Belieben, je nach Süße der Äpfel)
2 Stück Gewürznelken
2 EL Wasser

- Die Äpfel schälen, entkernen und in Stifte schneiden.
- In eine Schüssel mit Wasser geben, Nelken und nach Belieben Zucker zugeben und zudecken.
- Bei niedriger Hitze 10–15 Minuten garen und gelegentlich prüfen, ob die Äpfel schon weich sind. Sie sollen zu Mus zerfallen.
- Zu Mus pürieren, Nelken entfernen und noch warm servieren.

Würziges Apfelmus — 93

- 1 Prise Zimt oder Lebkuchengewürz mitgaren.

94 — Minzsauce

4 PERSONEN

VORBEREITUNG: 5 MINUTEN

ZUTATEN

1 Bund frische Minze
1 EL Apfel- oder Weißweinessig
1 EL Olivenöl
½ TL Zucker
½ TL englischer Senf
Salz und Pfeffer
3–4 EL Naturjoghurt (nach Belieben)

- Die Minze fein hacken und zusammen mit Essig, Öl, Zucker und Senf in die Küchenmaschine füllen.
- Alles zu einer zähflüssigen Sauce pürieren.
- Mit Salz und Pfeffer abschmecken und nach Belieben mit etwas Joghurt cremiger rühren. Die Sauce passt gut zu gebratenem Lammfleisch.

Knoblauch-Minzsauce — 95

- Zusammen mit dem Joghurt 1 zerdrückte Knoblauchzehe zugeben. Passt gut zu Lammfleisch vom Grill.

SAUCEN, DRESSINGS & FONDS

96
4 PERSONEN

Béchamelsauce

- Butter in einer Kasserolle zerlassen und mit Mehl binden.
- Nach und nach die Milch einrühren. Unter ständigem Rühren weitergaren, bis die Mischung zu einer glatten Sauce eindickt. Lorbeerblatt zugeben und weitere 10 Minuten unter gelegentlichem Rühren garen.
- Mit Salz und Pfeffer abschmecken und vor dem Servieren das Lorbeerblatt entfernen.

VORBEREITUNG: 5 MINUTEN
KOCHZEIT: 15 MINUTEN

ZUTATEN
1 EL Butter
1 EL Mehl (Type 550)
300 ml Milch
1 Lorbeerblatt
Salz und Pfeffer

Sauce Mornay — 97
- 75 g geriebener Käse verleiht der Sauce Würze. Sie passt gut zu Blumenkohl oder anderem gedünsteten Kohlgemüse.

98
8 PERSONEN

Meerrettich-Sauce

- Die Meerrettich-Wurzel schälen und in eine Schüssel reiben.
- Essig, Senf und Zucker unterrühren und etwa 10 Minuten einwirken lassen.
- Crème fraîche einrühren. Mit Salz und Pfeffer abschmecken.
- Die Sauce ist bis zu 2 Tage im Kühlschrank haltbar.

VORBEREITUNG: 20 MINUTEN

ZUTATEN
100 g frischer Meerrettich
2 TL Rotweinessig
1 TL englischer Senf
1 Prise Zucker
150 g Crème fraîche
Salz und Pfeffer

Meerrettich-Sauce mit Kapern — 99
- Für eine frisch-säuerliche Note 1 EL gehackte Kapern einrühren.

100 — 4 PERSONEN
Cranberry-Sauce

VORBEREITUNG: 5 MINUTEN

KOCHZEIT: 10–15 MINUTEN

ZUTATEN

500 g frische Cranberrys
200 g Zucker (oder mehr nach Bedarf)
Saft und abgeriebene Schale von 1 Bio-Orange
1 EL Portwein oder Cassis (Johannisbeerlikör)

- Alle Zutaten mit 4 EL Wasser in einer Kasserolle vermischen.
- Zum Kochen bringen, dann die Hitze reduzieren und garen, bis die Cranberrys aufbrechen und die Sauce eindickt.
- In eine Schüssel füllen und bei Bedarf mit mehr Zucker abschmecken. Die Sauce dickt beim Abkühlen noch weiter ein.

Cranberry-Sauce mit Senf — 101
- 2 gehäufte EL Ganzkornsenf verleihen der Sauce Schärfe und sorgen für vollen Geschmack.

102 — 4 PERSONEN
Rotwein-Pilz-Sauce

VORBEREITUNG: 5 MINUTEN

KOCHZEIT: 30–40 MINUTEN

ZUTATEN

50 g getrocknete Pilze
500 ml Rinder- oder Geflügelfond
25 g Butter
1 Schalotte, fein gehackt
½ EL Mehl (Type 550)
100 ml Rotwein
1 Lorbeerblatt
1 Zweig Rosmarin
Salz und Pfeffer
25 g kalte Butter

- Während der Vorbereitungen für die Sauce die getrockneten Pilze im Fond einweichen.
- 25 g Butter in einer Kasserolle zerlassen und die Schalotte darin glasig anschwitzen.
- Mehl einrühren und die Butter damit binden, dann Rotwein unterrühren und die Mischung weitergaren, bis sie eindickt.
- Pilze und Fond zugeben, Lorbeer und Rosmarin zufügen und weiterhin köcheln lassen, bis die Flüssigkeit auf die Hälfte reduziert ist.
- Die Sauce kosten und nach Belieben weiter eindicken lassen. Erst abschmecken, wenn die Sauce die gewünschte Konsistenz hat.
- Die Sauce abseihen, zurück in die Kasserolle geben und zuletzt die kalte Butter flockenweise unterrühren, damit die Sauce glänzend und sämig wird. Gleich servieren.

Rotweinsauce sehr fein — 103
- 1 EL Sahne, zum Schluss zugegeben, macht die Sauce besonders cremig und reichhaltig.

SAUCEN, DRESSINGS & FONDS

104
FÜR 500 ML

Fischfond

- Alle Zutaten in eine große Kasserolle füllen und zum Köcheln bringen.
- 20 Minuten garen, dann abseihen und die Karkassen entfernen.

VORBEREITUNG: 10 MINUTEN

KOCHZEIT: 20 MINUTEN

ZUTATEN

450 g Fischkarkassen
500 ml Wasser
150 ml trockener Weißwein
1 Zwiebel, geviertelt
2 Selleriestangen, gehackt
einige Zweige Petersilie
1 Lorbeerblatt
Salz und Pfeffer

105
2 PERSONEN

Roquefort-Sauce mit Mohn

VORBEREITUNG: 5 MINUTEN

KOCHZEIT: 10 MINUTEN

ZUTATEN

1 EL Butter
1 Schalotte, fein gehackt
50 ml trockener Weißwein
300 g Sahne
75 g Roquefort-Käse
1 TL Mohn
Salz und Pfeffer

- Die Butter in einer Kasserolle zerlassen. In der heißen Butter die Schalotte glasig anschwitzen.
- Wein zugießen und garen, bis die Flüssigkeit fast verdampft ist.
- Sahne zugeben, alles aufkochen, dann den Käse über die Mischung krümeln und gleichmäßig rühren, bis der Käse geschmolzen ist.
- Mohn unterrühren und zurückhaltend mit Salz und Pfeffer abschmecken.

106
4 PERSONEN

Tomaten-Sellerie-Sauce

VORBEREITUNG: 10 MINUTEN

KOCHZEIT: 30 MINUTEN

ZUTATEN

2 EL Olivenöl
1 Zwiebel, geschält und gehackt
2 Selleriestangen, fein gehackt
1 Karotte, geschält und fein gehackt
1 Knoblauchzehe, zerdrückt
2 EL Tomatenmark
1 Dose Tomaten gewürfelt (400 g)
200 ml Geflügelfond
2 EL Worcestersauce
1 Prise Chiliflocken
(nach Belieben)
Salz und Pfeffer

- Öl in einer Kasserolle erhitzen und Zwiebel, Sellerie und Karotte darin weich dünsten.
- Knoblauch und Tomatenmark zugeben und weitere 2 Minuten garen.
- Tomatenwürfel und Brühe zugießen, alles zum Köcheln bringen und etwa 20 Minuten weitergaren, bis die Sauce eindickt.
- Mit dem Handrührgerät oder Pürierstab zu einer glatten Masse pürieren, zurück in die Kasserolle geben und nach Belieben mit Worcestersauce, Chili, Salz und Pfeffer abschmecken.

107 Sauce Normande mit Zitrone

6 PERSONEN

108 Sauce Normande mit Weißwein

- Für besonders vollen Geschmack vor dem Fischfond 50 ml Weißwein zugießen und verquirlen, bis die Sauce bindet.

109 Sauce Normande mit Kräutern

- Vor dem Servieren gehackte Petersilie oder Dill einrühren. Passt gut zu Fisch.

110 Sauce Normande mit Austern

- Zum Verfeinern von Meeresfrüchten geben Sie den Saft von frischen Austern zu der Sauce – das schmeckt nach Meer!

VORBEREITUNG: 10 MINUTEN
KOCHZEIT: 15 MINUTEN

ZUTATEN

50 g Butter
225 g Champignons, sehr fein gehackt
50 g Mehl
225 ml Fischfond
2 Eigelb
100 g Sahne
Saft von ½ Zitrone
Salz und Pfeffer

- Die Butter in einer Kasserolle zerlassen. Champignons darin einige Minuten andünsten, bis Flüssigkeit austritt.
- Mehl einrühren und weitere 2 Minuten garen.
- Fischfond zugießen. Alles unter Rühren zum Köcheln bringen und weitergaren, bis die Sauce bindet und eindickt.
- In einer kleinen Schüssel Eigelb mit Sahne verquirlen. 1 EL von der Fondmischung zugeben und umrühren, dann bei sehr niedriger Hitze die Eigelbmischung unter Rühren in die Fondmischung gießen.
- Zitronensaft zugeben, mit Salz und Pfeffer abschmecken und so weit erwärmen, dass die Sauce gerade nicht kocht.
- Passt gut zu Fisch oder Geflügel.

SAUCEN, DRESSINGS & FONDS

111
FÜR 500 ML

Hühnerbrühe

- Hühnerteile und Gemüse in eine große Kasserolle geben und mit Wasser bedecken.
- Alles zum Kochen bringen, auf niedrigste Stufe reduzieren und offen etwa 3 Stunden köcheln lassen.
- Wenn sich an der Oberfläche Schaum oder Fett absetzen, gelegentlich abschöpfen.
- Die fertige Brühe in eine große Schüssel abseihen und kühl stellen. So lässt sich Fett, das sich absetzt, leichter entfernen.
- Im Kühlschrank aufbewahren. Tiefgefroren ist die Brühe bis zu 3 Monate haltbar.

VORBEREITUNG: 5 MINUTEN

KOCHZEIT: 3 STUNDEN

ZUTATEN

1 Suppenhuhn (für mehr Aroma vorgaren), zerteilt
1 Stangensellerie
1 Karotte, gehackt
1 Zwiebel, geschält, halbiert und mit 2 Gewürznelken gespickt
6 schwarze Pfefferkörner, ganz
1 Bouquet garni (Kräutersträußchen)
1 Lauchstange, weiße Anteile, gehackt

Schnelle Hühnersuppe 112

- Vorgekochte Hühnerbrühe, mit Suppennudeln verfeinert, gibt ein praktisches, schnelles Mittagessen.

113
4 PERSONEN

Sauce Quattro Formaggi

- Butter in einer Kasserolle zerlassen und die Schalotte darin glasig anschwitzen.
- Weißwein zugießen und köcheln lassen, bis die Flüssigkeit fast verdampft ist.
- Sahne zugeben und erwärmen, dann die Käsesorten unterrühren, bis sie schmelzen.
- Zum Schluss Senfpulver zugeben und vorsichtig mit Salz und Pfeffer abschmecken.

VORBEREITUNG: 10 MINUTEN

KOCHZEIT: 15 MINUTEN

ZUTATEN

1 EL Butter
½ Schalotte, fein gehackt
1 Glas trockener Weißwein
400 g Sahne
100 g Gruyère, gerieben
100 g Parmesan, gerieben
50 g Blauschimmelkäse (z. B. Roquefort), zerkrümelt
50 g Cheddar, gerieben
½ TL Senfpulver
Salz und Pfeffer

Quattro Formaggi mit Pfiff 114

- 1 großzügiger EL Ganzkornsenf und 1 Prise Cayennepfeffer sorgen für belebende Schärfe.

SUPPEN

SUPPEN

115
4 PERSONEN

Blumenkohlcremesuppe

- Butter in einer Kasserolle zerlassen und die Zwiebel etwa 5 Minuten darin anschwitzen, ohne dass sie bräunt.
- Blumenkohlröschen und -blätter zugeben, Kartoffel und Knoblauch zufügen und weitere 5 Minuten weich garen.
- Gemüsebrühe zugießen und alles zum Kochen bringen, dann weitere 20 Minuten köcheln lassen, bis der Blumenkohl gleichmäßig weich und zart ist.
- Mit dem Handrührgerät oder Pürierstab pürieren, dann zurück in die Kasserolle geben.
- Käse und Sahne einrühren, bis der Käse geschmolzen ist. Mit Salz und Pfeffer abschmecken und vor dem Servieren nochmals gleichmäßig aufwärmen.

VORBEREITUNG: 10 MINUTEN
KOCHZEIT: 35 MINUTEN

ZUTATEN

25 g Butter
1 Zwiebel, geschält und fein gehackt
1 Kopf Blumenkohl, in kleine Röschen zerteilt, die grünen Blätter in feinen Streifen
1 Knoblauchzehe, gehackt
1 große Kartoffel, geschält und klein gewürfelt
500 ml Gemüsebrühe
50 g Cheddar oder Blauschimmelkäse, zerkrümelt
150 g Sahne

116
4 PERSONEN

Indische Linsen-Tomaten-Suppe

VORBEREITUNG: 15 MINUTEN
KOCHZEIT: 35–40 MINUTEN

ZUTATEN

50 ml Olivenöl
1 große Zwiebel, fein gehackt
2 Knoblauchzehen, fein gehackt
4 cm Ingwerwurzel, gerieben
1 EL gemahlener Koriander
2 TL gemahlener Kreuzkümmel
1 TL Madras-Currypulver
½ TL Chilipulver
½ TL Kurkuma
250 g Linsen, gespalten
4 große Tomaten, grob gehackt
1½ l Gemüsebrühe
Koriandergrün zum Garnieren
Zitronenspalten zum Garnieren

- Olivenöl in einer großen Kasserolle bei mittlerer Hitze erwärmen. Zwiebel, Knoblauch und Ingwer darin 6–8 Minuten anschwitzen.
- Gemahlene Gewürze zugeben, mit Salz und Pfeffer abschmecken. Alles gut verrühren und bei niedriger Hitze einige Minuten garen.
- Linsen und Tomaten zufügen, gut verrühren und mit Brühe übergießen. Alles zum Kochen bringen, 5 Minuten kochen lassen und bei Bedarf Schaum abschöpfen. Dann die Hitze reduzieren und 20–25 Minuten köcheln lassen, bis die Linsen etwa die Hälfte der Brühe aufgesogen haben.
- Vom Herd nehmen und mit dem Pürierstab grob pürieren.
- Erneut erwärmen und bei Bedarf erneut abschmecken. Auf 4 Suppenschüsseln verteilen und mit Koriandergrün und Zitronenspalten garniert servieren.

117
4–6 PERSONEN

Bunte Gemüsesuppe

VORBEREITUNG: 15 MINUTEN
KOCHZEIT: 20–25 MINUTEN

ZUTATEN

3 EL Olivenöl
1 große Zwiebel, gehackt
2 Karotten, grob geraspelt
2 Selleriestangen, gehackt
1 Knoblauchzehe, fein gehackt
2 große Kartoffeln, geschält, gehackt
2 Lorbeerblätter
2 Dosen Tomaten gewürfelt (à 400 g)
1½ l Gemüsebrühe
1 große Handvoll grüne Bohnen, gehackt
50 g Erbsen
Salz und Pfeffer
natives Olivenöl extra
Parmesan zum Anrichten

- Öl in einer großen Kasserolle erhitzen und Zwiebeln, Karotten und Sellerie darin andünsten.
- Kartoffeln, Knoblauch und Lorbeer zugeben, weitere 3 Minuten garen, dann Tomatenwürfel und Brühe zugießen und alles zum Köcheln bringen.
- 10 Minuten köcheln lassen, dann Bohnen und Erbsen zugeben. Weitere 6–7 Minuten garen, bis die Hülsenfrüchte weich sind.
- Großzügig mit Salz und Pfeffer würzen.
- Am besten schmeckt die Suppe lauwarm serviert, mit etwas Olivenöl beträufelt und einer großzügigen Portion Parmesan garniert.

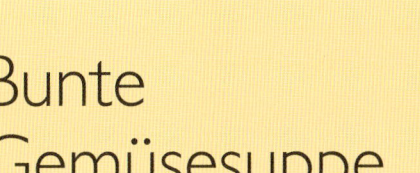

118 — 4 PERSONEN

Minestrone

VORBEREITUNG: 20 MINUTEN
KOCHZEIT: 1½ STUNDEN

ZUTATEN

2 EL Olivenöl
50 g Pancetta oder durchwachsener Räucherspeck
1 Zwiebel, geschält und fein gehackt
2 Selleriestangen, fein gehackt
2 Karotten, geschält und fein gehackt
2 Knoblauchzehen, fein gehackt
2 Kartoffeln, geschält und fein gehackt
1½ l Geflügelfond
200 g Kohlgemüse (z. B. Schwarzkohl oder Wirsing), in feinen Streifen
100 g Maccheroni
Salz und Pfeffer
Parmesan
natives Olivenöl extra

- Öl in einer großen Kasserolle erhitzen und den Speck darin goldbraun anbraten, bis Fett austritt.
- Der Reihe nach Zwiebel, Sellerie, Karotten, Knoblauch und Kartoffeln zugeben und jeweils mindestens 5 Minuten unter regelmäßigem Rühren garen, ohne dass die Zutaten bräunen. Erst dann die nächste Zutat zufügen.
- Fond zugießen, alles sanft zum Köcheln bringen und etwa 1 Stunde lang auf niedriger Stufe köcheln lassen.
- Kohl und Maccheroni zugeben und weitere 30 Minuten garen.
- Mit Salz und Pfeffer abschmecken.
- Die Suppe heiß oder lauwarm servieren. Mit Parmesan bestreuen und mit einem Schuss Olivenöl beträufeln.

Tomaten-Minestrone — 119

- Für ein besonders herzhaftes Aroma vor dem Fond 2 Dosen gewürfelte Tomaten unterrühren.

120 — 6 PERSONEN

Gazpacho

VORBEREITUNG: 1 STUNDE 20 MINUTEN

ZUTATEN

800 g reife Tomaten
10 cm Salatgurke, gewürfelt
½ Bund Frühlingszwiebeln, fein gehackt
2 Knoblauchzehen, zerdrückt
½ rote Paprikaschote, fein gehackt
1 Bund Basilikum
100 ml natives Olivenöl extra
1–2 EL Rotweinessig
300 ml eiskaltes Wasser
Salz und Pfeffer

FÜR DIE GARNIERUNG

2 Frühlingszwiebeln, fein gehackt
10 cm Salatgurke, fein gehackt
Croûtons

- Die Tomaten an der Unterseite kreuzweise einschneiden, in eine Schüssel mit kochendem Wasser legen und 30 Sekunden ziehen lassen. Danach die Haut abziehen.
- Tomaten halbieren, Kerne entfernen und das Fruchtfleisch grob hacken. In eine Küchenmaschine füllen.
- Tomaten in der Küchenmaschine mit den übrigen Zutaten pürieren.
- In eine Schüssel füllen und bei Bedarf mit Salz und Pfeffer abschmecken.
- Vor dem Servieren mindestens 1 Stunde kühl stellen. Bei Bedarf nochmals nachwürzen, da beim Kühlen Aroma verloren geht. Servieren und Zwiebeln, Gurke und Croûtons dazu reichen.

Gazpacho mit Grillpaprika — 121

- Eine ganze rote Paprikaschote grillen, bis sie stellenweise angekohlt ist. Vorsichtig schälen und mit den übrigen Zutaten mixen. Das sorgt für ein volles, süßliches Aroma.

SUPPEN

122 — 4 PERSONEN
Kürbissuppe mit Haselnüssen

- In einer großen Kasserolle Zwiebel und Knoblauch in Butter anschwitzen, bis sie zu bräunen beginnen.
- Kürbis zugeben und etwa 5 Minuten garen, dann Thymian und Brühe zugeben.
- Alles etwa 20 Minuten köcheln lassen, bis der Kürbis weichgegart ist.
- Etwas abkühlen lassen, Thymianzweige entfernen und kurz in der Küchenmaschine oder mit dem Pürierstab grob zu einem Mus pürieren.
- Mit Salz und Pfeffer abschmecken und Sahne unterrühren. Beiseitestellen.
- Haselnüsse im heißen Backofengrill kurz anrösten und die Suppe vor dem Servieren damit bestreuen.

VORBEREITUNG: 10 MINUTEN

KOCHZEIT: 40 MINUTEN

ZUTATEN

30 g Butter
1 Zwiebel, geschält und in Ringen
2 Knoblauchzehen, in feinen Scheiben
1 großer Kürbis (z. B. Butternuss), geschält, halbiert, Kerne entfernt und in Stücke geschnitten
2 Thymianzweige
1 l Hühner- oder Gemüsebrühe
Salz und Pfeffer
100 g Sahne
100 ml Haselnüsse, gehackt

Kürbissuppe mit Rosmarinnüssen — 123
- Halbe Walnusskerne in 1 EL fein gehacktem Rosmarin wälzen und mit etwas Öl einige Sekunden in der Pfanne rösten. Die Suppe damit bestreuen.

124 — 4 PERSONEN
Karottensuppe mit Rüben-Chips

- Butter in einer Kasserolle zerlassen und die Zwiebel darin anschwitzen.
- Karotten und Kartoffel zugeben und 5 Minuten weich garen.
- Kreuzkümmel und Koriander unterrühren, dann mit Brühe übergießen. Alles zum Kochen bringen und 10 Minuten köcheln lassen, bis das Gemüse durchgehend weich ist.
- Pürieren, dann zurück in die Kasserolle füllen. Abschmecken und Petersilie unterrühren.
- Für die Rüben-Chips Backofen auf 200 °C (Umluft 180 °C) vorheizen.
- Rote Rübe mit dem Gemüseschäler in feine Scheiben schneiden. In Öl, Salz und Pfeffer wenden und auf einem Backblech verteilen.
- Im Backofen 4–7 Minuten goldbraun rösten.
- Die Suppe noch heiß mit Rüben-Chips servieren.

VORBEREITUNG: 15 MINUTEN

KOCHZEIT: 30 MINUTEN

ZUTATEN

25 g Butter
1 Zwiebel, geschält und fein gehackt
500 g Karotten, geschält, fein gehackt
1 große Kartoffel, geschält, gewürfelt
2 TL gemahlener Kreuzkümmel
1 TL gemahlener Koriander
1 l Gemüsebrühe
Salz und Pfeffer
2 EL Petersilie, gehackt
1 Rote Rübe, geschält
Olivenöl

Scharfe Karottensuppe — 125
- Für einen Schuss Schärfe 1 fein gehackte rote Chilischote zusammen mit der Zwiebel und den Karotten garen.

1000 REZEPTE • DIE KÜCHENBIBEL

126 — 4 PERSONEN

Spargelcremesuppe

Spargelcremesuppe mit Brunnenkresse — 127

- Eine kleine Packung Brunnenkresse mitpürieren.

Spargelcremesuppe mit Parmesan — 128

- Vor dem Servieren 1 Handvoll gehobelten Parmesan über die Suppe streuen.

Spargelcremesuppe mit Kräutercroûtons — 129

- Für die Croûtons einige Scheiben hartes Brot würfeln und mit fein gehacktem Rosmarin und einer zerdrückten Knoblauchzehe goldbraun rösten.

VORBEREITUNG: 5 MINUTEN
KOCHZEIT: 25–30 MINUTEN

ZUTATEN

450 g Spargel, geputzt, holzige Ansätze beiseitegestellt, der Rest gehackt
1 Kartoffel, geschält und gehackt
1 l heiße Hühner- oder Gemüsebrühe
30 g Butter
100 g Sahne
Salz und Pfeffer
1 EL Petersilie, gehackt

- Spargelansätze in die Brühe geben und zum Kochen bringen. Etwa 15 Minuten köcheln lassen, dann abseihen.
- Butter in einer Kasserolle erhitzen und die gehackten Spargelstücke und Kartoffeln darin 5 Minuten dünsten.
- Die abgegossene Brühe zugießen, erneut zum Kochen bringen und 5–10 Minuten köcheln lassen, bis das Gemüse weich und zart ist.
- Mit dem Mixer oder Pürierstab pürieren und zurück in die Kasserolle füllen.
- Sahne unterrühren und die Suppe langsam erwärmen, aber nicht kochen. Mit Salz und Pfeffer abschmecken und vor dem Servieren die Petersilie einrühren.

SUPPEN

130 — 4 PERSONEN
Erbsensuppe mit Minze

- Butter in einer Kasserolle erhitzen und Zwiebel und Knoblauch darin etwa 5 Minuten anschwitzen, aber nicht bräunen.
- Erbsen, Kartoffel, Brühe und die Hälfte der Minze zugeben und alles zum Kochen bringen.
- 5–6 Minuten köcheln lassen, bis die Erbsen weich sind.
- Minzstängel entfernen und die Suppe zu einer cremigen Masse pürieren.
- Zurück auf den Herd stellen, mit Salz und Pfeffer abschmecken und Sahne unterrühren. Nicht aufkochen.
- In Schüsseln anrichten und mit etwas gehackter Minze garniert servieren.

VORBEREITUNG: 5 MINUTEN
KOCHZEIT: 10 MINUTEN

ZUTATEN

25 g Butter
1 Zwiebel, geschält und fein gehackt
1 Knoblauchzehe, fein gehackt
250 g Erbsen (frisch oder tiefgefroren)
1 große Kartoffel, geschält und gehackt
500 ml Hühner- oder Gemüsebrühe
¼ Bund frische Minze, gehackt
150 g Sahne
Salz und Pfeffer

Erbsen-Spinat-Suppe — 131
- 2 großzügige Handvoll jungen Blattspinat andünsten und mit den übrigen Zutaten pürieren.

132 — 4–6 PERSONEN
Pilzsuppe

- Butter in einer großen Kasserolle zerlassen und die Zwiebel darin 5–10 Minuten anschwitzen, ohne dass sie bräunt.
- Pilze und Knoblauch zugeben und weitere 5 Minuten garen, bis die Pilze weich sind.
- Mehl unterrühren und einige Minuten weitergaren, bis das Mehl Farbe annimmt.
- Mit Brühe ablöschen, Petersilienstängel unterrühren und alles unter ständigem Rühren zum Kochen bingen.
- Auf niedrige Hitze reduzieren und weitere 10–15 Minuten köcheln lassen. Vom Herd nehmen und etwas abkühlen lassen.
- Die Suppe portionsweise pürieren, dann zurück in die Pfanne füllen. Mit Salz und Pfeffer abschmecken, Sahne unterrühren und vor dem Servieren die Suppe erneut erwärmen, aber nicht aufkochen.

VORBEREITUNG: 10 MINUTEN
KOCHZEIT: 40 MINUTEN

ZUTATEN

50 g Butter
1 Zwiebel, geschält und fein gehackt
500 g Austernpilze oder Wildpilze, fein gehackt
1 Knoblauchzehe, zerdrückt
50 g Mehl (Type 550)
1 Glas trockener Weißwein oder Portwein
1 l Hühner- oder Gemüsebrühe
Salz und Pfeffer
100 g Sahne
½ Bund Petersilie, gehackt, mit Stängeln

Pilzsuppe mit Käse-Croûtons — 133
- 80 g Parmesan fein reiben und daraus auf einem Backblech 6 Häufchen formen. Goldbraun backen, abkühlen und fest werden lassen und zur Suppe reichen.

134 — 4–6 PERSONEN
Linsensuppe mit gerösteten Haselnüssen

VORBEREITUNG: 10 MINUTEN
KOCHZEIT: 1 STUNDE

ZUTATEN

2 EL Olivenöl
1 Zwiebel, geschält und fein gehackt
2 Karotten, geschält und gewürfelt
2 Selleriestangen, fein gehackt
1 Knoblauchzehe, fein gehackt
1 TL gemahlener Kreuzkümmel
1 TL gemahlener Koriander
175 g rote Linsen
1 Dose Tomaten gewürfelt (400 g)
1 ½ l Hühner- oder Gemüsebrühe
Salz und Pfeffer
2 EL Haselnüsse, fein gehackt
½ Bund Koriandergrün, grob gehackt

- Olivenöl in einer großen Kasserolle erhitzen und Zwiebel, Karotten und Sellerie darin andünsten.
- Knoblauch zugeben, weitere 2 Minuten garen, dann Linsen und Gewürze zufügen.
- Tomaten und Brühe zugießen. Alles zum Kochen bringen, dann die Hitze reduzieren und 50–60 Minuten köcheln lassen, bis die Linsen sehr weich sind.
- Inzwischen die Haselnüsse in einer Pfanne ohne Öl oder im Backofengrill leicht anrösten. Achtung, sie verbrennen schnell!
- Nach Belieben die Hälfte der Suppe pürieren und dann zurück in die Kasserolle füllen – so wird sie glatter und cremiger.
- Mit Salz und Pfeffer abschmecken und vor dem Servieren Petersilie unterrühren.

Rote Linsensuppe mit Chorizo — 135

- Vor dem Servieren mit 100 g gehacktem, gebratenem Chorizo oder anderer Rauchwurst verfeinern.

136 — 4 PERSONEN
Süßkartoffelsuppe

VORBEREITUNG: 10 MINUTEN
KOCHZEIT: 40 MINUTEN

ZUTATEN

30 g Butter
1 Zwiebel, geschält und in Scheiben
2 Knoblauchzehen, in feinen Scheiben
500 g Süßkartoffeln, geschält und in Stücke geschnitten
2 Thymianzweige
1 TL Garam Masala
1 Prise getrocknete Chiliflocken
1 l Hühner- oder Gemüsebrühe
Salz und Pfeffer
100 g Sahne

- Zwiebel und Knoblauch in einer großen Kasserolle in Butter anschwitzen, bis sie weich und goldbraun sind.
- Süßkartoffeln zugeben und 5 Minuten garen, dann Thymian, Garam Masala und Chili zufügen und die Brühe zugießen.
- Etwa 20 Minuten köcheln lassen, bis die Süßkartoffeln weich sind.
- Etwas abkühlen lassen, Thymianzweige entfernen und kurz in der Küchenmaschine oder mit dem Handrührgerät pürieren.
- Abschmecken und die Sahne unterrühren, dann noch heiß servieren.

Süßkartoffelsuppe mit Garnelen — 137

- 150 g tiefgefrorene kleine Garnelen, aufgetaut und gegart, unterstreichen das süßliche Aroma.

SUPPEN

138 — 4 PERSONEN

Fischsuppe

Fischsuppe mit Aioli — 139

- Für einen traditionell französischen Touch servieren Sie jede Portion mit einem großen Löffel Aioli (Seite 26).

Fischsuppe mit Parmesan-Croûtons — 140

- Baguette in dünne Scheiben schneiden, mit je 1 Löffel Mayonnaise oder Aioli und geriebenem Parmesan bestreichen. Gegrillt auf der Suppe servieren.

Scharfe Fischsuppe — 141

- Für ein wärmendes Wintergericht vor dem Servieren 1 EL Harissa oder etwas Chilipaste einrühren.

VORBEREITUNG: 20 MINUTEN
KOCHZEIT: 50 MINUTEN

ZUTATEN

2 EL Olivenöl
1 Zwiebel, geschält und fein gehackt
3 Selleriestangen, fein gehackt
4 Knoblauchzehen, fein gehackt
3 Fleischtomaten oder 6 Rispentomaten, gehackt
500 g Kartoffeln, geschält und in Stifte geschnitten
2 Lorbeerblätter
1–1½ l Gemüsebrühe
1 Prise Safran
1 kg frischer Fisch und Krustentiere, Fisch filetiert oder abgeschuppt, Krustentiere entdarmt und grob in Stücke geschnitten
Saft von 1 Zitrone
1 Handvoll Petersilie, gehackt
1 Handvoll Dill, gehackt
Salz und Pfeffer
natives Olivenöl extra

- Olivenöl in einer großen Kasserolle erhitzen und die Zwiebel, Sellerie und Knoblauch darin etwa 10 Minuten sanft anschwitzen, sodass sie nicht bräunen.
- Tomaten und Kartoffeln unterrühren und weitere 3–5 Minuten garen.
- Lorbeer, Brühe und Safran zugeben und alles zum Kochen bringen. 15 Minuten köcheln lassen.
- Zuerst den Fisch zugeben und weitere 15 Minuten sanft köcheln lassen.
- Dann Krustentiere zugeben und weitere 5 Minuten garen. Dann sollten Garnelen eine rosa Farbe angenommen haben oder Muscheln sich öffnen.
- Bei überschüssiger Flüssigkeit Fisch und Krustentiere herausnehmen, die Flüssigkeit allein erneut aufkochen und etwa 10 Minuten einkochen lassen. Dann den Fisch wieder zugeben.
- Zitronensaft einträufeln und Kräuter unterrühren. Nach Belieben mit Salz und Pfeffer abschmecken und mit einem Schuss Olivenöl verfeinern.

142 — Pastinakensuppe mit Speck

4 PERSONEN

VORBEREITUNG: 10 MINUTEN
KOCHZEIT: 35 MINUTEN

ZUTATEN

2 EL Butter
1 Zwiebel, geschält und gehackt
2 Knoblauchzehen, in Scheiben
6 Pastinaken, geschält und gehackt
2 TL Garam Masala
1 rote Chilischote, Samen entfernt und fein gehackt
1 l Gemüsebrühe
Salz und Pfeffer
4 dünne Scheiben italienischer Speck

- Butter in einer Kasserolle zerlassen und die Zwiebel darin goldbraun rösten.
- Knoblauch und Pastinaken zugeben und einige Minuten garen, dann Gewürze und Chili zugeben.
- Mit Gemüsebrühe übergießen, alles zum Kochen bringen und etwa 20 Minuten köcheln lassen, bis die Pastinaken weich sind.
- Die Suppe portionsweise pürieren und zurück in die Kasserolle füllen. Mit Salz und Pfeffer abschmecken und nochmals durchwärmen.
- Den Speck in der Pfanne knusprig grillen und die Suppe damit garnieren.

Pastinakensuppe mit Parmesan — 143

- Für eine vegetarisch-würzige Variante statt Speck Parmesan über die fertige Suppe hobeln.

144 — Tomatencremesuppe mit Basilikum

4 PERSONEN

VORBEREITUNG: 5 MINUTEN
KOCHZEIT: 35 MINUTEN

ZUTATEN

500 g reife Tomaten, halbiert
Olivenöl
Salz und Pfeffer
einige Rosmarinzweige
4 Knoblauchzehen
1 l Gemüsebrühe
100 g Sahne
1 Bund Basilikum (Blätter und Stängel)

- Backofen auf 200 °C (Umluft 180 °C) vorheizen.
- Tomatenhälften in einer Bratform verteilen und mit Öl beträufeln. Mit Salz und Pfeffer würzen, Rosmarin- und Basilikumzweige sowie Knoblauchzehen dazwischen verteilen.
- Im Ofen etwa 25 Minuten grillen, bis die Tomaten sehr weich und stellenweise angekohlt sind.
- Rosmarin entfernen. Die Knoblauchzehen aus der Schale in den Standmixer drücken und vorsichtig die Tomaten mit Grillsaft zugeben. Basilikum zugeben. Bei Bedarf in zwei Durchgängen mixen.
- Gemüsebrühe zugießen und alles zu einer glatten Masse mixen.
- Die Suppe zurück in die Kasserolle gießen, Sahne unterrühren und alles nochmals erwärmen, ohne zu kochen. Mit klein gerissenen Basilikumblättern garniert servieren.

Scharfe Tomatensuppe — 145

- Für ein wärmendes Wintergericht 1 TL gemahlenen Kreuzkümmel und eine große Prise getrocknete Chiliflocken unterrühren.

SUPPEN

146 — 4 PERSONEN
Hühner-Gemüse-Suppe mit Basilikum

- Öl in einer großen Kasserolle erhitzen und Zwiebeln, Karotten und Sellerie darin weich dünsten.
- Knoblauch und Kartoffelstücke zugeben und weitere 3 Minuten garen.
- Hähnchen zugeben, die Hitze etwas erhöhen und garen, bis das Fleisch stellenweise bräunt.
- Mit dem Fond übergießen, die Kräuter zugeben und 15 Minuten sanft köcheln lassen.
- Erbsen zugeben und 5 Minuten weitergaren.
- Mit Salz und Pfeffer abschmecken, Basilikum unterrühren und warm servieren.

VORBEREITUNG: 15 MINUTEN
KOCHZEIT: 35 MINUTEN

ZUTATEN

2 EL Olivenöl
1 Zwiebel, geschält und in feinen Ringen
2 Selleriestangen, fein gehackt
2 Karotten, geschält und fein gehackt
1 Knoblauchzehe, zerdrückt
2 mehligkochende Kartoffeln, geschält und gewürfelt
4 Hähnchenkeulen, Fleisch in feine Streifen geschnitten
1 l Geflügelfond
1 Bouquet garni (Kräutersträußchen)
100 g Erbsen, tiefgefroren
½ Bund Basilikum (Blätter)
Salz und Pfeffer

147
Hühner-Gemüse-Suppe mit Nudeln

- Statt der Kartoffeln zusammen mit den Erbsen dicke Nudeln in die Suppe zugeben.

148 — 4 PERSONEN
Chinesische Nudelsuppe

- Öl in einer großen Kasserolle erhitzen und die Zwiebel darin glasig anschwitzen.
- Knoblauch, Chiliringe und Ingwer zugeben und 2 Minuten garen, dann das übrige Gemüse zufügen und einige weitere Minuten garen.
- Mit der Brühe übergießen, Sojasauce zufügen und 10 Minuten köcheln lassen.
- Nudeln zugeben und 5 Minuten weich garen, dann die Sprossen zufügen.
- Nach Belieben mit Salz und Pfeffer abschmecken und mit Chilisauce würzen.
- Mit frischem Koriander, Frühlingszwiebeln und einigen Tropfen Sesamöl verfeinern und mit Limettenscheiben garniert servieren.

VORBEREITUNG: 10 MINUTEN
KOCHZEIT: 25 MINUTEN

ZUTATEN

2 EL Öl
1 Zwiebel, geschält, in feinen Ringen
2 Knoblauchzehen, in feinen Scheiben
1 cm Ingwer, in feinen Scheiben
2 Karotten, geschält, in Scheiben
1 Zucchini, in Stifte geschnitten
1 rote Paprikaschote, Samen entfernt und in Streifen
1 gelbe Paprikaschote, Samen entfernt und in Streifen
1½ l Hühner- oder Gemüsebrühe
3 EL Sojasauce
2 Handvoll getrocknete Nudeln
1 Handvoll Bohnensprossen
Chilisauce
Salz und Pfeffer
2 EL Koriander, gehackt
Sesamöl
1 rote Chilischote, in Ringen
Limettenscheiben zum Garnieren
2 Frühlingszwiebeln, in Scheiben

149
Nudelsuppe mit Garnelen

- Garnelen zusammen mit der Zwiebel anbraten, bis sie gar sind, dann die weiteren Zutaten zugeben. So wird aus der Suppe ein feines Hauptgericht.

150 — Französische Zwiebelsuppe

6 PERSONEN

VORBEREITUNG: 15 MINUTEN
KOCHZEIT: 1 STUNDE 35 MINUTEN

ZUTATEN

60 g Butter
1 EL Olivenöl
700 g Zwiebeln, geschält und in feinen Ringen
1 TL Zucker
2 Knoblauchzehen, zerdrückt
1 EL Mehl (Type 550)
200 ml trockener Weißwein
1½ l Rinderfond
1 Lorbeerblatt
1 kleines Glas Madeira-Wein oder trockener Sherry

ZUM ANRICHTEN

6 Scheiben Baguette
geriebener Gruyère

- Butter mit Öl in der Pfanne zerlassen. Wenn sie flüssig ist, Zwiebeln zugeben und langsam bei niedriger Hitze mindestens 30 Minuten tief goldbraun rösten. Sie liefern den Geschmack für die Suppe und sollten süßlich und gut gebräunt sein.
- Zucker zugeben und karamellisieren lassen, dann Knoblauch unterrühren.
- Mit Mehl binden und mit Wein ablöschen. Gleichmäßig rühren, bis die Masse eindickt, dann Fond und Lorbeerblatt zugeben.
- Etwa 1 Stunde sanft köcheln lassen. Dann Madeira oder Sherry unterrühren.
- Zum Anrichten die Brotscheiben mit geriebenem Käse überbacken und auf der Suppe servieren.

151 — Zwiebelsuppe mit Pilzen

- Einige getrocknete Pilze fein hacken und vorab im Rinderfond einweichen. Sie sorgen für volleren, erdigen Geschmack.

152 — Kartoffel-Lauch-Suppe

4 PERSONEN

VORBEREITUNG: 10 MINUTEN
KOCHZEIT: 40 MINUTEN

ZUTATEN

60 g Butter
4 Lauchstangen, die grünen Spitzen entfernt, in feinen Ringen
2 mehligkochende Kartoffeln, geschält und gewürfelt
2 Thymianzweige
850 ml Hühner- oder Gemüsebrühe
250 ml Milch
Salz und weißer Pfeffer
½ Bund Schnittlauch, gehackt

- In einer großen Kasserolle die Butter zerlassen und den Lauch darin sanft anschwitzen, bis er sehr weich ist.
- Kartoffeln und Thymian zugeben und einige Minuten garen, dann Brühe und Milch zugießen. Zum Köcheln bringen und 20–25 Minuten sanft garen, bis die Kartoffeln weich sind.
- Thymian entfernen und die Suppe im Standmixer pürieren.
- Zurück auf den Herd stellen, aufwärmen und vorsichtig mit Salz und Pfeffer abschmecken. Mit Schnittlauch bestreut servieren.

153 — Vichysoisse (kalte Lauchsuppe)

- Für eine erfrischend sommerliche Vorspeise die Lauchsuppe stark gekühlt servieren.

SUPPEN

154 — 4 PERSONEN
Spargelcremesuppe mit Speck

- Spargelansätze mit der Brühe zum Kochen bringen und etwa 15 Minuten köcheln lassen, dann abseihen.
- Butter in einer Kasserolle zerlassen, gehackten Spargel und Kartoffel zugeben und 5 Minuten dünsten.
- Die abgegossene Brühe einrühren, alles erneut zum Kochen bringen und 5–10 Minuten köcheln lassen, bis das Gemüse weich und zart ist.
- In einem Standmixer pürieren, dann zurück in die Kasserolle geben.
- Inzwischen den Speck in der Pfanne knusprig braten und in kleine Stücke schneiden.
- Sahne unter die Suppe rühren und sanft erneut erwärmen, aber nicht kochen. Mit Salz und Pfeffer abschmecken. Vor dem Servieren Petersilie unterrühren und die Suppe mit Speckstreifen bestreuen.

VORBEREITUNG: 5 MINUTEN
KOCHZEIT: 25–30 MINUTEN

ZUTATEN

450 g Spargel, holzige Ansätze beiseitegelegt, die übrigen Stücke gehackt
1 Kartoffel, geschält und gehackt
1 l heiße Hühner- oder Gemüsebrühe
30 g Butter
100 g Sahne
Salz und Pfeffer
1 EL Petersilie, gehackt
4 dünne Scheiben durchwachsener Räucherspeck

155 — 4 PERSONEN
Erbsengazpacho mit Käse

VORBEREITUNG: 5 MINUTEN + KÜHLZEIT
KOCHZEIT: 20 MINUTEN

ZUTATEN

25 g Butter
½ Bund Frühlingszwiebeln, fein gehackt
750 g Erbsen (tiefgefroren)
1 l Hühner- oder Gemüsebrühe
2–3 EL Crème fraîche
Salz und Pfeffer
60 g Stilton oder anderer würziger Blauschimmelkäse, zerkrümelt

- Butter in einer Kasserolle zerlassen und die Frühlingszwiebeln darin sanft andünsten.
- Erbsen zugeben, Brühe zugießen und alles 10–15 Minuten garen, bis die Erbsen weich sind.
- Bei Bedarf portionsweise pürieren, dann Crème fraîche unterrühren und mit Salz und Pfeffer abschmecken.
- Vor dem Servieren mindestens 1 Stunde kühl stellen und bei Bedarf erneut abschmecken.
- Mit zerkrümeltem Käse bestreuen.

156 — 4 PERSONEN
Brokkolisuppe mit Feta

VORBEREITUNG: 15 MINUTEN
KOCHZEIT: 30 MINUTEN

ZUTATEN

25 g Butter
1 Zwiebel, geschält und fein gehackt
1 Knoblauchzehe, fein gehackt
1 Stange Sellerie, fein gehackt
2 Sardellenfilets
1 Kartoffel, geschält und gehackt
1 Kopf Brokkoli, in Röschen zerteilt
1 l Gemüsebrühe
Salz und Pfeffer
100 g Sahne
100 g Feta, zerkrümelt
natives Olivenöl extra

- Butter in einer Kasserolle zerlassen. Zwiebel, Knoblauch und Sellerie darin einige Minuten dünsten.
- Sardellen, Kartoffel und Brokkoli zugeben und einige weitere Minuten garen, dann die Gemüsebrühe zugießen.
- Auf niedriger Stufe etwa 20 Minuten weich köcheln lassen.
- Portionsweise pürieren, in die Kasserolle geben und die Sahne unterrühren. Mit Salz und Pfeffer abschmecken und erneut aufwärmen.
- Mit zerkrümeltem Feta bestreut und mit etwas Öl beträufelt servieren.

157 — Zucchinisuppe

4 PERSONEN

VORBEREITUNG: 15 MINUTEN
KOCHZEIT: 30–40 MINUTEN

ZUTATEN

2 EL Olivenöl
1 Zwiebel, geschält und fein gehackt
2 Knoblauchzehen, fein gehackt
1 kg Zucchini, gehackt
4 Thymianzweige
1 l Hühner- oder Gemüsebrühe
Salz und Pfeffer
ein Spritzer Zitronensaft (nach Belieben)
60 g Sahne

- Öl in einer großen Kasserolle erhitzen und die Zwiebel darin glasig anschwitzen.
- Knoblauch, Zucchini und Thymian zugeben und bei niedriger Hitze langsam garen, bis die Zucchini eine khakigrüne Farbe angenommen haben und sehr weich sind.
- Brühe zugießen und alles zusammen 20 Minuten köcheln lassen.
- ⅔ der Suppe pürieren, dann alles zurück in die Kasserolle geben, erneut erwärmen und mit reichlich Salz und Pfeffer abschmecken. Nach Belieben Zitronensaft zugeben.
- Sahne unterrühren, mit erwärmen und die Suppe warm servieren.

Dicke Zucchinisuppe — 158

- Zusammen mit den Zucchini 1 geschälte und gewürfelte Kartoffel zugeben. Wenn das Gemüse weich ist, nur grob mit dem Kartoffelstampfer pürieren.

159 — Bohnensuppe mit Tomate und Paprika

4 PERSONEN

VORBEREITUNG: 15 MINUTEN
KOCHZEIT: 40 MINUTEN

ZUTATEN

4 EL Olivenöl
1 Zwiebel, geschält, in feinen Ringen
2 Knoblauchzehen, in feinen Scheiben
2 rote Paprikaschoten, Samen entfernt, in feinen Streifen
2 gelbe Paprikaschoten, Samen entfernt, in feinen Streifen
1 EL Tomatenmark
2 Dosen Tomaten gewürfelt (à 400 g)
750 ml Hühner- oder Gemüsebrühe
2 Dosen Cannellini-Bohnen (à 400 g), abgegossen
1 Zweig Rosmarin
2 Thymianzweige
1 Lorbeerblatt
Salz und Pfeffer
natives Olivenöl extra

- Öl in einer Kasserolle erwärmen und die Zwiebel darin goldbraun rösten.
- Knoblauch und Paprika zugeben und weich garen.
- Tomatenmark unterrühren und 2 Minuten mitgaren, dann Tomatenwürfel, Brühe und Bohnen zugeben. Kräuter im Ganzen zugeben und alles zusammen mindestens 20 Minuten köcheln lassen, bis die Suppe leicht eindickt.
- Für eine dicke Suppe nach Belieben die Bohnen mit dem Kartoffelstampfer grob zerdrücken. Mit Salz und Pfeffer abschmecken.
- Die Suppe in großen Schüsseln anrichten und mit etwas Olivenöl beträufelt servieren.

Bohnensuppe mit Gemüse und Rauchwurst — 160

- Für Extra-Fleischgeschmack gestiftelte Salami oder Rauchschinken unterrühren.

SUPPEN

Nudelsuppe mit Gemüse

161 · 4 PERSONEN

Nudeltopf mit Gemüse 162

- Statt der Suppennudeln dieselbe Menge kleine Pasta mitkochen.

Nudelsuppe mit Kürbis 163

- Gewürfelten Butternuss-Kürbis im Backofen weich garen und gegen Ende der Kochzeit zur Suppe geben.

Nudelsuppe mit Hähnchen 164

- Dünne Streifen Hähnchenbrust zusammen mit Zwiebel und Knoblauch anbraten, bis sie gar sind.

VORBEREITUNG: 10 MINUTEN
KOCHZEIT: 10 MINUTEN

ZUTATEN

1 EL Erdnussöl
1 TL Sesamöl
1 rote Zwiebel, geschält und in feinen Ringen
2 Knoblauchzehen, in feinen Scheiben
1 cm frischer Ingwer, in feinen Scheiben
1 rote Chilischote, Samen nach Belieben entfernt und fein gehackt
1 rote Paprikaschote, Samen entfernt und in feinen Streifen
1 Handvoll grüne Bohnen, geputzt
1 l Hühner- oder Gemüsebrühe
2 Handvoll getrocknete Suppennudeln
2 EL Sojasauce
1 Bund Koriandergrün, gehackt
Saft von 1 Limette

- Beide Ölsorten zusammen in einer Kasserolle erhitzen. Zwiebel, Knoblauch und Ingwer darin glasig anschwitzen.
- Chili und Gemüse zugeben und alles etwa 5 Minuten sanft garen, bis das Gemüse weich wird.
- Mit der Brühe übergießen und weitergaren. Die Nudeln zugeben und entsprechend der Packungsanleitung köcheln lassen.
- Mit Sojasauce und Limettensaft würzen und vor dem Servieren mit gehacktem Koriander bestreuen.

PASTA

PASTA

165 — 4 PERSONEN
Tagliatelle Carbonara

- Die Nudeln entsprechend der Packungsanleitung in kochendem Salzwasser garen.
- Butter in einer Pfanne zerlassen und den Speck darin goldbraun braten.
- Eigelb und Parmesan mit der Sahne verquirlen.
- Die Nudeln abgießen, zurück in den Topf geben und rasch mit Butter und Speck vermengen.
- Die Sahnemischung zugeben, gleichmäßig verrühren und sofort servieren.

VORBEREITUNG: 5 MINUTEN
KOCHZEIT: 12 MINUTEN

ZUTATEN

500 g Tagliatelle (Bandnudeln)
2 EL Butter
12 Scheiben durchwachsener Speck oder Räucherspeck, gehackt
4 Eigelb
100 g Sahne
2 EL Parmesan, gerieben

166 — 4 PERSONEN
Selbstgemachte Pasta

VORBEREITUNG: 1 STUNDE
KOCHZEIT: 2 MINUTEN

ZUTATEN

600 g Mehl (am besten italienisches Weizenmehl Type 00, aus dem Feinkostladen, ersatzweise Type 405)
6 Eier oder 12 Eigelb

- Mehl in eine Schüssel sieben, in der Mitte eine Vertiefung machen und die Eier hineinschlagen.
- Mit einer Gabel das Ei verquirlen, dann mit dem Mehl so gut wie möglich vermischen.
- Mit bemehlten Händen alles verkneten und zu einer Kugel formen.
- Aus der Schüssel nehmen und zu einem glatten, elastischen Teig kneten. Mit Frischhaltefolie bedecken und im Kühlschrank mindestens 30 Minuten ruhen lassen.
- Den Teig mit einer Nudelmaschine so dünn wie möglich ausrollen.
- Für Lasagneblätter den langen Teigstreifen quer in Stücke schneiden. Leicht mit Mehl bestäubt beiseitestellen – der selbstgemachte Nudelteig ist fertig zur Verwendung!

167 — 4 PERSONEN
Spaghetti Bolognese

VORBEREITUNG: 15 MINUTEN
KOCHZEIT: 40 MINUTEN

ZUTATEN

500 g Spaghetti
3 EL Olivenöl
2 Zwiebeln, geschält und fein gehackt
2 Knoblauchzehen, gehackt
100 g italienischer Speck, gewürfelt
500 g Rinderhackfleisch
100 g Hühnerleber, fein gehackt
1 Glas trockener Weißwein
2 Dosen Tomaten gewürfelt (à 400 g)
4 EL Sahne
100 g Parmesan, gerieben
1 Bund Petersilie, gehackt
Salz und Pfeffer

- Öl in einer Pfanne erhitzen und den Knoblauch darin kurz anschwitzen.
- Speck zugeben und anbraten, bis Fett austritt.
- Hackfleisch zugeben und mit dem Holzlöffel gleichmäßig verteilen. Unter Rühren garen, bis es bräunt.
- Hühnerleber zugeben und mitgaren, bis sie gleichmäßig bräunt.
- Abschmecken, dann Wein zugießen und alles aufkochen. Tomaten zufügen. Teilweise zugedeckt 20 Minuten köcheln lassen.
- Inzwischen die Spaghetti in kochendem Salzwasser entsprechend der Packungsanleitung garen. Abgießen und in etwas Öl wenden.
- Sahne und Petersilie unter die Fleischsauce rühren und die Nudeln mit der Sauce vermengen.

Spiralnudeln mit Sauce Tricolore

168 — 4 PERSONEN

VORBEREITUNG: 5 MINUTEN
KOCHZEIT: 12 MINUTEN

ZUTATEN

500 g Spiralnudeln
2 EL Olivenöl
1 Knoblauchzehe, in feinen Scheiben
2 Dosen ganze Tomaten (à 400 g)
1 Bund Basilikum
1 Mozzarellakugel
2 EL schwarze Oliven kernlos, gehackt
Salz und Pfeffer

- Nudeln in kochendem Salzwasser entsprechend der Packungsanleitung garen.
- Inzwischen das Öl in einer Kasserolle relativ heiß werden lassen. Knoblauch und Tomaten ohne Saft zugeben. Zudecken, damit die Mischung nicht spritzt.
- Wenn die Mischung nicht mehr so stark spritzt, den Deckel abnehmen und die Tomaten mit der Gabel aufbrechen. Basilikum unterrühren, mit Salz und Pfeffer abschmecken und vom Herd nehmen.
- Die Nudeln abgießen und in der Sauce wenden.
- Mozzarella in Stücke reißen und zugeben. Mit gehackten Oliven vermengen und gleich servieren.

Nudeln Tricolore mit Basilikumöl — 169

- Statt das Basilikum unter die Sauce zu rühren, die Blätter mit einigen EL Olivenöl glatt mixen und die Nudeln damit beträufeln.

Lasagne Bolognese

170 — 6 PERSONEN

VORBEREITUNG: 2 STUNDEN
KOCHZEIT: 40 MINUTEN

ZUTATEN

12 Lasagneblätter (Seite 51)
4 EL Parmesan (gerieben)

FÜR DIE SAUCE BOLOGNESE
1 EL Butter
Olivenöl
1 Zwiebel, geschält und fein gehackt
2 Selleriestangen, fein gehackt
2 Knoblauchzehen, fein gehackt
2 Karotten, fein gehackt
120 g italienischer Speck, gewürfelt
500 g Rinderhackfleisch
120 ml Weißwein
2 Dosen Tomaten gewürfelt (à 400 g)
450 ml Rinderfond
Salz und Pfeffer

FÜR DIE BÉCHAMELSAUCE
Seite 31

- Für die Bolognese Butter mit Öl in einer Kasserolle erhitzen und das Gemüse darin 10 Minuten dünsten.
- Hackfleisch zugeben und mit einem Holzlöffel zerteilen, bis es durchgegart ist. Mit Salz und Pfeffer abschmecken.
- Wein zugießen und 5 Minuten unter Rühren die Flüssigkeit aufnehmen lassen. Tomaten und die Hälfte vom Fond zugießen. Hitze reduzieren, teilweise zudecken und etwa 1½–2 Stunden köcheln lassen. Dabei regelmäßig Fond nachgießen, damit die Masse nicht austrocknet.
- Inzwischen die Béchamel vorbereiten (Seite 31).
- Backofen auf 190 °C vorheizen. In eine Auflaufform ein Drittel der Bolognese geben, darauf ein Viertel der Béchamel verteilen und mit 4 Lasagneblättern bedecken.
- Mit den übrigen Zutaten zweimal wiederholen und mit Béchamel abschließen. Mit Parmesan bestreuen.
- Im Ofen etwa 40 Minuten backen.

Lasagne Bolognese mit Spinat — 171

- 3 große Handvoll Blattspinat andünsten, bis er zusammenfällt, und auf jeder Nudelschicht verteilen, dann mit Sauce bedecken.

PASTA

172 — 4 PERSONEN
Spinat-Ricotta-Cannelloni

- Backofen auf 180 °C vorheizen.
- Für die Füllung Butter in einer großen Kasserolle mit Öl zerlassen und den Knoblauch darin 2 Minuten anschwitzen. Spinat und Muskatnuss zugeben und unter Rühren garen, bis der Spinat zusammenfällt.
- In ein Küchensieb füllen und mit einem Holzlöffel die Flüssigkeit herausdrücken. Dann den Spinat fein hacken und zum Abkühlen in einer Schüssel beiseitestellen.
- Ricotta und Parmesan unterrühren und abschmecken.
- In Cannelloni füllen oder auf Lasagneblättern verteilen und einrollen. In eine gefettete Auflaufform legen.
- Für die Tomatensauce Öl in einer Pfanne erhitzen und Knoblauch, Tomaten und ½ Glas Wasser zugeben. 10 Minuten köcheln lassen, dann Basilikum unterrühren.
- Die Sauce über und um die Cannelloni verteilen und im Ofen 15 Minuten backen, bis die Sauce Blasen wirft.

VORBEREITUNG: 40 MINUTEN
KOCHZEIT: 15 MINUTEN

ZUTATEN
12 Cannelloni oder 12 Lasagneblätter (Seite 51)

FÜR DIE FÜLLUNG
2 EL Butter
Olivenöl
2 Knoblauchzehen, gehackt
¼ TL frisch geriebene Muskatnuss
1 kg Blattspinat
400 g Ricotta
2 EL Parmesan, gerieben
Salz und Pfeffer

FÜR DIE TOMATENSAUCE
2 EL Olivenöl
1 Knoblauchzehe, gehackt
2 Dosen Tomaten gewürfelt (à 400 g)
½ Bund Basilikum, gehackt

Spinat-Cannelloni mit Mascarpone — 173
- Eine besonders cremige Sauce entsteht, wenn Sie statt Ricotta Mascarpone verwenden und 2 EL geriebenen Parmesan unterrühren, der zusätzlich Geschmack verleiht.

174 — 4 PERSONEN
Fleisch-Cannelloni

- Backofen auf 190 °C vorheizen.
- Für die Füllung Butter mit etwas Öl zerlassen und das Gemüse darin weich dünsten.
- Hackfleisch zugeben und mit einem Holzlöffel zerteilen. Unter Rühren gleichmäßig durchgaren.
- Wein zugießen, abschmecken und garen, bis die Flüssigkeit verdampft ist.
- Mit einem Teelöffel die Fleischmischung in die Cannelloni füllen oder auf Lasagneblätter streichen und einrollen. Die Rollen in eine Auflaufform legen.
- Die Nudeln mit Mozzarellascheiben belegen und mit etwas Tomatenmark bestreichen.
- Im Backofen 10–15 Minuten backen, bis der Käse bräunt und Blasen wirft.

VORBEREITUNG: 20 MINUTEN
KOCHZEIT: 10–15 MINUTEN

ZUTATEN
12 Cannelloni oder 12 Lasagneblätter (Seite 51)
2 Mozzarellakugeln, in Scheiben

FÜR DIE FÜLLUNG
1 EL Butter
Olivenöl
1 Zwiebel, geschält und fein gehackt
2 Selleriestangen, fein gehackt
2 Knoblauchzehen, fein gehackt
2 Karotten, fein gehackt
250 g Rinderhackfleisch
250 g Schweinehackfleisch
120 ml trockener Weißwein
3 EL Tomatenmark oder Passata
Salz und Pfeffer

Fleisch-Cannelloni mit Tomatensauce — 175
- Die Cannelloni mit Tomatensauce bestreichen (oben), dann mit Mozzarella belegen.

176 — 2 PERSONEN
Tortelloni in cremiger Tomatensauce

177 — Tortelloni in Tomatensauce
- Für eine fettärmere Alternative die Tomatensauce ohne Mascarpone zubereiten.

178 — Tortelloni mit Tomaten-Speck-Sauce
- 50 g gewürfelten italienischen Speck zusammen mit den Zwiebeln anbraten.

179 — Tortelloni mit Tomaten-Mozzarella-Sauce
- Gewürfelter Mozzarella, kurz vor dem Servieren untergerührt, macht die Sauce kerniger und sättigt.

VORBEREITUNG: 5 MINUTEN
KOCHZEIT: 15 MINUTEN

ZUTATEN
1 Packung frische Tortelloni (z. B. gefüllt mit Schinken und Käse oder Spinat und Ricotta)

FÜR DIE SAUCE
2 EL Olivenöl
1 Zwiebel, fein gehackt
1 Knoblauchzehe, fein gehackt
1 Dose Tomaten gewürfelt (400 g)
1 Handvoll frischer Thymian
100 g Mascarpone
Salz und Pfeffer

- Öl in einer Kasserolle erhitzen und Zwiebel und Knoblauch darin anschwitzen, ohne dass sie bräunen.
- Tomaten und etwas Wasser zugießen und 10 Minuten köcheln lassen, dann Thymian und Mascarpone unterrühren und mit Salz und Pfeffer abschmecken.
- Die Tortelloni in kochendem Salzwasser gemäß der Packungsanleitung garen. Abgießen.
- Die Nudeln mit der Sauce vermischen und gleich servieren.

PASTA

180 | 4 PERSONEN
Penne mit Schinken-Sahne-Sauce

- Die Nudeln gemäß der Packungsanleitung in Salzwasser kochen.
- Abgießen, dabei 1 Tasse Kochwasser beiseitestellen.
- Inzwischen die Butter in einer Pfanne zerlassen und Zwiebeln und Knoblauch darin glasig anschwitzen.
- Speck zugeben, Sahne zugießen und Muskatnuss unterrühren.
- Die Nudeln unter die Sahnesauce rühren und zum Auflockern etwas Kochwasser zugießen.
- Mit Petersilie und Parmesan bestreut servieren.

VORBEREITUNG: 5 MINUTEN
KOCHZEIT: 15–20 MINUTEN

ZUTATEN

500 g Penne
1 EL Butter
½ Zwiebel, geschält und fein gehackt
1 Knoblauchzehe, fein gehackt
3 dicke Scheiben Speck, gehackt
300 g Sahne
Salz und Pfeffer
¼ TL frisch geriebene Muskatnuss
½ Bund Petersilie, gehackt
Parmesan, gerieben

Penne mit Pilzsauce | 181
- Für einen herzhaften Geschmack ohne Fleisch anstelle des Specks 1 Handvoll geviertelter Wiesenchampignons in Butter andünsten.

182 | 4 PERSONEN
Pappardelle in Schnittlauchcremesauce

- Die Nudeln entsprechend der Packungsanleitung in kochendem Salzwasser garen.
- 1 Tasse Kochwasser beiseitestellen, den Rest abgießen.
- Mascarpone in einer Kasserolle erwärmen, Schnittlauch unterrühren und einen Spritzer Zitronensaft zugeben. Mit Salz und Pfeffer abschmecken.
- Die Nudeln unter die Sauce rühren und zum Auflockern etwas Kochwasser zugießen. Gut vermischen und gleich servieren.

VORBEREITUNG: 5 MINUTEN
KOCHZEIT: 10 MINUTEN

ZUTATEN

400 g Pappardelle (breite Bandnudeln)
220 g Mascarpone
½ Bund Schnittlauch, gehackt
ein Spritzer Zitronensaft
Salz und Pfeffer

Pappardelle mit Schnittlauch-Käse-Sauce | 183
- Zusätzlich 50 g geriebenen Parmesan oder Gruyère unterrühren.

184 — Spargel-Tagliatelle

4 PERSONEN

VORBEREITUNG: 10 MINUTEN
KOCHZEIT: 12 MINUTEN

ZUTATEN

500 g Tagliatelle (Bandnudeln)
½ Bund Spargel, holzige Ansätze entfernt, in kurze Stücke geschnitten
60 g Butter
1 Knoblauchzehe, in feinen Scheiben
abgeriebene Schale von ¼ Bio-Zitrone
Salz und Pfeffer

- Nudeln in kochendem Salzwasser entsprechend der Packungsanleitung garen.
- 3 Minuten vor Ende der Kochzeit Spargel zugeben.
- Inzwischen Butter und Knoblauch in einer Kasserolle erhitzen, dann Zitronenschale zugeben und alles verrühren.
- Nudeln abgießen und etwas Kochwasser beiseitestellen. Nudeln unter die Spargelmischung heben und 1–2 EL Kochwasser zugießen, damit sich die Sauce gleichmäßig verteilt.
- Mit Salz und Pfeffer abschmecken und gleich servieren.

185 — Tagliatelle mit Spargel und dicken Bohnen

- 60g dicke Bohnen, enthülst und gekocht, mit den Nudeln unterrühren.

186 — Tagliatelle mit Hackfleischbällchen

4–6 PERSONEN

VORBEREITUNG: 50 MINUTEN
KOCHZEIT: 30 MINUTEN

ZUTATEN

350 g Tagliatelle
Parmesan, servierfertig gerieben

FÜR DIE HACKFLEISCHBÄLLCHEN

400 g Rinderhackfleisch
1 Ei
2 EL Petersilie, gehackt
1 Knoblauchzehe, zerdrückt
abgeriebene Schale von ½ Bio-Zitrone
Salz und Pfeffer
1 dicke Scheibe Weißbrot, entrindet, in 2 EL Milch eingelegt
3 EL Olivenöl
1 Dose Tomaten gewürfelt (à 400 g)
400 ml Rinderfond
1 TL Zucker

- Fleisch in einer großen Schüssel mit Ei, Knoblauch, Zitronenschale und 1 EL Petersilie vermischen und mit Salz und Pfeffer abschmecken.
- Eingelegtes Brot über die Mischung krümeln. Mit den Händen zu einer glatten, klebrigen Masse verkneten.
- Mit kalt gewaschenen Händen aus der Fleischmasse etwa walnussgroße Kugeln rollen und 3 Minuten kühl stellen.
- Öl in einer Pfanne erhitzen und die Bällchen darin portionsweise anbraten, bis sie bräunen.
- Tomaten und Fond in die Pfanne zugießen, dann Zucker, Salz und Pfeffer zugeben und alles zum Kochen bringen. Bei niedriger Hitze 20 Minuten köcheln lassen.
- Inzwischen Nudeln in kochendem Salzwasser entsprechend der Packungsanleitung garen.
- Nudeln abgießen. In einer Servierschüssel mit der Sauce übergießen und mit Petersilie und Parmesan bestreut servieren.

187 — Tagliatelle mit Lammhackfleisch

- Statt Rinderhack Lammhackfleisch verwenden und ½ TL gemahlenen Zimt sowie 1 TL gemahlenen Kreuzkümmel unterrühren.

PASTA

188 — 4 PERSONEN
Tagliatelle mit Meeresfrüchten

VORBEREITUNG: 15 MINUTEN
KOCHZEIT: 15–20 MINUTEN

ZUTATEN

500 g Tagliatelle (Bandnudeln)
2 EL Olivenöl
1 Schalotte, fein gehackt
2 Knoblauchzehen, fein gehackt
1 Prise getrocknete Chiliflocken
1 Dose geschälte Tomaten (à 400 g)
2 Thymianzweige
200 g Garnelen, geschält
8 Jakobsmuscheln, waagrecht halbiert
250 g Miesmuscheln, geputzt
Salz und Pfeffer

- Nudeln in kochendem Salzwasser entsprechend der Packungsanleitung garen. Abgießen und in etwas Öl wenden.
- 1 EL Öl in einer Kasserolle erhitzen und Schalotte und Knoblauch darin mit den Chiliflocken anschwitzen.
- Tomaten und einen Schluck Wasser zugeben und alles etwa 10 Minuten köcheln lassen.
- Inzwischen die Miesmuscheln in einer weiteren Kasserolle mit etwas Wasser übergießen und etwa 5 Minuten garen, bis sie sich öffnen. Muscheln, die sich nicht geöffnet haben, entfernen.
- Abgießen und das Kochwasser in einer Schüssel auffangen. Die Muscheln etwas abkühlen lassen und das Muschelfleisch auslösen.
- Thymian, Garnelen und Jakobsmuscheln zur Tomatenmischung geben und weitergaren, bis die Garnelen sich rosa färben und die Muscheln Farbe annehmen.
- Miesmuschelfleisch und etwas Kochwasser zugeben, abschmecken und die Nudeln unterrühren. Gleich servieren.

189 — Tagliatelle mit Tintenfisch

- Tintenfischringe aus dem Tiefkühlregal auftauen und unter die Garnelenmischung heben.

190 — Tagliatelle mit Dill-Aioli

- Zu dem Aioli-Rezept (Seite 26) Dill unterrühren und zu den fertigen Meeresfrüchte-Tagliatelle servieren.

191 — Meeresfrüchte-Tagliatelle a Bianco

- Statt der Dosentomaten ein Glas trockenen Weißwein zugießen, um ein Drittel einkochen lassen. Dann Meeresfrüchte und Kochwasser zugeben.

192 — Conchiglie mit Krebsfleisch und Pesto

6 PERSONEN

VORBEREITUNG: 20 MINUTEN
KOCHZEIT: 20 MINUTEN

ZUTATEN

1 kg Riesen-Conchiglie (Muschelnudeln)
300 g Krebsfleisch
2 große Bund Basilikum, gehackt
75 g Pinienkerne
5 Knoblauchzehen, gehackt
natives Olivenöl extra
3 Tomaten, fein gehackt
100 ml Gemüsebrühe
Salz und Pfeffer

- Nudeln in kochendem Salzwasser entsprechend der Packungsanleitung garen. Abgießen und in Olivenöl schwenken.
- Basilikum, Knoblauch und Pinienkerne im Mörser zu einer Paste zerstampfen. Mit Öl glatt rühren.
- Krebsfleisch und Tomaten vorsichtig unterrühren und mit Salz und Pfeffer abschmecken.
- Backofen auf 150 °C vorheizen.
- Die Nudeln mit der Pestomischung füllen und in eine gebutterte Auflaufform füllen. Die Gemüsebrühe auf dem Formboden verteilen und die Form mit Alufolie bedecken.
- 10 Minuten im Backofen garen, dann servieren.

193 — Conchiglie mit Garnelen und Pesto

- Statt Krebsfleisch gegarte, gehackte Garnelen als Füllung verwenden.

194 — Käse-Makkaroni

4 PERSONEN

VORBEREITUNG: 15 MINUTEN
KOCHZEIT: 25 MINUTEN

ZUTATEN

2 EL Butter
2 EL Mehl (Type 550)
500 ml Milch
1 Lorbeerblatt
1 TL Senfpulver
1 Prise Cayennepfeffer
¼ TL frisch geriebene Muskatnuss
150 g geriebener Käse (z. B. würziger Cheddar)
Salz und Pfeffer
300 g Makkaroni

- Backofen auf 180 °C (Umluft 160 °C) vorheizen.
- Butter in einer Kasserolle zerlassen und mit Mehl binden. Einige Minuten einrühren, dann nach und nach Milch zugießen und glatt rühren.
- Gewürze einrühren, ⅔ vom Käse unterrühren und alles auf niedrigster Stufe etwa 10–15 Minuten köcheln lassen, bis sich das Mehl vollständig aufgelöst hat.
- Nudeln in kochendem Salzwasser entsprechend der Packungsanleitung garen. Gut abgießen und ein wenig Kochwasser beiseitestellen.
- Die Nudeln auf 4 kleine Auflaufförmchen verteilen und mit Käsesauce übergießen. Jeweils mit etwas Kochwasser verflüssigen.
- Mit dem übrigen Käse bestreuen und 20–25 Minuten überbacken, bis der Käse goldbraun ist und Blasen wirft.

195 — Käse-Makkaroni mit Tomaten

- 4 reife Tomaten in Scheiben schneiden und die Makkaroni damit belegen. Mit etwas getrocknetem Oregano und Zucker bestreuen und wie beschrieben backen.

PASTA

196 — 4 PERSONEN
Farfalle mit Würstchen und Gemüse

VORBEREITUNG: 10 MINUTEN
KOCHZEIT: 15 MINUTEN

ZUTATEN

300 g Farfalle (Maschennudeln)
2 EL Olivenöl
4 Salsicce (ersatzweise Bratwürste), in Stücke geschnitten
2 rote Paprikaschoten, Samen entfernt, in feinen Streifen
1 Zucchini, klein gewürfelt
einige Zweige Thymian
Salz und Pfeffer

- Nudeln in kochendem Salzwasser entsprechend der Packungsanleitung garen.
- Gut abgießen und 1 Tasse Kochwasser beiseitestellen.
- Inzwischen Öl in einer Kasserolle erhitzen und die Würstchen darin goldbraun anbraten.
- Paprika und Zucchini zugeben und unter Rühren weich und leicht goldbraun garen. Thymianblätter zugeben.
- Etwas Kochwasser zugießen und mit dem Gemüse zu einer Sauce verrühren, dann die Nudeln zugeben und gut vermengen.
- Noch heiß servieren.

197 — 4 PERSONEN
Makkaroni mit Tomaten & Oliven

VORBEREITUNG: 10 MINUTEN
KOCHZEIT: 12 MINUTEN

ZUTATEN

500 g Makkaroni
300 g Kirschtomaten, halbiert
1 Handvoll schwarze Oliven, entkernt und halbiert
½ Bund Petersilie, gehackt
½ Bund Thymian
1 TL getrockneter Oregano oder frischer Majoran
Salz und Pfeffer
natives Olivenöl extra

- Nudeln in kochendem Salzwasser entsprechend der Packungsanleitung garen.
- Inzwischen 4 EL Olivenöl in einer Kasserolle erhitzen und die Tomaten darin weich garen, bis sie aufbrechen.
- Oliven und Kräuter zugeben.
- Nudeln abgießen und 1 Tasse vom Kochwasser beiseitestellen.
- Nudeln mit der Sauce verrühren, zum Verflüssigen etwas Kochwasser zugeben. Abschmecken und mit etwas Olivenöl beträufelt servieren.

198 — 4 PERSONEN
Tortellini in Brodo

VORBEREITUNG: 5 MINUTEN
KOCHZEIT: 5 MINUTEN

ZUTATEN

400 g Tortellini aus der Packung (z.B. mit Spinat und Käse oder Pilzfüllung)
750 ml starker Geflügel- oder Rinderfond
½ Bund Petersilie
abgeriebene Schale von ½ Bio-Zitrone
Parmesan, gerieben
natives Olivenöl extra

- Tortellini im Fond etwa 3–5 Minuten garen, bis sie an die Oberfläche steigen.
- Auf Suppenschüsseln verteilen und mit Petersilie und Zitronenschale bestreuen. Dann mit Parmesan bestreuen und mit Öl beträufeln. Gleich servieren.

199
4 PERSONEN

Spaghetti mit Pesto Rosso

200
Spaghetti mit grünem Pesto
- Grünen Pesto nach dem Rezept auf Seite 23 zubereiten und wie oben servieren.

201
Spaghetti mit Mascarpone-Pesto
- Für eine cremige Pesto-Sauce 3 EL Mascarpone unter den fertigen Pesto Rosso rühren.

202
Spaghetti Tricolore
- Für ein appetitlich buntes Nudelgericht gedünsteten Spinat unter die Spaghetti rühren und dann den Pesto daraufgeben.

VORBEREITUNG: 5 MINUTEN
KOCHZEIT: 10 MINUTEN

ZUTATEN
500 g Spaghetti
Parmesan, servierfertig gerieben

FÜR DEN PESTO
1 kleine Handvoll Pinienkerne
1 Knoblauchzehe, geschält und gehackt
250 g getrocknete Tomaten oder eingelegte Tomaten, abgegossen
½ rote Chilischote, Samen entfernt und fein gehackt
2 EL Petersilie, gehackt
2 EL Parmesan, gerieben
natives Olivenöl extra

- Nudeln in kochendem Salzwasser entsprechend der Packungsanleitung garen. Abgießen und etwas Kochwasser beiseitestellen.
- Für den Pesto alle Zutaten in der Küchenmaschine oder im Standmixer zu einer groben Paste verrühren oder im Mörser zerstampfen. Mit ausreichend Öl glatt rühren.
- Die Nudeln unter den Pesto rühren und bei Bedarf mit etwas Kochwasser flüssig halten.
- Servieren und Parmesan dazu reichen.

PASTA

203 · 4 PERSONEN · Farfalle mit buntem Sommergemüse

- Nudeln in kochendem Salzwasser entsprechend der Packungsanleitung garen.
- 4 Minuten vor Ende der Kochzeit die Erbsen zugeben. Wenn sie gar sind, die Nudeln abgießen und 1 Tasse Kochwasser beiseitestellen. Nudeln in etwas Öl schwenken.
- Inzwischen Tomaten mit Öl beträufeln, mit Knoblauch vermengen, Salz und Pfeffer zugeben und ziehen lassen.
- Öl in einer Kasserolle erhitzen und die Zucchini darin scharf anbraten, bis sie weich ist und bräunt.
- Die warmen Nudeln mit den marinierten Tomaten und den Zucchini verrühren, etwas Kochwasser zugeben und mit Pesto garniert servieren.

VORBEREITUNG: 10 MINUTEN
KOCHZEIT: 12–15 MINUTEN

ZUTATEN

500 g Farfalle (Maschennudeln)
100 g Erbsen
16 reife Kirschtomaten, halbiert
½ Knoblauchzehe, zerdrückt
natives Olivenöl extra
Salz und Pfeffer
2 EL Olivenöl
1 Zucchini, klein gewürfelt
4 EL Pesto

204 · Farfalle mit Wintergemüse

- Statt Erbsen und Zucchini fein geschnittenen Schwarzkohl oder Wirsing verwenden.

205 · 4 PERSONEN · Gnocchi in Tomatensauce mit Basilikum

- Kartoffeln ungeschält in Salzwasser mindestens 25 Minuten sehr weich kochen.
- Abgießen, schälen und gründlich zerstampfen.
- Öl in einer Kasserolle erhitzen, Knoblauch sanft anbraten und Tomaten und etwas Wasser zugeben. 10 Minuten köcheln lassen, salzen, pfeffern und Basilikum unterrühren.
- Die Kartoffelmasse in eine Schüssel füllen und mit Mehl, Ei, 1 Prise Salz und Muskatnuss zu einem glatten Teig vermischen. In zwei Hälften teilen, ausrollen und zu zwei dicken Würsten formen.
- Die Teigwürste in 3 cm breite Stücke schneiden und mit der Gabelrückseite leicht eindrücken. Die Gnocchi auf ein bemehltes Brett beiseitelegen.
- Einen großen Topf mit Salzwasser zum Kochen bringen und die Gnocchi hineinlegen. Wenn sie an der Oberfläche schwimmen, sind sie gar. Abgießen, mit Tomatensauce vermischen und gleich servieren.

VORBEREITUNG: 1 STUNDE
KOCHZEIT: 5 MINUTEN

ZUTATEN

700 g mehligkochende Kartoffeln
250 g Mehl (Type 550)
1 Ei, verquirlt
Salz
¼ TL frisch geriebene Muskatnuss

FÜR DIE TOMATENSAUCE
2 EL Olivenöl
1 Knoblauchzehe, fein gehackt
1 Dose geschälte Tomaten (à 400 g)
½ Bund Basilikum, gehackt
Salz und Pfeffer

206 · Überbackene Gnocchi mit Tomatensauce

- Die Gnocchi in eine Auflaufform füllen, mit Mozzarellascheiben belegen und im Ofen überbacken.

207 — Frische Gnocchi

4 PERSONEN

VORBEREITUNG: 45 MINUTEN

KOCHZEIT: 5 MINUTEN

ZUTATEN

700 g mehligkochende Kartoffeln
250 g Mehl (Type 550)
1 Ei, verquirlt
Salz
¼ TL frisch geriebene Muskatnuss

- Kartoffeln ungeschält in Salzwasser mindestens 25 Minuten sehr weich kochen.
- Abgießen, schälen und zerstampfen oder durch die Kartoffelpresse drücken. Es soll ein glattes Püree entstehen. Das Püree auskühlen lassen.
- In eine Schüssel füllen und mit Mehl, Ei, 1 Prise Salz und Muskatnuss zu einem glatten Teig vermischen.
- Den Teig halbieren und zu zwei dicken Würsten rollen.
- Die Teigwürste in 3 cm breite Stücke schneiden und mit der Gabelrückseite Rillen formen. Die Gnocchi auf ein bemehltes Backblech legen.
- Einen großen Topf mit Salzwasser zum Kochen bringen und die Gnocchi hineinlegen. Wenn sie an der Oberfläche schwimmen, sind sie gar. Mit einem Sieblöffel aus dem Wasser nehmen und auf Küchenpapier abtropfen lassen.

Spinat-Gnocchi — 208

- 200 g Blattspinat andünsten, bis er zusammenfällt, und gut ausdrücken. In den Kartoffelbrei einrühren und wie oben weiterverarbeiten.

209 — Rigatoni mit Auberginen & Ziegenkäse

4 PERSONEN

VORBEREITUNG: 1 STUNDE

KOCHZEIT: 15 MINUTEN

ZUTATEN

500 g Rigatoni
200 ml Hühner- oder Gemüsebrühe
Parmesan

FÜR DIE FÜLLUNG
Olivenöl
1 Aubergine, halbiert
1 TL getrockneter Oregano
100 g Ricotta
50 g Ziegenkäse
1 kleine Handvoll frische Minze
Salz und Pfeffer

- Backofen auf 200 °C (Umluft 180 °C) vorheizen.
- Die Auberginenhälften in einer Bratform großzügig mit Olivenöl übergießen und mit Oregano bestreuen. Mindestens 30 Minuten braten, bis die Aubergine goldbraun ist und Flüssigkeit verloren hat.
- Herausnehmen und 10 Minuten abkühlen lassen. Schälen.
- Das Auberginenfleisch in der Küchenmaschine mit Ricotta, Ziegenkäse und Minze zu einer glatten Masse mixen. Vorsichtig mit Salz und Pfeffer abschmecken.
- Nudeln in kochendem Salzwasser entsprechend der Packungsanleitung garen, dann abgießen.
- Mit einem Löffelstiel oder einem feinen Spritzsack die Nudeln füllen.
- In eine Auflaufform füllen, mit Brühe übergießen, mit etwas Parmesan bestreuen und im Ofen 15 Minuten garen, bis die Sauce Blasen wirft und der Käse bräunt.

Rigatoni mit Zucchini-Ziegenkäse-Füllung — 210

- Statt der Aubergine Zucchini grillen, hacken und zur Füllung geben.

PASTA

211 — 4 PERSONEN
Gemüse-Conchiglie mit Pesto

212 — Conchiglie mit Erbsen und dicken Bohnen
- Bohnen und Erbsen zusammen mit den Nudeln garen und mit Pesto vermischen.

213 — Conchiglie mit Pesto-Creme-Sauce
- Vor dem Servieren 2 EL Mascarpone unter den Pesto rühren.

214 — Conchiglie mit gemischten Pilzen
- Statt Kürbis verschiedene Sorten Pilze andünsten und zugeben – das gibt eine herzhaft-würzige Nudelsauce.

VORBEREITUNG: 15 MINUTEN
KOCHZEIT: 20 MINUTEN

ZUTATEN
500 g Conchiglie (Muschelnudeln)
50 g Butter
½ Butternuss-Kürbis, gewürfelt
2 Selleriestangen, fein gehackt
100 g Wiesenchampignons oder andere Pilze, in Scheiben
1 Knoblauchzehe, in feinen Scheiben
4 EL Pesto
Salz und Pfeffer

- Nudeln in kochendem Salzwasser entsprechend der Packungsanleitung garen. Abgießen und 1 Tasse Kochwasser beiseitestellen.
- Inzwischen Butter in einer Kasserolle zerlassen und den Kürbis darin etwa 10 Minuten sanft dünsten.
- Sellerie, Pilze und Knoblauch zugeben und weitere 5 Minuten weich garen.
- Die Nudeln mit der Gemüsemischung verrühren, Pesto und ein wenig Kochwasser unterrühren.
- Mit Salz und Pfeffer abschmecken und gleich servieren.

Nudeln „Ratatouille"

215 — 4 PERSONEN

Pasta Caponata — 216
- Statt der Zucchini gehackte Sellerie mitgaren. Pilze und Paprika weglassen, vor dem Servieren 1 Handvoll Rosinen unterrühren.

Ratatouille-Variation — 217
- Das Gemüse mit Olivenöl und 2 halbierten Tomaten im heißen Backofen zart und goldbraun grillen. Die Dosentomaten weglassen. Das Grillgemüse mit den Nudeln vermischen.

Pasta Ratatouille mit Pesto — 218
- Die fertige Pasta mit selbstgemachtem Pesto garnieren – das sorgt für intensiv würzigen Geschmack (Seite 23).

VORBEREITUNG: 10 MINUTEN
KOCHZEIT: 50 MINUTEN

ZUTATEN
4–6 EL Olivenöl
2 Zwiebeln, geschält und in dünnen Ringen
2 Auberginen, der Länge nach halbiert und in dünnen Scheiben
3 Zucchini, der Länge nach halbiert und in dünnen Scheiben
2 Knoblauchzehen, fein gehackt
3 rote Paprikaschoten, Samen entfernt, in feinen Streifen
1 Handvoll Wiesenchampignons, in groben Scheiben
1 Dose Tomaten gewürfelt (à 400 g)
1 TL Koriandersamen, zerstampft
Salz und Pfeffer
1 Handvoll frische Basilikumblätter
500 g Spiralnudeln

- Öl in einer Pfanne erhitzen und die Zwiebeln darin goldbraun anbraten.
- Auberginen zugeben und 2 Minuten mitgaren, dann Zucchini und Knoblauch zugeben und weitere 2 Minuten garen.
- Pilze zufügen und nochmals 5 Minuten garen, dann Tomaten und Koriandersamen unterrühren und mindestens 30 Minuten bei sehr niedriger Hitze köcheln lassen, dabei gelegentlich rühren. Das Gemüse soll sehr weich sein.
- Nudeln in kochendem Salzwasser entsprechend der Packungsanleitung garen. Abgießen und 1 Tasse vom Kochwasser beiseitestellen.
- Die Nudeln mit der Ratatouille-Sauce und ein wenig Kochwasser vermischen. Vor dem Servieren mit Basilikum bestreuen.

PASTA

219 · 4 PERSONEN
Pasta mit Thunfisch und Gemüse

- Backofen auf 200 °C vorheizen.
- Paprikaschoten mit Öl beträufeln und mit Salz und Pfeffer würzen. Im Backofen etwa 20 Minuten weich und süßlich grillen.
- Nudeln in kochendem Salzwasser entsprechend der Packungsanleitung garen. Abgießen und etwas Kochwasser in einer Schüssel beiseitestellen.
- Die Nudeln mit den gegrillten Paprika vermischen, etwas Garflüssigkeit und 1 EL Kochwasser unterrühren.
- Thunfisch mit der Gabel zerteilen und zusammen mit Basilikum zugeben. Mais unterrühren und vor dem Servieren mit Salz und Pfeffer abschmecken.

VORBEREITUNG: 5 MINUTEN
KOCHZEIT: 25 MINUTEN

ZUTATEN

500 g Conchiglie (Muschelnudeln)
3 EL Olivenöl
3–4 rote Paprikaschoten ohne Stielansatz, Samen und Scheidewände, in Stücke geschnitten
Salz und Pfeffer
2 Dosen Thunfisch in Olivenöl (à 185 g), abgegossen
50 g Gemüsemais, abgegossen
½ Bund Basilikum, gehackt

Pasta mit Lachs · 220
- Den Thunfisch durch Lachs aus der Dose ersetzen.

221 · 4 PERSONEN
Lasagne Tricolore

- Für die Füllung den Mozzarella klein reißen.
- Die getrockneten Tomaten grob hacken.
- Den Spinat andünsten, bis er zusammenfällt, die Flüssigkeit herausdrücken und mit Salz und Pfeffer abschmecken. In etwas Olivenöl schwenken.
- Die Lasagneblätter in kochendem Salzwasser entsprechend der Packungsanleitung garen, dann abgießen.
- Pro Portion ein Lasagneblatt auflegen. Rasch mit etwas Spinat, Tomaten und Mozzarella belegen, ein weiteres Blatt Lasagne darauflegen und wiederholen, mit einem Lasagneblatt abschließen.
- Mit etwas Olivenöl beträufeln, mit Parmesan und Basilikum bestreuen.
- Einige Minuten im Backofengrill überbacken, bis der Käse geschmolzen ist. Gleich servieren.

VORBEREITUNG: 15 MINUTEN
KOCHZEIT: 3 MINUTEN

ZUTATEN

12 Lasagneblätter
2 Kugeln Büffelmozzarella
250 g eingelegte getrocknete Tomaten
1 kg Blattspinat, geputzt
Salz und Pfeffer
natives Olivenöl extra
Parmesan, gerieben
½ Bund Basilikum, gehackt

Lasagne mit Rucola und Brunnenkresse · 222
- Für eine würzig-saftige Note statt Spinat Rucola und Brunnenkresse mischen.

REIS & NUDELN

REIS & NUDELN

223 — 4 PERSONEN
Paella

- Olivenöl in einer großen, tiefen Pfanne erhitzen und Zwiebeln, Knoblauch und Sellerie mit der Wurst anbraten, bis Fett austritt.
- Paprikawürfel zugeben und weitere 5 Minuten garen, dann Hähnchen und Reis untermengen und rühren, sodass alles gleichmäßig mit Öl bedeckt ist.
- Safran in den Fond einrühren und den Reis damit übergießen. Paprikapulver zugeben. Alles zum Köcheln bringen und offen 10 Minuten weiterköcheln lassen.
- Tomaten, Erbsen und Meeresfrüchte zugeben und weitere 8–10 Minuten garen, bis Fisch und Meeresfrüchte fast gar sind und die Muscheln sich öffnen.
- Zitronensaft unterrühren, gut mit Salz und Pfeffer abschmecken und gleich servieren.

VORBEREITUNG: 20 MINUTEN
KOCHZEIT: 30 MINUTEN

ZUTATEN

5 EL Olivenöl
1 Zwiebel, geschält, in feinen Scheiben
75 g spanische Paprikawurst, gewürfelt
2 Knoblauchzehen, fein gehackt
1 Selleriestange, fein gehackt
1 rote Paprikaschote, gewürfelt
320 g Paella-Reis (Rundkornreis)
2 Hähnchenschenkel, gewürfelt
1 l Geflügelfond
einige Safranfäden
1 TL edelsüßes Paprikapulver
4 reife Tomaten, gehackt
50 g Erbsen (tiefgefroren)
12 Garnelen, ungekocht, mit Schale
24 Miesmuscheln, geputzt
2 feste Fischfilets (Weißfisch), enthäutet, Gräten entfernt und gewürfelt
Saft von 1 Zitrone
Salz und Pfeffer

224 — 4 PERSONEN
Pilaw-Reis

VORBEREITUNG: 30 MINUTEN
KOCHZEIT: 15 MINUTEN

ZUTATEN

500 g Basmatireis
30 g Butter
1 Zwiebel, geschält und fein gehackt
5 Kardamomkapseln, grob zerstampft
1 Zimtstange
6 Gewürznelken
einige Safranfäden, in 500 ml Gemüsebrühe eingeweicht
Salz

- Reis in einem Sieb mit kaltem Wasser abspülen und anschließend 30 Minuten in Wasser einweichen.
- Butter in einer Kasserolle zerlassen und die Zwiebel darin goldbraun rösten.
- Gewürze zugeben und leicht anrösten, dann Reis zufügen und gut verrühren, damit er gleichmäßig mit Butter bedeckt ist.
- Mit Brühe übergießen, leicht salzen und zum Kochen bringen. Zudecken, Hitze reduzieren und 9–10 Minuten garen.
- Bei Restwärme weitere 5 Minuten ziehen lassen. Deckel abnehmen und vor dem Servieren mit der Gabel lockern.

225 — 2 PERSONEN
Reisnudel-Laibchen

VORBEREITUNG: 5 MINUTEN
KOCHZEIT: 6 MINUTEN

ZUTATEN

150 g Vermicelli (dünne Reisnudeln)
1 Bund Schnittlauch, gehackt
1 Ei
Salz und Pfeffer
1 TL Sesamöl
1 EL Erdnussöl

- Die Vermicelli mit kochendem Wasser übergießen und 30–60 Sekunden einweichen.
- Gut abgießen und in kurze Stücke schneiden.
- Mit Schnittlauch und Ei verrühren und mit Salz und Pfeffer abschmecken. Aus der Masse Laibchen formen.
- Öl in einer Pfanne erhitzen und die Laibchen im heißen Öl je einige Minuten auf beiden Seiten goldbraun braten.
- Vor dem Servieren kurz mit Küchenpapier abtupfen.

226 Steinpilz-Risotto

4 PERSONEN

227 Steinpilz-Risotto mit Rotwein
- Rotwein statt Weißwein sorgt nicht nur für intensiven Geschmack, sondern auch für intensive Farbgebung.

228 Steinpilz-Risotto mit Petersilie
- Vor dem Servieren ½ Bund gehackte Petersilie unterrühren.

229 Steinpilz-Risotto mit Schinken
- Etwas fein gehackter Schinken sorgt für würzig-intensives Aroma.

VORBEREITUNG: 10 MINUTEN
KOCHZEIT: 25 MINUTEN

ZUTATEN
2 EL Olivenöl
40 g Butter
1 Zwiebel, geschält und fein gehackt
2 Knoblauchzehen, fein gehackt
200 g Steinpilze oder andere Wildpilze
1 EL frischer Thymian
320 g Risotto-Reis (Arborio)
100 ml trockener Weißwein
1 l Hühner- oder Gemüsebrühe
Salz und Pfeffer
3 EL Butter
120 g Parmesan, gerieben

- Öl und Butter in einer großen Kasserolle erhitzen und Zwiebel und Knoblauch darin glasig anschwitzen.
- Die klein geschnittenen Pilze zugeben und einige Minuten mitgaren.
- Reis unterrühren, sodass er gleichmäßig mit Butter bedeckt ist, dann Wein zugießen und unter Rühren weitergaren, bis der Wein aufgesogen ist.
- Wenn der Wein eingekocht ist, die Hitze etwas reduzieren und dann die Brühe schöpflöffelweise zugeben, dabei gleichmäßig rühren. So wird der Risotto herrlich sämig.
- Weiter Brühe zugeben und gelegentlich vom Reis kosten. Nach 15–20 Minuten sollte der Reis weich, aber noch leicht bissfest sein. Wenn die Brühe aufgebraucht, der Reis aber noch hart ist, mit Wasser fortsetzen.
- Abschmecken und vom Herd nehmen. Etwas Butter und Parmesan einrühren (sogenannte Mantecatura) und einschmelzen lassen. Noch warm servieren.

REIS & NUDELN

230 — Spargel-Risotto
4 PERSONEN

- Öl und Butter in einer großen Kasserolle erhitzen. Zwiebel darin glasig anschwitzen.
- Spargel in kurze Stücke schneiden, zugeben und einige Minuten mitgaren.
- Reis unterrühren, sodass er gleichmäßig mit Butter bedeckt ist, dann Wein zugießen und unter Rühren weitergaren, bis der Wein aufgesogen ist.
- Wenn der Wein eingekocht ist, die Hitze etwas reduzieren und dann die Brühe schöpflöffelweise zugeben, dabei gleichmäßig rühren. So wird der Risotto herrlich sämig.
- Weiter Brühe zugeben und gelegentlich vom Reis kosten. Nach 15–20 Minuten sollte der Reis weich, aber noch leicht bissfest sein. Wenn die Brühe aufgebraucht, der Reis aber noch hart ist, mit Wasser fortsetzen.
- Abschmecken und vom Herd nehmen. Etwas Butter und Parmesan einrühren (sogenannte Mantecatura) und schmelzen lassen. Zitronensaft und -schale unterrühren.

VORBEREITUNG: 10 MINUTEN
KOCHZEIT: 25 MINUTEN

ZUTATEN
2 EL Olivenöl
40 g Butter
1 Zwiebel, geschält und fein gehackt
1 Bund Spargel, geputzt und holzige Ansätze entfernt
320 g Risotto-Reis (Arborio)
100 ml trockener Weißwein
1 l Hühner- oder Gemüsebrühe
Salz und Pfeffer
3 EL Butter
120 g Parmesan, gerieben
Saft und abgeriebene Schale von 1 Bio-Zitrone

Spargel-Erbsen-Risotto — 231
- 1 Handvoll Erbsen mit dem Reis mitkochen – das sorgt für eine süßliche Note.

232 — Risotto mit Speck und Parmesan
4 PERSONEN

- Öl und Butter in einer großen Kasserolle zerlassen. Zwiebel und Knoblauch darin glasig anschwitzen.
- Speck zugeben und braun anbraten.
- Reis unterrühren, sodass er gleichmäßig mit Butter bedeckt ist, dann Wein zugießen und unter Rühren weitergaren, bis der Wein aufgesogen ist.
- Wenn der Wein eingekocht ist, die Hitze etwas reduzieren und dann die Brühe schöpflöffelweise zugeben, dabei gleichmäßig rühren. So wird der Risotto herrlich sämig.
- Weiter Brühe zugeben und gelegentlich vom Reis kosten. Nach 15–20 Minuten sollte der Reis weich, aber noch leicht bissfest sein. Wenn die Brühe aufgebraucht, der Reis aber noch hart ist, mit Wasser fortsetzen.
- Abschmecken und vom Herd nehmen. Etwas Butter und Parmesan einrühren (sogenannte Mantecatura) und einschmelzen lassen. Sofort servieren.

VORBEREITUNG: 10 MINUTEN
KOCHZEIT: 25 MINUTEN

ZUTATEN
2 EL Olivenöl
40 g Butter
1 Zwiebel, geschält und fein gehackt
2 Knoblauchzehen, fein gehackt
150 g durchwachsener Speck, gewürfelt
320 g Risotto-Reis (Arborio)
100 ml trockener Weißwein
1 l Hühner- oder Gemüsebrühe
Salz und Pfeffer
3 EL Butter
120 g Parmesan, gerieben

Risotto mit Speck und Gemüse — 233
- Erbsen, Blattspinat und Spargel, im Risotto mitgegart, sind ein aromatisches Gegengewicht zum geräucherten Speck.

234 — Reis auf kantonesische Art

4 PERSONEN

VORBEREITUNG: 15 MINUTEN
KOCHZEIT: 10 MINUTEN

ZUTATEN

2 EL Öl
1 Zwiebel, geschält und fein gehackt
1 Knoblauchzehe, fein gehackt
3 Eier, verquirlt
200 g gegartes Fleisch oder Garnelen, fein gehackt
500 g Naturreis, gegart
3–4 Frühlingszwiebeln, in Scheiben
Sojasauce
1 Handvoll Bohnensprossen
1 Handvoll gekochte Erbsen

- Öl im Wok oder einer Pfanne erhitzen, sodass es gerade nicht raucht. Zwiebel und Knoblauch darin 1 Minute scharf anbraten.
- Zur Seite schieben, daneben Ei zugießen und einige Minuten garen, bis das Ei stockt.
- Reis und Fleisch zugeben und gut verrühren.
- Einen Schuss Sojasauce unterrühren, dann Sprossen und Erbsen zugeben. Alles vermischen und gleichmäßig durchwärmen, dann servieren.

235 — Reis kantonesisch mit Ente

- Dazu passt fein geschnittenes Entenfleisch, am besten gebraten.

236 — Reispudding mit Karamellsauce

4 PERSONEN

VORBEREITUNG: 10 MINUTEN
KOCHZEIT: 2 STUNDEN 10 MINUTEN

ZUTATEN

3 EL Butter, zerlassen
60 g Milch- oder Rundkornreis
30 g Zucker
1 TL Vanille-Aroma
500 ml Vollmilch
¼ TL frisch geriebene Muskatnuss
250 g Zucker
Wasser

- Backofen auf 150 °C (Umluft 130 °C) vorheizen. Mit der Hälfte der Butter eine Backform ausstreichen.
- Reis, Zucker und Vanille-Aroma in die Backform geben, dann mit Milch übergießen. Die übrige zerlassene Butter darauf verteilen und Muskatnuss darüberreiben.
- Etwa 2 Stunden bei niedriger Hitze backen, bis die Milch aufgesogen und der Reis sämig ist. Dabei alle 30 Minuten umrühren.
- Wenn der Pudding gar ist, für das Karamell Zucker mit etwas Wasser in einer Kasserolle zerlassen. Wenn der Zucker aufgelöst ist, die Pfanne schwenken, aber nicht rühren, bis eine goldbraune Zuckerkruste entsteht.
- Die heiße Karamellmasse auf mehrere Puddingschälchen verteilen und mit Reispudding auffüllen.
- Im Backofengrill kurz erhitzen, bis der Pudding an der Oberseite bräunt, dann servieren.

237 — Reispudding mit Karamell-Nuss-Sauce

- Mit der Karamellsauce einige gehackte Haselnüsse in die Schüsselchen füllen.

REIS & NUDELN

Risotto Milanese

238 · 4 PERSONEN

Risotto mit Ossobuco — 239

- Traditionell italienisch: mit klein geschnittenem Ossobuco (Kalbshaxe) oder auch mit Lammhaxe.

Risotto Milanese mit Pancetta — 240

- Rauchig-würzig wird der Risotto mit 100 g gewürfeltem italienischem Speck, zusammen mit der Zwiebel angebraten.

Risotto Milanese mit Garnelen — 241

- Den fertigen Risotto mit gegarten Garnelen servieren – ein saftig-süßer Genuss.

VORBEREITUNG: 5 MINUTEN
KOCHZEIT: 25 MINUTEN

ZUTATEN

2 EL Olivenöl
40 g Butter
1 Zwiebel, geschält und fein gehackt
2 Knoblauchzehen, fein gehackt
320 g Risotto-Reis (Arborio)
100 ml trockener Weißwein
1 l Hühner- oder Gemüsebrühe, einige Safranfäden darin eingeweicht
Salz und Pfeffer
3 EL Butter
120 g Parmesan, gerieben

- Öl und Butter in einer großen Kasserolle erhitzen. Zwiebel und Knoblauch darin glasig anschwitzen.
- Reis unterrühren, sodass er gleichmäßig mit Butter bedeckt ist, dann Wein zugießen und unter Rühren weitergaren, bis der Wein aufgesogen ist.
- Wenn der Wein eingekocht ist, die Hitze etwas reduzieren und dann die Brühe schöpflöffelweise zugeben, dabei gleichmäßig rühren. So wird der Risotto herrlich sämig.
- Weiter Brühe zugeben und gelegentlich vom Reis kosten. Nach 15–20 Minuten sollte der Reis weich, aber noch leicht bissfest sein. Wenn die Brühe aufgebraucht, der Reis aber noch hart ist, mit Wasser fortsetzen.
- Abschmecken und vom Herd nehmen. Etwas Butter und Parmesan einrühren (sogenannte Mantecatura) und schmelzen lassen. Sofort servieren.

242 — 4 PERSONEN
Reispudding

VORBEREITUNG: 10 MINUTEN
KOCHZEIT: 2 STUNDEN 10 MINUTEN

ZUTATEN

3 EL Butter, zerlassen
60 g Milch- oder Rundkornreis
30 g Zucker
1 TL Vanille-Aroma
500 ml Vollmilch
¼ TL frisch geriebene Muskatnuss

- Backofen auf 150 °C (Umluft 130 °C) vorheizen.
- Mit der Hälfte der Butter eine Auflaufform ausstreichen.
- Reis, Zucker und Vanille-Aroma in die Form füllen, dann mit Milch übergießen.
- Mit der übrigen zerlassenen Butter beträufeln und etwas Muskatnuss darüberreiben.
- Etwa 2 Stunden bei niedriger Hitze backen, bis die Milch aufgesogen und der Reis sämig ist. Dabei alle 30 Minuten umrühren.

Reispudding mit karamellisierten Äpfeln — 243

- Geschälte, dünne Apfelscheiben in Butter und Zucker goldbraun braten und dazu reichen.

244 — 2 PERSONEN
Nudeln mit Garnelen und Gemüse

VORBEREITUNG: 10 MINUTEN
KOCHZEIT: 10 MINUTEN

ZUTATEN

2 EL Öl
½ Zwiebel, geschält und in feinen Ringen
1 Knoblauchzehe, in feinen Scheiben
1 cm frischer Ingwer, in feinen Scheiben
1 rote Paprikaschote, Samen entfernt und in feinen Streifen
1 gelbe Paprikaschote, Samen entfernt und in feinen Streifen
½ Zucchini, in Stifte geschnitten
½ Aubergine, in Stifte geschnitten
200 g Garnelen (roh)
3–4 EL Sojasauce
2 EL Austernsauce (asiatische Würzsauce)
1 EL Chilisauce
2 Handvoll Nudeln
1 EL Sesamöl
1 EL Szechuan-Pfeffer, zerstampft

- Öl im Wok oder einer Pfanne erhitzen, sodass es gerade nicht raucht. Zwiebel, Ingwer und Knoblauch darin unter Rühren scharf anbraten, bis sie bräunen.
- Gemüse zugeben und weiter anbraten, bis es bissfest ist, dann die Garnelen zugeben und gar braten.
- Inzwischen die Nudeln in kochendem Salzwasser entsprechend der Packungsanleitung garen.
- Die Saucen in den Wok zugeben, kurz aufkochen, dann Nudeln und Sesamöl zugeben.
- Mit Szechuan-Pfeffer bestreut servieren.

Gebratene Nudeln mit Kalmar — 245

- Die Garnelen durch Tintenfischringe aus dem Tiefkühlregal (aufgetaut) ersetzen.

REIS & NUDELN

246
4 PERSONEN

Schokoladen-Reispudding mit Dörrobst

- Backofen auf 150 °C (Umluft 130 °C) vorheizen.
- Eine Auflauf- oder Backform mit Butter ausstreichen. Reis, Zucker, Gewürze und getrocknete Früchte hineinfüllen, dann mit Milch verrühren.
- Den Reispudding im Backofen etwa 90 Minuten backen, dabei alle 30 Minuten umrühren.
- Schokolade unterrühren und weitere 15–20 Minuten backen, bis die Milch aufgesogen und der Reis sämig ist.
- Mit kandierten Orangen und gerösteten Haselnüssen garniert servieren.

VORBEREITUNG: 15 MINUTEN
KOCHZEIT: 2 STUNDEN

ZUTATEN

1 EL weiche Butter
60 g Milch- oder Rundkornreis
30 g Zucker
1 TL Vanille-Aroma
½ TL Zimt
50 g getrocknete Feigen, gehackt
50 g getrocknete Aprikosen, gehackt
600 ml Vollmilch
60 g Zartbitterschokolade

ZUM VERZIEREN

2 EL Haselnüsse, grob gehackt und geröstet
kandierte Orangen

Schokoladen-Reispudding mit saurem Obst — 247
- Die „erwachsene" Alternative sind saure Dörrfrüchte wie Cranberrys und Kirschen.

248
4 PERSONEN

Frucht-Sushi

- Reis in einem Sieb mit kaltem Wasser abspülen und dann für 30 Minuten auf einem Brett zum Trocknen aufbreiten.
- Reis mit 2 Tassen Wasser in einer Kasserolle zum Kochen bringen. Die Hitze reduzieren und zugedeckt 15 Minuten garen.
- Vom Herd nehmen und weitere 5 Minuten ziehen lassen.
- Inzwischen Essig mit Zucker und Salz in einer kleinen Kasserolle erhitzen, bis Zucker und Salz aufgelöst sind.
- Reis in einer gleichmäßigen Schicht auf ein Backblech aufbringen und die Essigmischung darauf so verteilen, dass der gesamte Reis getränkt ist und glänzt.
- Abkühlen lassen, dann mit den Händen kleine Happen formen.
- Die Reishappen mit Fruchtscheiben belegen, mit Lakritze zusammenbinden und servieren.

VORBEREITUNG: 1 STUNDE
KOCHZEIT: 20 MINUTEN

ZUTATEN

500 g japanischer Sushi-Reis
150 ml japanischer Reisessig (Mirin)
3 EL Zucker
1 TL Salz
1 kleine Packung Lakritzschlangen

OBST (IN SCHEIBEN)
Kiwi
Erdbeeren
Melone
Orange

Frucht-Sushi exotisch — 249
- Dazu eignen sich auch feine Scheiben Khaki, Ananas und Mango.

250 — 4 PERSONEN

Reis-Päckchen

VORBEREITUNG: 1 STUNDE
KOCHZEIT: 20 MINUTEN

ZUTATEN

500 g japanischer Sushi-Reis
150 ml japanischer Reisessig (Mirin)
3 EL Zucker
1 TL Salz
Bananenblätter in Streifen
Sojasauce zum Dippen

- Reis in einem Sieb mit kaltem Wasser abspülen und dann für 30 Minuten auf einem Brett zum Trocknen aufbreiten.
- Reis mit 2 Tassen Wasser in einer Kasserolle zum Kochen bringen. Die Hitze reduzieren und zugedeckt 15 Minuten garen.
- Vom Herd nehmen und weitere 5 Minuten ziehen lassen.
- Inzwischen Essig mit Zucker und Salz in einer kleinen Kasserolle erhitzen, bis Zucker und Salz aufgelöst sind.
- Reis in einer gleichmäßigen Schicht auf ein Backblech aufbringen und die Essigmischung darauf so verteilen, dass der gesamte Reis getränkt ist und glänzt.
- Abkühlen lassen und mit den Fingern kleine Häppchen formen.
- Auf Bananenblätter-Streifen legen und Sojasauce zum Dippen dazu reichen.

Reis-Päckchen mit Thai-Dip — 251

- 2 EL Fischsauce, ½ EL Limettensaft, ½ fein gehackte rote Chilischote und 1 Prise Zucker zu einem Dip mit exotischer Note verrühren.

252 — 4 PERSONEN

Basmatireis mit Erbsen

VORBEREITUNG: 30 MINUTEN
KOCHZEIT: 15 MINUTEN

ZUTATEN

500 g Basmatireis
30 g Butter
1 Zwiebel, geschält und fein gehackt
6 Kardamomkapseln
1 TL gemahlener Kreuzkümmel
100 g Erbsen (tiefgefroren)
500 ml Hühner- oder Gemüsebrühe
Salz

- Reis in einem Sieb mit kaltem Wasser abspülen und 30 Minuten in Wasser einweichen.
- Butter in einer Kasserolle zerlassen und die Zwiebel darin goldbraun rösten.
- Gewürze zugeben und kurz mit anrösten, dann Reis und Erbsen zufügen und gut in der Butter wenden.
- Mit Brühe übergießen, 1 Prise Salz zugeben und alles zum Kochen bringen. Zudecken, die Hitze reduzieren und 9–10 Minuten köcheln lassen.
- Bei Restwärme 5 Minuten ziehen lassen. Den Deckel abnehmen und mit der Gabel den Reis auflockern, dann servieren.

Basmatireis mit Gemüsemais — 253

- Eine Dose Gemüsemais abgießen und die Erbsen durch Mais ersetzen.

REIS & NUDELN

254 — 6 PERSONEN
Vermicelli Knoblauch-Petersilie

- Nudeln entsprechend der Packungsanleitung einweichen.
- Öl in einer Kasserolle erhitzen und Knoblauch darin einige Sekunden sanft anschwitzen.
- Knoblauch in die Küchenmaschine oder den Standmixer füllen und mit Petersilie, Zitronenschale, Sesamöl und Sojasauce mixen.
- Nudeln abgießen und mit der Knoblauchsauce vermischen.

VORBEREITUNG: 5 MINUTEN
KOCHZEIT: 2 MINUTEN

ZUTATEN

250 g Vermicelli (dünne Reisnudeln)
1 EL Erdnussöl
2 Knoblauchzehen, zerdrückt
1 Bund Petersilie, gehackt
abgeriebene Schale von 1 Bio-Zitrone
1 TL Sesamöl
4 EL Sojasauce

255 — 4 PERSONEN
Reispudding-Kuchen

VORBEREITUNG: 2 STUNDEN
KOCHZEIT: 35 MINUTEN

ZUTATEN

100 g Milch- oder Rundkornreis
1 l Milch
100 g Zucker
1 TL Vanille-Aroma
¼ TL frisch geriebene Muskatnuss

- Reis in einem Sieb mit kaltem Wasser abspülen und in eine Kasserolle füllen.
- Mit kochendem Wasser übergießen, 5 Minuten garen und dann abgießen.
- Mit dem Messbecher ¾ l von der Milch abmessen, Zucker und Vanille zugeben und Reis unterrühren. Die Mischung bei niedriger Hitze etwa 30 Minuten garen, ohne umzurühren.
- Vom Herd nehmen und die übrige Milch kalt zugießen, dann vollständig auskühlen lassen.
- In eine Kuchenform füllen und mindestens 2 Stunden kühl stellen.
- Den Reiskuchen stürzen und mit etwas Muskatnuss bestreuen. Konfitüre oder Honig dazu reichen.

256 — 2 PERSONEN
Nudeln chinesisch mit Frühlingszwiebel

VORBEREITUNG: 5 MINUTEN
KOCHZEIT: 10 MINUTEN

ZUTATEN

2 Handvoll Nudeln
1 EL Sesamöl
1 Bund Frühlingszwiebeln, fein gehackt
1 cm frischer Ingwer, gerieben
2 Knoblauchzehen, in feinen Scheiben
4 EL Sojasauce

- Die Nudeln entsprechend der Packungsanleitung kochen und abgießen.
- Inzwischen Öl im Wok oder einer Pfanne erhitzen.
- Frühlingszwiebeln, Ingwer und Knoblauch bei starker Hitze kurz anbraten, dann Nudeln und Sojasauce zugeben.
- In der Pfanne gut vermischen, bis alle Zutaten gleichmäßig warm sind, dann servieren.

257 · 4 PERSONEN
Lachsnudeln mit Erbsen und Brokkoli

Thunfisch-Nudeln — 258
- Den Lachs durch frische Thunfisch-Steaks ersetzen.

Nudeln mit Lachs und Senfsauce — 259
- 1 TL englisches Senfpulver mit Sojasauce verrühren und die Nudeln vor dem Servieren darin schwenken.

Lachsnudeln mit Spargel — 260
- Statt Brokkoli Spargelstücke mitgaren.

VORBEREITUNG: 10 MINUTEN
KOCHZEIT: 10 MINUTEN

ZUTATEN
4 Handvoll getrocknete Nudeln
1 Kopf Brokkoli, in Röschen
100 g Erbsen (tiefgefroren)
1 EL Erdnussöl
4 Frühlingszwiebeln, fein gehackt
1 cm frischer Ingwer, in feinen Scheiben
2 Lachsfilets ohne Gräten, in Streifen
2 EL Sojasauce
2 EL Chilisauce
1 TL Sesamöl

- Die Nudeln entsprechend der Packungsanleitung in kochendem Salzwasser garen.
- Nach 1 Minute Kochzeit Brokkoliröschen und Erbsen zugeben.
- Die gekochten Nudeln abgießen.
- Inzwischen Öl im Wok oder in der Pfanne erhitzen. Frühlingszwiebeln und Ingwer darin einige Minuten anbraten. Lachs zugeben und mitgaren, bis er sich rosa färbt.
- Nudeln und Gemüse in die Pfanne zugeben und Soja- und Chilisauce zugießen.
- Alles gut vermischen und mit Sesamöl beträufelt servieren.

REIS & NUDELN

261
4 PERSONEN

Arancini mit Tomaten und Mozzarella

- Den Risotto-Reis, wenn er frisch gekocht ist, vollständig auskühlen lassen – am besten über Nacht.
- Reis mit Tomatenwürfeln und Parmesan verrühren.
- Die Masse zu gleich großen Kugeln formen und in die Mitte ein Stück Mozzarella stecken. Statt Kugeln sind auch Häufchen oder längliche Häppchen möglich.
- Je einen Teller mit Mehl, verquirltem Ei und Semmelbröseln füllen.
- Die Risottokugeln zuerst in Mehl, dann im Ei, schließlich im Semmelmehl wenden. Dazu nur eine Hand verwenden, damit die andere Hand trocken und sauber bleibt.
- Das Öl auf etwa 180 °C erhitzen (bei dieser Temperatur beginnt ein eingetunkter Brotwürfel sofort zu sieden). Die Risotto-Bällchen darin goldbraun und knusprig braten. Mit Küchenpapier abtupfen und heiß oder lauwarm servieren.

VORBEREITUNG: 20 MINUTEN

KOCHZEIT: 10 MINUTEN

ZUTATEN

60 g Risotto-Reis gekocht (z. B. Reste)
1 EL Parmesan, gerieben
1 Tomate, Kerne entfernt und fein gewürfelt
1 Mozzarellakugel, klein gewürfelt
½ Bund Basilikum
1 EL Mehl (Type 550)
1 Ei, verquirlt
40 g Semmelbrösel
Öl zum Herausbacken

Arancini mit Gorgonzola — 262
- Die Tomate weglassen und statt Mozzarella Blauschimmelkäse verwenden.

263
4 PERSONEN

Safran-Risotto

- Öl und Butter in einer großen Kasserolle zerlassen. Zwiebel und Knoblauch darin glasig anschwitzen.
- Reis unterrühren, sodass er gleichmäßig mit Butter bedeckt ist, dann Wein zugießen und unter Rühren weitergaren, bis der Wein aufgesogen ist.
- Wenn der Wein eingekocht ist, die Hitze etwas reduzieren und dann die Brühe schöpflöffelweise zugeben, dabei gleichmäßig rühren. So wird der Risotto herrlich sämig.
- Weiter Brühe zugeben und gelegentlich vom Reis kosten. Nach 15–20 Minuten sollte der Reis weich, aber noch leicht bissfest sein. Wenn die Brühe aufgebraucht, der Reis aber noch hart ist, mit Wasser fortsetzen.
- Abschmecken und vom Herd nehmen. Etwas Butter und Parmesan einrühren (sogenannte Mantecatura) und einschmelzen lassen. Sofort servieren.

VORBEREITUNG: 5 MINUTEN

KOCHZEIT: 25 MINUTEN

ZUTATEN

2 EL Olivenöl
40 g Butter
1 Zwiebel, geschält und fein gehackt
2 Knoblauchzehen, fein gehackt
320 g Risotto-Reis (Arborio)
100 ml trockener Weißwein
1 l Hühner- oder Gemüsebrühe, einige Safranfäden darin eingelegt
Salz und Pfeffer
3 EL Butter
120 g Parmesan, gerieben

Safran-Risotto mit Pilzen — 264
- 100 g gehackte Pilze zusammen mit der Zwiebel anbraten – das sorgt für eine herzhaft-erdige Note.

265 — 2 PERSONEN

Nudeln mit Paprikawurst und Erbsen

VORBEREITUNG: 5 MINUTEN
KOCHZEIT: 10 MINUTEN

ZUTATEN

2 Handvoll getrocknete Nudeln
100 g Erbsen (tiefgefroren)
1 EL Erdnussöl
100 g spanische Paprikawurst, in Scheiben
½ rote Zwiebel, geschält und in feinen Ringen
1 rote Chilischote, in feinen Ringen

- Die Nudeln entsprechend der Packungsanleitung kochen und die Erbsen im Kochwasser mitgaren.
- Abgießen und beiseitestellen.
- Inzwischen Öl in einer Pfanne erhitzen und Zwiebel und Wurst darin anbraten, bis aus der Wurst Fett austritt und die Zwiebel weich ist.
- Mit Nudeln und Erbsen verrühren, dann Chiliringe zufügen.
- Gleich servieren.

Nudeln mit Hähnchen und Erbsen — 266

- Kleingeschnittene Teile vom Brathähnchen machen sich auch gut anstelle der Wurst.

267 — 4 PERSONEN

Pilz-Risotto mit Paprika und Tomaten

VORBEREITUNG: 15 MINUTEN
KOCHZEIT: 25 MINUTEN

ZUTATEN

2 EL Olivenöl
40 g Butter
1 Zwiebel, geschält und fein gehackt
2 Knoblauchzehen, fein gehackt
100 g Champignons, in Scheiben
1 rote Paprikaschote, Samen entfernt und fein gehackt
150 g Kirschtomaten, halbiert
320 g Risotto-Reis (Arborio)
100 ml trockener Weißwein
1 l Hühner- oder Gemüsebrühe
Salz und Pfeffer
3 EL Butter
120 g Parmesan, gerieben

- Öl und Butter in einer großen Kasserolle erhitzen. Zwiebel und Knoblauch darin glasig anschwitzen.
- Champignons mitgaren, bis sie leicht bräunen, dann Paprika zugeben und einige weitere Minuten garen.
- Reis unterrühren, sodass er gleichmäßig mit Butter bedeckt ist. Tomaten zugeben, Wein zugießen und rühren, bis der Wein aufgesogen ist.
- Wenn der Wein eingekocht ist, die Hitze etwas reduzieren und dann die Brühe schöpflöffelweise zugeben, dabei gleichmäßig rühren. So wird der Risotto herrlich sämig.
- Weiter Brühe zugeben und gelegentlich vom Reis kosten. Nach 15–20 Minuten sollte der Reis weich, aber noch leicht bissfest sein. Wenn die Brühe aufgebraucht, der Reis aber noch hart ist, mit Wasser fortsetzen.
- Abschmecken und vom Herd nehmen. Butter und Parmesan einrühren und schmelzen lassen und das Risotto sofort servieren.

Zucchini-Risotto mit Paprika und Tomaten — 268

- Statt der Pilze 1 Zucchini würfeln und mitgaren.

REIS & NUDELN

269 — Nudeln mit Fleisch und Zitronengras

4 PERSONEN

---

270 — Nudeln mit karamellisiertem Hähnchen
- Statt Schweinefleisch eignet sich auch Hähnchen.

271 — Nudeln mit karamellisiertem Tofu
- Anstelle von Schweinefilet Tofu würfeln und zugeben.

272 — Hühnersuppe mit Nudeln und Fleisch
- Nudeln in ½ l starker Hühnerbrühe kochen, dann die Brühe in Schüsseln füllen und Nudeln und Schweinefleisch hineingeben.

VORBEREITUNG: 15 MINUTEN
KOCHZEIT: 10 MINUTEN

ZUTATEN
4 Handvoll getrocknete Nudeln
2 EL Erdnussöl
1 kleine rote Zwiebel, in feinen Ringen
2 Knoblauchzehen, in feinen Scheiben
1 cm frischer Ingwer, in dünnen Scheiben
1 rote Chilischote, Samen entfernt und fein gehackt
2 Stängel Zitronengras, innere Anteile, fein gehackt
300 g Schweinefilet, gewürfelt
2 EL Zucker
1 EL Sojasauce

- Nudeln entsprechend der Packungsanleitung kochen und abgießen.
- Öl im Wok oder einer tiefen Pfanne erhitzen und Knoblauch, Zwiebel, Ingwer und Chili zusammen mit Zitronengras darin einige Minuten kurz anbraten, bis sie bräunen.
- Fleisch zugeben und bei starker Hitze anbraten, bis es Farbe annimmt. Zucker und Sojasauce zugeben und karamellisieren lassen.
- Mit den Nudeln verrühren und kurz erwärmen, dann servieren.

KARTOFFELN

KARTOFFELN

273 — 2 PERSONEN
Omelett mit Kartoffeln

- Kartoffeln würfeln und in kochendem Salzwasser weich garen. Gut abseihen und beiseitestellen.
- Inzwischen Eier in eine Schüssel schlagen und leicht verquirlen. In einer Pfanne Butter zerlassen. Ei zugeben, leicht schwenken, sodass die Bodenfläche bedeckt ist, und braten, bis das Ei stockt.
- Wenn das Ei beinahe fest ist, Kartoffelwürfel zugeben, Petersilie darüberstreuen und mit Salz und Pfeffer abschmecken. Im Backofengrill kurz fertig garen.
- Aus der Pfanne nehmen und gleich servieren.

VORBEREITUNG: 15 MINUTEN
KOCHZEIT: 5 MINUTEN

ZUTATEN

250 g Kartoffeln, geschält
1 EL Butter
2 Eier
Salz und Pfeffer
2 EL Petersilie, gehackt

274 — 4–6 PERSONEN
Gratin Dauphinois

VORBEREITUNG: 20 MINUTEN
KOCHZEIT: 1½–2 STUNDEN

ZUTATEN

50 g weiche Butter
1 kg mehligkochende Kartoffeln, geschält
2 Knoblauchzehen, zerdrückt
Salz und Pfeffer
½ Bund Thymian
500 g Sahne
Milch

- Backofen auf 160 °C (Umluft 140 °C) vorheizen.
- Mit der weichen Butter eine große Auflaufform großzügig ausstreichen.
- Kartoffeln in möglichst dünne Scheiben schneiden – am besten mit einem scharfen Messer oder einem Gemüsehobel.
- Kartoffelscheiben schichtweise in der Auflaufform aufbringen. Jede Schicht mit Salz und Pfeffer abschmecken und mit Thymianblättern und Knoblauch bestreuen.
- Nach der letzten Schicht mit Sahne übergießen. Sie sollte die Kartoffeln gerade bedecken. Bei Bedarf etwas Milch zufügen.
- Die Kartoffeln sanft in die Sahneschicht drücken. Die Form auf ein Backblech stellen und im Ofen 1½–2 Stunden backen, bis die Kartoffeln durchgehend weich sind und das Gratin goldbraun ist und Blasen wirft.
- Vor dem Servieren 5 Minuten abkühlen lassen.

275 — 4 PERSONEN
Süßkartoffel-Püree

VORBEREITUNG: 5 MINUTEN
KOCHZEIT: 15 MINUTEN

ZUTATEN

4 große Süßkartoffeln, geschält
Salz
50 g Butter
Pfeffer

- Süßkartoffeln grob in Stücke schneiden und in kochendem Salzwasser 10–12 Minuten weich garen.
- Gut abseihen und zurück in die Kasserolle füllen. Bei niedriger Hitze leicht schwenken und schütteln, damit überschüssige Flüssigkeit verdampft.
- Grob zerstampfen und mit Butter glatt pürieren. Mit reichlich Pfeffer würzen und dann servieren.

276 Omas Kartoffelpüree

4 PERSONEN

277 Kartoffel-Käse-Püree
- Nach Belieben etwa 2–3 großzügige Handvoll geriebenen Käse einrühren (z. B. Cheddar).

278 Kartoffelpüree mit Gorgonzola
- Zum Schluss 100 g Gorgonzola oder anderen Blauschimmelkäse unterrühren.

279 Kartoffel-Pilz-Püree
- Frische Pilze hacken und in Butter und Knoblauch anbraten, dann unter das Kartoffelpüree rühren.

VORBEREITUNG: 2 MINUTEN
KOCHZEIT: 40 MINUTEN

ZUTATEN
1 kg mehligkochende Kartoffeln (z. B. Désirée)
100 g Butter
75–100 ml warme Milch
Salz und Pfeffer

- Kartoffeln ungeschält und im Ganzen etwa 30 Minuten in kochendem Salzwasser garen, bis sie gleichmäßig weich sind (regelmäßig mit der Gabel überprüfen).
- Gut abseihen, 5 Minuten abkühlen lassen und dann schälen, solange die Kartoffeln noch warm sind.
- Geschälte Kartoffeln zurück in die Kasserolle geben und zerstampfen. Mit einem Holzlöffel Butter und ausreichend Milch unterrühren und zu einem lockeren, glatten Püree verrühren.
- Mit reichlich Salz und Pfeffer würzen und noch warm servieren.

KARTOFFELN

280 — 4 PERSONEN
Gefüllte Ofenkartoffeln

- Backofen auf 200 °C vorheizen.
- Die Kartoffeln rundum mit Olivenöl bestreichen, die Schale mehrmals einstechen und großzügig mit Salz bestreuen. Im Ofen mindestens 1 Stunde braten, bis sie gleichmäßig gar sind.
- Wenn die Kartoffeln gar sind, für die Füllung Butter in einer Pfanne zerlassen und Speck darin braten, bis Fett austritt.
- Gewürfelte Zucchini zugeben und goldbraun braten.
- Von den Kartoffeln das obere Drittel abschneiden, im Unterteil mit einem Teelöffel das Fruchtfleisch nach unten drücken, um eine Höhlung zu bilden. Die Zucchinimischung mit einem Löffel hineinfüllen.
- Mit Käse belegen und garnieren. Die Kartoffeln zurück in den Ofen geben und backen, bis die Füllung erwärmt und der Käse geschmolzen ist. Herausnehmen und sofort servieren.

VORBEREITUNG: 5 MINUTEN

KOCHZEIT: 1 STUNDE 10 MINUTEN – 1 STUNDE 40 MINUTEN

ZUTATEN
4 große Kartoffeln mit Schale, geputzt
2 EL Olivenöl
Salz

FÜR DIE FÜLLUNG
30 g Butter
4 dünne Scheiben durchwachsener Räucherspeck
1 Zucchini, klein gewürfelt
150 g Tete-de-Moine oder ähnlicher schmelzender Halbhartkäse
Pfeffer

Ofenkartoffeln mit Fleischfüllung — 281
- Die gegarten Kartoffeln leicht aushöhlen und das Fruchtfleisch mit Schweine- oder Wildpastete vermischen. Die Kartoffeln damit füllen und im Ofen fertiggaren.

282 — 4 PERSONEN
Süßkartoffeln aus dem Ofen

- Backofen auf 200 °C vorheizen.
- Die Süßkartoffeln gleichmäßig mit Öl bestreichen, mehrmals mit der Gabel einstechen und auf ein Backblech legen. Im Ofen 30–40 Minuten braten, bis sie gleichmäßig gar sind.
- In der Mitte halbieren und mit Butter, Salz und Pfeffer bestreichen.

VORBEREITUNG: 2 MINUTEN

KOCHZEIT: 30–40 MINUTEN

ZUTATEN
4 große Süßkartoffeln mit Schale, geputzt
Olivenöl
4 EL Butter
Salz und Pfeffer

Ofen-Süßkartoffeln mit Chili — 283
- Die halbierten Süßkartoffeln mit Chilipulver und Salz bestreuen, dann im Ofen garen.

284 | 4 PERSONEN
Süßkartoffeln gegrillt

VORBEREITUNG: 10 MINUTEN

KOCHZEIT: 8–10 MINUTEN

ZUTATEN

2 große Süßkartoffeln, geputzt
4 EL Olivenöl
1 Prise Chiliflocken (nach Belieben)
2 Thymianzweige
Salz und Pfeffer

- Die Süßkartoffeln in etwa 2 cm dicke Scheiben schneiden.
- Mit Öl, Chili und Thymian einreiben und beidseitig ein Gittermuster in die Oberfläche ritzen, damit die Kartoffeln schneller gar sind.
- Eine Grillpfanne oder Grillplatte stark erhitzen und die Süßkartoffelscheiben darauf je 8–10 Minuten auf beiden Seiten grillen, bis sie goldbraun und durchgehend weich sind. Dabei regelmäßig wenden.

Gegrillte Kartoffeln | 285
- Auch gewöhnliche Feldkartoffeln lassen sich auf diese Weise grillen.

286 | 4 PERSONEN
Ofenkartoffeln mit Cottage Cheese

VORBEREITUNG: 10 MINUTEN

KOCHZEIT: 1 STUNDE 10 MINUTEN – 1 STUNDE 40 MINUTEN

ZUTATEN

4 große, leicht mehligkochende Kartoffeln mit Schale, geputzt
2 EL Olivenöl
Salz

FÜR DIE FÜLLUNG
250 g Cottage Cheese
1 EL frischer Thymian
1 EL Petersilie, gehackt
2 EL Schnittlauch, gehackt
Salz und Pfeffer
ein Spritzer Zitronensaft
3 EL natives Olivenöl extra

- Backofen auf 200 °C vorheizen.
- Kartoffeln gleichmäßig mit Olivenöl bestreichen, die Schalen mehrmals mit der Gabel einstechen und großzügig mit Salz bestreuen. Im Backofen mindestens 1 Stunde braten, bis sie gleichmäßig gar sind.
- Inzwischen für die Füllung alle Zutaten miteinander vermischen und kühl stellen.
- Wenn die Kartoffeln gar sind, der Länge nach halbieren und noch warm mit der kühlen Cottage-Cheese-Masse füllen.

Gefüllt mit saurer Kräutersahne | 287
- Sauerrahm eignet sich hervorragend als Beilage. Verwenden Sie sie statt Cottage Cheese und mischen Sie sie mit den Kräutern aus dem Rezept oben.

KARTOFFELN

288 — 4 PERSONEN
Frühkartoffeln sautiert

289 — Frühkartoffeln mit Rosmarin
- Statt Thymian fein gehackten Rosmarin mitbraten.

290 — Frühkartoffeln mit Räucherspeck
- 4 dünne Scheiben fein gehackten durchwachsenen Räucherspeck mitbraten – das sorgt für eine saftig-würzige Note.

291 — Frühkartoffeln mit frischen Pilzen
- Frische Pilze klein schneiden und mit den Kartoffeln sautieren.

VORBEREITUNG: 10 MINUTEN
KOCHZEIT: 10–15 MINUTEN

ZUTATEN
750 g Früh- oder Salatkartoffeln (z. B. Charlotte)
5 EL Olivenöl
Salz und Pfeffer
½ Bund frischer Thymian
2 Knoblauchzehen

- Kartoffeln in Salzwasser etwa 6 Minuten ankochen, sodass sie gerade weich werden.
- Gut abseihen, zurück in die Kasserolle geben und bei geringer Hitze erwärmen, damit überschüssige Flüssigkeit verdampft.
- Die Kartoffeln mit einem Nudelholz leicht eindrücken, damit die Schale einreißt und beim Braten knusprige Ränder entstehen.
- Öl in einer großen Pfanne erhitzen und die Kartoffeln in einer gleichmäßigen Schicht in der Pfanne verteilen.
- Mit Salz und Pfeffer würzen, Thymianblätter und Knoblauch zugeben und die Kartoffeln darin etwa 10–15 Minuten goldbraun und knusprig braten.

292 — 4 PERSONEN
Potato Wedges

VORBEREITUNG: 15 MINUTEN
KOCHZEIT: 10–15 MINUTEN

ZUTATEN

4 große mehligkochende Kartoffeln, geputzt
5 EL Olivenöl
Salz und Pfeffer
1 TL edelsüßes Paprikapulver (nach Belieben)

- Die Kartoffeln der Länge nach in Spalten schneiden, etwa 6–8 Spalten pro Stück.
- In kochendem Wasser etwa 3–4 Minuten ankochen.
- Gut abseihen und bei niedriger Hitze zurück in die Kasserolle geben, damit überschüssige Flüssigkeit verdampft.
- Öl in einer großen Pfanne erhitzen, Kartoffelspalten zugeben und mit reichlich Paprikapulver, Salz und Pfeffer abschmecken.
- Auf allen Seiten gleichmäßig braten, bis die Kartoffeln goldbraun und knusprig sind.

Potato Wedges mit Knoblauch und Rosmarin — 293

- Mit gehacktem Rosmarin und Knoblauch anbraten und mit Sauerrahm servieren.

294 — 4 PERSONEN
Röstkartoffelscheiben mit Béchamel

VORBEREITUNG: 10 MINUTEN
KOCHZEIT: 30 MINUTEN

ZUTATEN

2 große mehligkochende Kartoffeln, geschält und in dicke Scheiben geschnitten
Salz und Pfeffer
4 EL Olivenöl

FÜR DIE BÉCHAMELSAUCE
1 EL Butter
1 EL Mehl (Type 550)
300 ml Milch
1 Lorbeerblatt
¼ TL frisch geriebene Muskatnuss
Salz und Pfeffer

- Backofen auf 200 °C vorheizen.
- Kartoffelscheiben in Salzwasser etwa 3–4 Minuten ankochen, bis sie gerade weich werden.
- Gut abseihen und auf einem Backblech verteilen. In Olivenöl, Salz und Pfeffer wenden und im Backofen etwa 20–30 Minuten goldbraun rösten, dabei einmal wenden.
- Für die Béchamel Butter in einer Kasserolle zerlassen und mit Mehl binden.
- Mit dem Schneebesen nach und nach die Milch einrühren und alles zu einer glatten, dickflüssigen Sauce verrühren. Lorbeer zugeben und weitere 10 Minuten garen, dabei gelegentlich rühren.
- Mit Salz und Pfeffer abschmecken, Muskatnuss darüberreiben und das Lorbeerblatt entfernen.
- Die gerösteten Kartoffeln mit Béchamel übergießen.

Röstkartoffeln mit Käsesauce — 295

- 100 g Gorgonzola unter die Béchamelsauce rühren, dann anrichten.

KARTOFFELN

296 — 4 PERSONEN
Frühkartoffeln mit Butter und Kräutern

- Die Kartoffeln in kochendem Salzwasser zugedeckt etwa 20 Minuten weich garen. Den Messertest machen: Fallen die Kartoffeln beim Einstechen vom Messer, sind sie gar.
- Gut abgießen, dann zurück in die Kasserolle geben.
- Butter zugeben, salzen, pfeffern, Kräuter zugeben und die Kartoffeln darin schwenken.
- Noch warm servieren.

VORBEREITUNG: 5 MINUTEN
KOCHZEIT: 25 MINUTEN

ZUTATEN

750 g Frühkartoffeln, geputzt
Salz
50 g Butter
Pfeffer
1 EL Petersilie, gehackt
1 EL Schnittlauch, gehackt

297 — Frühkartoffeln mit Senfbutter

- Butter mit 1 TL Senfkörner zerlassen. Wenn sie aufplatzen, vom Herd nehmen und die Kartoffeln damit übergießen.

298 — 4 PERSONEN
Würzige Kartoffelpfanne mit Spinat

- Kartoffeln und Rüben in kochendem Salzwasser etwa 5 Minuten garen.
- Gut abseihen.
- Öl in einer großen Kasserolle mit Deckel erhitzen und die Senfkörner darin 30 Sekunden anbraten, bis sie aufplatzen.
- Kartoffeln und Rüben sowie Gewürze zugeben, im Öl wenden und ein Glas Wasser zugießen. Zugedeckt etwa 10 Minuten garen, dabei gelegentlich rühren, bis das Gemüse bräunt und knusprig wird.
- Spinat und bei Bedarf etwas mehr Wasser zugeben, wenn die Pfanne trocken wird. Wieder zudecken und alles zusammen garen, bis der Spinat zusammenfällt.
- Mit Salz und Pfeffer abschmecken und noch warm servieren.

VORBEREITUNG: 15 MINUTEN
KOCHZEIT: 20 MINUTEN

ZUTATEN

500 g mehligkochende Kartoffeln, geschält und in Stücke geschnitten
1 Weißrübe, geschält und in Stücke geschnitten
3 EL Erdnussöl
1 TL Senfkörner
½ EL gemahlener Kreuzkümmel
½ EL gemahlener Koriander
1 TL Kurkuma
300 g Blattspinat, gewaschen
Salz und Pfeffer

299 — Würzige Kartoffeln mit Brokkoli

- Statt Spinat 1 Kopf Brokkoli in Röschen zerlegen und mit den Kartoffeln garen.

300

6–8 PERSONEN

Kartoffelchips mit Zitronen-Senf-Dip

Kartoffelchips mit saurer Kräutersahne — 301

- Etwas Dill und Minze fein hacken und in einen kleinen Becher Sauerrahm einrühren.

Kartoffelchips mit scharfer Mayonnaise — 302

- 1–2 TL Harissa (arabische Gewürzpaste) oder Chilipaste mit Mayonnaise oder selbstgemachter Aioli verrühren.

Gemüsechips — 303

- Pastinaken oder geschälte Rote Rüben in feine Scheiben schneiden und wie die Kartoffeln braten.

VORBEREITUNG: 10 MINUTEN
KOCHZEIT: 10 MINUTEN

ZUTATEN

450 g mehligkochende Kartoffeln, geschält
1 l Öl
Salz oder Selleriesalz

FÜR DEN DIP

50 g Dijon-Senf
1 EL Ganzkornsenf
1 EL Crème fraîche
1 TL Honig
1 Spritzer Zitronensaft

- Die Kartoffeln mit dem Gemüsehobel oder einem scharfen Messer in sehr feine Scheiben schneiden.
- Die Scheiben mit kaltem Wasser gut abspülen, um die Stärke zu entfernen.
- Öl in der Pfanne so hoch erhitzen, dass ein Brotwürfel darin sofort zu sieden beginnt. Die Kartoffelscheiben darin portionsweise goldbraun braten.
- Auf Küchenpapier abtropfen lassen und großzügig mit Salz oder etwas Selleriesalz bestreuen.
- Für den Dip alle Zutaten gut verrühren. Den Dip zu den Kartoffelchips servieren.

KARTOFFELN

304 | 4 PERSONEN
Röst-Frühkartoffeln

- Backofen auf 200 °C vorheizen.
- Die Kartoffeln in Salzwasser etwa 6 Minuten ankochen, bis sie gerade weich werden.
- Gut abseihen, zurück in die Kasserolle geben und bei niedriger Hitze erwärmen, damit überschüssige Flüssigkeit verdampft.
- In eine Bratform füllen, mit Öl bestreichen und mit Salz und Pfeffer bestreuen.
- Im Backofen 20–30 Minuten goldbraun und knusprig braten, dabei einmal wenden.

VORBEREITUNG: 10 MINUTEN
KOCHZEIT: 20–30 MINUTEN

ZUTATEN

750 g Frühkartoffeln, geputzt
4 EL Olivenöl
Salz und Pfeffer

Röst-Frühkartoffeln mit Paprika | 305
- Die Kartoffeln vor dem Braten in Paprikapulver und gemahlenem Kreuzkümmel wälzen.

306 | 4 PERSONEN
Gewürzkartoffeln

- Öl in einer großen Pfanne erhitzen und Senfsamen darin 30 Sekunden anbraten, bis sie aufplatzen.
- Kartoffelstücke und Gewürze zugeben und ein Glas Wasser oder Gemüsebrühe zugießen. Zudecken und 10–15 Minuten auf niedriger Stufe weich garen. Gelegentlich umrühren, damit nichts anbrennt.
- Zum Anrichten mit Salz und Pfeffer abschmecken, mit frischem Koriander bestreuen und mit etwas Zitronensaft beträufeln.

VORBEREITUNG: 10 MINUTEN
KOCHZEIT: 15 MINUTEN

ZUTATEN

2 EL Erdnussöl
1 EL Senfkörner
500 g Kartoffeln, geschält und gewürfelt
½ TL Kurkuma
½ rote Chilischote, Samen entfernt, in feinen Würfeln
½ EL gemahlener Kreuzkümmel
½ EL gemahlener Koriander
1 Glas Wasser oder Gemüsebrühe
½ Bund frischer Koriander, gehackt
Salz und Pfeffer
Saft von ½ Zitrone

Sag Aloo | 307
- Für eine schnelle Variante dieses indischen Klassikers gegen Ende der Kochzeit eine kleine Packung Blattspinat unter die Kartoffeln rühren.

308 Kartoffelpuffer mit Paprika

4 PERSONEN

VORBEREITUNG: 20 MINUTEN
KOCHZEIT: 15–20 MINUTEN

ZUTATEN

1 EL Butter
1 rote Paprikaschote, Samen entfernt und fein gewürfelt
1 kg Kartoffeln, gekocht
2 EL Butter
Salz und Pfeffer
½ Bund Petersilie oder Koriander, gehackt
2 EL Mehl (Type 550), gesalzen
Erdnussöl

- Butter in einer Kasserolle zerlassen und die Paprikawürfel darin sanft garen, bis sie weich sind.
- Die Kartoffeln mit Butter, Salz und Pfeffer zerstampfen und zu einer glatten Masse pürieren. Mit Paprika und Kräutern verrühren und zu Laibchen formen.
- Die Laibchen beidseitig mit gesalzenem Mehl bestäuben.
- Eine dünne Schicht Öl in der Pfanne erhitzen und je 2 Kartoffelpuffer beidseitig knusprig goldbraun braten.

309 Bunte Kartoffelpuffer

- Für eine lebendige Farbvariation je ½ gelbe und ½ rote Paprikaschote würfeln.

310 Potato Wedges aus dem Ofen

4 PERSONEN

VORBEREITUNG: 15 MINUTEN
KOCHZEIT: 30 MINUTEN

ZUTATEN

4 große mehligkochende Kartoffeln, geputzt
5 EL Olivenöl
Salz
1 TL edelsüßes Paprikapulver
1 Prise Cayennepfeffer
½ TL Selleriesalz
1 TL getrockneter Oregano
Tomaten-Relish oder Chutney zum Anrichten

- Backofen auf 220 °C vorheizen.
- Die Kartoffeln der Länge nach in je 6–8 Spalten schneiden und die Spalten in Salzwasser etwa 3–4 Minuten ankochen.
- Gut abseihen, zurück in die Kasserolle geben und bei niedriger Hitze erwärmen, damit überschüssige Flüssigkeit verdampft.
- Auf einem Backblech verteilen, mit Öl beträufeln und mit Gewürzen bestreuen. Gleichmäßig darin wenden.
- Im Backofen etwa 30 Minuten braun und knusprig braten.
- Dann mit Küchenpapier abtupfen und mit Chutney oder Relish zum Dippen servieren.

311 Potato Wedges mit Specksplittern

- Durchwachsenen Speck in der Pfanne sehr knusprig braten und in der Küchenmaschine kurz fein hacken. Die Potato Wedges damit bestreuen.

KARTOFFELN

312 — Kartoffelsalat
4 PERSONEN

313 — Kartoffelsalat mit Dillmayonnaise
- Statt Petersilie gehackten Dill unter die Mayonnaise rühren.

314 — Kartoffelsalat mit Meerrettich
- 1 EL Sahne-Meerrettich aus dem Glas, unter die Mayonnaise gerührt, sorgt für die gewisse Schärfe.

315 — Kartoffelsalat mit Kapern
- 2 EL Kapern unter die Mayonnaise rühren.

VORBEREITUNG: 5 MINUTEN
KOCHZEIT: 20 MINUTEN

ZUTATEN
1 kg Früh- oder Salatkartoffeln (z. B. Charlotte)
2 Zweige frische Minze
Salz
200 g Mayonnaise
½ Bund Schnittlauch, gehackt
2 Frühlingszwiebeln, gehackt
½ Bund Petersilie, gehackt
Salz und Pfeffer

- Die Kartoffeln im Ganzen zusammen mit der Minze in kochendem Salzwasser zugedeckt etwa 20 Minuten weich kochen.
- Gut abgießen.
- Kurz abkühlen lassen, dann in dicke Scheiben schneiden.
- Die Mayonnaise mit den Kräutern verrühren, mit Salz und Pfeffer abschmecken und unter die noch warmen Kartoffelscheiben mischen.

316 — 4 PERSONEN
Gebackene Süßkartoffeln

VORBEREITUNG: 15 MINUTEN
KOCHZEIT: 15–20 MINUTEN

ZUTATEN

2 große Süßkartoffeln, geschält
1 Zwiebel, geschält und fein gehackt
Salz und Pfeffer
3 EL Olivenöl

- Die Süßkartoffeln reiben, in ein frisches Küchentuch füllen und möglichst viel Flüssigkeit ausdrücken.
- In eine Schüssel füllen und mit Zwiebeln und Gewürzen verrühren.
- Die Mischung zu gleich großen Laibchen formen.
- Öl in einer Pfanne erhitzen und die Laibchen etwa 8 Minuten goldbraun braten, dann wenden und auf der anderen Seite ebenso braten.
- Mit Küchenpapier abtupfen und frisch servieren.

Gebackene Süßkartoffeln mit Chili — 317

- Vor dem Braten 1 fein gehackte rote Chilischote unter die Masse rühren.

318 — 4 PERSONEN
Kartoffel-Sellerie-Paillasson

VORBEREITUNG: 15 MINUTEN
KOCHZEIT: 25 MINUTEN

ZUTATEN

250 g mehligkochende Kartoffeln, geschält
250 g Knollensellerie, geschält
2 EL Butter, zerlassen
2 EL Öl
Salz und Pfeffer

- Kartoffeln und Sellerie in eine Schüssel reiben.
- Mit zerlassener Butter, Salz und Pfeffer verrühren, bis das Gemüse gleichmäßig mit Butter überzogen ist.
- Öl in einer großen Bratpfanne erhitzen, die Mischung in die Pfanne zugeben und mit dem Pfannenwender leicht niederdrücken.
- Bei mittlerer Hitze etwa 10 Minuten braten, bis die Masse auf der Unterseite bräunt.
- Mit dem Pfannenwender oder dem Spachtelmesser die Unterseite vorsichtig vom Pfannenboden lösen, dann die Masse auf ein Backblech stürzen.
- Von dort die Masse zurück in die Pfanne gleiten lassen und auf der anderen Seite weitere 10 Minuten knusprig goldbraun braten.

Kartoffel-Sellerie-Paillasson mit Thymian — 319

- Vor dem Braten 2 EL frischen Thymian unter die Masse rühren.

KARTOFFELN

320 — 4 PERSONEN
Ofenkartoffeln mit Käse und Speck

- Backofen auf 220 °C (Umluft 200 °C) vorheizen.
- Die Kartoffeln mit der Gabel mehrmals einstechen und in der Mikrowelle auf hoher Stufe 5 Minuten garen.
- Inzwischen den Speck in Öl etwa 4 Minuten anbraten, dann mit Crème fraîche und Schnittlauch verrühren.
- Von den Kartoffeln eine Kappe abschneiden und die unteren Teile mit einem Teelöffel aushöhlen.
- 4 EL vom ausgehöhlten Fruchtfleisch mit der Speckmischung verrühren und die Kartoffeln wieder damit füllen.
- Jede Kartoffel mit einer Scheibe Raclette-Käse belegen und im Ofen etwa 20 Minuten überbacken.

VORBEREITUNG: 10 MINUTEN
KOCHZEIT: 25 MINUTEN

ZUTATEN

4 mittelgroße Kartoffeln
150 g durchwachsener Speck, gehackt
1 EL Olivenöl
2 EL Crème fraîche
2 EL Schnittlauch, gehackt
4 Scheiben Raclette-Käse

321 — 4–6 PERSONEN
Kartoffelgratin mit Munster-Käse

VORBEREITUNG: 20 MINUTEN
KOCHZEIT: 1½–2 STUNDEN

ZUTATEN

50 g weiche Butter
1 kg mehligkochende Kartoffeln, geschält
2 Knoblauchzehen, zerdrückt
Salz und Pfeffer
½ Bund Thymian
500 g Sahne
Milch
100 g Munster (französischer Weichkäse)

- Backofen auf 160 °C vorheizen.
- Eine große Auflaufform großzügig mit weicher Butter ausstreichen.
- Die Kartoffeln mit dem Gemüsehobel oder einem scharfen Messer so dünn wie möglich in Scheiben schneiden.
- Die Kartoffelscheiben schichtweise in die Auflaufform legen und jede Schicht mit Salz und Pfeffer, Thymianblättern und Knoblauch bestreuen.
- Die Kartoffeln mit Sahne übergießen – sie sollte die Kartoffelschicht gerade bedecken. Bei Bedarf etwas Milch zugießen.
- Die Kartoffeln mit dem Pfannenwender sanft in die Sahne drücken. Die Form auf ein Backblech stellen und im Ofen 1½–2 Stunden backen.
- Etwa 30 Minuten vor Ende der Backzeit mit Käse belegen und weiterbacken, bis der Käse bräunt und Blasen wirft. Vor dem Servieren 5 Minuten ziehen lassen.

322 — 4–6 PERSONEN
Kartoffeln Bäckerart

VORBEREITUNG: 20 MINUTEN
KOCHZEIT: 1 STUNDE

ZUTATEN

50 g weiche Butter sowie Butterflocken zum Bestreuen
1 ½ kg Kartoffeln, geschält und in sehr feinen Scheiben
1 große Zwiebel, geschält und in feinen Scheiben
4 Lorbeerblätter
ein kleiner Bund Thymian
Salz und Pfeffer
300 ml Geflügel-, Lamm- oder Gemüsefond

- Backofen auf 200 °C vorheizen.
- Eine große Auflaufform mit weicher Butter ausstreichen.
- Kartoffeln, Zwiebel und Kräuter schichtweise in die Auflaufform legen und mit Salz und Pfeffer würzen.
- Mit Fond übergießen und die Kartoffeln mit einem Spachtelmesser sanft in die Flüssigkeit drücken. Mit Butterflocken bestreuen.
- Im Backofen etwa 1 Stunde backen, bis die Kartoffeln gleichmäßig weich sind und die Oberfläche knusprig goldbraun ist.

Patatas Bravas

323 — 4 PERSONEN

Patatas Bravas mit Paprika — 324

- 1 rote Paprikaschote in Streifen schneiden und zusammen mit Knoblauch und Tomaten garen.

Sellerie-Bravas — 325

- 1 Sellerieknolle schälen und würfeln und statt der Kartoffeln braten.

Patatas-Bravas-Tortilla — 326

- Falls etwas übrig bleibt: Die übrigen Patatas Bravas mit verquirltem Ei einige Minuten in der Pfanne anbraten, bis das Ei stockt.

VORBEREITUNG: 25 MINUTEN
KOCHZEIT: 20 MINUTEN

ZUTATEN

750 g mehligkochende Kartoffeln, gewürfelt
1 TL Salz
10 EL Olivenöl
2–3 Knoblauchzehen, in feinen Scheiben
2 große Tomaten, Schale abgezogen, Kerne entfernt und fein gehackt
1 rote Chilischote, Samen entfernt und gehackt, oder
½ TL Chiliflocken
1 EL edelsüßes Paprikapulver
Salz und Pfeffer

- Die Kartoffelwürfel mit Salz bestreuen und in einem Sieb 10 Minuten Saft ausziehen lassen. Nicht abspülen.
- Öl in einer tiefen Bratpfanne stark erhitzen, die Kartoffeln vorsichtig portionsweise zugeben und sanft braten, bis sie weich sind, aber noch nicht bräunen.
- Aus der Pfanne nehmen, das Öl erneut erhitzen und die Kartoffeln nochmals braten, bis sie knusprig und tief goldbraun sind.
- Mit Küchenpapier abtupfen und warm halten.
- Den Großteil des Öls abgießen und im restlichen Öl den Knoblauch 1 Minute anbraten, bis er weich wird.
- Tomaten, Chili und Paprikapulver zugeben und alles zusammen garen, bis die Masse einkocht und klebrig wird.
- Nach Belieben abschmecken und zu den heißen Kartoffeln servieren.

KARTOFFELN

327 — 4 PERSONEN
Hausgemachte Pommes frites

- Für die Pommes frites die Kartoffelstifte in kaltem Wasser einweichen, um die Stärke zu entfernen, dann gut trockentupfen.
- Eine Pfanne zu einem Drittel mit Öl füllen und das Öl auf 140 °C erhitzen. Die Kartoffelstifte hineinlegen und – bei Bedarf portionsweise – je 10 Minuten herausbraten, bis die Kartoffeln noch hell sind, aber bereits gar aussehen.
- Aus dem heißen Öl nehmen und auf Küchenpapier abtropfen lassen.
- Das Öl nun auf 180 °C erhitzen und die Pommes frites erneut herausbacken, bis sie goldbraun und knusprig sind. Auf Küchenpapier abtropfen lassen, mit Salz würzen und noch warm servieren.

VORBEREITUNG: 10 MINUTEN
KOCHZEIT: 10–15 MINUTEN

ZUTATEN

4 große Kartoffeln, geschält und in 1 cm dicke Stifte geschnitten
Öl
Salz

328
Pommes mit Sauce Béarnaise

- Zu den heißen Pommes frites passt selbstgemachte Sauce Béarnaise (Seite 24).

329 — 4 PERSONEN
Frühkartoffeln mit Minz-Aioli

- Die Kartoffeln in kochendem Salzwasser zugedeckt etwa 20 Minuten gar kochen, bis sie unter dem Messer fast zerfallen.
- Gut abseihen, zurück in die Pfanne geben, salzen und pfeffern und in Butter schwenken.
- Eigelb in einer Schüssel mit Knoblauch, Senfpulver, Salz und Pfeffer gut verquirlen.
- Tropfenweise die beiden Öle zugeben und mit dem Handrührgerät oder Schneebesen jeweils gut verrühren.
- Sobald die Mischung eindickt, das Öl in größeren Portionen zugeben und weiter gut verquirlen.
- Wenn die Hälfte des Öls zugegeben ist, 1 TL Essig unterrühren. Dann das übrige Öl in die Mischung träufeln, dabei ständig rühren. Mit Salz und Pfeffer abschmecken und die Minze zugeben.
- Die Kartoffeln noch warm mit Aioli servieren.

VORBEREITUNG: 5 MINUTEN
KOCHZEIT: 30 MINUTEN

ZUTATEN

750 g Frühkartoffeln, geputzt
FÜR DIE AIOLI
2 Eigelb
4 Knoblauchzehen, zerdrückt
1 TL Senfpulver
1 TL Salz
Pfeffer
125 ml Erdnussöl
125 ml Olivenöl
Weißweinessig
½ Bund frische Minze, fein gehackt

330
Kartoffeln mit Tomaten-Aioli

- 1 EL Tomatenmark in die Aioli rühren.

GEMÜSE

GEMÜSE

331 — 4 PERSONEN
Gemüse-Couscous

- Couscous in einer Schüssel mit der heißen Brühe übergießen und die Schüssel mit Frischhaltefolie bedecken. Etwa 10 Minuten weich ziehen lassen, dann mit der Gabel lockern, Rosinen zugeben und mit Zitronensaft besprenkeln.
- Inzwischen Öl in einer Kasserolle erhitzen und Knoblauch, Karotten und gewürfelte Paprika darin gleichmäßig sautieren. Etwa 3 Minuten garen.
- Bohnen zugeben, mit Gemüsebrühe übergießen und 5–8 Minuten köcheln lassen, bis das Gemüse weich ist.
- Tomaten zugeben und mit erwärmen.
- Das sautierte Gemüse unter das Couscous rühren.
- Mit reichlich Salz und Pfeffer abschmecken und mit Petersilie und Pinienkernen bestreut servieren.

VORBEREITUNG: 15 MINUTEN
KOCHZEIT: 12 MINUTEN

ZUTATEN

250 g Couscous
2 EL Rosinen
250 ml heiße Gemüsebrühe
ein Spritzer Zitronensaft
2 EL Olivenöl
1 Knoblauchzehe, zerdrückt
2 Karotten, geschält und grob in Scheiben
1 rote Paprikaschote, fein gehackt
1 gelbe Paprikaschote, fein gehackt
1 Handvoll grüne Bohnen
150 ml Gemüsebrühe
4 Tomaten, gehackt
Salz und Pfeffer
½ Bund Petersilie, grob gehackt
2 EL Pinienkerne, geröstet

332 — 4–6 PERSONEN
Blumenkohl-Gratin

VORBEREITUNG: 20 MINUTEN
KOCHZEIT: 20 MINUTEN

ZUTATEN

1 Kopf Blumenkohl
100 g Butter
2 EL Mehl (Type 550)
1 TL Senfpulver
500 ml Milch
2 Lorbeerblätter
¼ TL frisch geriebene Muskatnuss
¼ TL Mazis (Muskatblüte)
280 g Cheddar oder anderer Hartkäse, gerieben

- Blumenkohl in Röschen schneiden und in kochendem Salzwasser etwa 5 Minuten garen. Abgießen und beiseitestellen.
- Backofen auf 200 °C vorheizen.
- Butter in einer Kasserolle zerlassen und mit Senfpulver glatt rühren. Nach und nach mit Milch ablöschen. Lorbeer, Muskatnuss und Mazis zugeben und 10 Minuten unter gelegentlichem Rühren köcheln lassen.
- Den Großteil des Käses unterrühren, bis er schmilzt.
- Blumenkohl in einer Auflaufform verteilen und mit der Sauce übergießen. Mit dem übrigen Käse bestreuen und im Backofen 20 Minuten überbacken.

333 — 4 PERSONEN
Kohlsprossen mit Maroni & Speck

VORBEREITUNG: 5 MINUTEN
KOCHZEIT: 10 MINUTEN

ZUTATEN

400 g Kohlsprossen
30 g Butter
250 g durchwachsener Räucherspeck, gehackt
400 g gekochte, geschälte Esskastanien (fertig abgepackt)
100 ml trockener Weißwein
Salz und Pfeffer

- Von den Kohlsprossen bei Bedarf zähe äußere Blätter entfernen.
- Eine Kasserolle mit Salzwasser zum Kochen bringen und die Sprossen darin 3–4 Minuten bissfest garen.
- Abgießen und zum Abkühlen beiseite stellen. Halbieren.
- Butter in einer Pfanne zerlassen und den Speck darin knusprig goldbraun braten.
- Speck mit einem Sieblöffel herausnehmen. Zur Butter halbierte Sprossen und Kastanien zugeben, dann Wein zugießen.
- Sprudelnd köcheln lassen, bis der Wein zu einer sirupartigen Masse eingekocht ist, dann Speck wieder zugeben und mit Salz und Pfeffer abschmecken.

334 — Melanzane alla Parmigiana

4 PERSONEN

VORBEREITUNG: 30 MINUTEN
KOCHZEIT: 20 MINUTEN

ZUTATEN

6 EL Olivenöl
1 EL getrockneter Oregano
3 Auberginen, der Länge nach in dünne Scheiben geschnitten
1 Zwiebel, geschält und gehackt
2 Knoblauchzehen, in feinen Scheiben
1 Zimtstange
2 Dose Tomaten gewürfelt (à 400 g)
1 Bund Basilikum
2 Mozzarellakugeln
60 g Parmesan, gerieben

- Backofen auf 200 °C vorheizen.
- Öl und Oregano auf einem Backblech verteilen und die Auberginenscheiben beidseitig durch das Öl ziehen, damit Oregano haften bleibt. Im Backofen etwa 15 Minuten zart und goldbraun braten. Auf Küchenpapier abtropfen lassen.
- Inzwischen in einer Kasserolle etwas Öl erhitzen. Zwiebel und Knoblauch darin weich garen.
- Zimtstange und ganze Basilikumstängel zugeben, Tomaten zufügen und alles zusammen 20 Minuten köcheln lassen. Abschmecken.
- Etwas Sauce auf dem Boden einer Auflaufform verteilen, dann in mehreren Schichten abwechselnd Auberginenscheiben, Sauce und Mozzarella zufügen. Nach jeder Schicht abschmecken und mit Sauce abschließen.
- Mit Parmesan bestreuen und 15–20 Minuten überbacken, bis die Sauce Blasen wirft und der Käse bräunt.

335 — Melanzane Parmigiana mit Zucchini

- Für eine sommerliche Variante 2 Zucchini in dünne Scheiben schneiden und mit den Auberginen mischen.

336 — Confit-Karotten

4 PERSONEN

VORBEREITUNG: 5 MINUTEN
KOCHZEIT: 2 STUNDEN

ZUTATEN

350 g Chantenay- oder Babykarotten, geputzt
250 g zerlassenes Entenfett
2 Knoblauchzehen, in feinen Scheiben
4 Thymianzweige

- Backofen auf 140 °C vorheizen.
- Karotten in einer Auflaufform verteilen und mit Entenfett übergießen. Knoblauch und Thymian zugeben. Bei Bedarf mehr Fett zugießen. Die Karotten sollten vollständig bedeckt sein.
- Im Ofen 2 Stunden gleichmäßig weich garen.
- Die Karotten aus dem Fett nehmen. Vor dem Servieren kurz in der Pfanne anbraten – so werden sie außen knusprig braun.

337 — Confit-Karotten à l'Orange

- Ein Streifen Orangenschale ohne Mark, in das Fett zugegeben, sorgt für eine typisch französische Note.

GEMÜSE

338 | 4 PERSONEN | Erbsenmus

- Olivenöl in einer Kasserolle sanft erhitzen. Erbsen und Frühlingszwiebeln zugeben und garen, bis sie eine leuchtend grüne Farbe annehmen. Dann Minze zugeben, mit Salz und Pfeffer abschmecken und leicht zuckern.
- Mit dem Kartoffelstampfer zerdrücken und Butter unterrühren.
- Noch warm servieren.

VORBEREITUNG: 5 MINUTEN
KOCHZEIT: 10 MINUTEN

ZUTATEN

4 EL Olivenöl
500 g Erbsen (tiefgefroren)
3 Frühlingszwiebeln, fein gehackt
1 Bund frische Minze, gehackt
Salz und Pfeffer
1 TL Zucker
30 g Butter

Mus aus dicken Bohnen — 339

- Die Erbsen durch enthülste und enthäutete dicke Bohnen ersetzen. Die Bohnen wie oben zubereiten.

340 | 4 PERSONEN | Ofentomaten mit Rosmarin

- Backofen auf 150 °C vorheizen.
- Die Tomatenhälften in einer gleichmäßigen Schicht auf einem Backblech verteilen und großzügig mit Öl beträufeln. Mit Salz und Pfeffer würzen und die Rosmarinzweige zwischen den Tomaten verteilen.
- Im Backofen 2–3 Stunden, nach Bedarf auch länger, braten, bis die Tomaten sehr weich sind und Flüssigkeit verlieren, aber ihre Form noch erhalten ist.

VORBEREITUNG: 5 MINUTEN
KOCHZEIT: 2–3 STUNDEN

ZUTATEN

500 g reife Tomaten, halbiert
4 EL Olivenöl
2 Zweige Rosmarin
Salz und Pfeffer

Ofentomaten mit Sherryessig — 341

- Vor dem Braten zusätzlich mit 1 EL Sherryessig beträufeln.

342 · Ofenpaprika

4 PERSONEN

VORBEREITUNG: 5 MINUTEN
KOCHZEIT: 40–50 MINUTEN

ZUTATEN

4 rote Paprikaschoten
Olivenöl
Salz und Pfeffer

- Backofen auf 200 °C vorheizen.
- Die Paprikaschoten halbieren, Samenstränge entfernen und die Hälften gleichmäßig in einer Bratform anordnen.
- Mit Öl beträufeln, mit Salz und Pfeffer würzen und im Backofen mindestens 40 Minuten braten, bis die Schoten stellenweise schwarz werden und die Form verlieren.
- Zum Ablösen der Haut in einen offenen Gefrierbeutel füllen, 10 Minuten auskühlen lassen und im Gefrierbeutel die Haut ablösen.

Bunte Ofenpaprika — 343

- Für farbliche Abwechslung gelbe und orange Paprikaschoten mitbraten. Paprika in Olivenöl eingelegt im Kühlschrank lagern.

344 · Zucchini italienische Art

4 PERSONEN

VORBEREITUNG: 15 MINUTEN
KOCHZEIT: 20 MINUTEN

ZUTATEN

4 Zucchini
200 g Ricotta
1 EL Petersilie, fein gehackt
1 EL Basilikum, fein gehackt
1 EL frische Minze, fein gehackt
Salz und Pfeffer
natives Olivenöl extra
4 EL Parmesan, gerieben

- Backofen auf 200 °C vorheizen.
- Die Zucchini der Länge nach halbieren und vorsichtig aushöhlen, sodass die „Hüllen" ganz bleiben.
- Das Fruchtfleisch fein würfeln. 2 EL Öl in einer Pfanne erhitzen und die Zucchiniwürfel darin weich garen. In eine Schüssel füllen und abkühlen lassen.
- Die abgekühlten Zucchiniwürfel mit Ricotta, Kräutern sowie Salz und Pfeffer verrühren.
- Mit einem Teelöffel die Füllung auf die Zucchinihüllen aufbringen. Mit etwas Öl beträufeln und mit Parmesan bestreuen.
- Im Backofen etwa 20 Minuten backen, bis die Zucchini weich sind und die Füllung leichte Blasen wirft.

Zucchini italienische Art mit Ricotta und Sardellen — 345

- 4 gehackte Sardellenfilets im heißen Öl braten, bis sie zergehen, dann Zucchiniwürfel zugeben.

GEMÜSE

346 — Ratatouille
4 PERSONEN

Ratatouille-Salat — 347
- Das Gemüse nur kurz köcheln lassen. So bleibt es bissfest und kann kalt als sommerliches Salatgericht serviert werden.

Ratatouille asiatisch — 348
- Koriandersamen und Basilikum weglassen und stattdessen fein gehackten Ingwer und 1 Prise Fünf-Gewürze-Pulver unterrühren.

Ratatouille mit Risotto — 349
- Die Ratatouille mit gekochtem Reis oder Risotto verrühren – ein leichtes vegetarisches Abendessen, das auch sättigt.

VORBEREITUNG: 10 MINUTEN
KOCHZEIT: 50 MINUTEN

ZUTATEN

4–6 EL Olivenöl
2 Zwiebeln, geschält und in feinen Ringen
2 Auberginen, der Länge nach halbiert und in feinen Scheiben
3 Zucchini, der Länge nach halbiert und in feinen Scheiben
2 Knoblauchzehen, fein gehackt
3 rote Paprikaschoten, Samen entfernt, in Streifen
1 Dose Tomaten gewürfelt (à 400 g)
1 TL Koriandersamen, zerstampft
Salz und Pfeffer
1 Handvoll frische Basilikumblätter

- Öl in einer Pfanne erhitzen und die Zwiebeln darin goldbraun rösten.
- Auberginen zugeben und 2 Minuten mitgaren, dann Zucchini und Knoblauch zufügen. Weitere 2 Minuten garen, dann Paprikastreifen zugeben und alles zusammen 5 Minuten weitergaren.
- Tomatenwürfel und Koriander einrühren und alles bei sehr niedriger Hitze mindestens 30 Minuten köcheln lassen, bis das Gemüse sehr weich ist. Gelegentlich rühren.
- Mit Salz und Pfeffer abschmecken und mit Basilikum bestreut servieren.

350
4 PERSONEN

Gefüllte Tomaten à la provençale

351
Tomaten mit Speckfüllung

- 2 dünne Scheiben Speck fein hacken und anbraten, dann unter die Füllung rühren.

352
Tomaten mit Thunfischfüllung

- Statt des Rosmarin Thunfisch aus der Dose unter die Füllung rühren.

353
Tomaten mit Taleggiofüllung

- Gewürfelten Taleggio mit den Semmelbröseln verrühren und überbacken, bis der Käse Blasen wirft.

VORBEREITUNG: 40 MINUTEN
KOCHZEIT: 30 MINUTEN

ZUTATEN

8 reife Fleischtomaten
Salz
1 EL Olivenöl
1 Zwiebel, geschält und fein gehackt
2 Knoblauchzehen, fein gehackt
300 g Semmelbrösel
1 EL Rosmarinblätter, fein gehackt
½ Bund Petersilie, fein gehackt
2 EL Parmesan, gerieben

- Mit einem Teelöffel die Tomaten vorsichtig aushöhlen. Die Kerne entfernen, das Fruchtfleisch beiseitestellen.
- Das Innere der Hüllen mit etwas Salz bestreuen, auf den Kopf stellen und etwa 30 Minuten Wasser ausziehen lassen.
- Inzwischen in einer Pfanne Öl erhitzen und Zwiebel und Knoblauch darin glasig anschwitzen.
- Semmelbrösel, Rosmarin und Petersilie zugeben und abschmecken.
- Parmesan unterrühren und ein wenig abkühlen lassen.
- Backofen auf 200 °C vorheizen.
- Die Tomaten mit der Mischung füllen und in einer Bratform verteilen.
- Mit Öl beträufeln und im Backofen etwa 30 Minuten braten, bis die Tomaten weich sind, aber noch nicht zusammenfallen.

GEMÜSE

354 — Gemüse-Estouffade mit Bohnen
4 PERSONEN

- Butter in einer Pfanne erhitzen und die Zwiebel darin anschwitzen, aber nicht bräunen.
- Karotten und Lauch zugeben und weich garen.
- Pilze und Bohnen zugeben, dann mit Brühe übergießen.
- Meersalat und Thymian zufügen. Alles sanft köcheln lassen, bis die Flüssigkeit beinahe verdampft ist und das Gemüse sehr zart ist.
- Mit Salz und Pfeffer abschmecken und gleich servieren.

VORBEREITUNG: 15 MINUTEN
KOCHZEIT: 30 MINUTEN

ZUTATEN

30 g Butter
1 Zwiebel, geschält und in feinen Ringen
2 Karotten, geschält und in dünnen Scheiben
2 Lauchstangen, weiße Anteile, in feinen Ringen
200 g Champignons, in Scheiben
2 Dosen Cannellini-Bohnen (à 400 g), abgegossen
200 ml Gemüsebrühe
2 EL Meersalat (Meerlattich), fein gehackt
2 Thymianzweige
Salz und Pfeffer

355 — Gemüse-Estouffade mit Limabohnen
- Die Cannellini durch die herzhafteren Limabohnen ersetzen.

356 — Rüben pfannengebraten
4 PERSONEN

- Karotten und Pastinaken der Länge nach in dünne Streifen schneiden.
- Etwa 2 Minuten ankochen, damit sie weicher werden, dann abgießen und gut trockentupfen.
- Öl in einer Pfanne erhitzen und die Rübenstreifen zusammen mit Thymian portionsweise knusprig braun anbraten.
- Gegen Ende der Garzeit in Essig wenden und mit reichlich Salz und Pfeffer abschmecken.

VORBEREITUNG: 10 MINUTEN
KOCHZEIT: 20 MINUTEN

ZUTATEN

4 große Karotten, geschält
2 Pastinaken, geschält
4 EL Olivenöl
4 Zweige Thymian
1 EL Rotweinessig
Salz und Pfeffer

357 — Gebratene Rüben mit Balsamico
- Für eine süßliche Note den Rotweinessig durch Balsamico ersetzen.

358 · 4 PERSONEN — Rohkostsalat mit Bohnen und Brokkoli

VORBEREITUNG: 10 MINUTEN
KOCHZEIT: 4 MINUTEN

ZUTATEN

1 Kopf Brokkoli, in Röschen zerteilt
100 g grüne Bohnen, geputzt
1 Bund Radieschen, geputzt und in dünnen Scheiben
4 EL natives Olivenöl extra
1–2 EL Rotweinessig
Salz und Pfeffer

- Brokkoli und Bohnen je in einem eigenen Topf in kochendem Salzwasser etwa 4 Minuten garen und sofort mit eiskaltem Wasser abschrecken.
- In einer Schüssel mit den Radieschen vermischen.
- Für das Dressing Olivenöl und Essig verquirlen und mit Salz und Pfeffer abschmecken.
- Das Gemüse mit Dressing gut vermischen und gleich servieren.

359 — Grüne-Bohnen-Salat mit jungen Zucchini

- Junge Zucchini mit dem Gemüseschäler in dünne Scheiben schneiden und unterrühren.

360 · 4 PERSONEN — Spinat-Feta-Törtchen

VORBEREITUNG: 15 MINUTEN
KOCHZEIT: 20 MINUTEN

ZUTATEN

1 EL Butter
500 g Blattspinat, gewaschen
2 Eier
80 g Feta, zerkrümelt
2 EL Parmesan, gerieben
2 EL Sahne
Salz und Pfeffer

- Backofen auf 180 °C vorheizen.
- Spinat in zerlassener Butter dünsten, bis er zusammenfällt, dann die überschüssige Flüssigkeit ausdrücken und mit Salz und Pfeffer abschmecken.
- Eier in einer Schüssel mit der Sahne verquirlen. Spinat, Feta und Parmesan unterrühren und abschmecken.
- Die Masse in 4 kleine, eingefettete Förmchen gießen und etwa 20 Minuten im Backofen backen, bis die Törtchen gerade fest sind.
- Noch warm servieren.

361 — Flan mit Brunnenkresse und Feta

- Statt Spinat dieselbe Menge fein gehackte frische Brunnenkresse verwenden.

GEMÜSE

362 | 4 PERSONEN
Gebackener Blumenkohl

- In einer Schüssel Mehl und Backpulver mit Gewürzen und Salz vermischen. Nach und nach das Bier zugießen und gut verrühren, bis die Masse eine cremig-sahnige Konsistenz bekommt.
- Das Öl auf 180 °C erhitzen.
- Die Blumenkohlröschen portionsweise erst in die Teigmasse tauchen, sodass sie gleichmäßig bedeckt sind, dann im Öl gleichmäßig goldbraun und knusprig herausbacken.
- Aus dem Öl nehmen, auf Küchenpapier abtropfen lassen und sofort servieren. Salz und Zitronenscheiben dazu reichen.

VORBEREITUNG: 15 MINUTEN
KOCHZEIT: 10 MINUTEN

ZUTATEN

1 Blumenkohl, in Röschen zerteilt
1 EL Currypulver
1 Prise Kurkuma
200 g Mehl, mit 10 g Backpulver vermischt
350 ml helles Bier
Salz
Öl zum Herausbacken
Salz und Zitronenscheiben zum Anrichten

Gebackener Blumenkohl mit Tomaten-Chili-Konfitüre | 363

- 1 rote Zwiebel in Ringe schneiden und klebrig anbraten. 2 gehackte Tomaten und Ringe von 1 Chilischote mitgaren, bis sie zusammenfallen. Rotweinessig unterrühren.

364 | 4 PERSONEN
Panierte Champignons

- Mehl, Eier und Semmelbrösel in je eine tiefe Schüssel füllen. Senfpulver unter das Mehl rühren, Parmesan unter die Semmelbrösel mischen.
- Die Pilze im Ganzen nacheinander in die Mehlmischung, in Ei und in die Semmelbrösel tauchen. Sie sollen gleichmäßig bedeckt sein.
- Öl auf 180 °C erhitzen und die Champignons darin portionsweise herausbacken, bis sie goldbraun sind.
- Auf Küchenpapier abtropfen lassen und gleich servieren.

VORBEREITUNG: 15 MINUTEN
KOCHZEIT: 20 MINUTEN

ZUTATEN

100 g Champignons, geputzt
100 g Mehl (Type 550), gesalzen
1 TL Senfpulver
2 Eier, verquirlt
100 g feine Semmelbrösel
2 EL Parmesan, fein gerieben
Öl zum Herausbacken

Panierte Champignons scharf | 365

- Für einen Schuss Schärfe 1 Prise Chiliflocken unter die Semmelbrösel mischen.

366 — Salat aus gemischten Bohnen

4 PERSONEN

VORBEREITUNG: 10 MINUTEN

KOCHZEIT: 4 MINUTEN

ZUTATEN

300 g gemischte grüne und gelbe Bohnen
1 Dose (à 400 g) Limabohnen, abgegossen
1 Schalotte, fein gehackt
2 EL natives Olivenöl extra
Saft von ½ Zitrone
Salz und Pfeffer
2 EL Semmelbrösel, leicht geröstet

- Grüne und gelbe Bohnen waschen und putzen.
- Bohnen in kochendem Salzwasser 4 Minuten blanchieren, dann abgießen und mit kaltem Wasser abspülen, damit die Farbe erhalten bleibt.
- Schalotte mit Öl, Zitronensaft, Salz und Pfeffer verquirlen und mit den Limabohnen vermischen.
- Blanchierte Bohnen untermischen und alles auf einer Servierplatte anrichten.
- Mit gerösteten Semmelbröseln bestreuen und gleich servieren.

Bunter Bohnensalat — 367

- Als Variante zusätzlich dicke Bohnen und halbierte Stangenbohnen zum Salat geben.

368 — Sautierter Wirsingkohl mit Speck

4 PERSONEN

VORBEREITUNG: 10 MINUTEN

KOCHZEIT: 10 MINUTEN

ZUTATEN

250 g Butter
2 Wacholderbeeren, leicht zerdrückt
1 Knoblauchzehe, in feinen Scheiben
4 dünne Scheiben durchwachsener Räucherspeck, gewürfelt
1 Kopf Wirsingkohl, äußere Blätter und Strunk entfernt, die Blätter in feinen Streifen
Salz und Pfeffer

- Butter in einer großen Pfanne zerlassen und Wacholder und Knoblauch darin anschwitzen, dann Speckwürfel zugeben. Anbraten, bis aus dem Speck Fett austritt.
- Wirsing zugeben, ein Glas Wasser zugießen und zugedeckt 4–5 Minuten garen, dabei gelegentlich schwenken. Deckel abnehmen und prüfen, ob der Wirsing zusammengefallen ist. Bei Bedarf weitere 2 Minuten garen.
- Mit Salz und Pfeffer abschmecken und gleich servieren.

Sautiertes Blattgemüse chinesisch — 369

- Kohl oder Blattgemüse beliebig mischen und statt mit Speck und Wacholderbeeren mit Sojasauce garen.

GEMÜSE

370 — Rohkostsalat mit Wurzelgemüse
4 PERSONEN

371 Wurzelgemüse-Salat
- Anderes Wurzelgemüse, etwa Karotten oder Rote Rüben, fein reiben oder raspeln. Die Tomate hier weglassen.

372 Selleriesalat mit Sherryessig
- Statt Rotweinessig Sherryessig für das Dressing verwenden.

373 Selleriesalat mit Remoulade
- Fein gehackte Petersilie mit hochwertiger Mayonnaise und etwas Zitronensaft verrühren und unter das Gemüse heben.

VORBEREITUNG: 20 MINUTEN

ZUTATEN

½ Sellerieknolle, geschält
2 weiße Rüben, geschält
4 reife Tomaten, gewürfelt
1 Bund Petersilie, fein gehackt
4 EL Hijiki (getrocknetes Seegras)

FÜR DAS DRESSING
2 EL Rotweinessig
1 EL Dijon-Senf
1 Prise Salz
1 Prise Zucker
100 ml natives Olivenöl extra

- Sellerie und Rüben grob raspeln (am besten in der Küchenmaschine oder mit der Küchenreibe).
- In eine Schüssel füllen, Tomaten, Petersilie und Seegras zugeben und gut verrühren.
- Für das Dressing Essig, Senf, Zucker und Salz verrühren, dann nach und nach das Öl unterrühren, bis es sich mit den übrigen Zutaten zu einer Masse verbindet.
- Die Rohkost mit dem Dressing gut vermischen, dann servieren.

374 | 4 PERSONEN
Französisches Erbsengemüse

VORBEREITUNG: 10 MINUTEN
KOCHZEIT: 10–15 MINUTEN

ZUTATEN

30 g Butter
1 Bund Frühlingszwiebeln, in Ringen
100 g Erbsen
2 Köpfe junger Salat, geviertelt
Gemüsebrühe
Salz und Pfeffer
einige Zweige frische Minze

- Butter in einer Bratpfanne zerlassen und die Frühlingszwiebeln in der schaumigen Butter weich garen.
- Erbsen und Salatstücke zugeben und in der Pfanne vermischen, dann mit Gemüsebrühe gerade bedecken. Mit Salz und Pfeffer abschmecken und 5–10 Minuten garen, bis das Gemüse weich ist und der Salat zusammenfällt.
- Mit Minze garniert servieren.

Französisches Erbsengemüse mit Bohnen und Artischocken | 375

- Gekochte dicke Bohnen und Artischockenherzen unterrühren.

---

376 | 4 PERSONEN
Gegrillter Mais

VORBEREITUNG: 10 MINUTEN
KOCHZEIT: 30 MINUTEN

ZUTATEN

4 Maiskolben mit Hüllblättern
Salz und Pfeffer

FÜR DIE GEWÜRZBUTTER
1 rote Chilischote, Samen entfernt, fein gehackt
½ Bund frischer Koriander, gehackt
Saft von 1 Limette
60 g weiche Butter

- Für die Gewürzbutter alle Zutaten vermischen und anschließend kühl stellen.
- Von den Maiskolben die Hüllblätter abziehen, die Kolben darin einwickeln und die Spitzen zum Verschließen eindrehen.
- Die Maiskolben in Alufolie wickeln und etwa 30 Minuten grillen, bis die Körner weich und zart sind.
- Die Maiskolben großzügig mit Gewürzbutter bestreichen und mit Salz und Pfeffer würzen.

Gegrillter Mais mit Mayonnaise und Käse | 377

- Mexikanisch: Mayonnaise mit etwas Limettensaft und Tabasco verrühren, Maiskolben darin wälzen und mit geriebenem Käse bestreuen.

GEMÜSE

378 — Gefüllte Auberginen

2 PERSONEN

- Backofen auf 200 °C vorheizen.
- Auberginen der Länge nach halbieren, mit 2 EL Öl beträufeln und im Backofen etwa 30 Minuten weich braten.
- Mit einem Löffel das Fruchtfleisch aushöhlen, sodass die Schalen mit etwas Fruchtfleisch daran ganz zurückbleiben.
- Olivenöl in einer Pfanne erhitzen und die Zwiebeln darin mit Oregano, Knoblauch und Paprika weich dünsten.
- Auberginenfruchtfleisch und die übrigen Zutaten zugeben und alles zusammen 15 Minuten köcheln lassen.
- Mit Salz und Pfeffer abschmecken und in die Auberginenhüllen füllen. Mit Parmesan bestreuen und noch ein wenig im Ofen überbacken, bis der Käse schmilzt.
- Noch heiß servieren.

VORBEREITUNG: 20 MINUTEN
KOCHZEIT: 45 MINUTEN

ZUTATEN

2 Auberginen, ganz
4 EL Olivenöl
1 TL getrockneter Oregano
1 Zwiebel, geschält und fein gehackt
2 Knoblauchzehen
1 grüne Paprikaschote, fein gehackt
1 gelbe Paprikaschote, fein gehackt
2 Tomaten, klein gewürfelt
1 Bund Petersilie, gehackt
1 Handvoll grüne Oliven, entkernt
Salz und Pfeffer
4 EL Parmesan, gerieben

379 — Zuckererbsen mit Erdnüssen

4 PERSONEN

VORBEREITUNG: 5 MINUTEN
KOCHZEIT: 4 MINUTEN

ZUTATEN

200 g Zuckererbsen
2 EL Erdnüsse, geschält
Salz und Pfeffer
natives Olivenöl extra

- Die Zuckererbsen in kochendem Salzwasser etwa 4 Minuten bissfest garen.
- Abgießen und mit kaltem Wasser abschrecken, damit die Farbe erhalten bleibt.
- Die Erdnüsse auf einem Backblech verteilen und im Backofengrill kurz rösten. Achtung, sie verbrennen schnell!
- Die Erbsen mit Salz, Pfeffer in 2 EL Olivenöl schwenken und mit gerösteten Erdnüssen bestreuen.

380 — Pfefferbohnen

4 PERSONEN

VORBEREITUNG: 15 MINUTEN
KOCHZEIT: 4 MINUTEN

ZUTATEN

300 g dicke Bohnen (Fava-Bohnen) in der Hülse
Salz und grob gemahlener schwarzer Pfeffer
50 g Butter

- Die Bohnen enthülsen.
- In kochendem Salzwasser etwa 4 Minuten weich garen, abgießen und mit kaltem Wasser abschrecken.
- Mit den Fingerspitzen die hellen grünen Bohnen aus der graugrünen Haut herauslösen.
- In einer Kasserolle mit Butter, Salz und Pfeffer schwenken und gleich servieren.

SALATE

SALATE

381 — 4 PERSONEN
Knackiger Asia-Salat

- Karotten schälen und in Stifte schneiden. In eine Schüssel füllen.
- Radieschen in dünne Scheiben schneiden und zugeben.
- Paprika, Bohnen und Kohlstreifen unterrühren.
- Essig mit Salz und Zucker verquirlen und das Gemüse damit übergießen. Gut vermengen und 20 Minuten ziehen lassen, dann servieren.

VORBEREITUNG: 30 MINUTEN

ZUTATEN

2 Karotten
1 Bund Radieschen, geputzt
2 grüne Paprikaschoten, Samen entfernt, in feinen Streifen
1 Handvoll grüne Bohnen, kurz gegart
⅛ Kopf Weißkohl, Strunk entfernt, fein geschnitten
1 TL Salz
5 EL Reisessig
6 EL Zucker

382 — 4 PERSONEN
Fenchelsalat mit Orange

VORBEREITUNG: 10 MINUTEN

ZUTATEN

1 Fenchelknolle
1 Orange
½ Bund Radieschen
1 EL Rotweinessig
4 EL natives Olivenöl extra
Salz und Pfeffer

- Die Fenchelknolle halbieren. Strunk und äußere Blätter entfernen. In sehr feine Scheiben schneiden und in eine Schüssel füllen.
- Orange schälen und Pelz entfernen. Da sie saftig ist und tropft, über der Schüssel in Spalten schneiden und die Spalten zugeben.
- Radieschen in feine Scheiben schneiden.
- Essig und Öl mit etwas Salz und Pfeffer verquirlen, mit dem Gemüse vermengen und servieren.

383 — 4 PERSONEN
Tomatensalat

VORBEREITUNG: 20 MINUTEN

ZUTATEN

500 g Tomaten (gemischte Sorten)
½ Knoblauchzehe, zerdrückt
1 EL Rotwein- oder Balsamicoessig
6 EL natives Olivenöl extra
½ rote Zwiebel, in feinen Scheiben
4 Radieschen, in dünnen Scheiben
½ Bund Basilikum
Salz und Pfeffer

- Tomaten klein schneiden und in eine Schüssel füllen.
- Mit etwas Salz bestreuen und 10 Minuten ziehen lassen.
- Knoblauch mit Essig und Öl zu einer dickflüssigen Masse verrühren.
- Zwiebel und Radieschen mit den Tomaten verrühren, mit dem Dressing übergießen und gut vermengen.
- Mit klein gerissenen Basilikumblättern garniert servieren.

384 — Griechischer Bauernsalat

4 PERSONEN

VORBEREITUNG: 40 MINUTEN

ZUTATEN

150 g Kirschtomaten
1 Salatgurke
1 rote Zwiebel, halbiert und in feinen Scheiben
150 g schwarze Oliven ohne Kern
200 g Feta
2–3 EL Rotweinessig
Salz und Pfeffer
1 TL getrockneter Oregano oder eine 1 kleine Handvoll frische Oreganoblätter
6–8 EL natives Olivenöl extra

- Tomaten halbieren und in einer Schüssel mit etwas Salz und einem Schuss Olivenöl 30 Minuten ziehen lassen.
- Die Gurke der Länge nach halbieren. Samen mit einem Teelöffel ausschaben. Die Hälften in Scheiben schneiden, in ein Sieb füllen und mit etwas Salz 30 Minuten Wasser ausziehen lassen.
- Die entwässerten Tomaten und Gurken in einer großen Salatschüssel mit Zwiebel, Oliven und zerkrümeltem Feta vermischen.
- In einer weiteren, kleinen Schüssel Essig mit etwas Salz, Pfeffer und dem Oregano verquirlen. Mit ausreichend Öl zu einem dickflüssigen Dressing verbinden.
- Den Salat mit dem Dressing beträufeln und vor dem Servieren gut vermischen.

Griechischer Salat mit Thunfisch — 385

- Frische Thunfischsteaks auf jeder Seite 1–2 Minuten grillen, in dicke Scheiben schneiden und auf dem Salat anrichten.

386 — Caesar Salad

4 PERSONEN

VORBEREITUNG: 15 MINUTEN

ZUTATEN

4 Köpfe junger Blattsalat
100 g Croûtons (fertig vorbereitet)

FÜR DAS DRESSING

2 Sardellenfilets
½ Knoblauchzehe, zerdrückt
150 ml Crème fraîche
ein Spritzer Zitronensaft
2 EL Parmesan, gerieben
Salz und Pfeffer
Parmesanspäne zum Garnieren

- Die Salatblätter lösen, waschen und in eine große Schüssel füllen. Die Croûtons zugeben.
- Für das Dressing Sardellenfilets mit Knoblauch zu einer groben Paste zerdrücken. Crème fraîche, Zitronensaft und Parmesan unterrühren und vorsichtig würzen. Bei Bedarf mehr Zitronensaft zugeben.
- 2 EL vom Dressing über die Salatblätter träufeln und gut vermengen.
- Salat auf einer Servierplatte anrichten. Das übrige Dressing darüberträufeln und mit Parmesanspänen garnieren.

Caesar Salad mit Hähnchen — 387

- Jede Portion mit einigen Scheiben gekochtem Hähnchen belegen.

SALATE

388 — 4 PERSONEN
Kirschtomaten-Salat mit Feta

- Tomaten im Ganzen mit Feta und Oliven in eine große Schüssel füllen.
- Die übrigen Zutaten zu einem Dressing verrühren.
- Das Dressing unter die Tomatenmischung heben und gleich servieren.

VORBEREITUNG: 5 MINUTEN

ZUTATEN

300 g Kirschtomaten
100 g Feta, zerkrümelt
1 Handvoll schwarze Oliven
1 TL getrockneter Oregano
1 EL Rotwein- oder Balsamicoessig
4 EL natives Olivenöl extra
Salz und Pfeffer

389
Tomatensalat mit Ziegenkäse
- Milder (nach Belieben auch würziger) Ziegenkäse statt Feta ist eine passende Ergänzung zu den süßlichen Tomaten.

390 — 4 PERSONEN
Tomaten-Mozzarella-Salat

- Tomaten in Scheiben schneiden und auf einer Servierplatte anrichten.
- Öl darübergießen. Basilikum in kleine Stücke reißen und großzügig über den Tomaten verteilen. Salzen und pfeffern und anschließend 15 Minuten ziehen lassen, damit die Tomaten Aroma abgeben und ein Dressing entsteht.
- Mozzarella in Stücke reißen oder in Scheiben schneiden und die Tomaten damit belegen.

VORBEREITUNG: 20 MINUTEN

ZUTATEN

6 reife Tomaten
4 EL natives Olivenöl extra
1 Bund frisches Basilikum
Salz und Pfeffer
2 Kugeln Büffelmozzarella oder Kuhmilch-Mozzarella

391
Tomaten-Mozzarella-Salat mit jungem Blattspinat
- Für mehr Aroma und Substanz zarte Spinatblätter zu Tomaten und Käse mischen.

392 — 4 PERSONEN
Karottensalat mit grünen Oliven

VORBEREITUNG: 5 MINUTEN
KOCHZEIT: 7–9 MINUTEN

ZUTATEN

4 große Karotten, geschält und in Scheiben
Saft von 1 Zitrone
1 TL Senfkörner
4 EL natives Olivenöl extra
Salz und Pfeffer
1 Handvoll grüne Oliven ohne Kern, halbiert

- Die Karotten 7–9 Minuten dämpfen, bis sie weich, aber noch fest sind. Abkühlen lassen.
- Zitronensaft, Senfkörner und Öl unterrühren und mit Salz und Pfeffer abschmecken.
- Auf einer Servierplatte anrichten und die Olivenhälften darüber verteilen.

Selleriesalat mit grünen Oliven — 393

- Probieren Sie dieses Rezept mit geraspelter Knollensellerie statt Karotten.

394 — 4 PERSONEN
Waldorfsalat

VORBEREITUNG: 15 MINUTEN

ZUTATEN

220 g Stangensellerie, fein gehackt
220 g Walnüsse, im Ofen geröstet
220 g kernlose Weintrauben, halbiert
2 Tafeläpfel, Kerngehäuse entfernt und in dünnen Spalten
4 EL Mayonnaise
Saft von ½ Zitrone
Salz und Pfeffer
grüne Salatblätter zum Garnieren

- Sellerie, Walnüsse, Trauben und Äpfel in einer Schüssel vermischen.
- Mayonnaise mit etwas Zitronensaft verrühren und mit Salz und Pfeffer abschmecken.
- Das Dressing unter die Salatzutaten rühren und auf Salatblättern anrichten.

Waldorfsalat mit Kräutermayonnaise — 395

- Für mehr Würze ¼ Bund fein gehackte Petersilie oder Estragon unter das Mayonnaisedressing rühren.

SALATE

396 — Fenchelsalat mit Birne und Rucola

4 PERSONEN

397 — Fenchelsalat mit Apfel und Rucola

- Statt der Birnen feste grüne Äpfel in Stifte schneiden.

398 — Fenchelsalat mit Birne und Brunnenkresse

- Rucola ist relativ würzig. Er kann durch frische Brunnenkresse oder jungen Blattspinat ersetzt werden.

399 — Fenchel-Birnen-Rucola-Salat mit Makrelen

- Frische Makrelenfilets ergänzen diesen Salat sehr gut.

VORBEREITUNG: 15 MINUTEN

ZUTATEN

1 Fenchelknolle, Strunk entfernt und in feine Streifen geschnitten
2 reife Birnen, Kerngehäuse entfernt
250 g Rucola
2 EL Kapern
3 EL natives Olivenöl extra
2 EL Zitronensaft
Salz und Pfeffer

- Fenchelstreifen in eine Schüssel füllen. Die Birnen in feine Spalten schneiden und mit der Hälfte vom Zitronensaft beträufeln, damit sie nicht braun werden.
- Rucola auf einer Servierplatte anrichten und die Kapern darüber verteilen.
- Öl mit übrigem Zitronensaft sowie Salz und Pfeffer verrühren und mit Fenchel und Birnen vermischen.
- Auf dem Rucolabett anrichten und gleich servieren.

400
4 PERSONEN

Salade Niçoise

401 — Salade Niçoise mit Thunfisch aus der Dose
- Original wird dieser Salat mit Dosenthunfisch zubereitet. Verwenden Sie ihn als günstigere Alternative.

402 — Salade Niçoise mit Sardellen
- Frische Sardellen verleihen dem Salat lebendige Würze.

403 — Salade Niçoise mit Hähnchen
- Warmes oder kaltes Hähnchenfleisch macht den Salat zu einem Hauptgericht.

VORBEREITUNG: 30 MINUTEN
KOCHZEIT: 10 MINUTEN

ZUTATEN
4 Eier (nicht zu kalt)
120 g feine grüne Bohnen, geputzt
4 Thunfischsteaks (etwa 3 cm dick)
8–10 kleine Frühkartoffeln, mit Schale gekocht und dann geviertelt
8 Eiertomaten, geviertelt
4 junge Salatköpfe, der Länge nach geviertelt
8 Sardellenfilets
1 Handvoll schwarze Oliven
½ Bund Petersilie, grob gehackt

FÜR DAS DRESSING
3 EL Rotweinessig
½ Knoblauchzehe, zerdrückt
Salz und Pfeffer
100 ml natives Olivenöl extra

- Essig mit Knoblauch verrühren, salzen und pfeffern und mit dem Öl verquirlen, bis es sich mit dem Essig vermischt. Beiseitestellen.
- Die Eier 5 Minuten in kochendem Wasser garen, abkühlen lassen und schälen.
- Grüne Bohnen in kochendem Salzwasser etwa 4 Minuten garen, abgießen und mit kaltem Wasser abschrecken. Beiseitestellen.
- Eine Grillpfanne erhitzen und die geölten, gesalzenen und gepfefferten Thunfischsteaks darin auf jeder Seite 90 Sekunden anbraten. Beiseitestellen und in der Pfanne ziehen lassen.
- Auf einer großen Servierplatte die Salatblätter und Kartoffelstücke verteilen. Die Eier halbieren und auf dem Salatbett anrichten. Die Thunfischsteaks in dicke Streifen schneiden und zusammen mit den Tomaten, Sardellen und Oliven auf dem Salatbett verteilen.
- Mit dem Dressing beträufeln und mit Petersilie bestreut servieren.

SALATE

404 — 4 PERSONEN
Chinakohlsalat mit Apfel

- Den Chinakohl halbieren, den Strunk entfernen und die Blätter in sehr feine Streifen schneiden.
- Die Äpfel entkernen und in dünne Stifte schneiden.
- Von der Paprikaschote Samen entfernen und die Schote in feine Streifen schneiden. Alles in einer Schüssel vermischen.
- Sojasauce mit Ingwer und Limettensaft verquirlen. Anschließend die Öle unterrühren, bis sie sich mit der Sauce vermischen.
- Den Salat mit dem Dressing vermischen und 10 Minuten einwirken lassen, damit die Äpfel weich werden.
- Auf einer Servierplatte anrichten, mit Koriander garnieren und mit schwarzem Sesam bestreuen.

VORBEREITUNG: 15 MINUTEN

ZUTATEN

1 Kopf Chinakohl
2 Tafeläpfel
1 rote Paprikaschote
1 Bund Koriandergrün, fein gehackt
2 EL schwarzer Sesam

FÜR DAS DRESSING

2 EL Sojasauce
1 TL frischer Ingwer, gerieben
Saft von ½ Limette
1 TL Sesamöl
1 EL Erdnussöl

Weißkohlsalat mit Apfel — 405
- Wenn Chinakohl gerade nicht Saison hat, einen Kopf Weißkohl sehr fein hacken.

406 — 4 PERSONEN
Spinatsalat mit Räucherlachs

- Zuckererbsen 2 Minuten in kochendem Salzwasser garen, dann abgießen und mit eiskaltem Wasser abschrecken.
- Die Salate auf einer großen Servierplatte anrichten und mit Lachsstreifen belegen. Die Erbsen darauf verteilen.
- Die Walnüsse im Backofengrill kurz anrösten und auf dem Salat verteilen.
- Für das Dressing alle Zutaten verquirlen, bis sie gut vermischt sind, und über den Salat träufeln. Mit verschiedenen Blüten garnieren und gleich servieren.

VORBEREITUNG: 10 MINUTEN
KOCHZEIT: 2 MINUTEN

ZUTATEN

100 g Zuckererbsen
120 g junger Blattspinat
100 g Feldsalat
200 g Räucherlachs in Scheiben
50 g Walnüsse
1 Handvoll essbare Blüten zum Garnieren

FÜR DAS DRESSING

2 EL Zitronensaft
½ rote Chilischote, Samen entfernt und sehr fein gehackt
6 EL natives Olivenöl extra
Salz und Pfeffer

Spinatsalat mit frischem Lachs — 407
- Frische Lachsfilets passen ebenso zu diesem Salat und sorgen für eine mildere Geschmacksnote als Räucherlachs.

408 | 4 PERSONEN
Spinatsalat mit Tomaten und Ei

VORBEREITUNG: 10 MINUTEN
KOCHZEIT: 5 MINUTEN

ZUTATEN

4 Eier (nicht zu kalt)
200 g junger Blattspinat
8 Eiertomaten, geviertelt

FÜR DAS DRESSING

½ Knoblauchzehe, zerdrückt
1 EL Sherryessig
4 EL natives Olivenöl extra
Salz und Pfeffer
essbare Blüten zum Garnieren

- Eier in kochendem Salzwasser 5 Minuten garen, dann abgießen und abkühlen lassen. Vorsichtig schälen.
- Spinatblätter und Tomatenviertel in eine Servierschüssel füllen.
- Für das Dressing alle Zutaten verquirlen und den Salat damit übergießen. Gut vermischen.
- Eier vierteln und über den Salat geben. Mit essbaren Blüten bestreuen.

Spinatsalat mit Ei und gemischten Tomaten | 409

- Besonders hübsch und geschmackvoll ist der Salat mit verschiedenen Tomatensorten in unterschiedlichen Farbtönen.

410 | 4 PERSONEN
Regenbogen-Salat

VORBEREITUNG: 15 MINUTEN

ZUTATEN

200 g Brunnenkresse, gewaschen
4 Rote Rüben, vorgekocht und in Scheiben
2 Karotten, geschält
1 Handvoll Seetang (z. B. Hijiki), gegart

FÜR DAS DRESSING

1–2 EL Sherryessig
1 TL Dijon-Senf
Salz und Pfeffer
6 EL natives Olivenöl extra
1 EL Sesamsamen

- Kresse und Rote Rüben in einer Schüssel mit dem Seetang vermischen.
- Karotten grob hacken oder raspeln und in die Schüssel zugeben.
- Für das Dressing alle Zutaten verquirlen.
- Salat mit dem Dressing gut vermischen.
- Mit Sesamsamen bestreut servieren.

Regenbogen-Salat mit Tomaten | 411

- Feine Tomatenscheiben und Gelbe Rübe in den Salat zugeben – das sorgt für mehr Farbe.

SALATE

412 Reissalat
4 PERSONEN

- Mit einem Messbecher oder Glas den Reis abmessen, in eine Kasserolle füllen und mit Brühe bedecken. Zugedeckt 10 Minuten kochen.
- Vom Herd nehmen und 5 Minuten zugedeckt ziehen lassen. Dann den Deckel abnehmen und den Reis in einer Schüssel abkühlen lassen. Inzwischen den übrigen Salat vorbereiten.
- Avocado halbieren und den Kern entfernen. Das Fruchtfleisch herauslösen, würfeln und in eine Schüssel füllen. Mit etwas Zitronensaft beträufeln, damit es nicht bräunt. Paprika zugeben.
- Mandeln in einer Pfanne ohne Öl einige Sekunden goldbraun rösten und in die Schüssel zugeben.
- Den warmen Reis unterrühren und alles mit Essig und Öl vermischen. Mit Salz und Pfeffer abschmecken und gleich servieren.

VORBEREITUNG: 20 MINUTEN
KOCHZEIT: 15 MINUTEN

ZUTATEN

250 ml Reis
500 ml leichte Geflügel- oder Gemüsebrühe
2 reife Avocados
1 TL Zitronensaft
1 rote Paprikaschote, Samen entfernt und fein gehackt
4 EL Mandelsplitter
2 EL Weißweinessig
4 EL Olivenöl
Salz und Pfeffer

Bulgursalat 413
- Statt Reis eignet sich auch Bulgurweizen.

414 Bunter Salat
4 PERSONEN

- Die Blätter vom Salatkopf lösen, gut waschen und über einer Schüssel in kleine Stücke reißen.
- Tomaten vierteln und in die Schüssel zugeben.
- Die Gurke der Länge nach halbieren, in feine Scheiben schneiden und ebenfalls in die Schüssel zugeben.
- Die Zwiebel in dünne Ringe schneiden und hinzufügen.
- Für das Dressing Senf, Essig, Salz und Zucker verquirlen, dann nach und nach Öl und Pfeffer unterrühren, bis sich die Zutaten vermischen.
- Den Salat gleichmäßig mit Dressing vermischen und gleich servieren.

VORBEREITUNG: 15 MINUTEN

ZUTATEN

1 Kopfsalat (mit zarten Blättern, z. B. Buttersalat)
6 Eiertomaten
½ Salatgurke
½ rote Zwiebel, geschält

FÜR DAS DRESSING
1 EL Dijon-Senf
2 EL Rotweinessig
1 Prise Salz
1 Prise Zucker
6 EL natives Olivenöl extra
Pfeffer

Bunter Salat mit Oliven 415
- 1 Handvoll gemischte entkernte Oliven über den Salat geben.

416 — 4 PERSONEN

Mexikanischer Thunfischsalat

VORBEREITUNG: 20 MINUTEN

ZUTATEN

1 Dose Thunfisch (à 185 g), abgegossen
200 g Gemüsemais
1 rote Paprikaschote, Samen entfernt, gewürfelt
1 grüne Paprikaschote, Samen entfernt, gewürfelt
4 Eiertomaten, gehackt
1 Avocado
1 Dose Kidneybohnen (à 400 g), abgegossen

FÜR DAS DRESSING

½ rote Chilischote, Samen entfernt, fein gehackt
1 Schalotte, fein gehackt
Saft von 1 Limette
2 EL Tomatensaft
4 EL natives Olivenöl extra
Salz und Pfeffer

- Thunfisch mit einer Gabel in feine Stücke reißen und in einer Schüssel mit Mais, Paprika und Tomaten vermischen.
- Avocado halbieren, Stein entfernen und das Fruchtfleisch herauslösen. Würfeln und in die Schüssel zugeben.
- Kidneybohnen untermischen.
- Für das Dressing alle Zutaten gut verquirlen, bis sie sich vermischen, und das Dressing vorsichtig unter den Salat heben.

Thunfischsalat mit Eiern — 417

- Mehrere Eier hart kochen und vierteln. Auf dem Salat verteilt verleihen sie ihm mehr Substanz.

418 — 4 PERSONEN

Sprossensalat mit Pilzen und Sellerie

VORBEREITUNG: 10 MINUTEN

ZUTATEN

200 g Champignons
1 Stange Sellerie
2 Handvoll Bohnensprossen
1 Grapefruit
3 EL natives Olivenöl extra
Salz und Pfeffer

- Die Champignons putzen, in feine Scheiben schneiden und in eine Schüssel füllen.
- Sellerie fein hacken und zusammen mit den Sprossen in die Schüssel zugeben.
- Grapefruit schälen, bei Bedarf Pelz entfernen. Über der Schüssel in Spalten schneiden und zugeben.
- Mit Olivenöl beträufeln, mit etwas Salz und Pfeffer abschmecken und servieren.

Gemischter Sprossensalat — 419

- Verschiedene Sprossen kann man selbst keimen lassen. Für den Salat eignen sich besonders die süßlichen Erbsensprossen.

SALATE

420 — 4 PERSONEN
Flusskrebs-Salat

- Eier in kochendem Wasser 6 Minuten hart kochen, dann abschrecken und zum Abkühlen beiseitestellen. Schälen und vierteln.
- Den gehackten Salat auf 4 Schüsseln verteilen.
- Fenchel halbieren, den Strunk entfernen und die Blätter in feine Streifen schneiden. Fenchel und Tomaten auf die Schüsseln verteilen.
- Thunfisch mit der Gabel in Stücke reißen und in die Schüsseln geben. Flusskrebsschwänze zugeben. Mit Ei garnieren.
- Für das Dressing alle Zutaten verquirlen und den Salat damit beträufeln. Gleich servieren.

VORBEREITUNG: 15 MINUTEN
KOCHZEIT: 6 MINUTEN

ZUTATEN
4 Eier (nicht zu kalt)
2 Köpfe junger grüner Salat, gehackt
1 Fenchelknolle
4 Eiertomaten, geviertelt
1 Dose Thunfisch (à 185 g), abgegossen
500 g Flusskrebsschwänze, vorgegart

FÜR DAS DRESSING
Saft von 1 Orange
Saft von ½ Zitrone
1 rote Chilischote, Samen entfernt, in feinen Ringen
1 Schalotte, sehr fein gehackt
7 EL natives Olivenöl extra
Salz und Pfeffer

421 — 4–6 PERSONEN
Krautsalat

VORBEREITUNG: 40 MINUTEN

ZUTATEN
¼ Weißkohl, fein gehackt
¼ Rotkraut, fein gehackt
Salz
½ rote Zwiebel, in dünnen Scheiben
2 Karotten, geschält und geraspelt
1 Apfel, geschält und in feine Stifte geschnitten

FÜR DAS DRESSING
6 EL Mayonnaise
2 EL Sauerrahm
2 EL Ganzkornsenf
1 EL Zitronensaft
Pfeffer

- Kraut salzen und 30 Minuten ziehen lassen.
- Überschüssige Flüssigkeit abgießen und Kraut in eine Schüssel füllen.
- Zwiebel, Karotten und Apfel zugeben.
- Für das Dressing alle Zutaten mit 1 Prise Salz verrühren und das Dressing gut mit dem Salat vermischen.
- Bis zum Servieren sollten höchstens 2 Stunden vergehen.

422 — 2 PERSONEN
Kürbis-Quinoa-Salat

VORBEREITUNG: 5 MINUTEN
KOCHZEIT: 40 MINUTEN

ZUTATEN
1 Butternuss-Kürbis, Kerne entfernt, Fruchtfleisch grob geschnitten
2 EL Öl
150 g Quinoa
300 ml Wasser
2 EL Rosinen
½ Bund Koriandergrün, fein gehackt
1–2 EL Weißweinessig
2 EL Olivenöl
1 rote Chilischote, Samen entfernt, fein gehackt
Salz und Pfeffer

- Backofen auf 200 °C vorheizen.
- Kürbis mit etwas Öl beträufeln, mit Salz und Pfeffer würzen und im Backofen 30 Minuten braten, bis er sehr weich ist und karamellisiert.
- Quinoa mit Wasser in einer Kasserolle zum Kochen bringen. Kein Salz zugeben.
- Wenn der Quinoa kocht, die Hitze reduzieren und 10 Minuten köcheln lassen, bis die Körner aufspringen.
- Vom Herd nehmen und zugedeckt ziehen lassen, bis das Getreide die übrige Flüssigkeit aufgesogen hat.
- Kürbis und Rosinen in eine Schüssel füllen.
- Mit Koriander, Öl, Essig, Chili, Salz und Pfeffer vermischen.
- Wenn der Quinoa fertig ist, unter die Kürbismischung rühren. Bei Bedarf abschmecken.

423 — 4 PERSONEN
Garnelensalat mit Pilzen und Kapern

VORBEREITUNG: 10 MINUTEN
KOCHZEIT: 10 MINUTEN

ZUTATEN

320 g Fusilli (Spiralnudeln)
200 g Riesengarnelen, gegart
100 g Champignons
2 EL Kapern, abgegossen
8 Kirschtomaten
1–2 EL Rotweinessig
6 EL natives Olivenöl extra
Salz und Pfeffer

- Nudeln in kochendem Salzwasser entsprechend der Packungsanleitung garen.
- Abgießen und in eine Schüssel füllen.
- Garnelen zugeben. Pilze in feine Scheiben schneiden und zusammen mit den Kapern in die Schüssel zugeben.
- Tomaten halbieren und zufügen.
- Essig und Öl verrühren und unter den Salat mischen. Mit Salz und Pfeffer abschmecken und servieren.

Nudelsalat mit Basilikumdressing — 424

- Dazu passt würziges Basilikum: 1 Handvoll mit etwas Öl in der Küchenmaschine hacken und über den Salat geben.

425 — 4 PERSONEN
Apfel-Ziegenkäse-Salat

VORBEREITUNG: 15 MINUTEN

ZUTATEN

2 feste grüne Äpfel
Zitronensaft
200 g Ziegenkäse (1 Rolle)
100 g Champignons
½ Granatapfel
1 kleiner Römersalat, in feine Streifen geschnitten

- Die Äpfel halbieren, entkernen und in feine Spalten schneiden. In einer Schüssel mit etwas Zitronensaft vermengen, damit sie nicht braun werden.
- Ziegenkäse in dicke Scheiben schneiden und mit Apfelstücken und Salatstreifen auf einer Servierplatte anrichten.
- Champignons in dünne Scheiben schneiden und über dem Käse verteilen.
- Aus der Granatapfelhälfte mit einem Holzlöffel die Kerne herauslösen und über dem Salat verteilen.

Apfel-Ziegenkäse-Salat mit Honig-Senf-Dressing — 426

- Süßlich-würzige Variante: 1 EL Ganzkornsenf mit ½ EL Honig und etwas Olivenöl verrühren und vorsichtig abschmecken.

SALATE

427 — 4 PERSONEN
Nudelsalat Schinken-Artischocke

- Nudeln in Salzwasser al dente kochen, abseihen und in etwas Olivenöl schwenken. Abkühlen lassen.
- Artischockenherzen mit Schinkenwürfeln, Tomaten und Rucola in einer Schüssel verrühren.
- Für das Dressing Essig, Senf, Salz, Pfeffer und Zucker verquirlen. Öl unterrühren, bis sich die Zutaten vermischen und die Mischung eindickt. Bei Bedarf mit Salz und Pfeffer abschmecken.
- Die Nudeln unter die übrigen Zutaten rühren, das Dressing darübergießen und gut untermischen.

VORBEREITUNG: 20 MINUTEN
KOCHZEIT: 10 MINUTEN

ZUTATEN
300 g kleine Nudeln
1 Glas Artischockenherzen, abgegossen
200 g Schinken, Fettrand entfernt, gewürfelt
300 g Kirschtomaten, halbiert
60 g Rucola

FÜR DAS DRESSING
2–3 TL Rotweinessig
½–1 TL Ganzkornsenf
½ TL Salz
Pfeffer
1 Prise Zucker
6 EL natives Olivenöl extra

428
Nudelsalat mit Garnelen und Artischocken
- Für eine knackig-leichte Alternative sorgen gegarte Garnelen statt Schinken.

429 — 4 PERSONEN
Hähnchensalat mit Trauben und Nüssen

- Backofen auf 200 °C vorheizen.
- Die Hähnchenbrust mit etwas Öl und Zitronensaft beträufeln und 25 Minuten im Backofen braten, bis sie gar ist. Zum Ziehen beiseitestellen.
- Trauben, Nüsse und Salatblätter vermischen.
- Karotte raspeln und unterrühren.
- Die Hähnchenbrust in dicke Streifen schneiden (nach Belieben die Haut entfernen) und zum Salat geben.
- Zum Bratensaft etwas mehr Zitronensaft und Olivenöl zugeben und verrühren. Den Salat vorsichtig damit beträufeln.

VORBEREITUNG: 10 MINUTEN
KOCHZEIT: 25 MINUTEN

ZUTATEN
4 Hähnchenbrustfilets mit Haut
Olivenöl
Salz und Pfeffer
Saft von ½ Zitrone
80 g grüne Weintrauben
80 g Walnüsse
3 Köpfe junger Salat
1 Karotte, geschält
2 EL natives Olivenöl extra

430
Hähnchensalat mit Rahmdressing
- 4–5 EL Crème fraîche mit etwas Zitronensaft und 1 EL Ganzkornsenf zu einem Rahmdressing verrühren.

VOM RIND

VOM RIND

431
4 PERSONEN

Selbstgemachte Burger

- Das Fleisch gut würzen, nach Belieben mit dem Senf gut vermischen und zu Laibchen von etwa 2 cm Dicke formen. Bis zum Gebrauch kühl stellen.
- Eine Grillpfanne stark erhitzen und die Laibchen beidseitig mit etwas Öl bestreichen. Auf jeder Seite 3–4 Minuten braten, dann mit je einer Käsescheibe belegen und 5–8 Minuten in Alufolie gewickelt stehen lassen. Mit Tomaten, roten Zwiebelscheiben und Salatblättern zwischen zwei Brötchenhälften anrichten.

VORBEREITUNG: 10 MINUTEN
KOCHZEIT: 25 MINUTEN

ZUTATEN

4 Sirloin-Steaks (Lendenstück), grob gehackt (beim Metzger fragen)
1 TL Salz
1 EL Ganzkornsenf (nach Belieben)
schwarzer Pfeffer
Olivenöl
4 Scheiben mild-nussiger Käse (z. B. Jarlsberg)
1 große Tomate, in dicken Scheiben
4 Burger-Brötchen

Hackfleisch-bällchen

432
4–6 PERSONEN

Beef Wellington

433
6 PERSONEN

VORBEREITUNG: 20 MINUTEN + KÜHLZEIT
KOCHZEIT: 30 MINUTEN

ZUTATEN

400 g Rinderhackfleisch
1 Ei
2 EL Petersilie, gehackt
1 Knoblauchzehe, zerdrückt
abgeriebene Schale von ½ Bio-Zitrone
Salz und Pfeffer
1 dicke Scheibe Weißbrot, Rinde entfernt, in 2 EL Milch eingeweicht
3 EL Olivenöl
1 Dose Tomaten gewürfelt (à 400 g)
400 ml Rinderfond
1 TL Zucker

- Fleisch in einer Schüssel mit Ei, Knoblauch, Zitronenschale und 1 EL Petersilie vermischen und mit Salz und Pfeffer abschmecken.
- Das eingeweichte Brot mit den Händen zerkleinern und unter die Fleischmischung krümeln. Alles gut zu einer glatten, klebrigen Masse verkneten.
- Hände kalt und feucht abspülen. Aus der Masse etwa walnussgroße Kugeln rollen und auf ein Brett legen. 30 Minuten kühl stellen.
- Öl in einer Pfanne erhitzen und die Fleischbällchen portionsweise anbraten, bis sie gleichmäßig bräunen.
- Tomaten und Fond zugießen, Zucker zugeben, abschmecken und alles zum Kochen bringen. Die Hitze reduzieren und etwa 20 Minuten köcheln lassen.
- Dazu passen Nudeln oder Couscous.

VORBEREITUNG: 45 MINUTEN
KOCHZEIT: 20 MINUTEN

ZUTATEN

1 Rinderfilet (Lendenstück), ca. 1 kg
3 EL Olivenöl
3 EL Butter
250 g Champignons
1 Schalotte, fein gehackt
2 Thymianzweige
80 ml trockener Weißwein
1 Packung Blätterteig
1 EL Mehl
2 Eigelb, verquirlt

ZUM ANRICHTEN

750 g Frühkartoffeln, gebraten

- Backofen auf 220 °C (Umluft 200 °C) vorheizen.
- Das Fleisch in eine Bratenform geben, mit Öl beträufeln und 15 Minuten im Ofen braten.
- Inzwischen Champignons und Schalotte in der Küchenmaschine fein hacken.
- Butter in einer Kasserolle zerlassen und die Pilzmischung mit Thymian und etwas Salz und Pfeffer weich garen. Wein zugießen und weitergaren, bis der Wein aufgesogen ist. Zum Abkühlen beiseitestellen.
- Blätterteig auf einer bemehlten Arbeitsfläche leicht ausrollen. Die abgekühlten Champignons darauf verteilen, dabei einen schmalen Rand frei lassen.
- Fleisch in der Mitte der Teigfläche auflegen und den Teig darüber einrollen. Die Teigränder mit Eigelb verschließen und den Teig mit dem übrigen Eigelb bestreichen.
- Backofentemperatur auf 200 °C (Umluft 180 °C) reduzieren und 20 Minuten backen, bis der Teig bräunt.

434 — Rinderbraten mit Mandelkruste

6 PERSONEN

VORBEREITUNG: 10 MINUTEN

KOCHZEIT: 20–25 MINUTEN

ZUTATEN

1 Rinderfilet (Lendenstück), ca. 1 kg
Salz und Pfeffer
50 g getrocknete Aprikosen
60 g Mandelsplitter
½ EL frischer Rosmarin
2 EL Dijon-Senf
Olivenöl

- Backofen auf 200 °C (Umluft 180 °C) vorheizen.
- Das Fleisch würzen und in eine Bratenform geben.
- Aprikosen, Mandeln und Rosmarin in der Küchenmaschine fein krümelig hacken.
- Die Oberfläche des Bratens mit Senf bestreichen. Die Mandelmischung auf dem klebrigen Senf verteilen und festklopfen. Mit Öl beträufeln.
- Im Backofen nach Belieben zwischen 20 Minuten (blutig) und 25 Minuten (englisch) braten.
- Vor dem Servieren 10 Minuten ziehen lassen.

435 — Rinderbraten mit Pistazienkruste

- Statt der Mandeln dieselbe Menge geschälte, gehackte Pistazien verwenden.

436 — Rinderschmortopf

4 PERSONEN

VORBEREITUNG: 25 MINUTEN

KOCHZEIT: 2 STUNDEN 45 MINUTEN

ZUTATEN

2 EL Öl oder Bratfett
1 kg Rinderschmorfleisch (z B. Nacken)
4 Zwiebeln, geschält und gehackt
1 EL Butter
1 EL Mehl
500 ml Rinderfond
1 EL Worcestersauce
2 Lorbeerblätter
1 Zweig Rosmarin
1 kg Kartoffeln, geschält und in 2 cm dicke Scheiben geschnitten
Salz und Pfeffer

- Backofen auf 170 °C (Umluft 150 °C) vorheizen.
- Öl in einem großen Schmortopf erhitzen und das Fleisch darin portionsweise anbraten, bis es bräunt. Mit einem Sieblöffel herausnehmen und beiseitestellen.
- Etwas Butter in den Topf zugeben und die Zwiebeln darin glasig anschwitzen. Mit Mehl glatt rühren.
- Mit Fond und Worcestersauce zu einer glatten Sauce verrühren. Alles zum Köcheln bringen und das Fleisch wieder zugeben.
- Kräuter zugeben, eine Schicht Kartoffelscheiben aufbringen und mit Salz und Pfeffer würzen. Fleisch und Kartoffeln in überlappenden Schichten anordnen.
- Zudecken und im Backofen 2 Stunden garen, dann den Deckel abnehmen und weitere 45 Minuten garen, bis die Kartoffeln knusprig sind.

437 — Rinderschmortopf mit Sellerie

- Je zur Hälfte Kartoffeln und Knollensellerie in Scheiben schneiden und auf das Fleisch schichten.

VOM RIND

438
2 PERSONEN

Gegrilltes Hüftsteak mit Pilzen

Gegrilltes Hüftsteak mit Sauce Béarnaise — 439
- Steak mit Sauce Béarnaise ist ein Klassiker (Rezept auf Seite 24).

Marinierte Hüftsteaks — 440
- Eine Stunde vor dem Servieren die Steaks in etwas Öl mit Rosmarin und einer zerdrückten Knoblauchzehe marinieren – so nehmen sie das Aroma auf.

Hüftsteak mit Pilzsauce — 441
- Wenn die Pilze gar sind, mit 4 EL Sahne oder Crème fraîche zu einer Sauce verrühren.

VORBEREITUNG: 30 MINUTEN
KOCHZEIT: 10 MINUTEN

ZUTATEN

2 Hüftsteaks, je ca. 3 cm dick
Olivenöl
Salz und Pfeffer
50 g Butter
400 g gemischte frische Pilze
2 Thymianzweige
1 Knoblauchzehe, in feinen Scheiben
½ Bund Petersilie, fein gehackt
ein Spritzer Zitronensaft

- Die Steaks gleichmäßig mit Olivenöl einreiben und mit Salz und Pfeffer würzen. Eine Grillpfanne oder den Tischgrill stark erhitzen.
- Die Steaks 2 Minuten grillen, bis sich Schmorstreifen bilden.
- Die Steaks wenden und auf der anderen Seite 3 Minuten grillen.
- Wer die Steaks blutig mag, nimmt sie jetzt heraus. Für stärker durchgebratene Steaks erneut wenden und 1 Minute weiterbraten.
- Das Fleisch fest in Alufolie einwickeln und mindestens 5 oder bis zu 8 Minuten ruhen lassen.
- Inzwischen Butter in einer Kasserolle zerlassen und Pilze, Thymian und Knoblauch darin garen, bis die Flüssigkeit verdampft ist. Abschmecken, Petersilie und Zitronensaft unterrühren.
- Kurz vor dem Servieren die Steaks nochmals mit Salz und Pfeffer würzen und mit dem Bratensaft übergießen. Zusammen mit den Pilzen servieren.

442 — 4 PERSONEN
Burritos

VORBEREITUNG: 25 MINUTEN
KOCHZEIT: 10 MINUTEN

ZUTATEN

2 EL Öl
1 Zwiebel, geschält, in feinen Ringen
350 g Hüftsteak, in feinen Streifen
1 Knoblauchzehe, fein gehackt
½ grüne Chilischote, fein gehackt
1 TL edelsüßes Paprikapulver
1 EL Worcestersauce
Salz und Pfeffer

ZUM ANRICHTEN

4 Weizentortillas, kurz erwärmt
400 g Frijoles refritos (gebackene Bohnen), erwärmt
100 g geriebener Käse (z. B. Cheddar)
Guacamole
Tomaten-Salsa
Sauerrahm

- Öl in einer Pfanne erhitzen und die Zwiebel darin weich braten.
- Fleisch zugeben, auf starke Hitze erhöhen und mit Knoblauch, Chili, Paprikapulver und Worcestersauce 2 Minuten scharf anbraten. Vom Herd nehmen.
- Tortillas auf der Arbeitsfläche aufbreiten und jeweils in der Mitte die Fleischmischung aufbringen. Mit Bohnen belegen.
- Die Tortillas um die Füllung einschlagen und mit dem Saum nach unten auf ein Backblech legen. Mit Käse bestreuen.
- Im Backofen grillen, bis der Käse geschmolzen ist. Zusammen mit den verschiedenen Saucen servieren.

Hähnchen- oder Lamm-Burritos — 443

- Ebenfalls lecker: Burritos mit rosa gebratenen Lammfleisch- oder Hähnchenstreifen.

444 — 4 PERSONEN
Chili con Carne

VORBEREITUNG: 20 MINUTEN
KOCHZEIT: 2 STUNDEN 10 MINUTEN

ZUTATEN

2 EL Öl
500 g Rinderschmorfleisch (z. B. Rindernacken), gewürfelt
1 Zwiebel, geschält und gehackt
2 Knoblauchzehen, fein gehackt
1 TL edelsüßes Paprikapulver
1 TL gemahlener Kreuzkümmel
1 TL Zimt
½–1 TL Cayennepfeffer oder
½ TL getrocknete Chiliflocken
1 Dose Kidneybohnen (à 400 g)
1 Dose Tomaten gewürfelt (à 400 g)
300 ml Rinderfond
20 g Zartbitterschokolade, fein gehackt

ZUM ANRICHTEN

Saft von 1 Limette
Sauerrahm
Reis

- Öl in einer großen Kasserolle erhitzen und das Fleisch darin braun anbraten. Mit einem Sieblöffel herausnehmen.
- Zwiebel und Knoblauch zugeben und weitere 5 Minuten goldbraun braten.
- Gewürze zugeben und gut verrühren, dann Kidneybohnen und Tomaten zugeben und Fond zugießen. Fleisch zurück in die Kasserolle geben und alles zum Kochen bringen.
- Bei niedriger Hitze mindestens 2 Stunden köcheln lassen, bis das Chili eindickt. Dabei gelegentlich rühren.
- Wenn das Fleisch bei Berührung mit der Gabel zerfällt, ist es gar. Schokolade unterrühren und abschmecken.
- Mit etwas Limettensaft beträufelt servieren. Sauerrahm und Reis dazu reichen.

Chili überbacken — 445

- Chili in eine Auflaufform füllen, mit grob zerkrümelten Tortillachips und Gorgonzola belegen und im Ofen 20 Minuten backen.

VOM RIND

446 Cottage Pie
4–6 PERSONEN

- Backofen auf 180 °C (Umluft 160 °C) vorheizen.
- Öl in einer großen Pfanne erhitzen und das Hackfleisch darin kurz und scharf anbraten. Gemüse zugeben und bei niedriger Hitze dünsten.
- Tomatenmark unterrühren und 2 Minuten garen, dann Kräuter zugeben und Fond zugießen. Köcheln lassen, bis der Fond eingekocht ist und nur wenig Flüssigkeit am Pfannenboden übrig ist.
- Inzwischen die Kartoffeln in kochendem Salzwasser weich garen, bis sie unter der Gabel zerfallen.
- Kartoffeln abgießen und mit Butter vollständig glatt pürieren. Abschmecken.
- Hackfleischmischung in eine Auflaufform aufbringen und das Kartoffelpüree darauf verteilen. Mit der Gabel Streifen ziehen, die im Ofen knusprig werden.
- Im Ofen 30 Minuten goldbraun backen.

VORBEREITUNG: 25 MINUTEN
KOCHZEIT: 35 MINUTEN

ZUTATEN

2 EL Öl
450 g Rinderhackfleisch
1 Zwiebel, geschält und fein gehackt
2 Karotten, geschält und fein gehackt
2 Selleriestangen, fein gehackt
100 g Wiesenchampignons, fein gehackt
1 EL Tomatenmark
1 Lorbeerblatt
1 Zweig Rosmarin
350 ml Rinderfond
Salz und Pfeffer

900 g mehligkochende Kartoffeln, geschält und in Stücke geschnitten
100 g Butter

447 Cottage Pie mit Kartoffel-Meerrettich-Kruste

- Vor dem Backen 1–2 EL Sahne-Meerrettich unter das Kartoffelpüree rühren.

448 Rinder-Schmorfleisch
6 PERSONEN

- Öl in einer Kasserolle erhitzen. Fleisch mit Mehl bestäuben und im heißen Öl portionsweise auf allen Seiten gleichmäßig anbraten. Jeweils mit einem Sieblöffel herausnehmen.
- In der gleichen Kasserolle Karotten, Zwiebeln und Sellerie weich garen, dann Tomatenmark unterrühren.
- Fleisch zurück in den Topf geben, Bouquet garni zugeben. Rotwein und Fond zugießen und alles zum Köcheln bringen.
- Die Hitze reduzieren und teilweise zugedeckt bei sehr niedriger Hitze 2–3 Stunden köcheln lassen, bis das Fleisch zart ist.
- Dazu Kartoffelpüree reichen.

VORBEREITUNG: 45 MINUTEN
KOCHZEIT: 3 ½ STUNDEN

ZUTATEN

3 EL Öl
600 g Rinderschmorfleisch (z. B. Rindernacken), gewürfelt
1 EL Mehl mit Salz und Pfeffer
2 Karotten, geschält und in halblange Stifte geschnitten
2 Zwiebeln, geschält und in Ringen
2 Selleriestangen, fein gehackt
1 EL Tomatenmark
1 Bouquet garni (Kräutersträußchen)
300 ml Rotwein
500 ml Rinderfond
Salz und Pfeffer

449 Schmorfleisch mit Portwein

- Für ein süßliches Aroma Rotwein durch Portwein ersetzen und einen großzügigen EL Dijon- oder Ganzkornsenf unterrühren.

450 — Würziges Rindfleisch mit Kichererbsen
4 PERSONEN

---

451 — Würziges Rindfleisch mit Bohnenmus
- Anstelle der Kichererbsen eine Dose Cannellini-Bohnen verwenden.

452 — Rindfleisch marokkanisch mit Kichererbsenmus
- Die Steaks vor dem Braten mit Ras-el-hanout-Gewürzmischung einreiben.

453 — Garam Masala-Fleisch
- Die Steaks vor dem Braten mit indischem Garam Masala einreiben.

VORBEREITUNG: 2 STUNDEN
KOCHZEIT: 20 MINUTEN

ZUTATEN
2 große Hüftsteaks
1 TL gemahlener Kreuzkümmel
1 EL edelsüßes Paprikapulver
½ TL Cayennepfeffer
1 TL getrockneter Oregano
3 EL Olivenöl

FÜR DAS KICHERERBSENMUS
1 Dose Kichererbsen (à 400 g), abgegossen
200 ml Gemüsebrühe
1 Knoblauchzehe, geschält
1 Zweig Thymian
2 EL Naturjoghurt
Salz und Pfeffer

- Die Steaks gleichmäßig mit Öl und den Gewürzen einreiben und im Kühlschrank mindestens 2 Stunden einwirken lassen.
- Kichererbsen mit Knoblauch und Thymian 15 Minuten in der Gemüsebrühe köcheln lassen. Abseihen und die Kichererbsen mit Joghurt verrühren, pürieren und mit Salz und Pfeffer abschmecken.
- Eine Grillpfanne stark erhitzen und die Steaks darin auf jeder Seite mindestens 2–3 Minuten (blutig) braten.
- In Alufolie wickeln und 8 Minuten ziehen lassen. Dann in dünne Scheiben schneiden. Zusammen mit Kichererbsenmus und übergossen mit der übrigen Bratflüssigkeit servieren.

VOM RIND

454
4 PERSONEN

Gewürzspieße

- Die Fleischwürfel mit etwas Öl, Paprikapulver und Cayennepfeffer einreiben und mit Salz würzen.
- Abwechselnd mit Zucchini- und Paprikastücken auf Spieße stecken.
- Auf der Grillplatte 5–6 Minuten braten, dann ist das Fleisch außen braun und innen noch rosa.
- Gleich servieren.

VORBEREITUNG: 10 MINUTEN
KOCHZEIT: 6 MINUTEN

ZUTATEN

800 g Hüftsteak, gewürfelt
½ TL Cayennepfeffer
1 TL edelsüßes Paprikapulver
Salz
Olivenöl
1 Zucchini, gewürfelt
2 gelbe Paprikaschoten, Samen entfernt, grob in Stücke geschnitten

Italienische Fleischspieße — 455

- Das Rindfleisch 1 Stunde in einer Mischung aus Olivenöl, Rosmarin, Knoblauch und abgeriebener Zitronenschale marinieren.

456
2 PERSONEN

Entrecôte mit Ofentomaten

- Backofen auf 200 °C vorheizen.
- Tomaten an der Rispe in eine Bratenform legen und mit 2 EL Olivenöl und Balsamicoessig beträufeln. Im Backofen 30 Minuten braten, bis die Tomaten stellenweise schwarz sind.
- Inzwischen die Steaks würzen und die Grillpfanne oder Grillplatte sehr stark erhitzen. Die Steaks darin nach Belieben auf jeder Seite 3–4 Minuten oder länger braten, dann in Alufolie 5 Minuten ziehen lassen.
- Die Steaks mit den Ofentomaten servieren und mit der übrigen Bratflüssigkeit übergießen.

VORBEREITUNG: 10 MINUTEN
KOCHZEIT: 30 MINUTEN

ZUTATEN

2 Rispen Kirschtomaten
Olivenöl
1 EL Balsamicoessig
2 Entrecôte-Steaks (Zwischenrippensteaks) à ca. 230 g
Salz und Pfeffer

Entrecôte mit gebratenen Pilzen — 457

- Champignons oder Wiesenchampignons statt der Tomaten in der gleichen Weise braten – das sorgt für besonders herzhaften Geschmack.

458 — 6 PERSONEN

Bœuf Bourguignon

VORBEREITUNG: 15 MINUTEN
KOCHZEIT: 3 STUNDEN

ZUTATEN

1 kg Rinderschmorfleisch (z. B. Nacken), gewürfelt
3 EL Öl
1 Zwiebel, geschält und in Ringen
1 EL Mehl
400 ml Rotwein (Burgunder)
2 Knoblauchzehen, in feinen Scheiben
1 Zweig Thymian
1 Lorbeerblatt
12 Perlzwiebeln, geschält
230 g durchwachsener Räucherspeck, gewürfelt
200 g würzige Pilze (z. B. Ziegelroter Schwefelkopf)
230 g Babykarotten, gewaschen und geputzt
Salz und Pfeffer

- Backofen auf 140 °C vorheizen.
- Fleisch in 1 EL Öl gleichmäßig braun anbraten und mit einem Sieblöffel herausnehmen.
- Zwiebel in die Kasserolle geben und anbraten, bis sie bräunt, dann das Fleisch wieder zugeben.
- Mehl unterrühren, bis die Flüssigkeit aufgesogen ist. Dann den Wein zugießen. Knoblauch und Kräuter zugeben, abschmecken und zugedeckt 2 Stunden garen.
- Inzwischen Perlzwiebeln und Speck in etwas Öl braten. Zusammen mit Pilzen und Karotten in die Kasserolle zugeben und alles 1 weitere Stunde garen.
- Vor dem Servieren nochmals abschmecken.

Bœuf Bourguignon mit Knoblauchbrot — 459

- Dünne Scheiben geröstetes Baguette mit Knoblauchbutter bestreichen und für die letzten 20 Garminuten auflegen.

460 — 6 PERSONEN

Grünes Thai-Curry mit Rindfleisch

VORBEREITUNG: 15 MINUTEN
KOCHZEIT: 45 MINUTEN

ZUTATEN

500 ml Kokosmilch
750 g Hüftsteak, in Streifen
2 Auberginen, fein geschnitten
1–2 EL Zucker
1–2 EL thailändische Fischsauce
Saft von 2 Limetten
Thai-Basilikum

FÜR DIE CURRYPASTE

1 EL Koriandersamen
1 EL Kreuzkümmelsamen
½–1 EL schwarze Pfefferkörner
2–4 grüne Chilischoten
8 Knoblauchzehen, geschält
2 Stängel Zitronengras
1 Bund Koriander
2 EL frischer Ingwer
3 Kaffir-Limettenblätter
6 Schalotten, geschält
1 EL getrocknete Garnelenpaste

- Die Samen im Mörser zerstampfen oder in einen Gefrierbeutel füllen und mit dem Nudelholz fein mahlen.
- In eine Küchenmaschine füllen und mit den übrigen Curry-Zutaten glatt mixen. Für das Rezept braucht man 4–5 EL Currypaste, der Rest hält sich gut in einem verschlossenen Glas im Kühlschrank.
- Eine Wokpfanne erhitzen und 4–5 EL Currypaste zugeben. 2 EL Rahm von der Kokosmilch abschöpfen und unterrühren, bis er schäumt.
- Fleisch zugeben und gleichmäßig in der Paste wenden, dann Kokosmilch zugießen.
- Auberginen, Zucker, Fischsauce und Saft von 1 Limette zugeben und alles 15–20 Minuten sanft köcheln lassen, bis die Aubergine gar und zart ist.
- Bei Bedarf mehr Zucker, Fischsauce und Limettensaft zugeben. Mit Koriander und Thai-Basilikum garnieren und mit klebrigem Thai-Reis servieren.

Grünes Thai-Curry mit Fisch — 461

- Zu dieser Gewürzmischung passt statt Rindfleisch auch Garnele, Tintenfisch oder klein geschnittenes Fischfilet.

VOM RIND

462 — 2 PERSONEN
Chili-Rindfleisch mit Nudeln

- Eier, Salz und Speisestärke vermischen und die Fleischstreifen in der Mischung wenden.
- Öl auf 180 °C erhitzen und das Fleisch darin in kleinen Portionen je 5 Minuten herausbacken, bis die Stücke braun und knusprig sind. Herausnehmen und auf Küchenpapier abtropfen lassen.
- Etwas Öl im Wok erhitzen und die Karotte, Frühlingszwiebeln und Chili darin pfannenbraten. Zucker, Reisessig, Chili- und Sojasauce zugeben, vermischen und zum Schluss für 1 Minute das Fleisch zugeben.
- Nudeln entsprechend der Packungsanleitung garen und das Chilifleisch auf dem Nudelbett anrichten.

VORBEREITUNG: 10 MINUTEN
KOCHZEIT: 15 MINUTEN

ZUTATEN
2 Eier, verquirlt
½ TL Salz
1½ EL Speisestärke
150 g Hüftsteak, in Streifen
Öl zum Herausbacken
1 Karotte, geraspelt
2 Frühlingszwiebeln, gehackt
1 rote Chili, Samen entfernt, gehackt
1 TL Zucker
2 EL Reisessig
2 EL süße Chilisauce
1 EL Sojasauce
chinesische Nudeln als Beilage

463 — 4 PERSONEN
Bœuf Stroganoff

VORBEREITUNG: 15 MINUTEN
KOCHZEIT: 20 MINUTEN

ZUTATEN
2 EL Butter
1 Zwiebel, geschält und in Ringen
2 Knoblauchzehen, in feinen Scheiben
400 g Champignons, in Scheiben
500 g Sirloin-Steak oder Hüftsteak, in dünnen Scheiben
Salz und Pfeffer
280 g Sauerrahm
1 EL geräuchertes Paprikapulver

ZUM GARNIEREN
gehackte Essiggurken
Petersilie
gekochter Reis

- Zwiebeln und Knoblauch in der Butter süß und goldbraun rösten, dann die Champignons zugeben und garen, bis die Flüssigkeit aus der Pfanne verdampft ist. Mit Salz und Pfeffer abschmecken und das Gemüse mit einem Sieblöffel herausnehmen.
- Die Hitze erhöhen und das Fleisch kurz und scharf 2 Minuten anbraten, dann das Gemüse zurück in die Pfanne geben. Sauerrahm zugießen und Paprikapulver unterrühren.
- Kurz aufkochen lassen, erneut abschmecken und mit Garnierung servieren. Den Reis dazu reichen.

464 — 4 PERSONEN
Bœuf Choucroute

VORBEREITUNG: 25 MINUTEN
KOCHZEIT: 2 STUNDEN

ZUTATEN
2 EL Gänsefett oder Öl
2 große Zwiebeln, in Ringen
2 Knoblauchzehen, in feinen Scheiben
2 große Karotten, geschält, gehackt
200 g durchwachsener Speck, gewürfelt
3 große mehligkochende Kartoffeln, geschält und in Stücken
300 g Sauerkraut
1 TL Kümmelsamen
4 Wacholderbeeren, leicht zerstampft
2 Lorbeerblätter
150 ml trockener Weißwein
150 ml Hühnerbrühe
2 Äpfel, geviertelt
2 Sirloin-Steaks à ca. 230 g

- Fett in einer großen Kasserolle erhitzen. Zwiebeln und Knoblauch darin goldbraun rösten. Karotten zugeben.
- Speck zugeben und mitbraten, bis Fett austritt und die Speckwürfel knusprig werden.
- Kartoffeln und Kraut zugeben, Gewürze unterrühren und alles mit Wein und Brühe übergießen.
- Mit einem Deckel gut verschließen und 1 Stunde sanft garen. Dabei gelegentlich umrühren und darauf achten, dass die Mischung nicht austrocknet.
- Äpfel zugeben und weitere 30 Minuten garen.
- Steaks auf jeder Seite 4 Minuten grillen, dann 5 Minuten ziehen lassen. In dicke Scheiben schneiden und auf dem Sauerkraut verteilen.
- Bei Bedarf abschmecken und gleich servieren.

465 — 2 PERSONEN
Hüftsteak in Honig

VORBEREITUNG: 10 MINUTEN
KOCHZEIT: 30 MINUTEN

ZUTATEN

2 EL Gänsefett oder Olivenöl
500 g Kartoffeln, geschält, in Scheiben
1 Knoblauchzehe
2 Hüftsteaks
Salz und Pfeffer
Olivenöl
1 EL Butter
1 EL Heidehonig
Salz und Pfeffer
½ Bund Petersilie, gehackt

- Fett in einer großen Bratpfanne erhitzen, Kartoffelscheiben und Knoblauch zugeben. Mit Salz und Pfeffer würzen und bei niedriger Hitze goldbraun und knusprig braten.
- Die Steaks mit Öl einreiben und mit Salz und Pfeffer würzen. In einer heißen Bratpfanne auf jeder Seite 2 Minuten scharf anbraten.
- Butter zu den Steaks zugeben, dann den Honig. Die Steaks 2 weitere Minuten braten und dabei mit der Butter-Honig-Mischung bedecken, dann aus der Pfanne nehmen und 5 Minuten ziehen lassen.
- Servieren und die Bratkartoffeln dazu reichen.

Hüftsteak mit Honig und Senf — 466

- 1 EL Dijon-Senf, mit dem Honig zugegeben, wirkt wärmend und gibt sanfte Schärfe.

467 — 4–6 PERSONEN
Hachis Parmentier Bourguignon

VORBEREITUNG: 25 MINUTEN
KOCHZEIT: 35 MINUTEN

ZUTATEN

2 EL Öl
450 g Rinderhackfleisch
1 Zwiebel, geschält und fein gehackt
2 Karotten, geschält und fein gehackt
2 Selleriestangen, fein gehackt
100 g Wiesenchampignons, fein gehackt
1 EL Tomatenmark
1 Lorbeerblatt
1 Zweig Rosmarin
200 ml Rotwein
350 ml Rinderfond
Salz und Pfeffer
900 g mehligkochende Kartoffeln, geschält und in Stücken
100 g Butter
100 g Gruyère oder anderer mildwürziger Käse, gerieben

- Backofen auf 180 °C (Umluft 160 °C) vorheizen.
- Öl in einer großen Kasserolle erhitzen und das Hackfleisch darin scharf anbraten. Gemüse zugeben und mit andünsten.
- Tomatenmark einrühren und 2 Minuten einziehen lassen. Kräuter zugeben, Wein und Fond zugießen. Köcheln lassen, bis die Brühe etwas eingekocht ist und nur noch wenig Flüssigkeit am Pfannenboden übrig ist.
- Inzwischen die Kartoffeln in kochendem Salzwasser weich garen, bis sie unter der Gabel zerfallen.
- Abgießen und abtropfen lassen, dann mit Butter glatt pürieren und mit Salz und Pfeffer abschmecken.
- Die Fleischmischung in eine Auflaufform füllen und mit Kartoffelpüree bestreichen. Mit einer Gabel Streifen ziehen, die beim Backen aufspringen und knusprig werden. Mit dem Käse bestreuen.
- Im Ofen 30 Minuten backen, bis der Käse bräunt.

Lamm-Hachis Bourguignon — 468

- Alternativ zum Rinderhack Lammhackfleisch mit 1 TL gemahlenem Kreuzkümmel und ½ TL Zimt vermischen.

VOM RIND

469
4 PERSONEN

Beef Tatar

Beef Tatar mit Pommes frites — 470

- Selbstgemachte Pommes frites (Seite 95) sind eine klassische Beilage.

Beef Tatar mit Estragon — 471

- Statt Petersilie macht sich 1 Prise fein gehackter Estragon sehr gut – aber Achtung, nicht zu viel verwenden!

Beef Tatar scharf — 472

- Einige getrocknete Chiliflocken sorgen für einen Schuss Schärfe.

VORBEREITUNG: 15 MINUTEN

ZUTATEN

300 g Rinderfilet
1 Schalotte, sehr fein gehackt
1 EL Worcestersauce
1 TL Tabascosauce (nach Belieben)
1 TL natives Olivenöl extra
Salz und Pfeffer
2 EL Essiggurken, gehackt
1 EL Kapern
1 EL Petersilie, gehackt
2 Eigelb

- Mit einem scharfen Messer das Fleisch sehr fein hacken und in eine Schüssel füllen.
- Mit Schalotte, Worcester- und Tabascosauce, Öl sowie Salz und Pfeffer grob verrühren.
- Auf einer Servierplatte zu Laibchen formen.
- Mit kleinen Häufchen Essiggurken und Kapern anrichten.
- In jedes Laibchen eine Vertiefung machen und mit einem Eigelb füllen. Mit Petersilie bestreuen und servieren.

473 • 4–6 PERSONEN
Rinder-Carpaccio

VORBEREITUNG: 40 MINUTEN

ZUTATEN

250 g Rinderfilet
1 Handvoll Rucola
Parmesanspäne
1 EL Kapern, abgegossen
natives Olivenöl extra
Saft von ½ Zitrone
Salz und Pfeffer

- Das Fleisch 30 Minuten im Tiefkühlschrank fest werden lassen, damit es sich leichter schneiden lässt.
- Das Filet mit einem sehr scharfen Messer so dünn wie möglich in Scheiben schneiden. Die Scheiben zwischen Frischhaltefolie übereinanderschichten, damit sich das Fleisch nicht verfärbt und nichts zusammenklebt. Im Kühlschrank bis zum Gebrauch kühl stellen.
- 30 Minuten vor dem Anrichten das Fleisch aus dem Kühlschrank nehmen und auf Zimmertemperatur erwärmen lassen.
- Mit Rucola, Parmesan und Kapern garnieren und mit etwas Öl und Zitronensaft beträufeln. Mit Salz und Pfeffer abschmecken und gleich servieren.

Thunfisch-Carpaccio — 474

- Fischliebhaber können alternativ frische Thunfischfilets sehr dünn schneiden und marinieren.

475 • 4 PERSONEN
Gefüllte Paprika

VORBEREITUNG: 30 MINUTEN
KOCHZEIT: 30 MINUTEN

ZUTATEN

4 reife rote Paprikaschoten
1 EL Olivenöl
1 Zwiebel, geschält und fein gehackt
2 Knoblauchzehen, fein gehackt
300 g Rinderhackfleisch
1 EL frischer Rosmarin, fein gehackt
2 EL Tomatenmark
200 g Reis, gekocht
2 EL Parmesan, gerieben

- Von den Paprikaschoten die Spitzen abschneiden, beiseitelegen und die Unterteile aushöhlen. Samen und Scheidewände entfernen.
- Zwiebel und Knoblauch in Öl glasig anschwitzen.
- Rindfleisch und Rosmarin zugeben, auf starke Hitze erhöhen und unter Rühren scharf anbraten, bis das Fleisch gar ist. Mit Salz und Pfeffer abschmecken.
- Tomatenmark und eine Tasse Wasser unterrühren und köcheln lassen, bis das Wasser aufgesogen ist.
- Parmesan und Reis unterrühren und ein wenig abkühlen lassen.
- Backofen auf 200 °C (Umluft 180 °C) vorheizen.
- Paprikaschoten mit der Fleischmischung füllen und in eine Bratform geben.
- Mit Olivenöl beträufeln und im Ofen 30 Minuten braten, bis die Schoten weich sind, ohne zusammenzufallen.

Gefüllte Paprika mit Gurken — 476

- Fein gehackte Essiggurken, unter die Füllung gerührt, sorgen für eine würzig-saure Note.

VOM RIND

477 — Daube provençale
6 PERSONEN

- Fleisch mit Orangenschale, Knoblauch, Bouquet garni und 2 mit Gewürznelken gespickten Zwiebelhälften in eine große Schüssel füllen. Großzügig pfeffern, etwas Öl und Rotwein zugießen. Mit Frischhaltefolie abgedeckt im Kühlschrank 24 Stunden marinieren.
- Die übrige Zwiebel in Ringe schneiden. Gemeinsam mit dem Speck sanft anbraten, dann Tomatenmark einrühren. Abschmecken und weitere 10 Minuten sanft garen.
- Fleisch aus der Marinade nehmen, trockentupfen und portionsweise in einer Kasserolle auf allen Seiten gleichmäßig anbraten, bis es Farbe annimmt. Herausnehmen.
- Karotten in die Kasserolle zugeben und 10 Minuten weich garen, dann das gesamte Fleisch wieder zugeben.
- Die Marinade mit Zutaten zugießen und alles zugedeckt auf niedrigster Stufe 3 Stunden köcheln lassen.
- Gespickte Zwiebel und Bouquet garni herausnehmen und zum Ragout Kartoffelpüree reichen.

VORBEREITUNG: 45 MINUTEN + MARINIEREN ÜBER NACHT
KOCHZEIT: 3 ½ STUNDEN

ZUTATEN

600 g Rinderschmorfleisch (z. B. Nacken), im Ganzen oder gewürfelt
abgeriebene Schale von 1 Bio-Orange
3 Knoblauchzehen, geschält und in feinen Scheiben
1 Bouquet garni
2 Zwiebeln, geschält
2 Gewürznelken
3 EL Olivenöl
500 ml Rotwein
130 g Schweinespeckstreifen, geräuchert
1 EL Tomatenmark
2 Karotten, geschält und gehackt
Salz und Pfeffer

Daube mit Bulgur — 478
- Zum Ragout Bulgurweizen servieren, der den Bratensaft aufnimmt – eine leichte Alternative zu Nudeln oder Püree.

479 — Rinderwangen à la Créole
4 PERSONEN

- Backofen auf 150 °C (Umluft 130 °C) vorheizen.
- Öl in einer Pfanne erhitzen und das Fleisch auf allen Seiten gleichmäßig anbraten, bis es bräunt. Mit einem Sieblöffel herausnehmen und beiseitestellen.
- Zwiebel und Paprika in die Pfanne zugeben und weich garen, dann Knoblauch und Gewürze zugeben und alles weitere 2 Minuten garen.
- Chili, Fond und Tomatenwürfel zugeben und alles zum Köcheln bringen.
- Zudecken und im Backofen mindestens 3 Stunden schmoren, bis das Fleisch zart ist. Dabei gelegentlich umrühren und prüfen, ob es noch nicht ausgetrocknet ist.
- Chili herausnehmen, bei Bedarf abschmecken und gleich servieren.

VORBEREITUNG: 20 MINUTEN
KOCHZEIT: 3 STUNDEN

ZUTATEN

1 EL Öl
500 g Rinderwangen, gewürfelt (am besten vorbestellen)
Salz und Pfeffer
1 Zwiebel, geschält und gehackt
2 grüne Paprikaschoten, Samen entfernt, gehackt
3 Knoblauchzehen, zerdrückt
2 EL Currypulver
6 Zweige Thymian
1 TL gemahlener Piment
½ TL gemahlener Zimt
2 Lorbeerblätter
1–2 Chilischoten (wer es scharf mag, nimmt z. B. Scotch Bonnet)
500 ml Rinderfond
1 Dose Tomaten gewürfelt (à 400 g)

Rinderhaxe à la Créole — 480
- Wenn keine Rinderwangen erhältlich sind, versuchen Sie es mit grob gewürfelter Rinderhaxe: Sie schmeckt ähnlich.

VOM SCHWEIN

VOM SCHWEIN

481 — 6 PERSONEN
Schweinelende mit Äpfeln und Crumble

- Backofen auf 200 °C (Umluft 180 °C) vorheizen.
- Zwiebelscheiben in einer Bratpfanne verteilen und das Fleisch darauflegen. Abschmecken und Lorbeer hineinstecken. Mit Öl beträufeln und im Backofen 1 Stunde und 40 Minuten braten.
- Inzwischen für den Crumble Mehl in einer Schüssel mit der Butter zu einer krümeligen Masse verreiben. Nüsse und Zucker unterrühren.
- Crumble gleichmäßig auf ein Backblech aufbringen und einige Minuten backen, bis die Masse leicht bräunt.
- Fleisch aus der Pfanne nehmen. Die Pfanne auf den Herd stellen, zu gleichen Teilen Wasser und Wein zugießen und die Bratflüssigkeit ablöschen. Kurz aufkochen und zu Sirup eindicken lassen.
- Butter in einer Kasserolle zerlassen und die Äpfel darin weich und goldbraun dünsten.
- Das Fleisch in dicke Scheiben schneiden. Mit Apfelstücken garniert und mit Crumble bestreut servieren.

VORBEREITUNG: 20 MINUTEN
KOCHZEIT: 2 STUNDEN

ZUTATEN

1 Zwiebel, geschält und in Ringen
2 kg Schweinelende ohne Knochen, Rinde entfernt, gerollt
Olivenöl
Lorbeerblätter
1 Glas trockener Weißwein

FÜR DEN CRUMBLE
120 g Mehl (Type 550)
100 g Butter
50 g gehackte Haselnüsse
1 EL brauner Zucker
4 Äpfel, entkernt und geviertelt
2 EL Butter

---

482 — 4 PERSONEN
Schweinekoteletts & Kräuterkartoffeln

VORBEREITUNG: 10 MINUTEN
KOCHZEIT: 30 MINUTEN

ZUTATEN

500 g Salatkartoffeln (z. B. Charlotte)
Salz
2 EL Olivenöl
2 Zweige frischer Rosmarin, gehackt
4 Schweinekoteletts
4 EL Olivenöl
Saft von ½ Zitrone
½ Bund Petersilie, gehackt
1 Glas trockener Weißwein, Wasser oder Hühnerbrühe
½ Salatgurke, mit dem Gemüseschäler in dünne Streifen geschnitten

- Kartoffeln in kochendem Salzwasser etwa 20 Minuten weich garen.
- Gut abgießen und kurz zurück auf den Herd stellen, damit überschüssige Flüssigkeit verdampft.
- Öl in einer großen Kasserolle erhitzen. Kartoffeln mit der Kante eines Nudelholzes leicht eindrücken und zusammen mit dem Rosmarin in das heiße Öl geben. Etwa 10 Minuten goldbraun und knusprig braten.
- Inzwischen in einer Bratpfanne etwas Öl erhitzen. Koteletts würzen und jeweils 2 Stück auf jeder Seite 4 Minuten braten. Wenn sie gar sind, mit etwas Zitronensaft beträufeln und im Backofen warm halten.
- Bratflüssigkeit mit Wein oder Brühe ablöschen und Petersilie zugeben. Den Saft über den Koteletts verteilen und mit Kartoffeln und Gurkenstreifen servieren.

---

483 — 4 PERSONEN
Koteletts & sautierte Kartoffeln

VORBEREITUNG: 15 MINUTEN
KOCHZEIT: 30 MINUTEN

ZUTATEN

500 g Kartoffeln, geschält und in Scheiben
2 EL Gänsefett oder Olivenöl
1 Knoblauchzehe
Salz und Pfeffer
300 g Champignons, in Scheiben
½ Bund Petersilie, gehackt
4 Schweinekoteletts
2 EL Butter

- Fett in einer großen Bratpfanne erhitzen. Kartoffelscheiben und Knoblauch zugeben, mit Salz und Pfeffer abschmecken und bei niedriger Hitze goldbraun und knusprig braten.
- Butter in einer weiteren Pfanne zerlassen und die Koteletts mit Salz und Pfeffer würzen. In der schaumigen Butter auf jeder Seite 4 Minuten braten, dabei mit der Butter bestreichen.
- Zum Ziehen beiseitestellen.
- Für die Kartoffeln auf starke Hitze erhöhen und die Pilze zugeben. Goldbraun und weich garen, dann Petersilie zugeben.
- Die Koteletts zusammen mit Kartoffeln und Champignons servieren.

484 — 4–6 PERSONEN
Spare Ribs

VORBEREITUNG: 20 MINUTEN
KOCHZEIT: 3 STUNDEN 30 MINUTEN

ZUTATEN
2 Reihen Schweinerippchen

FÜR DIE GEWÜRZMISCHUNG
2 EL Salz
1 EL frischer schwarzer Pfeffer aus der Mühle
4 EL brauner Zucker
2 EL geräuchertes Paprikapulver
1–2 EL gehackte Chiliflocken (nach Belieben)
2 EL gemahlener Kreuzkümmel
1 EL gemahlener Ingwer

FÜR DIE GLASUR
10 EL Ketchup
4 EL Apfelessig
3–4 EL Ahornsirup
4 EL Orangen- oder Apfelsaft
2 EL Ganzkornsenf
Salz und Pfeffer

- Backofen auf 100 °C vorheizen.
- Für die Gewürzmischung alle Zutaten in einer Schüssel verrühren.
- Die Rippchen in eine Bratenform legen und die Gewürzmischung einklopfen, sodass das Fleisch auf beiden Seiten gut bedeckt ist. (Die Gewürze können bis zu 24 Stunden im Kühlschrank einwirken.)
- Für die Glasur alle Zutaten in einer Schüssel verrühren und nach Belieben abschmecken.
- Die Rippchen mit der Glasur bestreichen, mit Alufolie abdecken und im Backofen etwa 3 Stunden braten, bis das Fleisch sich leicht vom Knochen lösen lässt. Einmal in der Stunde mit der Sauce übergießen und wenden.
- Zu den Rippchen die übrige Glasur servieren.

Spare Ribs sehr scharf — 485
- Für eine sehr würzige Mischung Worcestersauce, englischen Senf, Ketchup, Knoblauch und einen Schuss Rotweinessig in beliebigen Anteilen vermischen.

486 — 4 PERSONEN
Karamellisierte Schweinerippchen

VORBEREITUNG: 4 STUNDEN
KOCHZEIT: 3 STUNDEN

ZUTATEN
2 kleine Reihen Schweinerippchen
2 EL flüssiger Honig
3 EL Ketchup
1 EL schwarzer Rübensirup oder Melasse
2 Stück Sternanis, grob zerstampft
2 TL englischer Senf
1 Prise Chiliflocken
2 EL Olivenöl
Salz und Pfeffer

- Für die Marinade alle Zutaten vermischen und nach Belieben nachsüßen oder -würzen.
- Die Rippchen gut in der Marinade wenden und darin mindestens 4 Stunden oder über Nacht kühl stellen.
- Für die Zubereitung den Backofen auf 150 °C (Umluft 130 °C) vorheizen.
- Die Rippchen aus der Marinade nehmen und in eine Bratenform legen. Mit Alufolie abdecken und im Ofen 2–3 Stunden langsam garen, bis sich das Fleisch leicht vom Knochen löst. Gelegentlich mit der übrigen Marinade bestreichen.
- Zum Anrichten eine Grillpfanne erhitzen und die marinierten Rippchen darin karamellisieren lassen. Mit Salz und Pfeffer würzen und servieren.

Rippchen chinesische Art — 487
- Etwa ½ TL chinesisches Fünf-Gewürze-Pulver unter die Marinade rühren – das sorgt für eine typisch asiatische Geschmacksnote.

VOM SCHWEIN

488 — Kochschinken mit Lauch-Kartoffelpüree
4–6 PERSONEN

Kochschinken mit Kohlgemüse — 489
- Den Lauch durch fein gehacktes Kohlgemüse ersetzen und in reichlich Butter garen.

Gebratener Schinken mit Lauchpüree — 490
- Den Schinken mit Honig und Senf bestreichen und im Backofen bei 200 °C etwa 20 Minuten goldbraun braten.

Schinken mit Lauchpüree und Senfsauce — 491
- Etwas Ganzkornsenf in einige EL Kochflüssigkeit rühren – das ergibt eine dünne, aber würzige Bratensauce.

VORBEREITUNG: 10 MINUTEN
KOCHZEIT: 2 STUNDEN 30 MINUTEN

ZUTATEN

2 kg geräucherter Hinterschinken, in Wasser eingelegt, um überschüssiges Salz herauszulösen
2 Karotten, geviertelt
1 Zwiebel, mit 2 Gewürznelken gespickt
2 Lauchstangen, gehackt
10 Pfefferkörner ganz
2 Selleriestangen, gehackt
Bouquet garni
1 l trockener Apfelwein
1 kg mehligkochende Kartoffeln (z. B. Désirée)
100 g Butter
2 Lauchstangen, weiße Anteile, in feinen Ringen
75–100 ml warme Milch
Salz und Pfeffer

- Schinken auf Zimmertemperatur erwärmen und mit dem Gemüse, Pfeffer, Bouquet garni und Apfelwein in eine große Kasserolle füllen. Mit kaltem Wasser bedecken und alles zum Kochen bringen.
- Die Hitze reduzieren (eine Stufe pro 30 Minuten Garzeit, wobei der Schinken pro 500 g Gewicht 30 Minuten garen soll).
- Inzwischen die Kartoffeln im Ganzen mit Schale in kochendem Salzwasser gleichmäßig weich garen (je nach Größe etwa 30 Minuten).
- Kartoffeln abgießen, abtropfen lassen und 5 Minuten abkühlen lassen. Noch warm schälen.
- Die Hälfte der Butter in einer Kasserolle zerlassen und den Lauch darin anschwitzen.
- Kartoffeln zum Lauch in die Kasserolle geben und die übrige Butter sowie ausreichend Milch zugeben. Mit einem Holzlöffel zu einem locker-cremigen, glatten Püree verrühren, mit reichlich Salz und Pfeffer abschmecken und warm halten.
- Wenn der Schinken gar ist, aus der Form nehmen und einige Minuten abkühlen lassen. Dann rasch tranchieren und zusammen mit dem Püree servieren.

492 — Schweinelende mit glasiertem Gemüse

6 PERSONEN

VORBEREITUNG: 20 MINUTEN
KOCHZEIT: 1 STUNDE 50 MINUTEN

ZUTATEN

1 Zwiebel, geschält und in Ringen
2 kg Schweinelende, ohne Schwarte
2 Knoblauchzehen, fein gehackt
1 EL Fenchelsamen, grob zerstampft
Salz und Pfeffer
Olivenöl
Lorbeerblätter
Blätter von einigen Rosmarinzweigen
3 Karotten, geschält und in kurze Stücke geschnitten
2 Lauchstangen, in schmale Stücke geschnitten
8 ganze Schalotten

- Backofen auf 200 °C (Umluft 180 °C) vorheizen.
- Schweinelende mit Knoblauch, Fenchelsamen und Rosmarin bestreuen.
- Die Zwiebelscheiben in einer kleinen Bratenform verteilen und das Fleisch darauflegen. Salzen, pfeffern und Lorbeerblätter darunterlegen. Karotten, Lauch und Schalotten um das Fleisch verteilen und ein Glas Wasser zugießen.
- Mit Öl beträufeln und alles etwa 1 Stunde 40 Minuten im Ofen braten.
- Das Fleisch aus dem Ofen nehmen und 10 Minuten ziehen lassen.
- Inzwischen die Backofenhitze auf 220 °C (Umluft 200 °C) erhöhen und das Gemüse weitergaren, bis es bräunt.
- Die Schalotten aus den Schalen drücken. Das Fleisch tranchieren und das karamellisierte Gemüse dazu servieren.

493 — Schweinelende mit Bratensaft

- Gemüse aus der Form nehmen, auf den Herd stellen und den Bratensaft mit Apfelwein oder Weißwein ablöschen.

494 — Schweinelende mit Kümmelsamen

- Statt Fenchelsamen 2 EL Kümmelsamen grob zerstampfen und das Fleisch vor dem Braten damit bedecken.

495 — Schweinelende mit Wurzelgemüse

- Statt Karotten und Lauch weiße Rüben, Pastinaken und Steckrüben mit dem Fleisch braten.

VOM SCHWEIN

496 Kochschinken mit Birnen

4 PERSONEN

- Den Schinken auf Zimmertemperatur erwärmen und zusammen mit Gemüse, Pfeffer, Bouquet garni und Apfelwein in eine große Kasserolle füllen. Mit kaltem Wasser bedecken und alles zum Kochen bringen.
- Die Hitze reduzieren (eine Stufe pro 30 Minuten Garzeit, wobei der Schinken pro 500 g Gewicht 30 Minuten garen soll).
- Wenn der Schinken gar ist, herausnehmen und 10 Minuten ziehen lassen. Den Backofen auf 200 °C (Umluft 180 °C) vorheizen.
- Öl, Honig und Senf verrühren und den Schinken damit bestreichen. Im Backofen 20–30 Minuten braten, bis er bräunt und karamellisiert.
- Butter in einer Kasserolle zerlassen. Birnen mit der Schnittfläche nach unten hineinlegen und rundum karamellisieren lassen. Mit Honig beträufeln.
- Dicke Scheiben Schinken mit den Birnen servieren.

VORBEREITUNG: 10 MINUTEN
KOCHZEIT: 2 ½ STUNDEN

ZUTATEN

2 kg geräucherter Hinterschinken, in Wasser eingelegt, um überschüssiges Salz herauszulösen
2 Karotten, geviertelt
1 Zwiebel, mit 2 Gewürznelken gespickt
2 Lauchstangen, gehackt
10 Pfefferkörner ganz
2 Selleriestangen, gehackt
Bouquet garni
1 l trockener Apfelwein

4 EL Honig
4 EL Ganzkornsenf
2 EL Olivenöl

4 Birnen, halbiert und entkernt
2 EL Butter
1 EL Honig

Kochschinken mit Apfel — 497

- Statt der Birnen Apfelscheiben mitgaren.

498 Schweinelende mit Zwiebelconfit

6 PERSONEN

- Backofen auf 200 °C (Umluft 180 °C) vorheizen.
- Zwiebelringe in eine kleine Bratenform füllen und das Fleisch darauflegen. Salzen, pfeffern und die Lorbeerblätter darunterlegen. Mit Öl beträufeln und im Backofen etwa 1 Stunde und 40 Minuten braten.
- Inzwischen die Butter in einer Kasserolle zerlassen und die Zwiebeln darin bei sehr niedriger Hitze etwa 20 Minuten goldbraun garen.
- Zucker, Essig und etwas Salz zugeben und weitere 30 Minuten sanft köcheln lassen, bis die Masse dunkel und sirupartig ist. Dabei gelegentlich rühren.
- Das Fleisch aus dem Ofen nehmen und 10 Minuten ziehen lassen, dann tranchieren. Mit dem Zwiebelconfit servieren.

VORBEREITUNG: 20 MINUTEN
KOCHZEIT: 1 STUNDE 45 MINUTEN

ZUTATEN

1 Zwiebel, geschält und in Ringen
2 kg Schweinelende, ohne Knochen und Schwarte, gerollt
Salz und Pfeffer
Olivenöl
Lorbeerblätter
1 kg Zwiebeln, geschält und in dünnen Ringen
50 g Butter
100 g brauner Zucker
3 EL Rotwein- oder Sherryessig
Salz und Pfeffer

Schweinebraten mit Zwiebel-Knoblauch-Confit — 499

- Für eine süßlich-würzige Note 3–4 ganze Knoblauchzehen mit den Zwiebeln garen.

500 — 4 PERSONEN
Schweinefilet mit Sommergemüse

VORBEREITUNG: 10 MINUTEN
KOCHZEIT: 20 MINUTEN

ZUTATEN

1 Schweinefilet, etwa 750 g Gesamtgewicht
Salz und Pfeffer
Olivenöl
2 EL Butter
2 Handvoll grüne Bohnen, geputzt
1 große Handvoll Stangenbohnen, schräg in Stücke geschnitten
2 Zucchini, in Stifte geschnitten
½ Bund Petersilie, fein gehackt

- Backofen auf 200 °C (Umluft 180 °C) vorheizen.
- Das Fleisch in eine Bratenform geben, salzen und pfeffern. Mit Öl beträufeln und 20 Minuten braten, bis es fast durchgegart ist.
- Inzwischen Butter in einer Kasserolle zerlassen und Gemüse zugeben. Ein Glas Wasser zugießen, zudecken und 10–15 Minuten sanft schmoren lassen, bis alles gleichmäßig weich ist. Mit Salz und Pfeffer abschmecken und Petersilie zugeben.
- Das Fleisch 5 Minuten ziehen lassen, dann tranchieren und zusammen mit dem Gemüse servieren.

501 — Schweinefilet mit Kohlgemüse
- Saftiges Wintergemüse wie Grün- oder Schwarzkohl eignet sich ebenso als Beilage.

502 — 4 PERSONEN
Schweinefleisch süßsauer

VORBEREITUNG: 15 MINUTEN
KOCHZEIT: 20 MINUTEN

ZUTATEN

500 g Schweinelende, gewürfelt
1 Eiweiß
2 TL Speisestärke
Salz
1 TL Sesamöl
1 EL Öl
1 Karotte, geschält und in Stifte geschnitten
1 rote Paprikaschote, Samen entfernt und in feinen Streifen
50 g Ananasstücke

FÜR DIE SAUCE

125 ml Ananassaft
1 Schuss trockener Sherry oder Reiswein
2 EL Ketchup
2 EL Sojasauce
2 EL chinesischer Essig oder Rotweinessig

- Das Fleisch in Streifen schneiden. Eiweiß, Speisestärke, 1 Prise Salz und Sesamöl in einer Schüssel verrühren und die Fleischstücke darin wenden.
- Öl im Wok erhitzen, bis es zu rauchen beginnt. Das marinierte Fleisch darin bei starker Hitze scharf anbraten, bis es eine helle Farbe annimmt.
- Das Fleisch aus dem Wok nehmen, beiseitestellen und das Öl entfernen.
- Erneut Öl im Wok erhitzen und das Gemüse darin bei starker Hitze 4 Minuten pfannenbraten.
- Für die Sauce alle Zutaten verrühren. Das Fleisch zum Gemüse in die Pfanne geben, die Sauce zugießen, kurz aufkochen und die Mischung mit gegartem Reis servieren.

503 — Sandwiches süßsauer
- Wenn es schnell gehen muss: Diese Zubereitung ist eine originelle Füllung für Baguettes oder Hamburgerbrötchen.

VOM SCHWEIN

504 — Kartoffelgratin mit Würstchen
2 PERSONEN

- Kartoffeln in kochendem Salzwasser weich garen, abgießen und mit Butter grob zerstampfen.
- Öl in einer Kasserolle erhitzen und die Zwiebel darin anbraten, bis sie süßlich ist. Karotten zugeben und weitere 10 Minuten garen, bis die Karotten weich sind.
- Wurststücke zugeben und 10 Minuten mitgaren, dann mit Brühe übergießen, Thymian zugeben und alles aufkochen.
- Die Mischung in eine Auflaufform füllen und mit Salz und Pfeffer abschmecken. Mit dem Kartoffelpüree bedecken und mit zerkleinerten Kartoffelchips belegen.
- Im Backofen grillen, bis der Auflauf Blasen wirft und die Kartoffelschicht goldbraun ist, die Chips aber noch nicht verbrennen.

VORBEREITUNG: 15 MINUTEN
KOCHZEIT: 30 MINUTEN

ZUTATEN
2 große mehligkochende Kartoffeln, geschält und klein geschnitten
2 EL Butter
2 EL Öl
1 Zwiebel, grob in Ringen
2 Karotten, geschält und in dicken Scheiben
4 große rohe Bratwürste (z. B. Cumberland-Wurst), in Stücke geschnitten
200 ml Hühnerbrühe
1 Zweig Thymian
Salz und Pfeffer
2 kleine Packungen Kartoffelchips

505 — Gratin mit Würstchen und Sellerie
- Knollensellerie klein schneiden und wie die Kartoffeln verarbeiten.

506 — Bratwürste mit Zwiebelsauce
4 PERSONEN

- Backofen auf 200 °C (Umluft 180 °C) vorheizen.
- Die Würste mehrmals mit der Gabel einstechen.
- In einer Bratenform mit Öl beträufeln und im Backofen etwa 30 Minuten gleichmäßig braun braten. Gelegentlich wenden.
- Inzwischen die Butter in einer Kasserolle zerlassen. Zwiebeln und Thymian darin 15–20 Minuten tief goldbraun rösten, bis die Zwiebel süßlich ist.
- Mehl einrühren und 2 Minuten garen, bis es sich aufgelöst hat, dann mit Wein und Fond ablöschen. Mit Salz und Pfeffer abschmecken und 20 Minuten köcheln lassen, bis die Masse eindickt.
- Senf einrühren und zum Servieren die Würstchen mit der Sauce übergießen. Dazu passt Kartoffelpüree.

VORBEREITUNG: 10 MINUTEN
KOCHZEIT: 35 MINUTEN

ZUTATEN
8 Bratwürste
Öl
2 EL Butter
2 große Zwiebeln, geschält und in dicken Ringen
2 Thymianzweige
½ EL Mehl
150 ml Marsalawein oder Rotwein
400 ml Rinderfond
Salz und Pfeffer
1 EL Ganzkornsenf

ZUM ANRICHTEN
Omas Kartoffelpüree (Seite 82)

507 — Bratwürste mit süßer Zwiebelsauce
- 1 EL rotes Johannisbeergelee oder 1 EL Honig zu den Zwiebeln geben. Der Senf zum Schluss sorgt dennoch für Würze.

508 — 4 PERSONEN
Schweinekoteletts mit Apfelwein

VORBEREITUNG: 10 MINUTEN
KOCHZEIT: 30 MINUTEN

ZUTATEN

2 EL Butter
1 große Zwiebel, geschält und in dünnen Ringen
2 Äpfel, geschält, entkernt und in Spalten
2 Thymianzweige
1 Knoblauchzehe, in feinen Scheiben
4 Schweinekoteletts
Salz und Pfeffer
300 ml trockener Apfelwein
100 g Sahne (nach Belieben)
1 EL Dijon-Senf

- Butter in einer Pfanne zerlassen. Zwiebel und Äpfel mit Thymian und Knoblauch darin 15–20 Minuten anbraten, bis sie bräunen und süßlich sind.
- Mit einem Sieblöffel herausnehmen, die Pfanne belassen und auf starke Hitze erhöhen.
- Die Koteletts darin beidseitig scharf anbraten, dabei nach Belieben salzen und pfeffern. Die Hitze etwas reduzieren.
- Zwiebeln und Äpfel zurück in die Pfanne geben, Apfelwein zugießen und aufkochen. 10 Minuten garen.
- Nach Belieben Sahne unterrühren, Senf zugeben und mit Salz und Pfeffer abschmecken. Gleich servieren.

Schweinekoteletts in Biersauce — 509
- Statt Apfelwein eignet sich auch ein leichtes, helles Bier.

510 — 4 PERSONEN
Schweineschnitzel mit Curryzwiebeln

VORBEREITUNG: 15 MINUTEN
KOCHZEIT: 30 MINUTEN

ZUTATEN

4 Schweineschnitzel
2 EL Öl
2 große Zwiebeln, geschält und in dünnen Ringen
1 rote Zwiebel, geschält und in feinen Ringen
2 Knoblauchzehen, in dünnen Scheiben
½ TL Kurkuma
1 TL gemahlener Kreuzkümmel
1 TL Fenchelsamen, zerstampft
1 TL gemahlener Koriander
2 TL Garam Masala
200 ml Hühnerbrühe
Salz und Pfeffer
Saft von 1 Limette

- Die Schnitzel zwischen 2 Schichten Frischhaltefolie legen und mit einem Nudelholz sehr dünn ausklopfen. In Streifen schneiden.
- Öl in einer Pfanne erhitzen und die Zwiebeln darin 15–20 Minuten tief goldbraun garen, bis sie süßlich sind.
- Knoblauch und Gewürze zugeben und 3 Minuten mitgaren.
- Die Hitze erhöhen und die Fleischstreifen zugeben. Anbraten, bis sie bräunen.
- Brühe zugießen, mit Salz und Pfeffer abschmecken und einkochen lassen, bis die Flüssigkeit leicht eindickt.
- Mit Limettensaft beträufelt servieren.

Schweinefleisch thailändische Art — 511
- Die Curry-Gewürze durch rote Chilischote, Fischsauce und Limette ersetzen – das verleiht dem Gericht eine thailändische Note.

VOM SCHWEIN

512
4–6 PERSONEN
Hawaii-Spieße

Mangospieße **513**
- Eine Mango entsteinen, würfeln und auf die Spieße stecken – ein saftig-süße Alternative.

Hawaii-Spieße de luxe **514**
- Für das echte Urlaubsfeeling Fleisch und Ananas abwechselnd mit Schinken, Mozzarella und Kirschtomaten aufspießen.

Hähnchenspieße **515**
- Statt Schweinefleisch eignet sich auch Hähnchen (oder Kaninchen) für Fruchtspieße.

VORBEREITUNG: 15 MINUTEN
KOCHZEIT: 8–10 MINUTEN

ZUTATEN

800 g Schweinefilet
1 Ananas, geschält, Strunk entfernt, das Fruchtfleisch in Würfel geschnitten
½ rote Chilischote, Samen entfernt und sehr fein gehackt
Salz und Pfeffer
Olivenöl
süße Chilisauce zum Anrichten

- Das Fleisch in mundgerechte Stücke schneiden.
- Die Ananasstücke in gehackter Chili wälzen.
- Fleisch und Ananas abwechselnd auf Spieße stecken.
- Mit Olivenöl bestreichen und mit Salz und Pfeffer würzen.
- Den Kohlegrill anzünden und warten, bis die Kohle glüht, aber nicht brennt.
- Die Spieße etwa 8 Minuten grillen, bis das Fleisch gar ist.
- Mit süßer Chilisauce servieren.

516 — Curry-Hackfleischbällchen

4 PERSONEN

VORBEREITUNG: 15 MINUTEN
KOCHZEIT: 20 MINUTEN

ZUTATEN

2 Scheiben Brot vom Vortag, Rinde entfernt
1 kg Schweinehackfleisch
1 Zwiebel, geschält und gehackt
1 Knoblauchzehe, zerdrückt
10 Curryblätter, in feinen Streifen
1 TL gemahlener Kreuzkümmel
1 EL Garam Masala
500 ml Hühnerbrühe
Salz und Pfeffer

- Brot in warmem Wasser einweichen, dann ausdrücken. Mit Hackfleisch, Zwiebel und Gewürzen gut vermischen und mit Salz und Pfeffer würzen.
- Aus der Masse Kugeln von etwa 6 cm Durchmesser formen.
- Hühnerbrühe in einer Kasserolle zum Kochen bringen, auf mittlere Hitze reduzieren und die Fleischbällchen (bei Bedarf portionsweise) zugeben. Etwa 20 Minuten garziehen.

517 — Fleischbällchen chinesisch

- Hackfleisch statt der indischen Gewürze mit etwas frisch geriebenem Ingwer, Sternanis, Fünf-Gewürze-Pulver und Chili verrühren.

518 — Schmorfleisch „Fünf Gewürze"

4 PERSONEN

VORBEREITUNG: 40 MINUTEN
KOCHZEIT: 3 STUNDEN 30 MINUTEN

ZUTATEN

1 Stück Schweinebauch (ca. 2 kg Gesamtgewicht)
250 ml trockener Sherry oder Shaoxing-Reiswein
1 l Hühnerbrühe
8 EL Sojasauce
100 g Zucker
3 cm frischer Ingwer, in Scheiben
4 Knoblauchzehen, in Scheiben
1 EL chinesisches Fünf-Gewürze-Pulver
2 Stück Sternanis
1 Zimtstange
1 rote Chilischote, mit dem Messer eingeritzt
1 Bund Frühlingszwiebeln, gehackt
Salz und Pfeffer

- Schweinefleisch in eine Kasserolle mit kochendem Wasser geben, die Hitze reduzieren und etwa 30 Minuten sanft köcheln lassen. Dabei überschüssiges Fett, das sich an der Oberfläche bildet, abschöpfen. Gut abgießen.
- Die übrigen Zutaten in einem großen Schmortopf vermischen und alles zum Köcheln bringen.
- Das blanchierte Schweinefleisch in den Schmortopf zugeben, die Hitze reduzieren und alles zusammen etwa 3 Stunden zugedeckt sanft köcheln lassen, bis das Fleisch sehr zart ist. Gelegentlich Fett abschöpfen.
- Das Fleisch herausnehmen und die Haut abziehen. Das Fleisch in mundgerechte Stücke schneiden.
- So viel Fett wie möglich von der Brühe abschöpfen und bei starker Hitze auf die Hälfte einkochen lassen.
- Das Fleisch in kleinen Schüsseln mit Fond übergießen und servieren. Reis dazu reichen.

519 — Schmorfleisch mit Kohlgemüse

- Fein geschnittener Chinakohl oder Blattspinat passen gut zum Fleisch und sorgen für eine Extraportion Vitamin C im Winter.

VOM SCHWEIN

520
4 PERSONEN

Scharfer Fleischeintopf mit Paprika

- Öl in einer Pfanne erhitzen und das Fleisch darin bei starker Hitze anbraten, bis es gleichmäßig bräunt.
- Die Hitze reduzieren, Zwiebel und Knoblauch zugeben und in der Pfanne glasig anschwitzen.
- Paprika zugeben und scharf anbraten, dann Gewürze zufügen. Alles gut verrühren, dann Tomaten und Brühe zugießen.
- Mit Salz und Pfeffer abschmecken und 30 Minuten köcheln lassen, bis das Fleisch zart ist und die Sauce eingedickt ist.
- Erneut abschmecken und dann servieren.

VORBEREITUNG: 20 MINUTEN

KOCHZEIT: 45 MINUTEN

ZUTATEN

1 EL Öl
1 Stück Schweinebauch (etwa 1,5 kg Gesamtgewicht), Knochen entfernt, gewürfelt
1 Zwiebel, geschält und in feinen Ringen
2 Knoblauchzehen, in feinen Scheiben
1 rote Paprikaschote, Samen entfernt und in feinen Streifen
1 grüne Paprikaschote, Samen entfernt und in feinen Streifen
1 EL edelsüßes Paprikapulver
1 TL gemahlener Kreuzkümmel
1 TL Cayennepfeffer
1 Dose Tomaten gewürfelt (à 400 g)
400 ml Hühnerbrühe
Salz und Pfeffer

Fleischeintopf mit Sauerrahm — 521

- Für eine cremige Variation etwa 1 EL Sauerrahm entweder beim Anrichten zugeben oder am Ende der Garzeit unter den Eintopf rühren.

522
4 PERSONEN

Paprikaspießchen

- Fleischwürfel in einer Schüssel gut mit Öl, Knoblauch, Zitronenschale, Thymian und Paprikapulver vermischen.
- 30 Minuten kühl stellen.
- Das marinierte Fleisch auf kleine Spieße stecken und auf dem Grill oder in der Grillpfanne etwa 8–10 Minuten garen.
- Dazu passt kalte Tomaten-Salsa.

VORBEREITUNG: 40 MINUTEN

KOCHZEIT: 10 MINUTEN

ZUTATEN

800 g Schweinefilet, gewürfelt
2 EL Olivenöl
1 Knoblauchzehe, in dünnen Scheiben
abgeriebene Schale von ½ Bio-Zitrone
2 Thymianzweige
1 TL edelsüßes Paprikapulver

Tomaten-Salsa zum Anrichten

Spießchen mit roten Paprika — 523

- Für eine spanische Variante abwechselnd Fleischstücke, rote Paprika und schwarze Oliven auf die Spießchen stecken.

Schweinefleisch-Colombo

524 — 4 PERSONEN

Kaninchen-Colombo (525)
- Kaninchen oder – etwas alltäglicher – Hähnchen passt ebenfalls zu diesem schnellen Eintopfgericht.

Schweinefleisch-Colombo mild (526)
- Die scharfen Chilischote durch eine etwas mildere, fruchtigere Sorte (etwa Jalapeño) ersetzen.

Schweinefleisch-Colombo mit Spinat (527)
- Vor dem Servieren etwas Blattspinat in den Eintopf zugeben.

VORBEREITUNG: 20 MINUTEN
KOCHZEIT: 45 MINUTEN

ZUTATEN
1 EL Öl
500 g Schweinelende, gewürfelt
Salz und Pfeffer
1 Zwiebel, geschält und gehackt
2 grüne Paprikaschoten, Samen entfernt und gehackt
3 Knoblauchzehen, zerdrückt
2 EL Currypulver
Blätter von 6 Thymianzweigen
1 TL gemahlener Piment
½ TL gemahlener Zimt
2 Lorbeerblätter
1–2 scharfe Chilischoten (z. B. Scotch Bonnet) oder nach Belieben
750 g Süßkartoffeln, geschält und gewürfelt
500 ml Hühnerbrühe
1 Dose Tomaten gewürfelt (à 400 g)

- Öl in einer Pfanne erhitzen und das Fleisch darin auf allen Seiten goldbraun braten. Mit einem Sieblöffel herausnehmen und beiseitestellen.
- Zwiebel und Paprika in die Pfanne zugeben und anschwitzen, dann Knoblauch und Gewürze zugeben und 2 Minuten mitgaren.
- Chilischote(n), Süßkartoffeln, Brühe und Tomaten zugeben und alles zum Köcheln bringen.
- Die Hitze reduzieren, zudecken und 20 Minuten garen, bis die Süßkartoffeln weich sind.
- Fleisch wieder zugeben und weitere 10 Minuten gar köcheln lassen.
- Die Chilischote(n) entfernen. Mit Salz und Pfeffer abschmecken und servieren.

VOM SCHWEIN

528 — 4 PERSONEN
Panierte Schweinekoteletts

- Von den Koteletts das weiße Fett entfernen. Zwischen zwei Schichten Frischhaltefolie legen und mit einem Nudelholz flach klopfen (etwa auf die Hälfte der ursprünglichen Dicke).
- Je eine Schüssel mit Ei, Mehl sowie Semmelbröseln, vermischt mit Oregano, Senfpulver, Salz und Pfeffer, füllen.
- Die Koteletts nacheinander in jede Schüssel tauchen, sodass sie gleichmäßig bedeckt sind.
- Eine dünne Schicht Öl in eine Bratpfanne gießen und je 2 Koteletts darin auf jeder Seite 5 Minuten braten, bis sie bräunen. Im Backofen bei niedriger Temperatur warm halten.
- Mit Zitronenspalten garniert servieren.

VORBEREITUNG: 15 MINUTEN
KOCHZEIT: 20 MINUTEN

ZUTATEN
4 Schweinekoteletts
1 Ei, verquirlt
4 EL Mehl
100 g feine Semmelbrösel
1 TL getrockneter Oregano
1 TL Senfpulver
Salz und Pfeffer
Öl
einige Zitronenspalten

529
Schweinekoteletts mit Kräuterpanier
- Rosmarin, Petersilie und Thymian fein hacken und mit Semmelbröseln mischen.

530 — 4 PERSONEN
Schweinefilet mit Käsesauce

- Backofen auf 200 °C (Umluft 180 °C) vorheizen.
- Fleisch in einer Bratenform mit Salz und Pfeffer würzen, mit Öl beträufeln und im Backofen etwa 18 Minuten braten, bis es innen gerade rosa ist.
- Inzwischen Butter in einer Pfanne zerlassen und die Schalotten darin glasig anschwitzen.
- Knoblauch und Thymian zugeben und 3 Minuten mitgaren.
- Wein zugießen, alles aufkochen und einkochen lassen, bis noch etwa 1 EL Flüssigkeit übrig ist, dann die Sahne zugeben.
- Erneut aufkochen, dann Käse einrühren, bis er geschmolzen ist. Mit Salz und Pfeffer abschmecken.
- Das Fleisch 5 Minuten ziehen lassen, dann aufschneiden und die Käsesauce dazu servieren.

VORBEREITUNG: 10 MINUTEN
KOCHZEIT: 20 MINUTEN

ZUTATEN
1 Schweinefilet für Medaillons (ca. 750 g Gesamtgewicht)
1 EL Öl
30 g Butter
2 Schalotten, fein gehackt
1 Knoblauchzehe, in feinen Scheiben
2 Thymianzweige
150 ml trockener Weißwein
300 g Sahne
80 g Munster oder anderer würziger Weichkäse, gewürfelt
Salz und Pfeffer

531
Schweinefilet mit Blauschimmelkäse
- Statt dem würzigen Munster eignet sich auch milderer Gorgonzola dolce.

532 — 4 PERSONEN
Schweinebraten in Milch

VORBEREITUNG: 5 MINUTEN

KOCHZEIT: 3½ STUNDEN

ZUTATEN

100 g Butter
1 Schweineschulter ohne Haut und Knochen
1½ l Vollmilch
Schale und Saft von 1 Bio-Zitrone
4 Knoblauchzehen
3 Lorbeerblätter
Salz und Pfeffer

- Butter in einer Kasserolle zerlassen und das Fleisch darin auf allen Seiten goldbraun anbraten. Herausnehmen und die Butter, wenn sie dunkelbraun ist, abgießen.
- Milch in die Kasserolle zugießen. Zitronensaft und -schale, Knoblauch und Lorbeer zugeben und alles zum Kochen bringen.
- Das Fleisch wieder zugeben. Auf die niedrigste Stufe reduzieren, die Kasserolle teilweise zudecken und alles zusammen 2 ½ Stunden garen.
- Das Fleisch sanft umdrehen, damit die andere Seite mit Milch bedeckt ist, und 1 weitere Stunde garen.
- Das Fleisch herausnehmen und zum Ziehen beiseitestellen. Die Milch gerinnt beim Kochen ein wenig zu einer Art Sauce.
- Das Fleisch dick tranchieren und in Milch servieren.

Schweinebraten mit Polenta — 533

- Authentisch italienisch: cremige Polenta (Maisgrieß) zum Braten reichen.

534 — 4 PERSONEN
Toad in the Hole

VORBEREITUNG: 35 MINUTEN

KOCHZEIT: 20 MINUTEN

ZUTATEN

300 ml Milch
4 Eier
4 EL Öl oder Rinderfett
8 Chipolatas oder andere Würste
250 g Mehl (Type 550)
1 EL Ganzkornsenf
Salz

- Backofen auf 220 °C (Umluft 200 °C) vorheizen.
- Für den Teig Eier und Milch verquirlen und 15 Minuten stehen lassen.
- Öl in einer Bratenform erhitzen und die Würste darin rundum anbraten, bis sie bräunen und nicht mehr blass sind.
- Mehl unter die Milch-Eier-Mischung rühren, Senf einrühren und die Würste in der Form mit der Mischung übergießen.
- Im Backofen etwa 20 Minuten backen, bis die Masse goldgelb ist und aufgeht. Dazu Zwiebelsauce reichen.

Toad in the Hole mit Salsiccia — 535

- Für dieses Gericht eignen sich verschiedene Wurstsorten – besonders gut ist italienische Salsiccia.

VOM SCHWEIN

536
4 PERSONEN

Sauerkrauttopf mit Blutwurst und Speck

537
Sauerkrauttopf mit Entenkeule
- Confierte Entenkeule passt statt Blutwurst ausgezeichnet zum Sauerkraut-Eintopf.

538
Sauerkrauttopf mit Schweinebauch
- Statt Blutwurst eignet sich auch bestens grob gewürfelter Schweinebauch.

539
Sauerkrauttopf mit Hähnchenflügeln
- Gebratene Hähnchenflügel sorgen für ein würzigeres Aroma.

VORBEREITUNG: 25 MINUTEN

KOCHZEIT: 1 STUNDE 30 MINUTEN

ZUTATEN

2 EL Gänsefett oder Öl
2 große Zwiebeln, geschält und grob in Ringe geschnitten
2 Knoblauchzehen, in feinen Scheiben
200 g durchwachsener Räucherspeck im Stück, gewürfelt
250 g Blutwurst, grob in Scheiben geschnitten
3 große mehligkochende Kartoffeln, geschält und in Stücke geschnitten
300 g Sauerkraut (fertig zubereitet)
1 TL Kümmelsamen
4 Wacholderbeeren, leicht zerstampft
2 Lorbeerblätter
150 ml trockener Weißwein
150 ml Hühnerbrühe
Salz und Pfeffer
2 Äpfel, geschält, entkernt und geviertelt

- Fett in einer großen Kasserolle zerlassen. Zwiebeln und Knoblauch darin goldbraun anbraten.
- Speck und Blutwurst zugeben und mitbraten, bis Fett austritt und der Speck knusprig wird.
- Kartoffeln und Sauerkraut zugeben. Gewürze unterrühren, dann Wein und Brühe zugießen.
- Mit einem Deckel fest verschließen und 1 Stunde sanft köcheln lassen, dabei gelegentlich rühren und prüfen, ob die Mischung austrocknet.
- Äpfel zugeben und weitere 30 Minuten garen. Abschmecken und warm servieren.

LAMM

LAMM

540 — 4 PERSONEN
Lammkeule in Milchsauce

- Backofen auf 180 °C (Umluft 160 °C) vorheizen.
- Das Fleisch in einen großen Schmortopf geben und rundum mit kleinen, tiefen Schnitten einschneiden.
- Butter mit Kräutern, Knoblauch und 1 Prise Salz vermischen und die Einschnitte im Fleisch damit füllen.
- Zugedeckt im Backofen etwa 30 Minuten braten.
- Den Deckel abnehmen, weitere 20 Minuten braten, dann mit Milch übergießen und 30 Minuten weitergaren. Dabei dickt die Milch zu einer Sauce ein.
- 10 Minuten ziehen lassen, dann servieren und gedämpfte Kartoffeln dazu reichen.

VORBEREITUNG: 15 MINUTEN
KOCHZEIT: 1 STUNDE 20 MINUTEN

ZUTATEN
1 Lammkeule (etwa 1½ kg)
50 g Butter
½ Bund frischer Salbei, gehackt
1 EL frischer Thymian
3 Knoblauchzehen, zerdrückt
300 ml Milch

541 — 4 PERSONEN
Irish Stew

VORBEREITUNG: 15 MINUTEN
KOCHZEIT: 6 STUNDEN

ZUTATEN
55 ml Sonnenblumenöl
450 g Lammschulter, gewürfelt
300 g Frühkartoffeln, geschält und in Scheiben
2 Karotten, geschält und in Scheiben
2 Zwiebeln, gehackt
1 EL Wacholderbeeren, grob zerstoßen
2–3 Lorbeerblätter
500 ml Lammfond
Salz und Pfeffer

ZUM GARNIEREN
1 EL krause Petersilie, fein gehackt

- Die Hälfte des Öls in einer großen Kasserolle bei mittlerer Hitze erwärmen.
- Das Fleisch mit reichlich Salz und Pfeffer abschmecken und portionsweise scharf anbraten, damit sich die Poren schnell schließen. Es sollte gleichmäßig gebräunt sein. Das Fleisch herausnehmen und beiseitestellen.
- Das übrige Öl in die Kasserolle geben. Zwiebeln und Karotten darin 4–5 Minuten kurz andünsten, dabei gelegentlich rühren.
- Lorbeer, Kartoffeln, Wacholderbeeren sowie Fond zugeben, leicht salzen und pfeffern und gut verrühren.
- Das Fleisch wieder in die Kasserolle geben.
- Zugedeckt bei niedrigster Hitze mindestens 6 Stunden schmoren.
- Dann abschmecken und den Eintopf in Schüsseln füllen.
- Vor dem Servieren mit gehackter Petersilie garnieren.

542 — 4 PERSONEN
Lammkeule mit Speckfüllung

VORBEREITUNG: 20 MINUTEN
KOCHZEIT: 2 STUNDEN

ZUTATEN
1 Lammkeule, ohne Knochen (vom Metzger auslösen lassen)
120 ml Weißwein
2 Lorbeerblätter
2 Knoblauchzehen, ganz

FÜR DIE FÜLLUNG
2 EL Olivenöl
4 Scheiben durchwachsener Speck
1 Zwiebel, geschält und fein gehackt
1 Knoblauchzehen, fein gehackt
1 Zweig Rosmarin, fein gehackt
2 EL schwarze Oliven, gehackt
5 Salbeiblätter, fein gehackt

- Backofen auf 200 °C (Umluft 180 °C) vorheizen.
- Für die Füllung Öl in einer Pfanne erhitzen und den Speck darin anbraten, bis Fett austritt und der Speck knusprig wird.
- Zwiebel, Knoblauch und Rosmarin zugeben und anschwitzen, bis sie goldbraun werden. Oliven und Salbei zugeben und vorsichtig abschmecken.
- Die Lammkeule in eine Bratenform geben und mit einem Teelöffel füllen. Die offenen Enden jeweils mit Zahnstochern oder Grillspießen verschließen.
- Zu gleichen Teilen Wein und Wasser in die Bratenform füllen, Lorbeer und ganze Knoblauchzehen zugeben. Salzen und pfeffern, mit Alufolie abdecken und im Ofen 1½–2 Stunden sehr zart braten.
- Vor dem Tranchieren 15 Minuten ziehen lassen.

543 — 4 PERSONEN

Lammkoteletts mit Minze und Chili

VORBEREITUNG: 40 MINUTEN
KOCHZEIT: 10 MINUTEN

ZUTATEN

8 Lammkoteletts
2 rote Chilischoten, Samen entfernt und gehackt
½ Bund frische Minze
Saft von ½ Zitrone
1 Handvoll schwarze Oliven ohne Kern
1 Knoblauchzehe, geschält
Olivenöl
Salz und Pfeffer

- Chili mit Minze, Zitronensaft, Oliven, Knoblauch und etwas Öl im Standmixer zu einer groben Paste mixen.
- Die Lammkoteletts gleichmäßig mit der Paste bestreichen und mindestens 30 Minuten ziehen lassen.
- Auf der heißen Grillplatte auf jeder Seite mindestens 4 Minuten grillen, bis das Fleisch in der Mitte rosa ist.

Lammkoteletts Knoblauch-Orange — 544

- 2 Knoblauchzehen, Petersilie und abgeriebene Schale von 1 Bio-Orange glatt mixen und die Lammkoteletts mit der Mischung bestreichen.

545 — 4 PERSONEN

Lammeintopf

VORBEREITUNG: 25 MINUTEN
KOCHZEIT: 2 STUNDEN 15 MINUTEN

ZUTATEN

2 EL Öl oder Bratfett
1 kg Lammnacken, grob geschnitten
4 Lammnieren, geputzt und gehäutet, klein geschnitten
4 Zwiebeln, geschält und gehackt
1 EL Butter
1 EL Mehl
500 ml Lammfond oder Wasser
1 EL Worcestersauce
2 Lorbeerblätter
1 kg Kartoffeln, geschält und in 2 cm dicke Scheiben geschnitten
Salz und Pfeffer

eingelegter Rotkohl zum Anrichten

- Backofen auf 170 °C vorheizen.
- Öl oder Fett in einem Schmortopf erhitzen und das Fleisch darin portionsweise braten, bis es bräunt. Nieren zugeben und mitbraten. Anschließend mit einem Sieblöffel herausnehmen und beiseitestellen.
- Etwas Butter in den Topf und die Zwiebeln glasig anschwitzen, dann mit Mehl glatt rühren.
- Fond und Worcestersauce zugießen, alles zu einer glatten Sauce verrühren und zum Köcheln bringen. Das Fleisch wieder zugeben.
- Lorbeer zufügen und die Mischung leicht überlappend mit Kartoffelscheiben belegen. Salzen und pfeffern.
- Zudecken und im Backofen 1½ Stunden garen, dann den Deckel abnehmen und weitere 45 Minuten garen, bis die Kartoffeln knusprig sind.
- Dazu eingelegten Rotkohl servieren.

Lammeintopf mit Weißen Rüben — 546

- Rüben vierteln und in den Eintopf zugeben, dann im Backofen garen.

LAMM

547 — 4 PERSONEN
Lamm-Navarin

- Backofen auf 180 °C vorheizen.
- Öl in einem ofenfesten Topf erhitzen und das Fleisch darin portionsweise garen.
- Gehacktes Gemüse zugeben und weich garen.
- Mit Mehl glatt rühren, dann Tomatenmark und Rotwein zugeben und aufkochen, bei Bedarf angekrustete Stellen vom Pfannenboden lösen.
- Fond zugießen und Kräuter zugeben, salzen, pfeffern und im Topf im Ofen 1½ Stunden garen, bis das Fleisch zart ist.
- Gegen Ende der Garzeit etwas Butter in einer Pfanne zerlassen und Erbsen und Bohnen darin einzeln in etwas Gemüsebrühe weich garen. Bei Bedarf warm halten.
- Das Fleisch mit einem Sieblöffel herausnehmen, die Sauce abseihen und im Topf nochmals aufwärmen. Fleisch und Gemüse zugeben und warm servieren.

VORBEREITUNG: 30 MINUTEN
KOCHZEIT: 1 STUNDE 30 MINUTEN

ZUTATEN

2 EL Öl
500 g Lammschmorfleisch, in mundgerechte Stücke geschnitten
1 Karotte, grob gehackt
1 Selleriestange, gehackt
1 Zwiebel, geschält und gehackt
1 Lauchstange, weiße Anteile, gehackt
1 EL Mehl
1 EL Tomatenmark
100 ml Rotwein
500 ml Lammfond
2 Lorbeerblätter
frischer Thymian und Rosmarin
Erbsen und grüne Bohnen

548 — Lamm-Navarin mit Pesto
- Fertig vorbereitetes Pesto mit etwas Öl verlängern und das Lamm-Navarin zum Servieren damit beträufeln.

549 — 6 PERSONEN
Lammcurry mit Zwiebeln und Banane

- Die Lammschulter würfeln.
- Öl in einer Pfanne erhitzen und das Fleisch darin kurz und scharf anbraten, bis es gleichmäßig bräunt. Mit einem Sieblöffel herausnehmen und auf einem Teller beiseitestellen.
- Gehackten Knoblauch und Zwiebeln in die Pfanne geben und 2 Minuten garen, dann das Fleisch wieder zugeben. Currypulver, 150 ml heißes Wasser und Joghurt zugeben und alles gut verrühren. Zugedeckt etwa 30 Minuten sanft köcheln lassen, dabei regelmäßig umrühren.
- Butter in einer Kasserolle zerlassen und die Bananen darin dünsten. Mit Salz und Pfeffer abschmecken.
- Curry in kleinen Schüsseln servieren und mit Koriander bestreuen. Die gedünsteten Bananen dazu reichen.

VORBEREITUNG: 15 MINUTEN
KOCHZEIT: 40 MINUTEN

ZUTATEN

3 EL Öl
1 kg Lammschulter ohne Knochen
2 Zwiebeln, geschält und gehackt
2 Knoblauchzehen, geschält und gehackt
100 g Naturjoghurt
3 EL Currypulver
50 g Butter
2 Bananen
Koriander
Salz und Pfeffer

550 — Lammcurry mit Zwiebeln und Kochbanane
- Kochbananen sind eine köstliche Alternative zu Bananen, aber weniger süß.

551
4 PERSONEN

Lammkoteletts mit Johannisbeerglasur

552 Koteletts mit gemischten Johannisbeeren

- Rote, weiße und schwarze Johannisbeeren mischen, im Mixer pürieren und mit dem Wein zu einer Marinade vermischen.

553 Lammkoteletts mit Johannisbeer-Senf-Sauce

- 1 EL Ganzkornsenf in der Glasur sorgt für Würze, ohne dass die Schärfe überhandnimmt.

554 Lammkoteletts mit feinen Bohnen

- Statt der üblichen Kartoffeln passen dazu auch warme Flageoletbohnen (delikate Buschbohnen).

VORBEREITUNG: 10 MINUTEN
KOCHZEIT: 12 MINUTEN

ZUTATEN

2 Lammkarrees

FÜR DIE GLASUR
230 g rotes Johannisbeergelee
1 Zweig Thymian
100 ml Portwein oder Johannisbeerlikör
1 Zweig Rosmarin

- Backofen auf 180 °C vorheizen.
- Das Gelee mit Wein und Thymian in einer kleinen Kasserolle erwärmen und zu einem Sirup eindicken lassen.
- Das Fleisch in eine Bratenform geben und mit dem Rosmarinzweig das Fleisch mit dem Sirup bestreichen. Salzen und pfeffern.
- Etwa 12 Minuten im Backofen braten, nach der Hälfte der Bratzeit erneut glasieren. Aus dem Ofen nehmen und 5 Minuten ziehen lassen, dann tranchieren.
- Zusammen mit der übrigen Sauce servieren.

LAMM

555 — 4 PERSONEN
Marinierte Lammspieße

- Knoblauch, Balsamico und Rosmarin mit etwas Öl, Salz und Pfeffer vermischen und das gewürfelte Lammfleisch mindestens 30 Minuten darin marinieren.
- Abwechselnd Fleischwürfel, Tomaten, Chili und Zwiebelstücke auf die Spieße stecken. Mit etwas Salz und Pfeffer bestreuen.
- Auf dem heißen Kohlegrill 8–10 Minuten garen, bis das Lammfleisch innen rosa und außen leicht angekohlt ist.

VORBEREITUNG: 35 MINUTEN
KOCHZEIT: 10 MINUTEN

ZUTATEN

500 g Lammfilet oder Keule ohne Knochen, in 2 cm breite Würfel geschnitten
2 Knoblauchzehen, zerdrückt
2 EL Balsamicoessig
1 EL frischer Rosmarin, gehackt
Olivenöl
Salz und Pfeffer
16 Kirschtomaten
8 milde rote Chilischoten im Ganzen
1 Zwiebel, in Stücke geschnitten

Lammspieße spanische Art — 556
- Für die Marinade 1 EL geräuchertes Paprikapulver, 1 Handvoll gegrillte Paprika (aus dem Glas), 2 Knoblauchzehen und einen Schuss Sherry im Standmixer glatt rühren.

557 — 4 PERSONEN
Gebratene Lammschulter mit Thymian

- Backofen auf 180 °C vorheizen.
- Die Lammschulter in eine Bratenform legen und mit Öl, Kräutern, Honig, Salz und Pfeffer gut einreiben.
- Ein Glas Wasser oder Wein in die Form zugießen, mit Alufolie bedecken und im Backofen 2–3 Stunden braten, bis das Fleisch sehr zart ist und sich leicht vom Knochen löst.
- Einige Minuten ziehen lassen, dann aufschneiden.

VORBEREITUNG: 10 MINUTEN
KOCHZEIT: 2–3 STUNDEN

ZUTATEN

1 Lammschulter (ca. 1½ kg)
1 Bund Thymian
1 EL Oregano
4 EL Olivenöl
2 EL flüssiger Honig
Salz und Pfeffer
Wasser oder Rotwein

Lammschulter mit Lavendel — 558
- Getrocknete Lavendelblüten statt Thymian sorgen für ein sommerliches Aroma.

559 — Scharf gebratene Lammkeule

4 PERSONEN

VORBEREITUNG: 2 STUNDEN
KOCHZEIT: 1 STUNDE

ZUTATEN

1 Lammkeule (ca. 1½ kg)
2 EL gemahlener Kreuzkümmel
2 EL gemahlener Koriander
1 rote Chilischote, Samen entfernt, gehackt
½ Bund Koriandergrün, gehackt
½ TL Kurkuma
½ EL Zimt gemahlen
½ TL Gewürznelken gemahlen
Olivenöl
Salz und Pfeffer

- Die Gewürze und Kräuter mit dem Öl in der Küchenmaschine zu einer glatten Paste mixen.
- Das Fleisch mit der Paste bestreichen, einreiben und mindestens 2 Stunden im Kühlschrank marinieren.
- Backofen auf 220 °C (Umluft 200 °C) vorheizen.
- 30 Minuten vor der Zubereitung das Fleisch aus dem Kühlschrank nehmen, auf Zimmertemperatur erwärmen lassen. Im Backofen 20 Minuten braten, dann auf 160 °C (Umluft 140 °C) reduzieren und weitere 45 Minuten rosa braten (oder länger, wenn das Fleisch stärker durchgegart sein soll).
- Vor dem Tranchieren 15 Minuten ziehen lassen.

Lammkeule à l'orange — 560

- Abgeriebene Schale und Saft von 1 Bio-Orange sorgen für eine feine Zitrusnote in der Marinade.

561 — Lammkoteletts mit Pinienkruste

4 PERSONEN

VORBEREITUNG: 10 MINUTEN
KOCHZEIT: 12 MINUTEN

ZUTATEN

2 Lammkarrees

FÜR DIE KRUSTE
1 Bund Petersilie, fein gehackt
3 Zweige frischer Thymian
2 EL Pinienkerne
1 Knoblauchzehe, gehackt
Olivenöl
Salz und Pfeffer
Dijon-Senf

- Backofen auf 180 °C (Umluft 160 °C) vorheizen.
- Kräuter mit Pinienkernen und Knoblauch in der Küchenmaschine zu einer krümeligen Paste mixen und mit ausreichend Olivenöl verrühren.
- Die Karrees mit Öl und 1 EL Senf bestreichen, damit die Oberfläche klebrig ist, dann die Mischung für die Kruste darauf verstreichen und festdrücken. Salzen und pfeffern.
- Im Backofen etwa 12 Minuten braten, bis das Fleisch rosa ist (nach Belieben länger).
- Vor dem Tranchieren 5 Minuten ziehen lassen.

Lammkoteletts mit Kräuter-Walnuss-Kruste — 562

- Für eine herbstliche Variante die Pinienkerne durch Walnüsse ersetzen.

LAMM

563
4 PERSONEN

Lammkeule mit Kräutern

564
Lammkeulen marokkanische Art

- Statt der Kräuter 1 EL Ras-el-Hanout-Gewürzmischung und 4 eingelegte Zitronen mitgaren und den Rotwein durch Weißwein ersetzen.

565
Lammkeulen indisch

- 1 EL Garam Masala und einige Fenchelsamen mitgaren und keinen Wein zugießen.

566
Lammkoteletts mit Kräutern

- Statt Lammkeulen eignen sich auch ausgelöste Koteletts, auf dieselbe Art zubereitet.

VORBEREITUNG: 15 MINUTEN

KOCHZEIT: 3 STUNDEN

ZUTATEN

4 EL Olivenöl
4 Lammkeulen mit Knochen
1 Zwiebel, geschält und in Ringen
1 Karotte, geschält und gehackt
2 Selleriestangen, gehackt
4 Knoblauchzehen, in feinen Scheiben
1 Lorbeerblatt
4 Zweige Rosmarin
2 Zweige Thymian
300 ml Rotwein
500 ml Hühnerbrühe
2 EL flüssiger Honig
Salz und Pfeffer
gekochte Puy-Linsen zum Anrichten
Koriandergrün zum Garnieren

- Backofen auf 150 °C (Umluft 130 °C) vorheizen.
- Öl in einer ofenfesten Kasserolle erhitzen und die Lammkeulen darin auf allen Seiten gleichmäßig braun braten. Herausnehmen und beiseitestellen.
- Zwiebel, Karotte und Sellerie in die Kasserolle zugeben und dünsten, dann die Kräuter zugeben und weitere 2 Minuten garen.
- Die Lammkeulen zurück in die Kasserolle geben, mit Wein und Brühe übergießen und Honig zugeben. Alles aufkochen.
- Mit Salz und Pfeffer abschmecken und zugedeckt 3 Stunden im Backofen garen, bis das Fleisch sehr zart ist.
- Bei Bedarf das Fleisch aus der Kasserolle nehmen und die Sauce auf dem Herd kurz eindicken lassen.
- Das Fleisch auf einem Bett aus Puy-Linsen anrichten und mit Koriander garnieren.

567 — 4 PERSONEN
Lammsteaks mit griechischem Salat

VORBEREITUNG: 15 MINUTEN
KOCHZEIT: 5–10 MINUTEN

ZUTATEN

4 Steaks von der Lammkeule
2 EL Balsamicoessig
1 EL frischer Majoran
Salz und Pfeffer
Olivenöl
150 g Feta, zerkrümelt
4 reife Tomaten, gehackt
½ Gemüsegurke, gewürfelt
2 Handvoll schwarze Oliven
einige Blätter Salat
natives Olivenöl extra
Saft von ½ Zitrone

- Die Steaks in einer Marinade aus Balsamico, Öl, Majoran und etwas Salz und Pfeffer einlegen.
- Grillpfanne oder Grillplatte stark erhitzen, bis sie fast raucht, und die Steaks auf jeder Seite 3 Minuten rosa anbraten.
- Auf ein Stück Alufolie legen und einwickeln. 5 Minuten ziehen lassen.
- Inzwischen die Salatzutaten auf einer großen Servierplatte mischen.
- Mit Öl, Zitronensaft und etwas Salz und Pfeffer vermengen und mit den Händen vermischen.
- Die Steaks mit dem Saft aus der Folie auf dem Salat anrichten und servieren.

Steaks mit orientalischem Salat — 568

- Eine Dose gegarte Kichererbsen abgießen und mit dem Salatgemüse vermischen. Mit frischem Thymian und etwas getrockneter Chili würzen.

569 — 4 PERSONEN
Marokkanische Hackfleischbällchen

VORBEREITUNG: 50 MINUTEN
KOCHZEIT: 15 MINUTEN

ZUTATEN

500 g Lammhackfleisch
1 Zwiebel, sehr fein gehackt
2 Knoblauchzehen, fein gehackt
6 EL Semmelbrösel
1 EL Tomatenmark
1 TL gemahlener Zimt
1 TL gemahlener Kreuzkümmel
Saft von ½ Zitrone
Salz und Pfeffer
2 EL Olivenöl

- Das Hackfleisch in eine Schüssel füllen und auf Zimmertemperatur erwärmen lassen.
- Mit den Händen gleichmäßig mit den übrigen Zutaten verkneten.
- Aus der Mischung etwa walnussgroße Kugeln formen und auf ein Backblech legen. Mit Frischhaltefolie zudecken und 30 Minuten kühl stellen.
- Olivenöl in einer großen Pfanne erhitzen.
- Die Fleischbällchen darin portionsweise etwa 6–8 Minuten gleichmäßig goldbraun braten, sodass sie gerade gar sind.

Hackfleischbällchen mit Fond — 570

- Sättigend und wärmend: Die Fleischbällchen in starkem Geflügelfond anrichten und dazu Reis servieren.

LAMM

571
4 PERSONEN

Scharfe Lammspieße

- Die Fleischwürfel mit Küchenpapier trockentupfen.
- Für die Marinade alle Zutaten in der Küchenmaschine glatt mixen.
- Das Fleisch in der Marinade wenden und im Kühlschrank mindestens 1 Stunde oder über Nacht marinieren.
- Die Fleischwürfel auf Spieße stecken und entweder auf dem Kohlegrill oder in einer stark erhitzten Grillpfanne etwa 5–6 Minuten grillen, bis sie außen langsam ankohlen, innen aber noch rosa sind.

VORBEREITUNG: 10 MINUTEN + MARINIERZEIT
KOCHZEIT: 5–6 MINUTEN

ZUTATEN

500 g Lammfleisch, gewürfelt

FÜR DIE MARINADE
½ Zwiebel, geschält und gehackt
2–3 grüne Chilischoten, Samen nach Belieben entfernt, gehackt
3 Knoblauchzehen, geschält
2 TL frischer Ingwer, gehackt
1 TL gemahlener Kreuzkümmel
1 TL gemahlener Koriander
1 EL getrocknete Minze
4 EL Naturjoghurt
Salz

Tikka-Spieße 572
- 1 EL Tomatenmark in die Marinade zugeben.

573
4 PERSONEN

Lamm-Cassoulet

- Die eingeweichten Bohnen abspülen und in einem Topf mit Deckel mit kaltem Wasser übergießen. Zum Köcheln bringen und 2 Stunden zugedeckt weich garen.
- Backofen auf 160 °C (Umluft 140 °C) vorheizen.
- Öl in eine Kasserolle geben und vom Speck das Fett auslassen. Zwiebeln und Knoblauch mit anbraten, bis sie bräunen.
- Lammfleisch zugeben und rundum anbraten, dann Tomaten, Brühe und Kräuter zugeben. Die abgegossenen Bohnen zufügen und zugedeckt im Backofen etwa 2 ½ Stunden garen. Alle 30 Minuten die Bohnen umrühren, damit nichts anbrennt.
- Für die letzten 30 Garminuten den Deckel abnehmen und den Eintopf mit Semmelbröseln bestreuen, damit eine Kruste entsteht.
- Noch warm mit einem knackig frischen Salat servieren.

VORBEREITUNG: 30 MINUTEN
KOCHZEIT: 2 STUNDEN 30 MINUTEN

ZUTATEN

350 g getrocknete Cannellini-Bohnen (oder Tarbais-Bohnen), über Nacht eingeweicht
750 g Lammschmorfleisch ohne Knochen, gewürfelt
2 dünne Scheiben durchwachsener Räucherspeck, gewürfelt
1 EL Öl
2 Zwiebeln, geschält und gehackt
3 Knoblauchzehen, gehackt
1 Dose Tomaten gewürfelt (400 g)
500 ml Hühnerbrühe
Bouquet garni
Salz und Pfeffer
3 Handvoll Semmelbrösel

Cassoulet nach Toulouser Art 574
- Hochwertige Lammwurst mit Minze ist – sofern verfügbar – eine hervorragende Ergänzung.

575 — 4 PERSONEN
Lammkeule mit Kichererbsen

VORBEREITUNG: 15 MINUTEN

KOCHZEIT: 3 STUNDEN 10 MINUTEN

ZUTATEN

2 EL Olivenöl
4 Lammkeulen mit Knochen
1 Zwiebel, geschält und in Ringen
2 Knoblauchzehen, in feinen Scheiben
1 Karotte, geschält und gewürfelt
1 EL gemahlener Kreuzkümmel
1 TL gemahlener Zimt
1 EL edelsüßes Paprikapulver
1 EL frischer Ingwer, gerieben
½ EL Ras-el-Hanout
2 eingelegte Zitronen
2 Dosen Kichererbsen (à 400 g), abgegossen
500 ml Hühnerbrühe
Salz und Pfeffer
1 Handvoll getrocknete Aprikosen

- Backofen auf 160 °C (Umluft 140 °C) vorheizen.
- Öl in einer großen Kasserolle erhitzen und das Fleisch darin anbraten, bis es Farbe annimmt. In einer Schüssel beiseitestellen.
- Zwiebel, Knoblauch und Karotte in die Pfanne zugeben und weich und goldbraun garen. Gewürze und Zitronen zufügen und weitere 2 Minuten garen.
- Das Fleisch zurück in die Pfanne geben. Kichererbsen zugeben, mit Brühe übergießen und aufkochen.
- Zudecken und im Backofen 2 Stunden garen.
- Getrocknete Aprikosen zugeben und gut umrühren. Bei Bedarf etwas Wasser zugießen. Wieder zudecken und eine weitere Stunde garen.
- Wenn das Fleisch zart ist, ist es gar. Mit Salz und Pfeffer abschmecken und gleich servieren.

Lammkeule mit Tomaten — 576

- Für eine angenehm säuerliche Note sorgt 1 Handvoll Kirschtomaten.

577 — 4 PERSONEN
Lammkoteletts mit Parmesan und Koriander

VORBEREITUNG: 40 MINUTEN

KOCHZEIT: 8 MINUTEN

ZUTATEN

100 g Parmesan, gerieben
1 Bund Koriandergrün, gehackt
2 EL Pinienkerne
75 ml Olivenöl
Saft von ½ Zitrone
Salz und Pfeffer
8 ausgelöste Lammkoteletts

- Für die Marinade alle Zutaten in der Küchenmaschine zu einer groben Paste mixen. Dabei nach und nach das Öl zugeben (oft genügt weniger als 75 ml).
- Die Koteletts gleichmäßig mit der Marinade bestreichen und mindestens 30 Minuten ziehen lassen.
- Eine Grillpfanne erhitzen und die Koteletts darin auf jeder Seite 3–4 Minuten grillen, bis sie innen rosa sind.
- 5 Minuten ziehen lassen, dann servieren.

Lammkoteletts mit Parmesan, Basilikum und Petersilie — 578

- Wer keinen Koriander mag, ersetzt ihn durch je ½ Bund Petersilie und Basilikum.

LAMM

579 — 4 PERSONEN
Lamm-Tajine

- Die Gewürze in einer Schüssel vermischen und die Fleischwürfel in der Hälfte der Gewürzmischung wenden. Mindestens 4 Stunden oder über Nacht einlegen.
- Backofen auf 160 °C (Umluft 140 °C) vorheizen.
- Für die Zubereitung 2 EL Öl in einem Schmortopf oder einer Tajine-Schüssel erhitzen. Zwiebeln und Knoblauch darin mindestens 15 Minuten sanft anschwitzen. Die übrige Gewürzmischung zugeben und gut verrühren.
- Fleisch zugeben, dann Zitronen zufügen und auf etwas stärkere Hitze erhöhen, damit das Fleisch bräunt.
- Tomaten, Brühe und getrocknete Früchte sowie Honig zugeben. Abschmecken. Zugedeckt im Backofen mindestens 3 Stunden garen, bis das Fleisch sehr zart ist.
- Wenn das Fleisch gar ist, erneut abschmecken und Koriander zugeben. Wenn vorhanden, in kleine Timbale-Schüsseln füllen und zum Servieren aus der Form stürzen.

VORBEREITUNG: 4 STUNDEN
KOCHZEIT: 3 STUNDEN

ZUTATEN

Olivenöl
2 Zwiebeln, geschält und in Ringen
4 Knoblauchzehen, in feinen Scheiben
3 eingelegte Zitronen
2 Dosen Tomaten gewürfelt (à 400 g)
500 ml Hühnerbrühe
100 g getrocknete Aprikosen
50 g Datteln
2 EL Rosinen, 2 EL Honig
1 Bund Koriandergrün, gehackt
Couscous zum Anrichten

FÜR DIE GEWÜRZMISCHUNG

½ TL Cayenne, 1 EL Paprikapulver
1 TL Kurkuma, 2 TL gemahlener Zimt
1 EL Kreuzkümmel, Salz und Pfeffer
1 kg Lammschulter, gewürfelt

580 — 4 PERSONEN
Burger mit Lammfleisch

VORBEREITUNG: 45 MINUTEN
KOCHZEIT: 8–10 MINUTEN

ZUTATEN

500 g Lammhackfleisch
1 Zwiebel, geschält und gehackt
2 Knoblauchzehen, gehackt
½ TL Zimt
½ EL getrockneter Oregano
½ EL getrocknete Minze
Salz und Pfeffer
1 Ei, verquirlt
4 Hamburgerbrötchen, getoastet
grüne Salatblätter zum Anrichten

- Zwiebel, Knoblauch, Zimt und getrocknete Kräuter in der Küchenmaschine zu einem glatten Brei verrühren.
- Hackfleisch in einer Schüssel mit der Kräutermischung und etwas Ei verrühren und mit den Händen gut verkneten. Salzen, pfeffern und zu 4 Laibchen formen. 30 Minuten kühl stellen.
- Eine Grillpfanne stark erhitzen, bis sie fast raucht, und die Laibchen darin auf jeder Seite 3–4 Minuten braten, sodass sie innen noch leicht rosa sind. In Alufolie ziehen lassen.
- Die Laibchen zwischen die Brötchenhälften legen und mit Salatblättern garnieren.

581 — 4 PERSONEN
Lamm sautiert mit Frühlingsgemüse

VORBEREITUNG: 20 MINUTEN
KOCHZEIT: 40 MINUTEN

ZUTATEN

3 EL Olivenöl
1 kg Lammfilet gewürfelt
1 Zwiebel, geschält und in feinen Ringen
2 Knoblauchzehen, in feinen Scheiben
1 Zweig Rosmarin
2 rote Paprikaschoten, in Streifen
12 Artischockenherzen
100 g Erbsen (tiefgefroren)
150 g dicke Bohnen, enthülst und gehäutet
200 ml Hühnerbrühe
1 Handvoll schwarze Oliven
2 EL Rosinen
Salz und Pfeffer

- Öl in einer großen Pfanne erhitzen, bis es raucht. Das Fleisch darin auf allen Seiten gleichmäßig scharf anbraten, bis es bräunt. Mit einem Sieblöffel herausnehmen.
- Zwiebel in die Pfanne zugeben und sanft anschwitzen, dann Knoblauch und Rosmarin zugeben.
- Paprika zufügen und 10 Minuten weich garen, bis sie leicht bräunen, dann Artischocken, Erbsen und Bohnen zugeben.
- Brühe zugießen, salzen und pfeffern und bei mittlerer bis starker Hitze köcheln lassen, bis die Flüssigkeit eindickt und das Gemüse weich ist.
- Fleisch wieder zugeben und wenden. Oliven und Rosinen unterrühren. 5 Minuten erwärmen, abschmecken. Servieren.

582 Lamm-Rogan-Josh

3–4 PERSONEN

VORBEREITUNG: 5 MINUTEN
KOCHZEIT: 50 MINUTEN

ZUTATEN

4 Knoblauchzehen
2 cm frischer Ingwer, in Scheiben
4 EL Öl
1 EL schwarzer Pfeffer, ganz
6 Kardamomkapseln
3 Gewürznelken
1 Zimtstange
1 Zwiebel, geschält und fein gehackt
750 g Lammkeule (wenn möglich mit Knochen), gewürfelt
1 EL gemahlener Koriander
1 EL gemahlener Kreuzkümmel
½ TL Cayennepfeffer
2 TL Fenchelsamen, zerstoßen
2 TL Garam Masala
4 Tomaten, gehackt
75 ml Naturjoghurt
Salz und Pfeffer

- Knoblauch und Ingwer in der Küchenmaschine mit etwas Wasser zu einer Paste mixen.
- Öl in einer großen Kasserolle erwärmen und die Gewürze darin 2 Minuten scharf anbraten, bis sich das Aroma entfaltet.
- Zwiebel zugeben und goldbraun anbraten, dann das Fleisch zufügen. Gleichmäßig auf allen Seiten scharf anbraten.
- Knoblauchmischung unterrühren und einige Minuten mitgaren. Gemahlene Gewürze, etwas Salz und schließlich Tomaten zugeben. Die Hitze reduzieren und 15 Minuten köcheln lassen, bis die Sauce fast eingekocht ist.
- Das Fleisch mit Wasser fast bedecken und weitere 20 Minuten köcheln lassen, bis es gar ist.
- Vom Herd nehmen und Joghurt unterrühren, dann servieren.

583 Lamm-Rogan-Josh mit Gewürzkartoffeln

- Gebratene, gewürfelte Kartoffeln in einer Mischung aus Koriander und Senfkörnern wenden und zum Rogan Josh servieren.

584 Lamm im Teigmantel mit Honigfeigen

4 PERSONEN

VORBEREITUNG: 20 MINUTEN
KOCHZEIT: 15–20 MINUTEN

ZUTATEN

4 Lammrückenfilets à ca. 100 g
Salz und Pfeffer
1 EL Honig
6 Blatt Filoteig
60 g Butter, zerlassen
1 EL Mandelsplitter
12 Feigen
2 EL Honig
2 EL gehackte Pistazien

- Backofen auf 200 °C (Umluft 180 °C) vorheizen.
- Das Fleisch in der Pfanne 1–2 Minuten auf allen Seiten scharf anbraten. Salzen, pfeffern und beiseitestellen.
- Teigblätter auf der Arbeitsfläche auslegen und halbieren.
- Ein halbiertes Blatt Filoteig mit zerlassener Butter bestreichen, 2 weitere Blätter bestreichen und daraufschichten. Lammfilet darauflegen, mit etwas Honig bestreichen und den Teig darüber zu einem Päckchen einschlagen. Auf ein Backblech legen und mit den übrigen Filets ebenso verfahren.
- Die Teigpäckchen mit Butter bestreichen, mit Mandelsplittern bestreuen und im Backofen 15 Minuten backen.
- Inzwischen die Feigen an der Spitze kreuzweise einschneiden und lose in einer kleinen Backform auflegen. Mit Honig beträufeln, mit Pistazien bestreuen und 5–6 Minuten im Backofen erwärmen.
- Das Fleisch zusammen mit Honigfeigen servieren.

585 Würziges Lammfilet

- Jedes Filet mit einer dünnen Schicht Harissa bestreichen – das sorgt für eine gewisse Schärfe zu den süßen Feigen.

LAMM

586 — 4 PERSONEN
Lammkoteletts mit Kartoffelpüree

- Backofen auf 180 °C vorheizen.
- Die Kartoffeln mit Schale in kochendem Salzwasser etwa 30 Minuten durchgehend weich garen. Dabei regelmäßig prüfen, ob sie schon weich sind.
- Kräuter, Semmelbrösel und Knoblauch zu einer krümeligen Paste verrühren und mit Olivenöl glatt rühren.
- Die Koteletts mit Öl und 1 EL Senf bestreichen, damit sie außen klebrig sind. Die Kräuterkruste darauf verteilen, festdrücken, salzen und pfeffern.
- Im Ofen 12 Minuten rosa braten, nach Belieben länger.
- Kartoffeln abgießen, 5 Minuten abkühlen lassen und noch warm schälen.
- Geschälte Kartoffeln mit Butter und ausreichend Milch verrühren und locker-cremig pürieren.
- Das Fleisch vor dem Tranchieren 5 Minuten ziehen lassen. Zusammen mit Kartoffelpüree servieren.

VORBEREITUNG: 30 MINUTEN
KOCHZEIT: 12 MINUTEN

ZUTATEN
1 kg mehligkochende Kartoffeln (z. B. Désirée)
2 Lammkarrees,
100 g Butter
75–100 ml warme Milch
Salz und Pfeffer

FÜR DIE KRÄUTERKRUSTE
1 Bund Petersilie, fein gehackt
3 Zweige frischer Thymian
2 EL Semmelbrösel
1 Knoblauchzehe, gehackt
Olivenöl
Salz und Pfeffer
Dijon-Senf

Lammkoteletts mit Bohnenpüree — 587
- Cannellini-Bohnen aus der Dose abgießen und mit etwas heißer Hühnerbrühe und Sahne pürieren.

---

588 — 4 PERSONEN
Lamm-Tajine mit Couscous

- Fleisch in der Hälfte des Ras-el-Hanout wenden und mindestens 4 Stunden oder über Nacht marinieren.
- Backofen auf 160 °C vorheizen.
- 2 EL Öl in einer Tajine-Schüssel erhitzen. Zwiebeln und Knoblauch darin 15 Minuten sanft anschwitzen. Übriges Ras-el-Hanout zugeben und gut verrühren.
- Gemüse zugeben und weich garen, dann Fleisch zufügen. Zitronen und Kichererbsen zugeben und die Hitze etwas erhöhen, bis das Fleisch bräunt.
- Tomaten, Brühe und getrocknete Früchte sowie Honig zugeben. Abschmecken und zugedeckt im Ofen etwa 3 Stunden garen, bis das Fleisch sehr zart ist.
- Inzwischen Couscous in kochender Brühe quellen lassen und mit Frischhaltefolie zugedeckt 5 Minuten beiseitestellen. Dann mit einer Gabel lockern.
- Wenn das Fleisch gar ist, erneut abschmecken und Koriander unterrühren.

VORBEREITUNG: 4 STUNDEN
KOCHZEIT: 3 STUNDEN

ZUTATEN
Olivenöl
2 Zwiebeln, geschält und in Ringen
4 Knoblauchzehen, in feinen Scheiben
1 Zucchini, in Scheiben
1 Aubergine, gewürfelt
2 Karotten, geschält und in Scheiben
3 eingelegte Zitronen
1 Dose Kichererbsen, abgegossen
2 Dosen Tomaten gewürfelt (à 400 g)
500 ml Hühnerbrühe
100 g getrocknete Aprikosen
50 g Datteln
2 EL Rosinen
2 EL Honig
1 Bund Koriandergrün, gehackt
225 g Couscous
225 ml Hühnerbrühe
1 kg Lammschulter, gewürfelt
Ras-el-Hanout

Lamm-Tajine mit Zitronencouscous — 589
- 3 eingelegte Zitronen zum Quellen in das Couscous zufügen.

GEFLÜGEL

GEFLÜGEL

590 — 4 PERSONEN
Zitronenhähnchen Sesam-Ingwer

- Das Fleisch in Streifen schneiden.
- Eiweiß mit Speisestärke, 1 Prise Salz und Sesamöl in einer Schüssel vermischen und die Hähnchenstreifen gleichmäßig mit der Mischung bedecken.
- Öl im Wok erhitzen, bis es raucht, und das Fleisch darin bei starker Hitze pfannenbraten, bis es eine helle Farbe angenommen hat.
- Das Fleisch herausnehmen und beiseitestellen. Das Öl entfernen.
- Ingwer, Zitronenschale und -saft, Brühe, Zucker sowie Sojasauce und Sherry in den Wok geben und sprudelnd kochen lassen.
- Speisestärke einrühren, eindicken lassen und das Fleisch für einige Minuten mit erwärmen. Mit Sesam bestreuen.
- Die Sauce bei Bedarf mit etwas Zitrone, Zucker oder Salz nachwürzen. Dazu Langkornreis servieren.

VORBEREITUNG: 10 MINUTEN
KOCHZEIT: 15 MINUTEN

ZUTATEN
2 EL Öl
1 EL frischer Ingwer, gerieben
Saft und abgeriebene Schale von 3–4 Bio-Zitronen
100 ml Hühnerbrühe
1–2 TL Zucker
1 Spritzer Sojasauce
1 Spritzer trockener Sherry
1 TL Speisestärke
1 EL Sesamsamen

FÜR DAS ZITRONENHÄHNCHEN
4 Hähnchenbrustfilets ohne Haut
1 Eiweiß
2 TL Speisestärke
1 TL Sesamöl

---

591 — 4–6 PERSONEN
Brathähnchen mit Salbeibutter

VORBEREITUNG: 15 MINUTEN
KOCHZEIT: 1 STUNDE 30 MINUTEN

ZUTATEN
1 ganzes Hähnchen
Olivenöl

FÜR DIE SALBEIBUTTER
6 Salbeiblätter, fein gehackt
150 g weiche Butter
Salz und Pfeffer
abgeriebene Schale von ½ Bio-Zitrone

- Backofen auf 200 °C (Umluft 180 °C) vorheizen.
- Hähnchen in eine Bratenform legen. Auf der Brust mit einem Löffelstiel die Haut vom Fleisch lösen und aufklappen.
- Butter mit Salbei, Salz und Pfeffer sowie Zitronenschale verrühren.
- Das Hähnchen unter der Haut mit Salbeibutter füllen und mit den Fingern von außen verteilen.
- Das Hähnchen außen mit Öl bestreichen, salzen und pfeffern. Im Backofen 20 Minuten braten, dann je weitere 20 Minuten pro 500 g Gewicht. Wenn an der dicksten Stelle des Fleisches Saft austritt, ist das Hähnchen gar.
- Vor dem Aufschneiden 10 Minuten ruhen lassen.

---

592 — 2–4 PERSONEN
Gefüllter Fasan

VORBEREITUNG: 15 MINUTEN
KOCHZEIT: 30–40 MINUTEN

ZUTATEN
1 Fasan im Ganzen, vom Metzger ausgenommen und ohne Knochen

FÜR DIE FÜLLUNG
250 g milder Ziegenkäse
2 EL Petersilie, fein gehackt
1 EL frischer Thymian
1 Knoblauchzehe, zerdrückt
Salz und Pfeffer

- Backofen auf 200 °C (Umluft 180 °C) vorheizen.
- Den Fasan auf die Arbeitsfläche legen und am Rücken aufschneiden.
- Für die Füllung alle Zutaten verrühren und den Fasan mit der Mischung füllen.
- Salzen und pfeffern, dann zu einer Rolle formen und mit Küchengarn fixieren.
- In einer Bratform erneut salzen, pfeffern, mit Öl beträufeln und im Backofen 30–40 Minuten braten, bis das Fleisch gar ist und Saft austritt.
- Vor dem Tranchieren 10 Minuten ruhen lassen.

593 — 4 PERSONEN

Fajitas mit Hähnchen

VORBEREITUNG: 35 MINUTEN
KOCHZEIT: 10–15 MINUTEN

ZUTATEN

2 Hähnchenbrustfilets, ohne Haut, in dünne Streifen geschnitten
2 TL edelsüßes Paprikapulver
2 TL gemahlener Kreuzkümmel
2 TL gemahlener Koriander
1 Prise getrocknete Chiliflocken
Salz und Pfeffer
4 EL Olivenöl
1 Zwiebel, geschält und in feinen Ringen
1 rote Paprikaschote, Samen entfernt und in dünnen Streifen
1 grüne Paprikaschote, Samen entfernt und in dünnen Streifen
4 EL Gemüsemais
Saft von 1 Limette
8 Weizentortillas
Sauerrahm
Tomaten-Salsa
Guacamole

- Hähnchen in der Hälfte der Gewürze einlegen und etwa 30 Minuten marinieren.
- Die Hälfte des Öls in einer Pfanne erhitzen, bis es fast raucht, und Paprika und Zwiebel darin weich und goldbraun braten. Aus der Pfanne nehmen und warm halten.
- Das übrige Öl in die Pfanne zugeben und erhitzen. Fleisch zugeben und mit den übrigen Gewürzen bestreuen.
- In der Pfanne 2–3 Minuten kurz anbraten, bis das Fleisch gar ist. Mais unterrühren und die Limette über der Pfanne auspressen. Vom Herd nehmen und ebenfalls warm halten.
- Die Pfanne auswischen und die Tortillawraps darin kurz erwärmen.
- Gemüse und Fleisch zusammen mit Tortillawraps und Dips servieren.

Fajitas mit Steak — 594

- Hüftsteak in dünnen Streifen liefert eine herzhafte, hochwertige Alternative.

---

595 — 4 PERSONEN

Kräuterhähnchen mit Zitrone

VORBEREITUNG: 5 MINUTEN
KOCHZEIT: 25–30 MINUTEN

ZUTATEN

4 Hähnchenbrüste
1 Handvoll gemischte Kräuter: Thymian, Rosmarin, Petersilie
Salz und Pfeffer
4 EL Olivenöl
2 eingelegte Zitronen
200 ml Wasser, Weißwein oder Hühnerbrühe

- Backofen auf 200 °C (Umluft 180 °C) vorheizen.
- Die Hähnchenbrüste locker in einer Bratenform verteilen und die Kräuter rundherum anordnen.
- Salzen, pfeffern und mit Öl beträufeln, dann die Zitronen in Scheiben schneiden und ebenfalls in der Form verteilen.
- Mit Brühe oder Weißwein übergießen und im Ofen 25–30 Minuten braten, bis das Fleisch gar ist und Saft austritt.
- Die Form herausnehmen und an einem warmen Ort ruhen lassen. Die Zitronenstücke an der Formwand ausdrücken und den Saft unter den Bratensaft mischen.
- Das Kräuterhähnchen mit Bratensaft übergossen servieren.

Zitrus-Hähnchen — 596

- Wenn keine eingelegten Zitronen erhältlich sind, 1 frische Bio-Zitrone vierteln und nach Belieben ½ Bio-Orange zugeben.

GEFLÜGEL

597
4–6 PERSONEN

Hühnerleberpastete mit Portwein

- 1 EL Butter in einer Bratpfanne zerlassen und die Leber bei mittlerer Hitze darin 5 Minuten braten, bis sie gebräunt und innen gerade rosa ist. Dabei häufig wenden.
- Mit einem Sieblöffel herausnehmen und in die Küchenmaschine füllen. Bratflüssigkeit in der Pfanne belassen.
- Wein in die Pfanne zugießen und mit einem Holzlöffel gebräunte Stellen vom Pfannenboden lösen. Weinmischung in die Küchenmaschine zugeben.
- 150 g Butter zerlassen und ebenfalls zugießen. Muskatnuss, Thymian, Knoblauch sowie Salz und Pfeffer zufügen und alles zu einem glatten Püree mixen.
- In eine Schüssel oder kleine Förmchen füllen. Die übrige Butter zerlassen und darübergießen. Vor dem Servieren 24 Stunden kühl stellen. Mit Toast servieren.

VORBEREITUNG: 20 MINUTEN

KOCHZEIT: 5 MINUTEN

ZUTATEN
225 g Hühnerleber, geputzt
225 g weiche Butter
2 EL Portwein
¼ TL frisch geriebene Muskatnuss
1 TL frischer Thymian
1 Knoblauchzehe, zerdrückt
Salz und Pfeffer

Leberpastete mit Cognac — 598
- Wer die Pastete weniger süß mag, gießt statt Portwein dieselbe Menge Cognac zu.

599
4 PERSONEN

Hähnchen Kiew

- Mit einem scharfen Messer die Hähnchenbrüste seitlich tief einschneiden.
- Für die Füllung alle Zutaten gut verrühren.
- Mit einem Teelöffel die Mischung in die Hähnchenbrüste füllen und an den Rändern die Schnittflächen fest zusammendrücken.
- Je einen Teller mit Mehl, Eiern und Semmelbröseln füllen. Das Mehl salzen und pfeffern.
- Jede Hähnchenbrüste nacheinander in Mehl, Eiern und Semmelbröseln wenden, sodass sie gleichmäßig bedeckt sind.
- Öl in einer Pfanne erhitzen und das Fleisch unter häufigem Wenden etwa 20 Minuten herausbacken, bis es gleichmäßig gar ist.

VORBEREITUNG: 10 MINUTEN

KOCHZEIT: 20 MINUTEN

ZUTATEN
4 Hähnchenbrustfilets ohne Haut
75 g Mehl (Type 550)
3 Eier, verquirlt
250 g Semmelbrösel
4 EL Öl
Salz und Pfeffer

FÜR DIE FÜLLUNG
225 g weiche Butter
2–3 Knoblauchzehen, zerdrückt
½ Bund Petersilie, fein gehackt
½ Bund Estragon, fein gehackt
1 Spritzer Zitronensaft

Schweinefilet Kiew — 600
- Dünn geklopfte Schweinefilets lassen sich ebenso zubereiten.

601 — 6–8 PERSONEN
Gebratener Truthahn

602 — Gebratener Truthahn mit Kräuterbutter
- Mit einem Löffelstiel die Haut vom Fleisch lösen und die Öffnungen mit weicher Petersilienbutter füllen.

603 — Zitronen-Truthahn
- Butter mit abgeriebener Zitronenschale und reichlich schwarzem Pfeffer würzen und den Truthahn damit einreiben.

604 — Paprika-Truthahn
- Das Fleisch mit geräuchertem Paprikapulver bestreuen – das sorgt für vollmundigen Geschmack und tiefbraune Farbe.

VORBEREITUNG: 10 MINUTEN
KOCHZEIT: 2–3 STUNDEN

ZUTATEN

1 Truthahn im Ganzen (zwischen 5,4 und 6,3 kg), auf Zimmertemperatur erwärmt
200 g weiche Butter oder Gänsefett
Salz und Pfeffer
8–10 Scheiben durchwachsener Räucherspeck

- Backofen auf 200 °C (Umluft 180 °C) vorheizen.
- Den Truthahn gleichmäßig mit Butter oder Gänsefett einreiben, salzen, pfeffern und mit dem Räucherspeck belegen.
- Im Backofen 30 Minuten braten, dann auf 180 °C (Umluft 160 °C) reduzieren und weitere 2 Stunden braten, bis an der dicksten Stelle des Fleisches Saft austritt.
- Vor dem Tranchieren 30 Minuten ruhen lassen.

GEFLÜGEL

605
4 PERSONEN

Tandoori-Huhn

- Für die Marinade alle Zutaten in einer Rührschüssel verrühren. Fleischwürfel zugeben, gut vermischen und zugedeckt mindestens 1 Stunde kühl stellen.
- In einer großen Kasserolle Wasser zum Kochen bringen und den Reis zugeben. Mit aufkochen, dann zudecken und 10–12 Minuten köcheln lassen.
- Vom Herd nehmen und zugedeckt beiseitestellen.
- Grillplatte auf starker Stufe vorheizen. Das Hähnchen aus der Marinade nehmen, überschüssige Marinade abklopfen und das Fleisch auf die Spieße stecken.
- 8–10 Minuten grillen, bis das Fleisch gar und stellenweise leicht angekohlt ist, dabei gelegentlich wenden.
- Reis in eine Schüssel füllen, die Spieße darauflegen und mit Tomaten, Koriandergrün und 1 Prise Zimt garniert servieren.

VORBEREITUNG: 90 MINUTEN
KOCHZEIT: 30 MINUTEN

ZUTATEN
4 Hähnchenbrustfilets ohne Haut, gewürfelt
200 ml Basmatireis (mit dem Messbecher abmessen), gewaschen
400 ml kochendes Wasser
½ Salattomate, fein gewürfelt
Salz und Pfeffer
1 Prise Zimt
einige Zweige Koriandergrün
Holzspieße, in Wasser eingeweicht

FÜR DIE MARINADE
300 ml Naturjoghurt
1 TL gemahlener Kreuzkümmel
1 TL gemahlener Koriander
1 TL Garam Masala
1 TL Zimt
1½ TL Tandoori-Chilipulver
1 TL Zucker
1 Knoblauchzehe, gehackt

Tandoori-Huhn im Pitabrot — 606
- Pro Person ein Pita-Fladenbrot erwärmen, in der Mitte aufschneiden und mit Tandoori-Huhn füllen.

607
2 PERSONEN

Fasan mit Birnen und Salbeibutter

- Fasan in eine Bratform geben und auf der Brust mit einem Löffelstiel die Haut stellenweise vom Fleisch lösen.
- Butter mit Salbei, Salz und Pfeffer sowie Zitronenschale verrühren.
- Die Salbeibutter in die Öffnungen füllen und mit den Fingern unter der Haut verteilen.
- Im Backofen etwa 20 Minuten braten, dann auf 180 °C reduzieren und weitere 20–25 Minuten braten, bis Saft austritt. Wenn das Fleisch zu verbrennen droht, mit Alufolie bedecken.
- 15 Minuten vor Ende der Bratzeit die Birnen in die Form zugeben, mit Honig beträufeln und fertigbraten.
- Mit der Brustseite nach unten 10 Minuten ziehen lassen, dann servieren.

VORBEREITUNG: 15 MINUTEN
KOCHZEIT: 40 MINUTEN

ZUTATEN
1 Fasan, ausgenommen und geputzt
Olivenöl
2 Birnen, halbiert und entkernt
1 EL Honig

FÜR DIE SALBEIBUTTER
6 Salbeiblätter, fein gehackt
150 g weiche Butter
Salz und Pfeffer
abgeriebene Schale von ½ Bio-Zitrone

Fasan mit Räucherspeckstreifen — 608
- Kleine Streifen Räucherspeck über die Birnen streuen, dann fertigbraten.

609 — 4 PERSONEN
Hähnchencurry mit Kokosmilch

VORBEREITUNG: 15 MINUTEN
KOCHZEIT: 25–30 MINUTEN

ZUTATEN

3 EL Öl
1 Zwiebel, geschält und in feinen Ringen
2 Knoblauchzehen, fein gehackt
2 EL rote Currypaste
3–4 Hähnchenbrustfilets ohne Haut, gewürfelt
2 TL Tamarindenpaste
2 EL Fischsauce
400 ml Kokosmilch
200 ml Hühnerbrühe
Salz und Pfeffer
Saft von 1–2 Limetten
gekochter Reis zum Anrichten

- Öl in einem Wok oder einer großen Pfanne erhitzen und die Zwiebel darin süß und goldbraun rösten.
- Knoblauch zugeben und 2 Minuten mitgaren.
- Fleischwürfel zugeben und braten, bis sie auf allen Seiten gleichmäßig bräunen.
- Tamarindenpaste und Fischsauce unterrühren, dann Kokosmilch und Brühe zugießen.
- Die Hitze reduzieren und alles 15–20 Minuten köcheln lassen, bis das Fleisch gar ist.
- Mit Salz und Pfeffer abschmecken und kurz vor dem Servieren Limettensaft unterrühren. Gekochten Reis dazu reichen.

Grünes Hähnchencurry — 610
- Grüne statt roter Currypaste sorgt für ein besonders frisches Aroma.

611 — 4 PERSONEN
Gebratenes Rebhuhn mit Pflaumensauce

VORBEREITUNG: 10 MINUTEN
KOCHZEIT: 30 MINUTEN

ZUTATEN

4 Rebhühner, ausgenommen
4 Thymianzweige
Salz und Pfeffer
4 EL weiche Butter
4 Scheiben durchwachsener Räucherspeck

FÜR DIE PFLAUMENSAUCE
1 EL Butter
250 g reife Pflaumen, entsteint und geviertelt
3–4 EL brauner Zucker
100 ml Portwein
1 Prise chinesisches Fünf-Gewürze-Pulver

- Backofen auf 200 °C (Umluft 180 °C) vorheizen.
- Thymianzweige in die ausgenommenen Rebhühner stecken und die Brust mit weicher Butter einreiben, salzen und pfeffern. Mit Speckstreifen belegen, in eine Bratenform legen und im Backofen 25–30 Minuten braten, bis das Fleisch gar ist.
- Inzwischen Butter in einer Kasserolle erhitzen, Pflaumen zugeben und weich dünsten.
- Zucker zugeben und etwa 4 Minuten karamellisieren lassen.
- Portwein zugießen, Fünf-Gewürze-Pulver zugeben und alles köcheln lassen, bis die Masse eindickt.
- Fleisch aus dem Ofen nehmen und 10 Minuten ruhen lassen, dann zusammen mit der Sauce servieren.
- Dazu passt gedämpftes oder gebratenes Gemüse der Saison.

Rebhuhn mit Brombeersauce — 612
- Statt Pflaumen eignen sich auch frische Brombeeren sehr gut.

GEFLÜGEL

613
6 PERSONEN

Rebhuhn geschmort mit Kohl und Speck

614
Rebhuhn mit Schwarz- oder Grünkohl

- Italienischer Schwarzkohl oder gehackter Grünkohl sorgt für herzhaft-intensives Aroma.

615
Rebhuhn geschmort mit Weißwein

- Statt Bier Weißwein zugießen und schmoren.

616
Rebhuhn mit Wacholderbeeren

- Einige grob zerstoßene Wacholderbeeren zugeben – das Schmorgericht nimmt ein leichtes Gin-Aroma an.

VORBEREITUNG: 30 MINUTEN
KOCHZEIT: 55 MINUTEN

ZUTATEN

6 junge Rebhühner im Ganzen
6 dünne Scheiben durchwachsener Speck
50 g Räucherspeck, gewürfelt
1 Kopf Weißkohl
3 Knoblauchzehen
1 Zwiebel
300 ml helles Bier
50 g Butter
2 EL Öl
Salz und Pfeffer

- Jedes Rebhuhn mit einer Scheibe Speck umwickeln und mit Küchengarn zusammenbinden.
- Vom Kohlkopf den Strunk abschneiden und die Blätter lösen. In eine Kasserolle mit kochendem Wasser füllen und 10 Minuten blanchieren. Abgießen und die Blätter in Streifen schneiden.
- Knoblauchzehen und Zwiebel schälen und die Zwiebel fein hacken.
- Butter und Öl in einer großen Kasserolle erhitzen und die Rebhühner darin auf allen Seiten gleichmäßig braten. Wenn sie bräunen, aus der Kasserolle nehmen.
- Speckwürfel und Zwiebel zugeben und 5 Minuten bei mittlerer Hitze unter Rühren anbraten. Kohl und ganze Knoblauchzehen zufügen, mit Salz und Pfeffer abschmecken und gut verrühren.
- Die Rebhühner wieder zugeben. Bier zugießen und zugedeckt bei sehr geringer Hitze etwa 45 Minuten garen. Dabei gelegentlich umrühren.
- Sofort servieren.

617 — Panierte Hähnchenschnitzel

4 PERSONEN

VORBEREITUNG: 20 MINUTEN
KOCHZEIT: 8–10 MINUTEN

ZUTATEN

4 Hähnchenbrustfilets ohne Haut
1 Mozzarellakugel, in Scheiben
Salz und Pfeffer
3 EL Mehl
2 Eier, verquirlt
200 g Semmelbrösel
Olivenöl
Kirschtomaten, halbiert

- Die Filets zwischen zwei Schichten Frischhaltefolie legen und mit einem Nudelholz etwas dünner klopfen.
- Mit einem scharfen Messer jedes Schnitzel seitlich tief einschneiden.
- Die Einschnitte mit Mozzarella füllen und die Ränder zum Verschließen fest zusammendrücken.
- Salzen und pfeffern, dann jedes Schnitzel zuerst in Mehl, dann in Ei und in Semmelbröseln wenden.
- Öl in einer großen Pfanne erhitzen und die Schnitzel darin 8–10 Minuten braten, bis das Fleisch gar und die Panier knusprig ist und gleichmäßig bräunt.
- Die Tomatenhälften in die Pfanne geben und kurz mitgaren, bis sie zusammenfallen. Zum Fleisch servieren.

618 — Panierte Hähnchenschnitzel mit Weichkäse

- Italienischer Taleggio anstelle des Mozzarella sorgt für intensiveren Geschmack.

619 — Coq au Vin

4 PERSONEN

VORBEREITUNG: 20 MINUTEN
KOCHZEIT: 1 STUNDE

ZUTATEN

50 g Butter
6 Scheiben durchwachsener Räucherspeck, gewürfelt
2 Zwiebeln, geschält und in dünnen Ringen
3 Knoblauchzehen, in feinen Scheiben
2 Thymianzweige
1 Hähnchen, zerteilt
2 EL Mehl, mit Salz und Pfeffer gewürzt
300 g Champignons, geviertelt
600 ml Weißwein (z. B. Riesling)
300 g Sahne
Salz und Pfeffer
2 EL Petersilie, gehackt
1 Spritzer Zitronensaft

- Butter in einer Kasserolle zerlassen und den Speck darin anbraten, bis er bräunt.
- Zwiebeln und Knoblauch zugeben und goldbraun braten. Thymian zufügen.
- Mit einem Sieblöffel Speck und Zwiebeln herausnehmen und in eine Schüssel füllen.
- Etwas Öl zugeben. Die Hähnchenteile lose mit Mehl bestäuben, überschüssiges Mehl abklopfen. Das Fleisch in die Pfanne zugeben und auf allen Seiten gleichmäßig braun anbraten.
- Pilze zugeben und mitgaren, bis sie bräunen, dann Speck und Zwiebeln wieder zugeben.
- Mit Wein übergießen, kurz aufkochen und 30 Minuten sanft köcheln lassen, bis das Fleisch gar ist.
- Sahne zugießen, Petersilie zufügen und abschmecken. Etwas Zitronensaft zugeben und erhitzen, bis die Sahne eindickt. Gleich servieren.

620 — Coq au vin rouge

- Für intensiv-saftiges Aroma Rotwein statt Weißwein verwenden und die Sahne weglassen.

GEFLÜGEL

621 — 8 PERSONEN
Gänseleberterrine

- Die Stopfleber waschen und trockentupfen. Aufklappen, mit den Fingern die Adern freilegen und den feinen Verzweigungen behutsam folgen.
- Die Adern vorsichtig mit einem kleinen scharfen Messer entfernen, dabei das Fleisch möglichst nicht verletzen.
- Die beiden Hälften wieder zusammenfügen und mit Wein, Zucker und Salz in eine Schüssel geben. 3 Stunden einwirken lassen.
- Eine Terrine mit Frischhaltefolie auslegen und die marinierte Leber hineinlegen. Mit einem Gewicht beschweren.
- Über Nacht mit Gewicht beschwert kühl stellen.
- Anschließend aus der Form nehmen und mit Weißbrot und Chutney servieren.
- Nach Belieben kann die Leber zum Anwärmen auf jeder Seite kurz angebraten werden.

VORBEREITUNG: 3 ½ STUNDEN + KÜHLZEIT

ZUTATEN

1 Gänsestopfleber (Zimmertemperatur)
400 ml Dessertwein (z. B. Sauternes)
60 g Salz
30 g Zucker

ZUM ANRICHTEN

getoastetes Weißbrot oder Brioche
Früchte-Chutney

Gänseleberterrine auf Steak — 622

- Eine feine Scheibe Gänseleberterrine auf einem warmen Rindersteak zerlassen.

623 — 4 PERSONEN
Peking-Ente

- Die Entenbrustfilets mit der Hautseite nach oben auf ein Backgitter legen und mit Küchenpapier gut abtupfen. Die Haut mit einem scharfen Messer leicht einschneiden.
- Alle übrigen Zutaten verrühren und die Filets auf der Hautseite mit der Mischung bestreichen. 30 Minuten einziehen lassen.
- Backofen auf 190 °C (Umluft 170 °C) vorheizen. Die Filets rundum mit der Sauce bestreichen und das Gitter über einer Bratform platzieren. Eine Tasse Wasser in die Form füllen und die Ente im Backofen 30 Minuten braten bzw. dämpfen, bis das Fleisch gar und die Haut knusprig ist.
- Wenn die Haut noch nicht knusprig ist, kurz unter den Backofengrill schieben.
- Mit Reis oder Eierpfannkuchen servieren.

VORBEREITUNG: 35 MINUTEN
KOCHZEIT: 30 MINUTEN

ZUTATEN

4 Entenbrustfilets
2 EL flüssiger Honig
2 EL Reisessig
1½ EL Sojasauce
1 EL Fünf-Gewürze-Pulver
1 EL brauner Zucker

Peking-Ente scharf — 624

- Einige zerstoßene Körner Szechuan-Pfeffer verleihen der Sauce eine typisch prickelnd-betäubende Schärfe.

625 — Ente à l'Orange

3–4 PERSONEN

VORBEREITUNG: 5 MINUTEN
KOCHZEIT: 1 STUNDE 45 MINUTEN

ZUTATEN

1 ganze Ente (etwa 2¾ kg)
Salz und Pfeffer

FÜR DIE SAUCE
100 g Zucker
2 EL Wasser
abgeriebene Schale von 2 Bio-Orangen
250 ml Orangensaft
1 EL Orangenmarmelade
75 g kühle Butter, gewürfelt

- Backofen auf 220 °C (Umluft 200 °C) vorheizen.
- Ente mit einem scharfen Messer mehrmals einstechen und im Ganzen in eine Bratenform legen. Salzen, pfeffern und im Backofen 20 Minuten braten.
- Auf 180 °C reduzieren und 1 weitere Stunde braten. Aus der Form nehmen, überschüssiges Fett abgießen und beiseitestellen. Die Ente auf einem Teller ruhen lassen.
- Für die Sauce Zucker und Wasser bei niedriger Hitze ohne Rühren erwärmen, bis der Zucker schmilzt. Aufkochen und braun werden lassen.
- Wenn der Zucker dunkel goldbraun ist, vom Herd nehmen und vorsichtig das überschüssige Bratfett sowie Zitronenschale und -saft zugießen.
- Zurück auf den Herd stellen und 10–15 Minuten sanft eindicken lassen. Marmelade einrühren, Butter würfelweise zugeben und die Sauce glatt rühren. Mit Salz und Pfeffer abschmecken und Fleisch an der Sauce servieren.

626 — Ente mit Blutorangen

- Für ein intensiv-reifes Aroma Blutorangen oder Bitterorangen verwenden, sie schmecken weniger süß.

627 — Hähnchenschenkel mit Cashewkernen

4 PERSONEN

VORBEREITUNG: 1 STUNDE
KOCHZEIT: 10 MINUTEN

ZUTATEN

8 Hähnchenschenkel, ohne Haut und Knochen
2 TL Fünf-Gewürze-Pulver
2 EL flüssiger Honig
1 EL Sojasauce
1 EL Erdnussöl
4 Frühlingszwiebeln, in feinen Ringen
2 Selleriestangen, fein gehackt
1 Knoblauchzehe, zerdrückt
2 EL Cashewkerne
1 EL Sesamsamen

- Hähnchen in mundgerechte Stücke schneiden.
- Fünf-Gewürze-Pulver, Honig und Sojasauce verrühren und das Fleisch mindestens 1 Stunde marinieren.
- Öl im Wok erhitzen, bis es fast raucht. Frühlingszwiebeln, Sellerie und Knoblauch darin einige Sekunden scharf anbraten.
- Vom Hähnchen überschüssige Marinade abtropfen lassen, das Fleisch in den Wok zugeben und bei starker Hitze pfannenbraten, bis es gerade gar ist. Dann Cashewkerne zugeben und in der Sauce wenden.
- Die übrige Marinade zugießen, alles kurz aufkochen und unter Wenden eindicken lassen, sodass das Fleisch gleichmäßig bedeckt ist.
- Mit Sesam bestreut servieren.

628 — Wachtel mit Cashewkernen

- Wachtelfleisch kann zubereitet werden wie Hähnchen: Hier wird eine Wachtel pro Person im Ofen 25 Minuten gebraten.

GEFLÜGEL

629 — 4 PERSONEN — Satay Chicken

- Für die Marinade alle Zutaten verrühren und die Hälfte davon über die Hähnchenteile gießen.
- Mindestens 4 Stunden oder über Nacht marinieren lassen.
- Für die Zubereitung Holzspieße in Wasser einweichen und das Fleisch daraufstecken.
- Bei starker Hitze 6–8 Minuten grillen, bis das Fleisch gar und stellenweise angekohlt ist.
- Inzwischen die übrige Marinade in einer kleinen Kasserolle erhitzen und etwas Limettensaft darüberträufeln.
- Die Satay-Sauce zum Fleisch servieren.

VORBEREITUNG: 4 STUNDEN
KOCHZEIT: 10 MINUTEN

ZUTATEN

8 Hähnchenkeulen ohne Haut und Knochen, halbiert
2 Schalotten, geschält und fein gehackt
½ rote Chilischote, fein gehackt
2 Knoblauchzehen, fein gehackt
1 cm frischer Ingwer, gerieben
5 EL Erdnussbutter
1 EL Tamarindenpaste
2 EL Sojasauce
100 ml Kokosmilch
1 TL brauner Zucker oder Palmzucker
1 EL Fischsauce
Saft von 1 Limette

630 — 4 PERSONEN — Hähnchen-Cordon-Bleu

VORBEREITUNG: 10 MINUTEN
KOCHZEIT: 20 MINUTEN

ZUTATEN

4 Hähnchenbrustfilets ohne Haut
4 Scheiben Schinken
1 Mozzarellakugel oder
150 g Gruyère, in Scheiben
75 g Mehl (Type 550)
2 Eier, verquirlt
250 g Semmelbrösel
Öl
Salz und Pfeffer

- Mit einem scharfen Messer die Filets seitlich tief einschneiden und aufklappen.
- Innenflächen mit je einer Scheibe Schinken und Käse belegen, wieder zusammenklappen und die Ränder zum Verschließen festdrücken.
- Je einen Teller mit Mehl, Ei und Semmelbröseln füllen und das Mehl mit Salz und Pfeffer würzen.
- Jede Hähnchenbrust zuerst im Mehl, dann im Ei und schließlich im Paniermehl wenden und gleichmäßig bedecken.
- Eine dünne Schicht Öl in einer Pfanne erhitzen und je 2 Hähnchenbrustfilets darin etwa 20 Minuten unter regelmäßigem Wenden garen.
- Fertige Schnitzel bei niedriger Temperatur im Ofen warmhalten und noch heiß mit Salat servieren.

631 — 4 PERSONEN — Truthahn-Blanquette

VORBEREITUNG: 15 MINUTEN
KOCHZEIT: 1 STUNDE 15 MINUTEN

ZUTATEN

2 EL Öl
1 Truthahnbrust, gewürfelt
6 dünne Scheiben durchwachsener Speck, gewürfelt
1 Knoblauchzehe, fein gehackt
3 Schalotte, geschält
4 Estragonzweige, fein gehackt
1 Bouquet garni
300 ml trockener Weißwein
1 EL Butter
1 Handvoll Wiesenchampignons
1 EL Mehl
2 Eigelb
3–4 EL Sahne
Saft von ½ Zitrone

- Öl in einer Pfanne erhitzen. Fleisch und Speck darin kurz garen, bis sie leicht bräunen. Knoblauch und Schalotten zugeben und einige Minuten anbraten.
- Kräuter und Weißwein zugeben und mit Wasser das Fleisch gerade bedecken. Bei reduzierter Hitze 30–40 Minuten köcheln lassen.
- Von der Kochflüssigkeit 400 ml abseihen.
- Butter in einer Kasserolle zerlassen und die in Scheiben geschnittenen Pilze darin weich garen. Mit Mehl glatt rühren.
- Kochflüssigkeit nach und nach zugießen und zu einer dicken, glatten Sauce rühren. 15 Minuten sanft köcheln lassen.
- Eigelb, Sahne und etwas Zitronensaft verquirlen und einige EL Pilz-Velouté zugeben. Alles zurück in die Kasserolle geben.
- Das Fleisch mit der Sauce übergießen und vor dem Servieren kurz gemeinsam erwärmen.

632 — 4 PERSONEN
Chicken Nuggets

VORBEREITUNG: 2 STUNDEN
KOCHZEIT: 10 MINUTEN

ZUTATEN

4 Hähnchenbrustfilets ohne Haut
300 ml Buttermilch
100 g Mehl (Type 550)
2 Eier, verquirlt
200 g Semmelbrösel
1 TL Senfpulver
1 Prise Cayennepfeffer
1 TL getrockneter Oregano
Salz und Pfeffer
Öl

- Die Hähnchenbrustfilets zwischen zwei Schichten Frischhaltefolie mit einem Nudelholz etwa 2 cm dünn ausklopfen.
- Jedes Filet in breite Streifen schneiden und in einer Schüssel mit Buttermilch einweichen. Mindestens 2 Stunden oder über Nacht in der Buttermilch kühl stellen.
- Anschließend die Hähnchenstreifen nacheinander in Mehl, Ei und einer Mischung aus Semmelbrösel und Gewürzen wenden.
- Eine Bratpfanne etwa 1 cm hoch mit Öl füllen und die Nuggets darin portionsweise auf beiden Seiten goldbraun backen.
- Mit Zitronensaft und Ketchup servieren.

Chicken Nuggets mit Crackerkruste — 633

- Für eine knusprige Kruste zerkrümeln Sie Knäckebrot oder ungesäuertes Brot.

634 — 4 PERSONEN
Perlhuhn mit roten Linsen

VORBEREITUNG: 10 MINUTEN
KOCHZEIT: 40 MINUTEN

ZUTATEN

1 ganzes Perlhuhn, zerteilt
Olivenöl
Salz und Pfeffer
200 g gemischte Puy- und rote Linsen
1 Bouquet garni
1 Zwiebel, geschält und gehackt
1 Karotte, geschält und gehackt
1 Selleriestange, gehackt
1 Knoblauchzehe, fein gehackt
1 großes Glas trockener Weißwein
200–300 ml Hühnerbrühe
2 Lorbeerblätter
2 EL Rotweinessig

- Backofen auf 200 °C (Umluft 180 °C) vorheizen.
- Die Perlhuhnteile in eine Bratenform legen, mit Öl beträufeln, salzen, pfeffern und im Backofen etwa 30–40 Minuten braten, bis das Fleisch gar ist.
- Inzwischen Linsen und Gemüse in eine Kasserolle füllen. Mit Wein und ausreichend Brühe übergießen, sodass die Mischung gerade bedeckt ist. Bouquet garni und Lorbeer zugeben. Alles zum Köcheln bringen und etwa 25 Minuten garen, bis die Linsen weich sind.
- Falls Flüssigkeit übrig ist, diese abgießen. Die Linsenmischung in eine Servierschüssel füllen. Mit Salz und Pfeffer abschmecken und mit Essig würzen.
- Die gebratenen Hähnchenteile darauf anrichten.

Perlhuhn mit Orangen — 635

- Eine Bio-Orange vierteln, rund um die Hähnchenteile verteilen und mitbraten – das sorgt für ein angenehm frisches Zitrusaroma.

GEFLÜGEL

636
4 PERSONEN

Hähnchenbrust mit Speck und Käse

- Backofen auf 200 °C (Umluft 180 °C) vorheizen.
- Die Hähnchenbrustfilets auf die Arbeitsfläche legen und quer so weit einschneiden, dass sie sich aufklappen lassen.
- Die Schnittfläche mit Tomatenscheiben und Käse belegen und das Fleisch darüber zusammenklappen.
- Jede Hähnchenbrust mit 2 Scheiben Speck umwickeln und in eine Bratenform legen.
- Mit Öl beträufeln, salzen, pfeffern und im Backofen 20–25 Minuten braten, bis das Fleisch gar ist.

VORBEREITUNG: 15 MINUTEN

KOCHZEIT: 20–25 MINUTEN

ZUTATEN

4 Hähnchenbrustfilets ohne Haut
100 g Blauschimmelkäse, zerkrümelt
2 Tomaten, in Scheiben
8 Scheiben durchwachsener Räucherspeck
Olivenöl
Salz und Pfeffer

Hähnchenbrust mit Mozzarella — 637

- Wer keinen Blauschimmelkäse mag, ersetzt ihn durch milden Mozzarella.

638
4 PERSONEN

Truthahnbrust im Speckmantel

- Backofen auf 200 °C (Umluft 180 °C) vorheizen.
- Die Steaks auf die Arbeitsfläche legen und quer so weit einschneiden, dass sie sich aufklappen lassen.
- Pesto mit Crème fraîche sowie etwas Salz und Pfeffer verrühren und auf den Schnittflächen verstreichen.
- Die Steaks einrollen und mit Speckscheiben umwickeln. Mit einem Zahnstocher feststecken.
- Die Rollen in eine Bratenform legen, mit Öl beträufeln und mit Salz und Pfeffer würzen. Im Backofen 45 Minuten braten, bis das Fleisch gar ist und Saft austritt.
- 10 Minuten ziehen lassen, dann in Scheiben geschnitten servieren.

VORBEREITUNG: 10 MINUTEN

KOCHZEIT: 45 MINUTEN

ZUTATEN

4 Truthahnbrust-Steaks
6 EL Pesto
4 EL Crème fraîche
8 Scheiben durchwachsener Speck
Olivenöl
Salz und Pfeffer

Truthahnbrust mit Pesto Rosso — 639

- Roter Pesto ist ebenso wie grüner Pesto im Supermarkt erhältlich. Er sorgt für eine süßlichere Note.

FISCH & KRUSTENTIERE

FISCH & KRUSTENTIERE

640 — 2 PERSONEN
Venusmuscheln mit Knoblauch

- Die Muscheln zum Säubern in einer großen Schüssel mit kaltem Wasser einweichen.
- Öl in einer Kasserolle erhitzen. Schalotte und Knoblauch darin glasig anschwitzen.
- Nach Belieben Chili zugeben und 1 Minute mitgaren, dann die Muscheln zugeben und alles vermischen. Muscheln, die sich beim Daraufklopfen nicht schließen, entfernen.
- Mit Weißwein übergießen, Petersilie unterrühren und zugedeckt 5–8 Minuten dämpfen, bis sich die Muscheln öffnen.
- Muscheln, die sich nicht öffnen, entfernen. Die übrigen salzen, pfeffern und mit Zitronensaft beträufeln. Mit der Garflüssigkeit in Schüsseln füllen und den Bodensatz abgießen, da sich Sand absetzt.

VORBEREITUNG: 5 MINUTEN
KOCHZEIT: 10 MINUTEN

ZUTATEN
500 g Venusmuscheln
2 EL Olivenöl
1 Schalotte, fein gehackt
2 Knoblauchzehen, fein gehackt
1 rote Chilischote, Samen entfernt, fein gehackt (nach Belieben)
200 ml trockener Weißwein
Salz und Pfeffer
Saft von ½ Zitrone
1 Bund Petersilie, fein gehackt

641 — 4 PERSONEN
Jakobsmuscheln mit Lauch

VORBEREITUNG: 10 MINUTEN
KOCHZEIT: 10–15 MINUTEN

ZUTATEN
50 g Butter
2 Lauchstangen, weiße Anteile, in feinen Scheiben
30 g Butter
12 Jakobsmuscheln, gereinigt, geöffnet und Schließmuskel entfernt
Salz und Pfeffer
Saft von ½ Zitrone

- 50 g Butter in einer Kasserolle zerlassen und den Lauch darin mindestens 10 Minuten sanft glasig anschwitzen.
- In einer weiteren Kasserolle 30 g Butter zerlassen und die Muscheln in die schaumige Butter zugeben. 90 Sekunden auf einer Seite braten, dann wenden und auf der anderen Seite braten. Vom Herd nehmen und kurz ruhen lassen.
- Lauch mit Salz und Pfeffer abschmecken und auf Teller verteilen. Die Muscheln daraufsetzen, mit etwas Zitronensaft beträufeln, salzen, pfeffern und gleich servieren.

642 — 4 PERSONEN
Austern mit Kräutersauce

VORBEREITUNG: 5 MINUTEN

ZUTATEN
16 Austern, geöffnet
1 Bund Petersilie, gehackt
1 Knoblauchzehe, gehackt
75 ml Olivenöl
abgeriebene Schale von 1 Bio-Zitrone
Salz und Pfeffer

- Die geöffneten Austern auf eine Platte mit Eis legen.
- In der Küchenmaschine Petersilie mit Knoblauch, Öl und Zitronenschale zu einer Art Pesto mixen. Bei Bedarf mit etwas mehr Öl locker rühren.
- Abschmecken und bei Bedarf Zitronensaft zugeben.
- Mit einem Löffel etwas Kräutersauce auf jede Auster setzen.

643 — 2 PERSONEN
Muscheln à la marinière

VORBEREITUNG: 10 MINUTEN
KOCHZEIT: 10 MINUTEN

ZUTATEN

1 kg Miesmuscheln, gut gereinigt und abgekratzt
1 EL Olivenöl
1 Zwiebel, geschält und sehr fein gehackt
4 Knoblauchzehen, fein gehackt
1 Selleriestange, fein gehackt
300 ml trockener Weißwein
Salz und Pfeffer

- Die Muscheln in einer großen Schüssel mit kaltem Wasser reinigen. Muscheln, die sich nicht schließen lassen, entfernen.
- Öl in einem großen Topf mit schließendem Deckel erhitzen. Zwiebel, Knoblauch und Sellerie darin weich garen.
- Die Muscheln abgießen, zugeben und mit Weißwein verrühren. Alles zum Kochen bringen.
- Zudecken, den Topf kurz schwenken und die Muscheln zugedeckt etwa 8–10 Minuten garen, bis sie sich öffnen.
- Sobald sie sich geöffnet haben, die Sauce mit Salz und Pfeffer abschmecken. Geschlossene Muscheln entfernen.
- In tiefen Schüsseln servieren.

Miesmuscheln mit Apfelwein — 644
- Statt Weißwein eignet sich auch Apfelwein (Cidre).

645 — 4 PERSONEN
Red Snapper mit gebratenem Lauch

VORBEREITUNG: 10 MINUTEN
KOCHZEIT: 10 MINUTEN

ZUTATEN

2 EL Olivenöl
4 Red-Snapper-Filets ohne Gräten
Salz und Pfeffer
Saft von ½ Zitrone
2 Lauchstangen, weiße Anteile, der Länge nach sehr fein geschnitten
Öl zum Herausbraten
Rucola zum Anrichten

- Öl in einer Kasserolle stark erhitzen. In das sehr heiße Öl die Filets mit der Hautseite nach unten einlegen.
- Je nach Dicke 2–3 Minuten braten, dann vorsichtig wenden und 1 weitere Minute garen. Aus der Kasserolle nehmen und warmhalten.
- Öl nun auf 180 °C erhitzen und je 1 Handvoll Lauchstücke darin rasch goldbraun und knusprig braten. Herausnehmen und auf Küchenpapier abtropfen lassen.
- Die Fischfilets auf einer dünnen Schicht Rucola anrichten und mit etwas Zitronensaft beträufeln. Salzen und mit gebratenen Lauchstreifen servieren.

Seeteufel mit Lauch — 646
- Der fleischreiche, süßliche Seeteufelschwanz passt gut zum gebratenen Lauch.

FISCH & KRUSTENTIERE

647 — 4 PERSONEN
Heilbutt mit zweierlei Zwiebeln

- Butter in einer Kasserolle zerlassen und die Zwiebeln darin bei geringer Hitze mindestens 20 Minuten süß und goldbraun rösten.
- Heilbutt in den Dampfgarer geben, mit Salz und Pfeffer abschmecken und etwa 10 Minuten garen. Wenn der Fisch so weich ist, dass er sich mit der Gabel leicht auseinanderdrücken lässt, ist er gar.
- Den Fisch auf einem Bett aus Röstzwiebeln anrichten und mit Frühlingszwiebeln garnieren.

VORBEREITUNG: 10 MINUTEN
KOCHZEIT: 30 MINUTEN

ZUTATEN

40 g Butter
1 Zwiebel, geschält und in feinen Ringen
4 dicke Heilbuttscheiben
Salz und Pfeffer
½ Bund Frühlingszwiebeln, in feinen Scheiben

Heilbutt mit roter und weißer Zwiebel — 648

- Für eine farbenfrohe Variation 1 rote Zwiebel zur weißen zugeben.

649 — 20–24 STÜCK
Karibisch gebackener Schellfisch

- Die Hefe mit Zucker in 50 ml Wasser gut verrühren und 10 Minuten quellen lassen.
- Mehl, Backpulver, Pfeffer und Piment verrühren, dann die Hefemischung, Ei und Milch zugeben und alles zu einem glatten Teig verrühren.
- Schellfisch in kleinen Stücken zugeben und im Teig wenden, dann die übrigen Gewürze untermengen. Mindestens 2 Stunden einwirken lassen.
- Zum Herausbacken Öl auf 180 °C erhitzen und die Teigstücke mit einem Esslöffel hineinlegen. Auf allen Seiten gleichmäßig goldbraun backen, dann auf Küchenpapier abtropfen lassen.
- Noch heiß servieren.

VORBEREITUNG: 2 STUNDEN 20 MINUTEN
KOCHZEIT: 10 MINUTEN

ZUTATEN

1 TL Trockenhefe
50 ml Wasser
½ TL Zucker
250 g Mehl (Type 550)
1 TL Backpulver
1 TL schwarzer Pfeffer
½ TL Piment
100 ml Milch
250 g Schellfisch, gegart
1 Zwiebel, geschält und fein gehackt
2 rote Chilischoten, fein gehackt
½ Scotch Bonnet-Chilischote, fein gehackt
½ Bund Frühlingszwiebel, fein gehackt
2 TL getrockneter Thymian
1 Ei, verquirlt
Öl zum Herausbacken

Gebackene Garnelen — 650

- Statt Fisch große Langusten in die Teigmasse tauchen.

651 — 4 PERSONEN
Fisch im Backteig

VORBEREITUNG: 10 MINUTEN
KOCHZEIT: 20 MINUTEN

ZUTATEN

4 dicke Fischfilets (Weißfisch, z. B. Schellfisch, Seehecht oder Dorsch)
etwas gesalzenes Mehl
225 g Mehl, mit 9 g Backpulver vermischt
300 ml kaltes Bier
1 Prise Cayennepfeffer
Öl zum Herausbacken

- Die Fischfilets mit etwas gesalzenem Mehl bestäuben, damit der Backteig haftet.
- Für den Backteig Mehl und Backpulver mit Bier zu einer cremigen Masse verrühren. Mit etwas Cayennepfeffer würzen.
- Das Öl auf 180 °C erhitzen.
- Die Filets in den Backteig tauchen, sodass sie auf beiden Seiten gleichmäßig bedeckt sind, und jeweils 2 Filets etwa 10 Minuten goldbraun und knusprig backen.
- Im Backofen bei niedriger Temperatur warmhalten, inzwischen die übrigen Filets backen.
- Zu den fertigen Filets Pommes frites, Erbsenmus und Zitronenscheiben reichen.

Meeresfrüchte im Backteig — 652

- Für eine hübsche Fischplatte gemischte Fischfilets und Meeresfrüchte herausbacken.

653 — 4 PERSONEN
Shrimps-Cocktail

VORBEREITUNG: 10 MINUTEN

ZUTATEN

1 kleiner Salatkopf, die Blätter gelöst
½ Gemüsegurke, in feinen Scheiben
250 g Shrimps, vorgegart

FÜR DIE MARIE-ROSE-SAUCE
4 EL Mayonnaise
2 EL Ketchup
Tabascosauce
1 Spritzer Zitronensaft
Salz und Pfeffer
1 Schuss Cognac oder trockener Sherry (nach Belieben)
½ TL edelsüßes Paprikapulver zum Garnieren

- 4 Cocktailgläser oder Glasschüsseln mit Salatblättern auslegen und mit Gurkenwürfeln und Shrimps füllen.
- Für die Sauce alle Zutaten vermischen und nach Belieben abschmecken.
- Mit dem Löffel die Sauce über dem Salat verteilen und zum Servieren mit Paprikapulver bestreuen.

Langustencocktail — 654

- Statt der Shrimps eignen sich auch Langustenschwänze für den Cocktail.

FISCH & KRUSTENTIERE

655 | 4 PERSONEN
Thunfischsteak mit Paprika

656
Thunfisch mit Harissa-Paprika

- 1–2 EL Harissa-Gewürzpaste unter die gedünsteten Paprika rühren.

657
Thunfisch in Kräuter-Oliven-Kruste

- Thymian, Zitronenschale und schwarze Oliven klein hacken und als Kruste vor dem Braten in die Steaks einklopfen.

658
Thunfischsteak mit Paprika und Tomaten

- Halbierte Kirschtomaten, zu den Paprika zugegeben, machen die Mischung saftig und frisch.

VORBEREITUNG: 5 MINUTEN
KOCHZEIT: 25 MINUTEN

ZUTATEN

4 EL Olivenöl
2 rote Paprikaschoten, Samen entfernt, in feinen Streifen
2 gelbe Paprikaschoten, Samen entfernt, in feinen Streifen
2 Thymianzweige
Salz und Pfeffer
4 Thunfischsteaks (ca. 2 cm dick)
Saft von ½ Zitrone

- Öl in einer Bratpfanne erhitzen und die Paprikastreifen mit Thymian darin etwa 20 Minuten sehr weich dünsten.
- Herausnehmen, mit Salz und Pfeffer abschmecken und warm halten.
- Die Pfanne erneut auf den Herd stellen. Thunfischsteaks beidseitig salzen und pfeffern und bei starker Hitze je nach gewünschter Garstufe auf jeder Seite 30–60 Sekunden oder länger braten.
- Auf einem Bett aus gedünsteten Paprika servieren und mit etwas Zitronensaft beträufeln.

659 — 4 PERSONEN
Fisch mit Süßkartoffel-Parmentier

VORBEREITUNG: 10 MINUTEN
KOCHZEIT: 40–45 MINUTEN

ZUTATEN

600 g Dorschfilet ohne Gräten
200 g geräucherter Schellfisch
600 ml Vollmilch
1 Zwiebel, mit 2 Gewürznelken gespickt
2 Lorbeerblätter
50 g Butter
50 g Mehl
Salz und Pfeffer
½ Bund Petersilie, fein gehackt.
1 kg Süßkartoffeln, geschält und gewürfelt
2 EL Käse (z. B. Cheddar), gerieben

- Milch in eine Kasserolle füllen, Zwiebel und Lorbeer zugeben und den Fisch darin 8 Minuten pochieren, bis sich Flocken leicht lösen lassen. Fisch und Gewürze herausnehmen und die Milch zum Abkühlen beiseitestellen.
- Butter in einer Kasserolle zerlassen und mit Mehl glatt rühren. Die Milch nach und nach wieder zugießen und alles zu einer glatten weißen Sauce verrühren.
- 15 Minuten bei niedriger Hitze köcheln lassen und gelegentlich rühren. Petersilie unterrühren und den Fisch in groben Flocken zugeben.
- Süßkartoffeln etwa 10 Minuten gar dämpfen, dann grob zu Püree zerstampfen.
- Backofen auf 180 °C vorheizen.
- Fisch mit Sauce in kleine Backförmchen füllen und mit Süßkartoffelpüree bestreichen. Mit Käse bestreuen und im Ofen 20–25 Minuten backen, bis die Sauce Blasen wirft.

Dorsch-Parmentier — 660

- Wer keine Süßkartoffeln mag, kann sie durch mehligkochende weiße Kartoffeln ersetzen.

661 — 4 PERSONEN
Scampi-Spießchen mit Gurken

VORBEREITUNG: 15 MINUTEN
KOCHZEIT: 15 MINUTEN

ZUTATEN

100 g Mehl (Type 550)
1 Ei, verquirlt
250 g feine Semmelbrösel
1 Prise Cayennepfeffer
800 g Scampi (roh)
Öl zum Herausbacken
1 Gemüsegurke, längs halbiert und in feinen Scheiben
1 Bund Dill, gehackt
3 EL Weißweinessig
½–1 EL Zucker
1 TL Salz

- Je einen Teller mit Mehl, verquirltem Ei und Semmelbröseln füllen. Cayennepfeffer zu den Semmelbröseln geben.
- Scampi nacheinander in jede Schüssel tauchen, sodass sie gleichmäßig bedeckt sind.
- Öl auf 180 °C erhitzen und die Scampi darin portionsweise frittieren, bis sie gleichmäßig braun sind. Auf Küchenpapier abtropfen lassen.
- Inzwischen die Gurke mit den übrigen Zutaten zu einem schnellen sauren Salat vermischen.
- Die heißen Scampi-Spießchen mit der sauren Gurkenmischung servieren.

Seeteufel-Spieße — 662

- Grob geschnittene Seeteufel-Schwänze zerfallen nicht so leicht und schmecken fest und süßlich.

FISCH & KRUSTENTIERE

663 — 4 PERSONEN
Forellen-Saltimbocca mit Chili

- Je eine Scheibe Serrano-Schinken zwischen 2 Forellenfilets legen, die Hautseite der Filets zeigt nach außen. Mit Zahnstochern fixieren.
- Auf jeder Seite mit gesalzenem Mehl bestäuben.
- Butter in einer Pfanne zerlassen und je 2 Saltimbocca-Stücke darin auf jeder Seite 3–4 Minuten braten, bis eine goldbraune Kruste entsteht.
- Im Ofen bei niedriger Temperatur warm halten, inzwischen die übrigen Filets braten.
- Zum Anrichten jede Saltimbocca auf einen Teller legen und mit Chili und Rogen garnieren. Mit einigen Salatblättern dekorieren und Zitronenspalten dazu reichen.

VORBEREITUNG: 10 MINUTEN
KOCHZEIT: 25 MINUTEN

ZUTATEN

8 Forellenfilets, alle Gräten entfernt
4 Scheiben Serrano-Schinken
2 EL Mehl, gesalzen
50 g Butter
1 Glas eingelegte Piquillo-Chili, abgegossen
4 TL Forellenrogen (Fischeier)
1 Zitrone, geviertelt
grüne Salatblätter

664 — 4 PERSONEN
Gedämpfter Lachs

VORBEREITUNG: 5 MINUTEN
KOCHZEIT: 12–16 MINUTEN

ZUTATEN

4 dicke Lachsfilets
Salz und Pfeffer
4 Zweige Thymian, Majoran oder Kerbel
4 Tomaten, in dicken Scheiben
natives Olivenöl extra
Saft von ½ Zitrone

- Je 2 Lachsfilets in den Dämpfeinsatz legen und die Kräuter rundherum anordnen. Salzen und pfeffern.
- Bei mittlerer Hitze je nach Dicke der Filets 6–8 Minuten dämpfen, bis sie innen leuchtend rosa sind. Wenn sie länger garen und blassrosa werden, könnten sie trocken sein.
- Warm halten und inzwischen die übrigen Filets dämpfen.
- Tomaten auf einem Teller anrichten, mit Öl und Zitronensaft beträufeln und mit Salz und Pfeffer würzen. Einwirken lassen.
- Den Lachs auf dem Tomatenbett servieren und mit etwas Zitrone beträufeln.

665 — 2 PERSONEN
Gegrillter Wolfsbarsch

VORBEREITUNG: 10 MINUTEN
KOCHZEIT: 16–18 MINUTEN

ZUTATEN

1 Wolfsbarsch, entschuppt, Innereien entfernt
1 Fenchel, geputzt und in feinen Scheiben
einige Dillzweige
1 Zitrone, in Scheiben
Salz und Pfeffer
Olivenöl

- Einen Kohlegrill oder eine Grillplatte stark erhitzen.
- Den Fisch aufklappen und mit Fenchelscheiben, Dill, Zitronenscheiben, Salz und Pfeffer füllen.
- Außen mit Olivenöl einreiben und auf jeder Seite 8 Minuten grillen, bis der Fisch gerade gar ist und das Fleisch sich leicht von den Gräten lösen lässt.
- Im Ganzen auf einer Servierplatte anrichten, sodass sich jeder selbst bedienen kann.

666
4 PERSONEN

Hummer-Frikassee

Krebs-Frikassee 667
- Gegarte Krebsscheren eignen sich ebenfalls und sind etwas günstiger erhältlich.

Hummer-Frikassee mit Basmatireis 668
- Gedämpfter Basmatireis ist die perfekte Beilage. Er schmeckt mild und nimmt die geschmackvolle Sauce gut auf.

Frikassee aus Meeresfrüchten 669
- Meeresfrüchte wie Muscheln und Garnelen sind eine günstige Alternative bei ähnlich saftig-süßlichem Geschmack.

VORBEREITUNG: 20 MINUTEN
KOCHZEIT: 1 STUNDE 15 MINUTEN

ZUTATEN
2 Hummer, gegart
1 EL Öl
30 g Schalotten, fein gehackt
30 g Stangensellerie, fein gehackt
30 g Karotten, geschält und gewürfelt
60 g Champignons, in dicken Scheiben
50 g Butter
1 Tomate, klein geschnitten
1 EL Tomatenmark
1 Zweig Thymian
100 ml Brandy
2 EL Pastis (Anisschnaps)
200 ml Champagner
500 ml Fischfond
100 g Sahne
Salz und Pfeffer

- Von den Hummern Schwanz und Scheren abdrehen und beiseitestellen. Die Körper mit dem Messer teilen.
- Öl in einer großen Pfanne erhitzen und die Hummer darin 5 Minuten braten. Gemüse zugeben und weich garen, aber nicht bräunen. Pilze zugeben.
- Butter zufügen und die Hitze erhöhen, bis das Gemüse goldbraun ist. Tomate, Tomatenmark, Thymian sowie Brandy und Pastis zugeben und alles bei starker Hitze garen, bis die Flüssigkeit fast verdampft ist.
- Champagner zugießen und köcheln lassen, bis er auf die Hälfte eingekocht ist.
- Fischfond zugießen und weitere 30 Minuten köcheln lassen, bis die Flüssigkeit wiederum auf die Hälfte verdampft ist. Sahne zugeben. Die Sauce abseihen und beiseitestellen.
- Aus den Scheren und Schwänzen vorsichtig das Fleisch lösen. Zusammen mit der Sauce bei niedriger Hitze erneut erwärmen. Alles mit Salz und Pfeffer abschmecken und servieren.

FISCH & KRUSTENTIERE

670 — 4 PERSONEN
Lachssteak mit Court Bouillon

- Für die Court Bouillon alle Zutaten in eine hohe Brat- oder Grillpfanne füllen und langsam erhitzen, bis Die Mischung köchelt.
- Lachssteaks mit der Hautseite nach unten zugeben, die Form mit Alufolie abdecken und etwa 10 Minuten sanft pochieren, bis der Fisch innen korallenrot ist. Nicht zu blass werden lassen, da er sonst austrocknet.
- Aus der Pochierflüssigkeit nehmen und mit Salat anrichten.

VORBEREITUNG: 10 MINUTEN
KOCHZEIT: 10 MINUTEN

ZUTATEN
4 Lachssteaks à ca. 200 g
FÜR DIE COURT BOUILLON
250 ml trockener Weißwein
1 Zwiebel, geschält und in Ringen
1 Karotte, geschält und gehackt
1 Stangensellerie, gehackt
2 Lorbeerblätter
8 schwarze Pfefferkörner ganz
500 ml Fischfond oder Wasser
Salz und Pfeffer

Pochierter Fisch — 671
- Grundsätzlich kann jeder Fisch auf diese Weise pochiert werden. Auch Weißfisch eignet sich dafür.

672 — 6 PERSONEN
Gebratene Garnelen

- Garnelen schälen und darauf achten, dass die Schwänze intakt bleiben.
- Öl in einer Pfanne erhitzen, Garnelen und Knoblauch zugeben und bei starker Hitze etwa 2 Minuten scharf anbraten.
- Chili zugeben und 1 weitere Minute braten, dann mit Salz und Pfeffer abschmecken und Zitronensaft zugeben.
- Zusammen mit frischem Brot servieren.

VORBEREITUNG: 10 MINUTEN
KOCHZEIT: 5 MINUTEN

ZUTATEN
36 rohe Garnelen
3 EL Erdnussöl
2 Knoblauchzehen, in feinen Scheiben
1 rote Chilischote, Samen entfernt und fein gehackt
Salz
Saft von 1 Zitrone

Gebratene Jakobsmuscheln — 673
- Geputzte und geschälte Jakobsmuscheln können ebenso zubereitet werden.

674 — 4 PERSONEN
Kokos-Krebs-Törtchen

VORBEREITUNG: 15 MINUTEN
KOCHZEIT: 20 MINUTEN

ZUTATEN

250 g weißes Krebsfleisch, zerpflückt
3 EL Semmelbrösel
1 EL Kokosflocken, ungesüßt
1 Ei, verquirlt
1 Knoblauchzehe, zerdrückt
½ rote Chilischote, Samen entfernt, fein gehackt
1 EL Austernsauce (asiatische Würzsauce)
1 EL Koriandergrün, fein gehackt
Salz und Pfeffer
Öl zum Herausbraten
Saft von 1 Limette
grüne Salatblätter zum Anrichten

- Krebsfleisch mit Semmelbröseln, Ei, Knoblauch, Kokosflocken, Chili sowie Austernsauce und Koriander vermischen. Mit Salz und Pfeffer würzen und gut verrühren.
- Aus der Masse etwa gleich große Laibchen formen.
- Eine Bratpfanne etwa 1 cm hoch mit Öl füllen und die Laibchen darin portionsweise auf beiden Seiten goldbraun braten.
- Auf Küchenpapier abtropfen lassen und warm halten, inzwischen mit den übrigen Laibchen ebenso verfahren.
- In Salatblätter gewickelt und mit Limettensaft beträufelt servieren.

Garnelen-Kokos-Törtchen — 675

- Ungekochte Garnelen in der Küchenmaschine fein hacken und statt Krebsfleisch verwenden.

676 — 4 PERSONEN
Fischeintopf mit Tomatensauce

VORBEREITUNG: 15 MINUTEN
KOCHZEIT: 30 MINUTEN

ZUTATEN

2 EL Olivenöl
1 Zwiebel, geschält und in feinen Ringen
1 Selleriestange, fein gehackt
1 Karotte, geschält und gewürfelt
2 EL Tomatenmark
2 große mehligkochende Kartoffeln, geschält und in Stücken
250 ml trockener Weißwein
400 ml Fischfond
500 g Dorschfilet, in Stücken
1 Bouquet garni
2 EL Petersilie, frisch gehackt
Salz und Pfeffer

- Öl in einer Kasserolle erhitzen. Zwiebel, Sellerie und Karotte darin weich dünsten.
- Tomatenmark zugeben und 2 Minuten einkochen lassen.
- Kartoffeln zugeben, mit Wein und Fond übergießen. Bouquet garni und Fisch zugeben und alles zum Köcheln bringen.
- Etwa 20 Minuten sanft köcheln lassen, bis die Kartoffeln weich sind und der Fisch gerade gar ist.
- Mit Salz und Pfeffer abschmecken und mit Petersilie bestreuen.

Fischeintopf mit Rotwein-Tomatensauce — 677

- Auch leichte Rotweine passen zu Fisch und können den Weißwein ersetzen.

FISCH & KRUSTENTIERE

678 — Marinierte Sardinen mit Paprikasalat
4 PERSONEN

- Eine flache Schüssel mit etwas Öl, Rosmarin und Chiliflocken füllen und die Sardinen hineinlegen.
- Gehackte Paprika in einer Schüssel mit Öl, Zitronensaft, Salz und Pfeffer vermischen und einwirken lassen.
- Eine Grillpfanne erhitzen, bis sie raucht, und die Sardinen darin auf jeder Seite 4–5 Minuten gar grillen.
- Mit knackigem Paprikasalat und frischem Brot servieren.

VORBEREITUNG: 10 MINUTEN
KOCHZEIT: 10 MINUTEN

ZUTATEN

12 frische Sardinen
Olivenöl
Rosmarin
getrocknete Chiliflocken
1 rote Paprikaschote, Samen entfernt und fein gehackt
1 gelbe Paprikaschote, Samen entfernt und fein gehackt
1 grüne Paprikaschote, Samen entfernt und fein gehackt
2 EL natives Olivenöl extra
Saft von ½ Zitrone
Salz und Pfeffer

679 — Sardinen mit Tomaten-Paprika-Salsa

- Fein gehackte Tomaten und ein Spritzer Limettensaft, unter die Paprika gemischt, sorgen für eine erfrischende Beilage.

680 — Kräuter-Fischlaibchen
3–4 PERSONEN

- Fisch, Kartoffelpüree, Kräuter, Kapern und etwas Zitronensaft in einer Schüssel gut verrühren und mit reichlich Salz und Pfeffer abschmecken.
- 30 Minuten kühl stellen.
- Aus der Masse etwa gleich große Laibchen formen und diese zuerst in das verquirlte Ei tauchen, dann in Semmelbröseln wenden.
- Eine Bratpfanne etwa 1 cm hoch mit Öl füllen und die Fischlaibchen darin beidseitig goldbraun und knusprig herausbacken.
- Auf Küchenpapier abtropfen lassen und mit Erbsen und Ketchup servieren.

VORBEREITUNG: 40 MINUTEN
KOCHZEIT: 10 MINUTEN

ZUTATEN

225 g Fisch (Weißfisch, Lachs oder Thunfisch), klein gewürfelt
225 g Kartoffelpüree
2 EL Petersilie, gehackt
1 EL Kerbel, gehackt
3 TL Kapern, gehackt (nach Belieben)
1 Spritzer Zitronensaft
Salz und Pfeffer
1 Ei, verquirlt
3 EL Semmelbrösel
Öl

681 — Würzige Kräuter-Fischlaibchen

- Für einen Schuss Schärfe 1 Prise Cayennepfeffer unter die Semmelbrösel mischen.

682 — 3 PERSONEN
Fischstäbchen

VORBEREITUNG: 10 MINUTEN
KOCHZEIT: 20 MINUTEN

ZUTATEN

400 g festes weißes Fischfilet ohne Haut
100 g Semmelbrösel
1 TL getrockneter Oregano
1 Prise Cayennepfeffer
abgeriebene Schale von ½ Bio-Zitrone
Salz und Pfeffer
1 Ei, verquirlt
Olivenöl

- Backofen auf 200 °C (Umluft 180 °C) vorheizen.
- Den Fisch in 12 gleich große Stücke schneiden.
- Semmelbrösel mit Oregano, Cayennepfeffer, Zitronenschale, Salz und Pfeffer vermischen.
- Die Fischstücke zuerst in verquirltem Ei, dann gut in der Semmelbröselmischung wenden.
- Ein Backblech großzügig mit Öl bestreichen und die Fischstäbchen darauflegen.
- Im Backofen etwa 20 Minuten braten, bis sie goldbraun sind. Dabei einmal wenden.

Fischstäbchen mit Sauce Tatar — 683

- Dazu passt Sauce Tatar (Rezept auf Seite 25) und Zitronenspalten zum Würzen.

684 — 4–6 PERSONEN
Räucherlachs-Mousse

VORBEREITUNG: 15 MINUTEN

ZUTATEN

250 g Räucherlachs-Stücke (übrig)
100 g Frischkäse
2 EL Crème fraîche
Saft von ½ Zitrone
2 EL Schnittlauch, gehackt
Salz und Pfeffer
8–12 Scheiben Räucherlachs
Zitronenspalten zum Anrichten

- Für die Mousse Räucherlachs-Reste mit Frischkäse, Crème fraîche, Zitronensaft und Schnittlauch in der Küchenmaschine grob hacken.
- Vorsichtig mit Salz und Pfeffer würzen.
- Je 2 Scheiben Räucherlachs überlappend auf die Arbeitsfläche legen und in der Mitte mit einem großen Löffel Mousse belegen. Über der Mousse zu einem Päckchen einschlagen.
- Auf eine Servierplatte legen und mit dem übrigen Lachs und der Mousse ebenso verfahren.
- Bis zum Servieren kühl stellen und dann mit Zitronenspalten anrichten.

Geräucherte Makrelen-Mousse — 685

- Statt Lachs dieselbe Menge geräucherte Makrelenfilets verwenden.

FISCH & KRUSTENTIERE

Hummer mit Paprika-Chili-Sauce

686 · 2 PERSONEN

Krebsscheren mit Paprikasauce

687

- Krebsscheren sind eine wohlschmeckende Alternative zum Hummer.

Hummer mit Paprika-Brandy-Sauce

688

- Ein Schuss heißer Brandy macht die Sauce reichhaltiger und aromatischer.

Paprikacremesauce

689

- Etwas Sahne nimmt der Sauce ihre Schärfe und macht sie cremig-mild.

VORBEREITUNG: 20 MINUTEN
KOCHZEIT: 30 MINUTEN

ZUTATEN

1 Hummer, gekocht, Scheren und Schwanz entfernt, Körper der Länge nach halbiert, ausgelöst

FÜR DIE SAUCE
3 EL Olivenöl
Hummerhälften
1 Zwiebel, geschält und gehackt
3 Knoblauchzehen, gehackt
2 Sardellenfilets
2 EL Tomatenmark
300 ml trockener Weißwein
2 Gläser gegrillte Piquillo-Chili, abgegossen
1 TL geräuchertes Paprikapulver
1 eingelegte Chilischote (z. B. Ibarra), abgegossen und gehackt
4 reife Tomaten, gehackt
Salz und Pfeffer

- Öl in einer Pfanne erhitzen und die Hummerhälften darin einige Minuten anbraten.
- Zwiebel, Knoblauch und Sardellen zugeben und mitgaren, bis die Sardellen zergehen und die Zwiebel glasig ist.
- Tomatenmark und Weißwein unterrühren und zum Kochen bringen, dann Piquillos, Paprikapulver, Chili und gehackte Tomaten zugeben. Mit Salz und Pfeffer abschmecken, zum Köcheln bringen und köcheln lassen, bis Flüssigkeit verdampft und die Masse eindickt.
- Die Sauce im Standmixer oder mit dem Pürierstab glatt rühren und erneut abschmecken.
- Die kalten Hummerscheren und den Schwanz mit der heißen Sauce servieren.

690
4 PERSONEN

Rotbarbe mit Pesto

691 Rotbarbe mit Pesto Rosso
- Statt grünem Pesto eignet sich auch roter Tomatenpesto.

692 Rotbarbe mit Oliven und Pesto
- Schwarze Oliven, in Scheiben geschnitten und auf dem Pesto verteilt, passen gut zum Fisch.

693 Sandwiches mit Rotbarbe und Pesto
- Rotbarbe mit Pesto eignet sich gut als herzhafte Füllung für ein knuspriges Baguette.

VORBEREITUNG: 5 MINUTEN
KOCHZEIT: 6–8 MINUTEN

ZUTATEN
4 Rotbarbenfilets ohne Gräten
Olivenöl
Salz und Pfeffer
4–6 EL Pesto
Rucola zum Anrichten

- Die Filets mit der Hautseite nach oben in eine Bratenform legen, mit Öl beträufeln und mit Salz und Pfeffer würzen.
- Im heißen Grill etwa 3–4 Minuten grillen, bis die Haut knusprig wird.
- Die Filets rasch umdrehen und mit Pesto bestreichen. Zurück in den Grill legen und kurz weitergaren, bis der Pesto Blasen wirft.
- Aus dem Grill nehmen und mit Rucolasalat servieren.

FISCH & KRUSTENTIERE

694
4 PERSONEN
Oktopus mit roten Zwiebeln

- Öl in einer Pfanne erhitzen und die Zwiebeln darin mindestens 15 Minuten sanft goldbraun rösten.
- Knoblauch, Paprikapulver und ein Glas Wasser zugeben und kurz aufkochen.
- Oktopusstücke zugeben, zudecken und mindestens 1 Stunde sanft köcheln lassen.
- Mit Salz und Pfeffer abschmecken, Zitronensaft darüberträufeln und mit Petersilie bestreuen. Frisches Weißbrot dazu servieren.

VORBEREITUNG: 15 MINUTEN
KOCHZEIT: 1 STUNDE 15 MINUTEN

ZUTATEN

1 Oktopus, geputzt und in kleine Stücke geschnitten
4 EL Olivenöl
3 rote Zwiebeln, geschält und in dicke Ringe geschnitten
3 Knoblauchzehen, in feinen Scheiben
1 EL edelsüßes Paprikapulver
Salz und Pfeffer
Saft von 1 Zitrone
gehackte Petersilie

Tintenfisch mit roten Zwiebeln 695

- Tintenfisch (Kalmar) kann ebenso zubereitet werden wie Oktopus und ist meist leichter erhältlich.

696
4–6 PERSONEN
Tintenfischringe mit Sauce Béarnaise

- Estragon, Schalotte, Pfefferkörner, Essig und Wein in einer kleinen Kasserolle um ein Drittel einkochen lassen, sodass noch etwa 3 EL Flüssigkeit übrig sind. Abseihen.
- Eigelb und Senfpulver in einer Schüssel über sanft köchelndem Wasser verquirlen. Die Essigmischung einrühren, 1 EL Wasser zugeben und verquirlen.
- Nach und nach 25 g Butter unterrühren, dann die zerlassene Butter tröpfchenweise zugeben und verrühren.
- Salzen und bis zum Gebrauch warm halten.
- Für den Backteig Ei in das kalte Wasser rühren, dann mit Mehl zu einem klumpigen Tempura-Teig rühren. Die Tintenfischringe eintauchen und gleichmäßig bedecken.
- Öl auf 180 °C erhitzen und die Ringe darin portionsweise braun herausbacken. Auf Küchenpapier abtropfen lassen.
- Mit warmer Sauce Béarnaise servieren.

VORBEREITUNG: 30 MINUTEN
KOCHZEIT: 10 MINUTEN

ZUTATEN

1 EL Estragon, gehackt
1 Schalotte, fein gehackt
6 schwarze Pfefferkörner, zerstoßen
2 EL Weißweinessig
150 ml Weißwein
3 Eigelb
1 TL Senfpulver
25 g Butter (Zimmertemperatur)
180 g Butter, zerlassen
Salz
1 kg Tintenfisch, geputzt und in Ringe geschnitten
1 EL Salz
1 Ei
200 ml eiskaltes Wasser
225 g Mehl (Type 550)

Tintenfisch mit Chili-Mayonnaise 697

- Für eine feurige Dipsauce süße Chilisauce mit Mayonnaise verrühren und zu den Tintenfischringen reichen.

SÜSSE DESSERTS

SÜSSE DESSERTS

Himbeer-Fool

698 — 4 PERSONEN

- Himbeeren in eine Schüssel füllen und mit einer Gabel leicht zerdrücken, sodass die Mischung teilweise flüssig wird.
- Die Sahne leicht schlagen, dann Joghurt unterrühren.
- Himbeeren untermengen, sodass eine rosa Marmorierung entsteht. Kosten und bei Bedarf mehr Zucker zugeben.
- In kleinen Dessertschüsseln servieren.

VORBEREITUNG: 10 MINUTEN

ZUTATEN

300 g Himbeeren
150 g Sahne
125 ml griechischer Joghurt
1 EL Puderzucker

Schoko-Mousse mit Minze

699 — 4 PERSONEN

VORBEREITUNG: 20 MINUTEN

ZUTATEN

200 g Zartbitter-Schokolade
1–2 Tropfen Pfefferminz-Essenz
2 EL Wasser
4 Eier, Eigelb und Eiweiß getrennt
einige Zweige frische Minze

- Schokolade mit 2 EL Wasser in einer kleinen Schüssel über köchelndem Wasser zerlassen.
- Vom Herd nehmen, 2 Minuten abkühlen lassen, dann Pfefferminz-Essenz zugeben und Eigelb unterrühren. Etwa 10 Minuten abkühlen lassen.
- Inzwischen Eiweiß zu Schnee schlagen.
- Mit einem Metalllöffel Eiweiß unter die Schokolademischung heben.
- Die Masse in Dessertschälchen oder Gläser füllen, mit Frischhaltefolie abdecken und mindestens 6 Stunden kühl stellen.
- Mit Minze garniert servieren.

Weiße Schoko-Mousse

700 — 4 PERSONEN

VORBEREITUNG: 50 MINUTEN

ZUTATEN

100 g hochwertige weiße Schokolade, in Stücke gebrochen
250 g Sahne
2 Eiweiß
1 EL Zucker
2 EL geraspelte weiße Schokolade

- Schokolade in kleine Stücke brechen und in einer Schüssel mit Sahne verrühren. In der Schüssel über einer Kasserolle mit köchelndem Wasser zerlassen und dabei regelmäßig rühren, bis die Schokolade geschmolzen ist. Vom Herd nehmen, abkühlen lassen und mindestens 30 Minuten kühl stellen.
- Eiweiß schlagen und dabei nach und nach den Zucker unterrühren, bis der Eischnee glänzend ist. Die gekühlte Schokolademischung ebenfalls locker rühren, sodass weicher Schnee entsteht, dann Eischnee drittelweise zugeben und verschlagen, ohne dass die Masse zusammenfällt.
- In kleine Förmchen oder Dessertschüsseln füllen und bis zum Servieren kühl stellen.
- Mit geraspelter weißer Schokolade garnieren.

701 — Kalte Zitronen-Charlotte

6 PERSONEN

VORBEREITUNG: 1 STUNDE 30 MINUTEN

ZUTATEN

1 Päckchen Gelatinepulver
50 ml lauwarmes Wasser
250 ml Milch
250 ml Zucker
2 Eigelb, verquirlt
abgeriebene Schale von 1 Bio-Zitrone
2 Eiweiß
450 g Sahne
16–20 Biskotten

- Gelatine im warmen Wasser auflösen.
- Milch in einer Kasserolle sanft erwärmen. Eigelb mit Zucker verquirlen und die Mischung zur Milch zugießen. Rühren, bis die Mischung eindickt.
- Gelatinemischung zugeben und unterrühren. Zitronenschale zugeben und die Mischung vom Herd nehmen.
- Wenn sie ausgekühlt ist, Eiweiß mit Sahne zu Schnee schlagen und löffelweise unter die Zitronenmischung heben. 30 Minuten kühl stellen.
- Eine Charlotte-Backform mit Backpapier auslegen und Boden und Ränder mit den Biskotten bedecken, dann die Eiermischung hineinfüllen.
- 2 Stunden kühl stellen und vor dem Servieren auf einen Servierteller stürzen.

702 — Orangen-Limetten-Charlotte

- Die Zitronenschale durch die abgeriebene Schale von 1 Bio-Orange und 1 Bio-Limette ersetzen.

703 — Zitronen-Ingwer-Soufflee

4 PERSONEN

VORBEREITUNG: 30 MINUTEN
KOCHZEIT: 15 MINUTEN

ZUTATEN

Butter, zerlassen
2 Eigelb + 4 Eiweiß
6 gehäufte EL Zucker +
2 EL Zucker für die Förmchen
3 TL Speisestärke
1 EL Mehl (Type 550)
100 g Sahne
100 ml Milch
abgeriebene Schale und Saft von 2 Bio-Zitronen
1 TL gemahlener Zimt
4 TL frischer Ingwer, fein gehackt
Puderzucker zum Bestäuben

- Backofen auf 180 °C (Umluft 160 °C) vorheizen.
- 4 Souffleeförmchen mit zerlassener Butter ausstreichen. Boden und Seiten mit Zucker bestreuen. Kühl stellen.
- Sahne, Mehl und Speisestärke in einer Schüssel glatt rühren. Milch in einer Kasserolle erhitzen und unter die Sahnemischung heben. Alles zurück in die Kasserolle geben und bei niedriger Hitze unter Rühren eindicken lassen, dann Zitronenschale und -saft sowie Zimt zugeben.
- Eigelb und Zucker unterrühren. Wenn die Mischung puddingähnlich wird, zum Abkühlen beiseitestellen.
- Eiweiß zu weichem Schnee schlagen. Wenn die Zitronenmischung ausgekühlt ist, Eischnee unterheben.
- 1 TL gehackten Ingwer auf den Boden jeder Form geben und die Förmchen mit der Zitronenmischung auffüllen.
- Die Soufflees auf dem vorgewärmten Backblech 14–15 Minuten backen, bis sie aufgehen. Mit Puderzucker bestreut servieren.

704 — Zitronen-Ingwer-Soufflee mit Thymian

- 1 TL fein gehackte Thymianblätter unter die Zitronenmischung heben.

SÜSSE DESSERTS

705 — 4 PERSONEN
Vanillepudding

- Sahne in einer Kasserolle erhitzen, bis sie fast kocht.
- Eigelb, Speisestärke, Zucker und Vanille-Aroma unterrühren.
- Die heiße Mischung unter ständigem Rühren mit dem Schneebesen in eine Schüssel füllen, dann zurück in die Kasserolle geben und bei niedriger Hitze ständig rühren, bis die Mischung eindickt.
- Wenn die Masse gerinnt oder Klumpen bildet, einfach vom Herd nehmen und unter Rühren etwas abkühlen lassen. Sie wird beim Abkühlen glatter.

VORBEREITUNG: 5 MINUTEN
KOCHZEIT: 10 MINUTEN

ZUTATEN

300 g Sahne
3 Eigelb
1 TL Speisestärke
1 EL Zucker
½ TL Vanille-Aroma

Orangenpudding — 706
- Die abgeriebene Schale von 1 Bio-Orange sorgt für frisches Zitrusaroma.

707 — 4–6 PERSONEN
Brotpudding

- Backofen auf 180 °C (Umluft 160 °C) vorheizen.
- Jede Brotscheibe in 2 Dreiecke schneiden und die Backform mit einer Schicht Dreiecke auslegen.
- Mit eingeweichten Rosinen bestreuen.
- Mit einer weiteren Schicht Brot bedecken.
- Milch, Sahne, Zucker und Eier gut verquirlen und die Brotschichten damit übergießen. Das Brot mit einem Spachtelmesser ein wenig niederdrücken, damit es Sauce aufnimmt. Die Sauce sollte die zweite Brotschicht gerade bedecken. Bei Bedarf etwas Milch oder Sahne zugießen. Etwas Muskatnuss darüberreiben.
- Im Backofen 30–40 Minuten backen, bis die Masse sich setzt und goldbraun ist.

VORBEREITUNG: 15 MINUTEN
KOCHZEIT: 30–40 MINUTEN

ZUTATEN

8 dicke Scheiben Weißbrot oder Brioche, dick gebuttert
50 g Rosinen, in etwas Brandy eingeweicht
300 ml Milch
60 g Sahne
50 g Zucker
3 Eier
¼ TL frisch geriebene Muskatnuss
1 Backform, großzügig mit Butter ausgestrichen

Schoko-Brotpudding — 708
- Für die Luxus-Variante einige Handvoll dunkle Schokostreusel oder Schokochips zugeben.

709 — 4 PERSONEN

Crème Caramel

VORBEREITUNG: 25 MINUTEN

KOCHZEIT: 1 STUNDE

ZUTATEN

125 g Zucker
2 EL heißes Wasser
150 ml Milch
300 g Sahne
4 Eier
40 g brauner Zucker
2 Tropfen Vanille-Aroma

- Backofen auf 150 °C vorheizen.
- Zucker in einer Edelstahlpfanne erhitzen. Wenn er zu schmelzen beginnt, ohne Rühren weitergaren, bis er ein dunkles Goldbraun annimmt. Vom Herd nehmen und vorsichtig Wasser zugießen. Die Mischung in eine Souffleeform füllen.
- Milch und Sahne in einer Kasserolle langsam erwärmen.
- Eier, braunen Zucker und Vanille-Aroma in einer Schüssel verquirlen. Wenn die Milch sehr heiß ist, aber gerade nicht kocht, unter Rühren zur Eiermischung gießen.
- Die Mischung in die Souffleeform füllen und die Form in eine große Bratenform stellen. Die Bratenform bis auf zwei Drittel der Souffleeform mit Wasser füllen.
- Im Wasserbad 1 Stunde backen, bis die Mischung fest ist.
- Kühl stellen. 1 Stunde vor dem Servieren herausnehmen und auf einen Teller stürzen.

Crème Caramel Orange — 710

- Abgeriebene Schale von 1 Bio-Orange unter die Mischung rühren und den Karamellboden mit etwas Grand Marnier übergießen.

711 — 4 PERSONEN

Grießpudding mit Himbeeren

VORBEREITUNG: 2 STUNDEN

KOCHZEIT: 25 MINUTEN

ZUTATEN

600 ml Milch
50 g Weizengrieß
1 EL Zucker
1 EL Butter
200 g Himbeeren
Butter für die Förmchen

- 4 kleine Pudding- oder Souffleeförmchen leicht mit Butter ausstreichen. Backofen auf 160 °C (Umluft 140 °C) vorheizen.
- Milch in einer Kasserolle lauwarm erwärmen, dann den Grieß einstreuen. Unter ständigem Rühren zum Kochen bringen und weiterrühren, bis die Masse eingedickt ist. Zucker und Butter zugeben und gut verrühren.
- Die Himbeeren auf die Förmchen verteilen und die Grießmischung darübergießen. 25 Minuten im Backofen fest werden lassen.
- Anschließend abkühlen lassen und mindestens 2 Stunden kühl stellen, bis sie kalt sind.
- Vor dem Servieren auf Dessertteller stürzen.

Grießpudding mit Brombeeren — 712

- Für eine spätsommerliche Variante die Himbeeren durch frische Brombeeren ersetzen.

SÜSSE DESSERTS

713 — 4 PERSONEN — Crème brûlée

- Backofen auf 180 °C (Umluft 160 °C) vorheizen.
- Sahne und Milch in eine Kasserolle füllen. Die Samen aus der Vanilleschote kratzen, die Schote ebenfalls zugeben und alles erhitzen, bis es gerade nicht kocht.
- In einer Schüssel Eigelb und Zucker zu einer blassgelben Mischung verquirlen. Unter ständigem Rühren die heiße Sahnemischung zugießen. Die Mischung absieben und gut verrühren.
- 4 Souffleeförmchen in eine Bratenform stellen. Die Vanillemischung darauf verteilen. Die Bratenform bis auf die halbe Höhe der Förmchen mit Wasser füllen.
- 30 Minuten backen, bis die Mischung fest wird.
- Abkühlen lassen, dann kühl stellen.
- Mit einer dicken Schicht Zucker bestreuen und unter dem Grill oder mit dem Bunsenbrenner karamellisieren. Abkühlen lassen, dann servieren.

VORBEREITUNG: 2 STUNDEN
KOCHZEIT: 30 MINUTEN

ZUTATEN

450 g Sahne
100 ml Milch
1 Vanilleschote, längs halbiert
5 Eigelb
2 EL Zucker sowie
ausreichend Zucker zum Bestreuen

714 — 4 PERSONEN — Bayerische Creme mit Erdbeeren

VORBEREITUNG: 2 STUNDEN
40 MINUTEN
KOCHZEIT: 20 MINUTEN

ZUTATEN

FÜR DAS RHABARBERPÜREE
500 g Rhabarber
150 g Zucker

FÜR DIE CREME
2 Eier, Eigelb und Eiweiß getrennt
2 EL Zucker
180 ml Milch
1 TL Vanille-Aroma
4 Blatt Gelatine, in kaltem Wasser eingeweicht
250 g Sahne
16 Erdbeeren, halbiert

- Für das Rhabarberpüree Rhabarber bei niedriger Hitze mit Zucker aufkochen. In der Küchenmaschine glatt rühren und beiseitestellen.
- Eigelb und Zucker zu einer dicken, blassen Masse verrühren.
- Milch mit Vanille-Aroma in einer Kasserolle erhitzen, bis sie gerade nicht kocht. Die Eiermischung unter ständigem Rühren damit übergießen, gut vermischen und bei niedriger Hitze zurück in die Kasserolle geben. Unter Rühren eindicken lassen, bis ein dünner Film auf dem Löffel zurückbleibt, dann vom Herd nehmen.
- Gelatine ausdrücken, zugeben und unter Rühren auflösen lassen. In eine saubere Schüssel abseihen und abkühlen lassen, dann kühl stellen.
- Sahne leicht schlagen. Wenn die Vanillemischung beinahe fest ist, Sahne unterheben.
- Kleine Förmchen mit halbierten Erdbeeren auslegen. Mit Rhabarberpüree bedecken und mit Creme auffüllen. Kühl stellen.

715 — 6 PERSONEN — Panna Cotta mit Himbeeren

VORBEREITUNG: 2 STUNDEN
15 MINUTEN
KOCHZEIT: 5 MINUTEN

ZUTATEN

300 g Sahne
1 EL Zucker
1 TL Vanille-Aroma
1 Blatt Gelatine, in kaltem Wasser eingeweicht
200 g Himbeeren
1 EL Puderzucker

- Sahne, Zucker und Vanille-Aroma in eine Kasserolle geben und zum Köcheln bringen, dann vom Herd nehmen und ziehen lassen.
- Die eingeweichte Gelatine in die heiße Sahnemischung rühren, bis sie sich aufgelöst hat. Wenn die Mischung dann zu stark ausgekühlt ist, erneut erwärmen.
- Die Hälfte der Himbeeren mit Puderzucker pürieren.
- Die Sahnemischung in kleine Dessertgläser füllen und mit Himbeerpüree bedecken.
- 2 Stunden kühl stellen und mit frischen Himbeeren servieren.

716 — 6 PERSONEN

Zabaione mit Erdbeeren

VORBEREITUNG: 3 STUNDEN
KOCHZEIT: 35 MINUTEN

ZUTATEN

6 Eier
100 g Kristallzucker
abgeriebene Schale von ½ Bio-Orange
100 ml Süßwein (Dessertwein)
500 g Mascarpone
24 Erdbeeren
4 EL Pistazien, geschält und gehackt

- Mit dem elektrischen Rührgerät Eier mit Zucker und Orangenschale zu einer hellen Masse mit etwa dem dreifachen Volumen schlagen.
- Die Masse über einem Topf mit köchelndem Wasser rühren und unter ständigem Rühren sehr langsam den Wein zugießen. Weiterrühren, bis die Masse das Volumen erneut verdoppelt hat und heiß ist. Möglichst langsam erhitzen, damit sie nicht stockt.
- Die glatte, sehr schaumige Masse vom Herd nehmen und zum Abkühlen einige Augenblicke weiterrühren.
- Mascarpone in eine Schüssel füllen und die Hälfte der schaumigen Zabaione langsam unterheben. Wenn die Masse gut vermischt ist, die andere Hälfte unterheben und die Mischung auf Dessertschüsseln verteilen.
- Vor dem Servieren 3 Stunden kühl stellen. Mit Erdbeeren und gehackten Pistazien garnieren.

Zabaione mit Feigen — 717

- Statt der Erdbeeren mit geviertelten Feigen garnieren.

718 — 6 PERSONEN

Karamellisierter Toffeekuchen

VORBEREITUNG: 20 MINUTEN
KOCHZEIT: 40 MINUTEN

ZUTATEN

FÜR DEN BISKUIT
75 g Datteln, entsteint und fein gehackt
1 TL Backsoda
50 g Butter
1 Prise Salz
150 g Demerara-Zucker (brauner Zucker)
2 Eier
175 g Mehl, mit 7 g (= 1 gehäufter TL) Backpulver vermischt
1 TL Vanille-Aroma
weiche Butter

FÜR DIE SAUCE
250 g Sahne
80 g Butter
80 g brauner Zucker

- Backofen auf 180 °C (Umluft 160 °C) vorheizen.
- 275 ml kochendes Wasser in eine Schüssel gießen und die Datteln darin einweichen.
- Wenn das Wasser auf lauwarm abgekühlt ist, die übrigen Zutaten für den Biskuit zugeben und gut verrühren.
- In eine gebutterte Backform gießen und im Backofen etwa 40 Minuten backen, bis der Teig gerade fest ist.
- Für die Sauce alle Zutaten in einer Kasselle erhitzen, dabei regelmäßig rühren.
- Wenn der Teig fertig ist, mit der Sauce übergießen und im heißen Grill kurz erhitzen, bis die Sauce Blasen wirft. Dazu passt Eiscreme oder Sahne.

Toffeekuchen mit Sherry-Sahne — 719

- Für besonders üppigen Genuss leicht geschlagene und mit Sherry versetzte Sahne zum Toffeekuchen servieren.

SÜSSE DESSERTS

Sommerliches Fruchtgelee

720 — 4 PERSONEN

Herbstliches Fruchtgelee

721

- Für ein aromatisches Herbstdessert verwenden Sie späte Himbeeren, Brombeeren und Beaujolais-Wein für das Gelee.

Fruchtgelee mit Prosecco

722

- Prosecco statt Roséwein sorgt für ein prickelndes Dessert-Erlebnis.

Pfirsichgelee

723

- Auch geviertelte Pfirsiche eignen sich gut für das Gelee.

VORBEREITUNG: 3 STUNDEN

ZUTATEN

450 ml Roséwein
2 EL Zucker
3–4 Blatt Gelatine, in kaltem Wasser eingeweicht
350 g Erdbeeren, geputzt und halbiert
225 g Himbeeren
350 g gemischte Waldbeeren (z. B. rote und schwarze Johannisbeeren, Brombeeren, Heidelbeeren)

- Die Hälfte des Weines in einer Kasserolle erhitzen. Die eingeweichte Gelatine ausdrücken. Den heißen Wein mit Zucker und Gelatine verquirlen, bis die Gelatine aufgelöst ist. Übrigen Wein zugießen und in einer Rührschüssel mit Ausgussschnabel abkühlen lassen.

- Früchte auf dem Boden einer großen Glasschüssel oder Terrine verteilen. Mit der Geleemischung übergießen und Früchte, die an die Oberfläche kommen, unter die Flüssigkeit drücken. Mit Frischhaltefolie zugedeckt kühl stellen, bis das Gelee fest wird.

- Vor dem Servieren die Schüssel kurz in heißes Wasser stellen, das Gelee mit einem Messer entlang des Randes lösen und auf einen Servierteller stürzen.

724 Käsekuchen mit Waldbeeren

6 PERSONEN

725 Käsekuchen mit Trauben und Feigen

- Für einen herbstlichen Touch reife Feigen vierteln und den Kuchen mit Feigenvierteln und Muskattrauben garnieren.

726 Käsekuchen mit Zitrusnote

- Für frische Zitrusnote abgeriebene Schale von 1 Bio-Limette, 1 Bio-Orange und ½ Bio-Zitrone unter die Käsemasse heben.

727 Käsekuchen mit Ahornsirup

- Für eine herb-süße Note 2 EL Ahornsirup unter die Käsemasse heben.

VORBEREITUNG: 20 MINUTEN
KOCHZEIT: 40 MINUTEN

ZUTATEN

100 g Vollkornkekse, zerkrümelt
50 g Butter, zerlassen
600 g Doppelrahm-Frischkäse
2 EL Mehl (Type 550)
125 g Zucker
1½ TL Vanille-Aroma
2 Eier + 1 Eigelb
150 g Sauerrahm
500 g gemischte Waldbeeren

- Backofen auf 180 °C (Umluft 160 °C) vorheizen.
- Die Kekskrümel mit zerlassener Butter verrühren und die Masse auf dem Boden einer großen runden Springform verteilen.
- Auf ein Backblech stellen und 5 Minuten vorbacken.
- Frischkäse, Mehl und Zucker verrühren, dann mit Vanille, Eiern und Sauerrahm zu einer hellen, glatten Masse schlagen.
- Die Masse auf dem Keksboden verteilen und im Backofen weitere 40 Minuten backen.
- Wenn der Kuchen in der Mitte fest ist, aus dem Ofen nehmen und abkühlen lassen. Mit frischen Beeren garniert servieren.

SÜSSE DESSERTS

728
6–8 PERSONEN Englischer Christmas Pudding

- Eine Puddingform (ca. 1,5 l) leicht einfetten. Die Früchte mit Zitronen- und Orangensaft in eine Schüssel geben und den Großteil vom Brandy zugeben. Mindestens 2 Stunden ziehen lassen.
- Mehl in eine Schüssel sieben, Gewürze, Talg, Zitrusschalen, Zucker, Semmelbrösel und Mandeln zufügen. Alles gut verrühren. Eingelegte Früchte gut unterrühren.
- Eier unterheben. Wer will, versteckt hier eine Münze im Kuchen, und jeder rührt um und wünscht sich etwas.
- In die Puddingform füllen. Mit je einem gefaltetem Stück Backpapier und Alufolie bedecken, sodass er aufgehen kann, und mit Küchengarn fixieren. Ein Stück Folie zweimal zu einem langen Streifen einschlagen, der als Lasche dient. Die Puddingform daraufstellen.
- Auf einem umgedrehten Unterteller in einen großen Topf stellen und diesen bis auf ⅔ der Formhöhe mit kochendem Wasser füllen. Zugedeckt etwa 6 Stunden dämpfen und regelmäßig prüfen, dass er nicht austrocknet.
- An der Lasche herausnehmen und einen Spieß hineinstecken. Haftet kein Teig daran, ist der Pudding gar.
- Den Pudding oben einstechen und mit einigen EL Brandy übergießen, dann zudecken und bis Weihnachten kühl lagern.
- Zum Servieren 1 Stunde im Wasserbad erwärmen.

VORBEREITUNG: MINDESTENS 1 WOCHE IM VORAUS

KOCHZEIT: 6 STUNDEN

ZUTATEN

500 g gemischte Trockenfrüchte
1 EL gemischte kandierte Früchte, fein gehackt
1 Apfel, geschält, entkernt und fein gehackt
Saft und abgeriebene Schale von 1 Bio-Orange und 1 Bio-Zitrone
100 ml Brandy
60 g Mehl + 2,5 g Backpulver
1½ TL süße Gewürzmischung (Lebkuchengewürz)
2 TL gemahlener Zimt
120 g Rindertalg, in Flocken
120 g Farinzucker (bauner Zucker)
120 g feine Semmelbrösel
1 EL Mandeln, grob gehackt
2 Eier, verquirlt
weiche Butter

729
6–8 PERSONEN Kirsch-Clafoutis

- Backofen auf 180 °C (Umluft 160 °C) vorheizen.
- Eine Backform mit Butter oder Öl ausstreichen und die Kirschen darin verteilen.
- In einer Schüssel Mehl, Salz und Zucker verrühren und mit den verquirlten Eiern zu einer glatten Masse vermischen. Milch zufügen und alles zu einem glatten Teig mixen.
- Die Kirschen mit der Teigmischung übergießen und im Backofen 35–40 Minuten backen.
- Vor dem Servieren abkühlen lassen.

VORBEREITUNG: 5 MINUTEN

KOCHZEIT: 35–40 MINUTEN

ZUTATEN

500 g Kirschen, entsteint
125 g Mehl (Type 550)
1 Prise Salz
50 g Zucker
3 Eier, verquirlt
300 ml Milch

Beeren-Clafoutis 730
- Für eine schmackhafte Alternative frische Himbeeren, Heidelbeeren und Brombeeren mischen.

731 — 4 PERSONEN

Apfel-Rosinen-Crumble

VORBEREITUNG: 25 MINUTEN
KOCHZEIT: 25–35 MINUTEN

ZUTATEN

750 g Äpfel, geschält, entkernt und gewürfelt
75 g Rosinen, in etwas Brandy oder Calvados eingelegt
2 EL gemahlener Zimt

FÜR DEN CRUMBLE

120 g Mehl (Type 550)
90 g kühle Butter, gewürfelt
3 EL Muscovado-Zucker (Vollrohrzucker)
3 EL Zucker

- Backofen auf 190 °C (Umluft 170 °C) vorheizen.
- Äpfel mit etwas Wasser weich garen.
- Mehl in einer Schüssel mit Zucker vermengen.
- Kalte Butter in die Schüssel zugeben und mit dem Mehl zu einem krümeligen Teig verreiben.
- Äpfel und eingelegte Rosinen mit Zimt bestreuen und in einer Back- oder Auflaufform verteilen. Gleichmäßig mit der Crumble-Mischung bedecken.
- Den Crumble im Backofen 25–35 Minuten goldbraun backen.

Birnen-Rosinen-Crumble — 732

- Statt der Äpfel dieselbe Menge Birnen verwenden.

733 — 6 PERSONEN

Zitronenmeringue-Kuchen

VORBEREITUNG: 1 STUNDE
KOCHZEIT: 70 MINUTEN

ZUTATEN

125 g Mehl (Type 550)
60 g Butter
1 Prise Salz
kaltes Wasser

FÜR DIE FÜLLUNG

3 gestrichene EL Speisestärke
60 g Zucker
300 ml kaltes Wasser
abgeriebene Schale und Saft von 2–3 Zitronen
2 Eigelb
40 g Butter

FÜR DIE BAISER-MASSE

2 Eiweiß
120 g Zucker

- Backofen auf 190 °C (Umluft 170 °C) vorheizen.
- Für den Teig Mehl und Salz in eine große Schüssel sieben, Butter zugeben und Mehl und Butter mit den Fingern verreiben.
- 2 EL Wasser zugeben, mit einem Messer verteilen und alles zu einem glatten Teig verkneten. In Frischhaltefolie wickeln und kühl stellen.
- Den Teig auf etwas mehr als die Formgröße ausrollen. Einen etwa 8 mm breiten Streifen rundum abschneiden, den Formrand anfeuchten und den Teigstreifen darauf festdrücken. Die gesamte Form mit Teig auslegen und die Ränder auf dem teigbedeckten Formrand festdrücken. Mit der Gabel einstechen und 25 Minuten backen.
- Speisestärke und Zucker in einer Schüssel vermischen und mit etwas Wasser zu einer glatten Paste verrühren. Übriges Wasser mit Zitronenschale in einer Kasserolle zum Kochen bringen und die Paste damit übergießen.
- Alles zurück in die Kasserolle geben und für 1 Minute aufkochen. Vom Herd nehmen, Eigelb, Zitronensaft und Butter einrühren und die Mischung in den Teigboden gießen. Gleichmäßig verstreichen.
- Eiweiß steif schlagen und mit Zucker glänzend schlagen. Über der Zitronenfüllung verteilen und am Rand gleichmäßig abschließen.
- Backofenhitze auf 150 °C reduzieren und den Kuchen 45 Minuten backen, bis die Baisermasse leicht bräunt.

SÜSSE DESSERTS

734 | 4 PERSONEN
Mississippi Mud Pie

- Die Kekse zerkrümeln und mit der zerlassenen Butter gut verrühren. Auf dem Boden einer Kuchen- oder Auflaufform (ca. 23 cm Durchmesser) verteilen und 30 Minuten kühl stellen.
- Backofen auf 180 °C (Umluft 160 °C) vorheizen.
- Schokolade und Butter in einer Schüssel über köchelndem Wasser zerlassen, dabei häufig rühren. Vom Herd nehmen und 5 Minuten abkühlen lassen.
- Eier mit Zucker verschlagen, bis eine helle Masse mit dreifachem Volumen entsteht. Zerlassene Schokolade gleichmäßig dazuträufeln, dann Kakaopulver, Sahne, Vanille und nach Belieben Cayennepfeffer unterrühren.
- Die Schokolademasse auf dem Keksboden verteilen und etwa 40 Minuten backen, bis die Masse gerade fest wird. In der Form auskühlen lassen, dabei fällt der Kuchen ein wenig zusammen.
- Mit leicht geschlagener Sahne servieren.

VORBEREITUNG: 2 STUNDEN
KOCHZEIT: 40 MINUTEN

ZUTATEN

75 g Butter, zerlassen
300 g Schokolade-Vollkornkekse

FÜR DIE FÜLLUNG
150 g Zartbitterschokolade, zerkleinert
150 g Butter, gewürfelt
3 Eier
1 EL Farinzucker (brauner Zucker)
1 EL Kakaopulver
1 TL Vanille-Aroma
150 g Sahne
1 Prise Cayennepfeffer (nach Belieben für ein wenig Schärfe)

Mississippi Mud Pie mit frischen Beeren | 735
- Frische Himbeeren liefern einen fruchtigen Ausgleich zur süßen Schokolademasse.

---

736 | 4 PERSONEN
Pochierte Birnen

- Die Birnenschalen und die übrigen Zutaten in einer Kasserolle zum Kochen bringen.
- 10 Minuten köcheln lassen, damit sich das Aroma entfaltet.
- Die Birnen aufgestellt in die Kasserolle geben und etwa 30 Minuten sanft pochieren, bis sie sehr weich sind.
- Aus der Kochflüssigkeit nehmen und abkühlen lassen.
- Die Kochflüssigkeit auf die Hälfte einkochen lassen.
- Birnen mit Kochflüssigkeit beträufelt servieren.

VORBEREITUNG: 10 MINUTEN
KOCHZEIT: 45–50 MINUTEN

ZUTATEN

4 Birnen, geschält, die Schalen beiseitegestellt
500 ml Weißwein
2 EL flüssiger Honig
75 g Farinzucker (brauner Zucker)
abgeriebene Schale von ½ Bio-Orange + Schale der anderen Hälfte
1 Zimtstange
1 Vanilleschote, halbiert
2 Stück Sternanis

Pochierte Birnen mit Schokoladensauce | 737
- Etwas Zartbitterschokolade zerlassen und die Birnen damit übergießen.

Pochierte Birnen in Rotwein | 738
- Rotwein passt gut zu den Gewürzen und verleiht den Birnen außerdem eine intensiv rote Farbe.

739 — Schokofondantkuchen

4 PERSONEN

VORBEREITUNG: 30 MINUTEN
KOCHZEIT: 8 MINUTEN

ZUTATEN

90 g Zucker
150 g Butter
150 g Zartbitterschokolade, gehackt
3 Eigelb
3 Eier
1 EL Mehl (Type 550)
1 TL Vanille-Aroma

- Backofen auf 180 °C (Umluft 160 °C) vorheizen und 4 kleine Becherförmchen einfetten.
- Zucker, Butter und Schokolade in einer Schüssel über köchelndem Wasser vermischen und unter gelegentlichem Rühren schmelzen. Vanille-Aroma zugeben. Vom Herd nehmen und gut verrühren, dann 5 Minuten abkühlen lassen.
- Eigelb und ganze Eier zugeben und gut unterrühren, dann mit Mehl vermengen.
- Die Mischung auf die Förmchen verteilen und 20 Minuten kühl stellen.
- Auf ein Backblech stellen und im Ofen 8 Minuten backen.
- Auf Dessertteller stürzen und noch warm servieren.

Schokofondantkuchen mit Orange — 740

- Die abgeriebene Schale einer Bio-Orange lässt sich prima mit der Schokolade kombinieren.

741 — Eton Mess

4 PERSONEN

VORBEREITUNG: 15 MINUTEN + KÜHLZEIT
KOCHZEIT: 1 STUNDE

ZUTATEN

175 g Zucker
3 Eiweiß
500 g Himbeeren
1 EL Puderzucker
500 g Sahne
1 TL Vanille-Aroma

- Backofen auf 150 °C (Umluft 130 °C) vorheizen.
- Eiweiß zu weichem Schnee schlagen, dann nach und nach Zucker zugeben und portionsweise unterschlagen, bis der Eischnee glänzend ist.
- Backbleche mit Backpapier auslegen und den Eischnee mit dem Löffel darauf verteilen. 1 Stunde backen, dann den Ofen abschalten und die Masse darin vollständig auskühlen lassen.
- Die Hälfte der Himbeeren mit Puderzucker glatt pürieren.
- Die Sahne leicht schlagen, dabei Vanille-Aroma unterrühren.
- Das Baiser in kleine Stücke brechen und auf 4 Dessertgläser verteilen. Mit etwas Himbeerpüree bestreichen, dann frische Himbeeren und Sahne darüber verteilen. Die Sahne mit dem Himbeerpüree leicht verrühren.
- Sofort servieren.

Eton Mess mit Erdbeeren — 742

- Für eine Variante des englischen Klassikers reife Erdbeeren mit einer Gabel grob zerdrücken und mitverarbeiten.

SÜSSE DESSERTS

743 — 4 PERSONEN — Omelette Surprise

- Backofen auf höchster Stufe vorheizen und ein Backblech auf unterster Schiene mit erhitzen.
- Eiweiß zu Schnee schlagen, dann Salz und Weinstein zugeben und steif schlagen. Nach und nach Zucker unterrühren, bis der Eischnee glänzt, dann Vanille-Aroma zugeben.
- Ein Backblech mit Backpapier auslegen und den Biskuitboden darauflegen.
- Mit einem Eiskugelformer Eiscreme auf die Biskuitmasse setzen, dabei einen breiten Rand freilassen.
- Die Baisermasse auf der Eiscreme verteilen und mit einem Spachtelmesser verstreichen, sodass die Eisschicht vollständig bedeckt ist.
- Im Backofengrill 2 Minuten bräunen lassen und sofort servieren.

VORBEREITUNG: 20 MINUTEN
KOCHZEIT: 5 MINUTEN

ZUTATEN

6 Eiweiß
1 Prise Salz
1 TL Weinsteinpulver
200 g Zucker
1 TL Vanille-Aroma
1 kg Eiscreme, nicht zu hart
1 Biskuitboden (fertig vorbereitet)

744 — 4 PERSONEN — Schokofondant-Tarte

VORBEREITUNG: 2 STUNDEN
KOCHZEIT: 30 MINUTEN

ZUTATEN

3 Eier
300 g Muscovadozucker
1 TL Vanille-Aroma
175 g Butter, zerlassen
2 EL Mehl (Type 550)
2 EL Kakaopulver
50 g Zartbitterschokolade, gehackt
1 Teigboden (fertig)

FÜR DEN VANILLEPUDDING
300 g Sahne
3 Eigelb
1 TL Speisestärke
1 EL Zucker
½ TL Vanille-Aroma

- Backofen auf 180 °C (Umluft 160 °C) vorheizen.
- Eier und Zucker zu einer hellen Masse mit dreifachem Volumen schlagen. Butter und Vanille-Aroma unterrühren, dann Mehl und Kakaopulver unterrühren. Die gehackte Schokolade auf dem Teigboden verteilen und mit der Füllung übergießen.
- Im Ofen 30 Minuten backen, bis die Masse sich setzt. Auskühlen lassen, inzwischen den Pudding vorbereiten.
- Sahne in einer Kasserolle erhitzen, bis sie fast kocht. Eigelb, Speisestärke, Zucker und Vanille-Aroma einrühren.
- Die heiße Sahnemischung in eine Schüssel gießen, dabei ständig rühren. Zurück in die Kasserolle füllen und bei niedriger Hitze unter Rühren eindicken lassen.
- Zur Tarte den warmen Vanillepudding servieren.

745 — 4 PERSONEN — Bratäpfel mit Karamellsauce

VORBEREITUNG: 10 MINUTEN
KOCHZEIT: 20 MINUTEN

ZUTATEN

4 Tafeläpfel, Kerngehäuse entfernt
2 EL weiche Butter
1 TL gemahlener Zimt
abgeriebene Schale und Saft von 1 Bio-Orange

FÜR DIE SAUCE
1 Vanilleschote, längs halbiert
250 g Sahne
80 g Butter
80 g brauner Zucker

- Backofen auf 200 °C (Umluft 180 °C) vorheizen.
- Mit einem scharfen Messer die Apfelschalen leicht einschneiden, damit sie nicht platzen.
- Für die Füllung Butter, Zimt und Orangenschale verrühren und ½ Orange darüberpressen. In jeden ausgehöhlten Apfel etwas Buttermischung füllen.
- Äpfel in eine Bratform legen, etwas Wasser zugießen und die Äpfel mit der übrigen Buttermischung beträufeln. Mit Alufolie bedecken und im Ofen etwa 20 Minuten weich garen.
- Inzwischen für die Sauce alle Zutaten in einer Kasserolle erhitzen und glatt rühren, bis die Sauce eindickt.
- Die fertigen Äpfel mit der Sauce übergießen und gleich servieren.

746 — Zitronensorbet

ERGIBT 1 L

VORBEREITUNG: 10 MINUTEN + RÜHRZEIT

ZUTATEN

500 g Zucker
250 ml Zitronensaft
abgeriebene Schale von 1 Bio-Zitrone

- In einer Kasserolle Zucker mit 750 ml Wasser erhitzen und unter Rühren auflösen lassen.
- Wenn die Zitrone gewachst ist, kurz in kochendes Wasser tauchen, um das Wachs zu lösen. Schale abreiben, Schale und Saft in die Kasserolle zugeben und die Mischung abkühlen lassen.
- In einer Eismaschine zu einem glatten Sorbet rühren und bis zum Servieren einfrieren.
- 1 Stunde vor dem Servieren zum Antauen in den Kühlschrank stellen.

Zitronen-Limetten-Sorbet — 747

- Noch erfrischender wird es, wenn Sie statt Zitronensaft halb Zitronen-, halb Limettensaft verwenden.

748 — Tiramisu

4 PERSONEN

VORBEREITUNG: 25 MINUTEN

ZUTATEN

600 g Sahne
250 g Mascarpone
3 EL Marsala dolce (süßer Marsalawein)
5 EL Zucker
300 ml starker Kaffee
2 EL Kaffeelikör (nach Belieben)
175 g Biskotten
25 g Zartbitterschokolade, gerieben
3 TL Kakaopulver

- Sahne mit Mascarpone, Marsalawein und Zucker in einer Schüssel zu einer dicken, glatten Masse verrühren.
- Kaffee und (nach Belieben) Likör in eine flache Schüssel füllen und die Biskotten kurz darin einweichen, ohne dass sie zerfallen. Eine Servierschüssel mit der Hälfte der Biskotten auslegen und die Hälfte der Mascarponecreme darüber verteilen. Die Hälfte der Schokolade darüberreiben. Mit jeweils einer zweiten Schicht wiederholen.
- 3 Stunden kühl stellen und vor dem Servieren mit Kakaopulver und geriebener Schokolade bestreuen.

Schokolade-Tiramisu — 749

- Für eine kinderfreundliche Version den Kaffee durch Kakao ersetzen und keinen Alkohol zugeben.

Kirsch-Tiramisu — 750

- Zwischen Biskotten und Cremeschicht entsteinte eingelegte Kirschen zufügen.

SÜSSE DESSERTS

751 — ERGIBT 1 L
Selbstgemachtes Vanilleeis

- Sahne und Milch in einer Kasserolle erhitzen, Vanilleschote und -samen zugeben und einwirken lassen.
- Eigelb mit Zucker verquirlen, dann Vanille herausnehmen und unter ständigem Rühren die heiße Sahnemischung zur Eiermischung gießen.
- Alles zurück in die Kasserolle geben und bei niedriger Hitze rühren, bis die Masse glatt ist und eindickt.
- Etwas abkühlen lassen, dann in der Eismaschine verarbeiten.
- Bis zum Gebrauch einfrieren und 1 Stunde vor dem Servieren zum Antauen in den Kühlschrank legen.

VORBEREITUNG: 2 STUNDEN

ZUTATEN

300 g Sahne
300 ml Milch
1 Vanilleschote, halbiert
4 Eigelb
40 g Zucker

Vanilleeis mit Fruchthauch — 752
- Vor der Verarbeitung in der Eismaschine einige Löffel Himbeer- oder anderes Fruchtmus zugeben – das ergibt eine hübsche Marmorierung.

753 — 6–8 PERSONEN
Banoffee Pie

- In einer Schüssel Kekse mit Butter verrühren und die Mischung in einer Springform verteilen. Kühl stellen.
- Kondensmilchdosen in einen Topf mit kochendem Wasser stellen und 2 Stunden erhitzen. Dabei stets mit Wasser bedeckt halten, da sie sonst platzen. Bei Bedarf Wasser zugießen.
- Herausnehmen und abkühlen lassen, die Dosen öffnen und die entstandene Toffee-Masse herausnehmen.
- Bananen mit einem Löffel Toffee in der Küchenmaschine glatt rühren. Sahne leicht schlagen und die Bananenmischung unterrühren.
- Die Hälfte der Bananencreme auf der Keksmasse verteilen, eine Schicht Toffee daraufstreichen und mit dem Spachtelmesser glattstreichen. Wiederholen.
- Mit dem Rest Bananencreme auf der zweiten Toffeeschicht Röschen spritzen und mit geriebener Schokolade bestreuen. Bis zum Servieren kühl stellen.

VORBEREITUNG: 2–3 STUNDEN

ZUTATEN

400 g Vollkornkekse, zerkrümelt
200 g Butter, zerlassen
2 Dosen Kondensmilch (gezuckert)
500 g Sahne
2–3 reife Bananen
1 EL Zartbitterschokolade, gerieben

Shortbread-Banoffee-Pie — 754
- Statt Vollkornkeksen englisches Shortbread für den Boden verwenden.

213

KUCHEN & TORTEN

KUCHEN & TORTEN

755 — 4 PERSONEN
Schokolade-Kaffee-Kuchen

- Backofen auf 180 °C vorheizen.
- Eier und Zucker zu einer hellen Masse mit dem dreifachen Volumen schlagen. Butter, Kaffee und Vanille-Aroma einrühren, dann Mehl und Kakao unterrühren. Schokoladesplitter auf dem Teigboden verteilen und die Schokoladefüllung darüber verteilen.
- Im Ofen 30 Minuten backen, bis die Masse gerade fest wird. Abkühlen lassen.
- Mit Kaffeebohnen garnieren.

VORBEREITUNG: 30–40 MINUTEN + KÜHLZEIT
KOCHZEIT: 30 MINUTEN

ZUTATEN
3 Eier
300 g Muscovadozucker
1 TL Vanille-Aroma
30 ml Espresso
175 g Butter, zerlassen
2 EL Mehl (Type 550)
2 EL Kakaopulver
50 g Zartbitterschokolade, gehackt
1 Teigboden (fertig vorbereitet)
Kaffeebohnen zum Garnieren

756 — 6–8 PERSONEN
Englischer Biskuitkuchen

VORBEREITUNG: 40 MINUTEN
KOCHZEIT: 25 MINUTEN

ZUTATEN
120 g Butter (Zimmertemperatur)
120 g Zucker
2 Eier
1 TL Vanille-Aroma
120 g Mehl, mit 5 g (1 TL) Backpulver vermischt
Himbeer- oder Erdbeerkonfitüre (oder Gelee)
Puderzucker

- Backofen auf 170 °C vorheizen. 2 Biskuitformen (ca. 18 cm Durchmesser) mit Butter ausstreichen.
- Butter und Zucker schaumig rühren.
- Eier gut verquirlen und nach und nach unter die Buttermischung rühren, bis eine glatte Masse entsteht.
- Vanille-Aroma unterrühren, nach und nach Mehl und Backpulver hineinsieben und mit einem Metalllöffel verrühren. Wenn die Masse zu dickflüssig ist, etwas heißes Wasser unterrühren.
- Die Masse auf die beiden Kuchenformen verteilen und 25 Minuten backen, bis sie luftig und goldgelb ist.
- 10 Minuten abkühlen lassen. Aus den Formen nehmen, auf einem Kuchengitter vollständig auskühlen lassen. Einen Boden mit Konfitüre bestreichen, den anderen daraufsetzen und vor dem Servieren mit Puderzucker bestreuen.

757 — 6 PERSONEN
Zitronenkuchen mit Guss

VORBEREITUNG: 25 MINUTEN
KOCHZEIT: 40–45 MINUTEN

ZUTATEN
120 g weiche Butter
175 g Zucker
2 Eier
abgeriebene Schale von 1 Bio-Zitrone
175 g Mehl + 1 TL Backpulver
100 ml Milch
1 Prise Salz

FÜR DEN SIRUP
Saft von 2 Zitronen
100 g Puderzucker

FÜR DIE GLASUR
Saft von ½ Zitrone
150 g Puderzucker

- Backofen auf 180 °C vorheizen. Eine Kastenform einfetten.
- Butter und Zucker schaumig rühren, dann nach und nach mit den Eiern verquirlen.
- Zitronenschale zufügen, dann mit einem Metalllöffel Mehl unterrühren, Salz zugeben und die Milch einrühren. Den Teig in die Kastenform füllen und 40–45 Minuten backen, bis bei der Garprobe mit einem Holzspieß kein Teig daran haften bleibt. Herausnehmen.
- Für den Sirup Zitronensaft und Zucker in einer Kasserolle erhitzen, bis sich der Zucker auflöst. Die Kuchenoberfläche mit dem Spieß einstechen und den heißen Sirup hineinträufeln. Vollständig auskühlen lassen. Aus der Form nehmen.
- Für die Glasur Zitronensaft mit Puderzucker verrühren und den Kuchen damit beträufeln.

758 Madeira-Kuchen

4 PERSONEN

759 Madeira-Kuchen mit heißen Beeren

- Himbeeren oder andere Beeren mit etwas Wasser und Zucker erwärmen und zum Kuchen servieren.

760 Madeira-Kuchen mit Schlagsahne

- Sahne mit etwas Grand Marnier leicht steif schlagen und zum warmen Kuchen servieren.

761 Madeira-Kuchen mit Schokosauce

- Zartbitterschokolade mit etwas Sahne zerlassen, sodass eine dicke Sauce entsteht. Kuchenstreifen darin tunken.

VORBEREITUNG: 20 MINUTEN
KOCHZEIT: 40 MINUTEN

ZUTATEN

175 g Butter (Zimmertemperatur)
175 g Zucker
3 Eier, verquirlt
250 g Mehl, mit 10 g (2 TL) Backpulver vermischt
3 EL Milch
abgeriebene Schale von je ½ Bio-Zitrone und ½ Bio-Orange

- Backofen auf 180 °C (Umluft 160 °C) vorheizen. Eine Kastenform einfetten oder mit Backpapier auslegen.
- Butter und Zucker schaumig rühren, dann Eier einzeln zugeben und die Masse jeweils verschlagen.
- Mehl und Backpulver in die Schüssel sieben und mit einem Metalllöffel unterrühren, dann Milch zugießen und alles zu einem lockeren Teig verrühren. Zitronen- und Orangenschale untermengen.
- Die Masse in die Kastenform füllen und im Ofen 40 Minuten backen, bis die Oberfläche goldbraun ist und bei der Garprobe mit einem Holzspieß kein Teig daran haften bleibt.
- 5 Minuten abkühlen lassen, dann auf einem Kuchengitter vollständig auskühlen lassen.

KUCHEN & TORTEN

762
8 PERSONEN Marmorkuchen

- Backofen auf 180 °C (Umluft 160 °C) vorheizen. Eine Kuchenform (20 cm Durchmesser) leicht einfetten.
- Butter und Zucker schaumig rühren und nach und nach die Eier unterrühren. Jeweils gut verquirlen.
- Mit einem Metalllöffel vorsichtig die Mehlmischung unterrühren, dann Milch und Vanille-Aroma zugeben und gut verrühren.
- Die Mischung zu gleichen Teilen auf 2 Schüsseln verteilen. In eine davon das Kakaopulver sieben. Mit 2 großen Löffeln abwechselnd aus jeder Schüssel eine Portion Teig in die Form füllen, dann eine Gabel spiralförmig durchziehen, damit ein Marmormuster entsteht.
- Im Ofen 50–60 Minuten backen, bis bei der Garprobe kein Teig mehr am Spieß haftet.
- Auf ein Kuchengitter stürzen und auskühlen lassen.

VORBEREITUNG: 30 MINUTEN
KOCHZEIT: 50–60 MINUTEN

ZUTATEN
225 g weiche Butter
225 g Zucker
4 Eier, verquirlt
225 g Mehl, mit 9 g (2 TL) Backpulver vermischt
3 EL Milch
1 TL Vanille-Aroma
2 EL Kakaopulver

Marmorkuchen mit Erdbeeren   763
- Erdbeeren in etwas Orangensaft und schwarzem Pfeffer erwärmen und zum Kuchen servieren.

764
6–8 PERSONEN Englischer Christmas Cake

- Die Früchte über Nacht in Brandy einlegen.
- Für die Zubereitung Backofen auf 150 °C vorheizen. Eine Springform (23 cm Durchmesser) einfetten.
- Butter und Zucker schaumig rühren, Zitrusschalen zugeben. Mit Eiern verquirlen und Mandel-Aroma zugeben.
- Mehl, Gewürze und eingelegte Früchte unterrühren.
- Masse in die Form füllen und etwa 3 Stunden backen, bis bei der Garprobe kein Teig mehr haften bleibt.
- Aus der Form nehmen, in Alufolie wickeln und luftdicht verschlossen mindestens 3 Wochen aufbewahren. Nach Belieben alle zwei Tage mit 1 EL Brandy beträufeln.
- Konfitüre erwärmen und auf dem Kuchen verstreichen. Marzipan ausrollen und den Kuchen damit bedecken, Ränder abschneiden und Luftblasen glätten.
- Zuckerglasur ausrollen und den Kuchen damit bedecken, Ränder abschneiden. Nach Belieben verzieren.

VORBEREITUNG: 25 MINUTEN
KOCHZEIT: 3 STUNDEN

ZUTATEN
700 g Sultaninen
225 g Rosinen
110 g Korinthen
110 g kandierte Kirschen
110 g kandierte Zitrusschalen
120 ml Brandy
225 g weiche Butter
200 g brauner Zucker
abgeriebene Schale von 1 Bio-Zitrone
abgeriebene Schale von 1 Bio-Orange
4 Eier, verquirlt
1 TL Mandel-Aroma
350 g Mehl (Type 550)
1 TL süße Gewürzmischung
½ TL gemahlener Zimt
1 Prise Salz
200 g Aprikosenkonfitüre oder -gelee
500 g Marzipan
1 kg Zuckerglasur (abgepackt)

Christmas Cake mit Käse   765
- Nach Yorkshire-Tradition wird zum Christmas Cake eine Scheibe Wensleydale-Käse (englischer Hartkäse) gereicht.

766 Schoko-Toffee-Kuchen

8–10 PERSONEN

VORBEREITUNG: 30 MINUTEN
KOCHZEIT: 30 MINUTEN

ZUTATEN

120 g Mehl
2 TL Backpulver
120 g weiche Butter
120 g Zucker
2 Eier
1½ EL Kakaopulver

FÜR FÜLLUNG UND GLASUR

75 g Kristallzucker
75 ml Kondensmilch (Tube)
120 g Zartbitterschokolade, gehackt
40 g weiche Butter
25 g Schokoladeraspel

- Backofen auf 170 °C (Umluft 150 °C) vorheizen. 2 Backformen (18 cm Durchmesser) einfetten.
- Für den Teig Mehl und Backpulver in eine große Schüssel sieben und die übrigen Zutaten zugeben.
- Die Mischung gleichmäßig auf die beiden Kuchenformen verteilen und 30 Minuten backen.
- Aus den Formen nehmen und abkühlen lassen.
- Für die Glasur Zucker und Kondensmilch in einer Kasserolle erwärmen und rühren, bis der Zucker aufgelöst ist.
- Zum Kochen bringen und 5 Minuten köcheln lassen, dann Schokolade und Butter einrühren. Mindestens 1 Stunde kühl stellen, bis die Glasur eindickt und streichfähig ist.
- Einen Kuchenboden mit Glasur bestreichen, den zweiten daraufsetzen und die übrige Glasur mit dem Spachtelmesser darauf verstreichen. Mit Schokoraspel garnieren.

767 Schoko-Toffee-Kuchen mit Himbeerfüllung

- Eine dicke Schicht hochwertige Himbeerkonfitüre oder eingemachte Kirschen als Füllung auf dem Kuchenboden verteilen.

768 Karottenkuchen

4 PERSONEN

VORBEREITUNG: 20 MINUTEN
KOCHZEIT: 1 STUNDE 30 MINUTEN

ZUTATEN

300 g Mehl (Type 550)
1 TL gemahlener Zimt
1 TL Backpulver
½ TL Backsoda
200 g brauner Zucker
4 Eier
250 ml Öl
abgeriebene Schale von 2 Bio-Orangen
200 g Karotten, geschält und geraspelt
125 g weiche Butter
2 EL Puderzucker
250 g Doppelrahm-Frischkäse
abgeriebene Schale von ½ Bio-Zitrone

- Backofen auf 150 °C (Umluft 130 °C) vorheizen. Eine runde Backform (20 cm Durchmesser) einfetten oder mit Backpapier auslegen.
- Mehl mit Zimt, Backpulver und Backsoda in eine Schüssel sieben, dann den Zucker unterrühren.
- Eier und Öl verschlagen und unter die Mehlmischung heben. Karotten und Orangenschale unterrühren.
- Die Masse in die Kuchenform füllen und etwa 1½ Stunden backen, bis bei der Garprobe kein Teig mehr am Spieß haftet. Herausnehmen und abkühlen lassen.
- Für die Glasur Butter und Puderzucker glatt rühren, dann Frischkäse unterrühren und Zitronenschale zufügen. Kühl stellen, bis die Mischung streichfähig ist, und mit dem Spachtelmesser auf dem Kuchen verstreichen.

769 Karotten-Gewürzkuchen

- Zusammen mit dem Zimt etwas süße Gewürzmischung oder Lebkuchengewürz zugeben – das sorgt für wärmende Würze.

KUCHEN & TORTEN

770 Kaffeetorte mit Zimt
8–10 PERSONEN

771 Kaffeetorte mit Walnüssen
- Walnüsse im Standmixer klein hacken und die Torte damit bestreuen.

772 Kaffeetorte mit Pekannüssen
- Pekannüsse fein hacken und in heißem Karamell wenden. Auf der fertigen Torte verteilen.

773 Kaffeetorte mit Zucker & Zimt
- Braunen Zucker und Zimt vermischen und die Torte gleichmäßig damit bestreuen.

VORBEREITUNG: 30 MINUTEN
KOCHZEIT: 30 MINUTEN

ZUTATEN
120 g Mehl
2 TL Backpulver
120 g weiche Butter
120 g Zucker
90 g Nuss-Mix, gehackt (z. B. Walnüsse, Haselnüsse und Mandeln)
2 Eier
1 EL Kaffee, mit 1 EL heißem Wasser verrührt
1 TL gemahlener Zimt

FÜR FÜLLUNG UND GLASUR
225 g Puderzucker
100 g weiche Butter
2 EL Instant-Kaffee, in 1 EL heißem Wasser aufgelöst
¼ TL gemahlener Zimt

- Backofen auf 170 °C (Umluft 150 °C) vorheizen. 2 runde Backformen (18 cm Durchmesser) einfetten.
- Mehl und Backpulver in eine große Schüssel sieben. Eier, Kaffee, Zimt, Butter und Zucker zugeben und alles gleichmäßig verrühren.
- Die Masse auf die Kuchenformen verteilen und mit Nüssen bestreuen. Im Backofen 30 Minuten backen.
- Aus der Form nehmen und abkühlen lassen.
- Für die Glasur Butter und Zucker schaumig rühren, dann Kaffee untermengen. Die Mischung bis zum Gebrauch kühl stellen.
- Mit einem Teil der Glasur einen Teigboden bestreichen und den zweiten Boden darauflegen. Die übrige Glasur mit einem Spachtelmesser über dem Kuchen verteilen. Mit etwas Zimt bestreuen.

774 | 4–6 PERSONEN
Dattel-Walnuss-Kuchen

VORBEREITUNG: 20 MINUTEN
KOCHZEIT: 1 STUNDE

ZUTATEN

250 g Mehl, mit 10 g (2 TL) Backpulver vermischt
½ TL Lebkuchen-Gewürzmischung
175 g weiche Butter
100 g Muscovadozucker
2 Eier, verquirlt
100 g Datteln, entsteint und gehackt
60 g Walnüsse, gehackt

- Backofen auf 160 °C (Umluft 140 °C) vorheizen. Eine Kastenform (etwa 1 l) leicht einfetten oder mit Backpapier auslegen.
- Mehl mit Gewürzmischung, Butter, Zucker und Eiern in eine Schüssel sieben. Datteln und Walnüsse zugeben und mit einem Holzlöffel oder einem Handrührgerät gut vermischen.
- In die Backform füllen und im Ofen 1 Stunde backen.
- 15 Minuten abkühlen lassen, dann aus der Form nehmen und auf einem Kuchengitter vollständig auskühlen lassen.

Dattel-Pekannuss-Kuchen | 775
- Statt Walnüssen eignen sich auch gehackte Pekannüsse.

776 | 4–6 PERSONEN
Mandelkuchen

VORBEREITUNG: 30 MINUTEN
KOCHZEIT: 45 MINUTEN

ZUTATEN

5 Eier, Eigelb und Eiweiß getrennt
200 g Zucker
1 TL Mandel-Aroma
200 g gemahlene Mandeln
1 EL Mehl (Type 550)
2 EL Mandelblättchen
2 EL Puderzucker

- Backofen auf 180 °C (Umluft 160 °C) vorheizen. Eine Springform (23 cm Durchmesser) leicht einfetten.
- Eigelb mit der Hälfte des Zuckers zu einer glatten, blassen Masse schlagen. Mandel-Aroma zugeben und gut verrühren.
- Eiweiß steif schlagen, den übrigen Zucker nach und nach untermengen und schlagen, bis der Eischnee glänzt.
- Ein Drittel der Eiweißmischung zum Lockern unter das Eigelb rühren, dann den Rest Eiweiß, gemahlene Mandeln und Mehl untermengen. In die Springform füllen und etwa 45 Minuten zu einem luftigen Biskuit backen.
- 10 Minuten auskühlen lassen, dann auf ein Kuchengitter stürzen. Mit Mandelblättchen und Puderzucker garnieren.

Orangen-Mandel-Kuchen | 777
- Abgeriebene Schale von 1 Bio-Orange unter die Teigmischung rühren.

KUCHEN & TORTEN

778 — Schoko-Biskuitroulade
8 PERSONEN

- Backofen auf 180 °C (Umluft 160 °C) vorheizen. Ein Backblech (33 x 23 cm) mit Backpapier auslegen.
- Eier mit Zucker auf das dreifache Volumen schaumig rühren.
- Mehl und Kakaopulver in eine Schüssel sieben und die Eiermischung nach und nach unterrühren. Auf das Backblech gießen und 10 Minuten backen. Inzwischen die Sahne leicht schlagen und das Vanille-Aroma unterrühren.
- Ein großes Stück Backpapier auf die Arbeitsfläche legen und mit Zucker bestreuen. Den Teig mit dem Backpapier herausnehmen und auf die Zuckerfläche stürzen.
- Die Teigränder gerade abschneiden und die Teigfläche mit Sahne bestreichen. Den noch warmen Teig längs zu einer dicken Rolle einrollen. Auskühlen lassen.
- Inzwischen Schokolade und Sahne in einer Schüssel über köchelndem Wasser zerlassen und glatt rühren. Die Glasur kühl stellen, damit sie abkühlt und eindickt.
- Die Roulade gleichmäßig mit der Glasur bestreichen.

VORBEREITUNG: 30 MINUTEN
KOCHZEIT: 10 MINUTEN

ZUTATEN
3 Eier
75 g Zucker
60 g Mehl (Type 550)
1½ EL Kakaopulver
300 g Sahne
1 TL Vanille-Aroma

FÜR DIE GLASUR
300 g Zartbitterschokolade (70%)
300 g Sahne

Biskuitroulade mit Kirschfüllung — 779
- Verwenden Sie statt Sahne hochwertige Konfitüre oder Gelee für die Füllung: zum Beispiel eingemachte Kirschen.

780 — Erdbeer-Roulade
8 PERSONEN

- Backofen auf 180 °C (Umluft 160 °C) vorheizen. Ein tiefes Backblech oder eine Backform (33 x 23 cm) mit Backpapier auslegen.
- Eier mit Zucker auf das dreifache Volumen schaumig rühren.
- Mehl in eine Schüssel sieben und die Eimischung nach und nach untermengen und gut verrühren.
- In die Form gießen und 10 Minuten luftig backen.
- Ein großes Stück Backpapier auf die Arbeitsfläche legen und mit Zucker bestreuen. Den Teig mit dem Backpapier herausnehmen und auf die Zuckerfläche stürzen.
- Die Teigränder gerade abschneiden und die Teigfläche dick mit Konfitüre bestreichen. Den noch warmen Teig längs zu einer dicken Rolle einrollen.
- Auskühlen lassen und in Scheiben geschnitten servieren.

VORBEREITUNG: 30 MINUTEN
KOCHZEIT: 10 MINUTEN

ZUTATEN
3 Eier
75 g Zucker
60 g Mehl (Type 550)
200 g eher flüssige Erdbeerkonfitüre oder Gelee

Himbeer-Roulade — 781
- Erdbeerkonfitüre durch andere eingemachte Früchte ersetzen – Himbeergelee ist besonders schmackhaft.

782

8–10 PERSONEN

Schokoladetorte mit Buttercreme

Schokoladetorte mit Orangencreme — 783

- Abgeriebene Schale von 1 Bio-Orange unter die Buttercreme heben und etwas Saft darüberpressen.

Schokoladetorte mit Konfitüre und Creme — 784

- Für noch mehr Genuss vor der Buttercreme eine dicke Schicht Erdbeerkonfitüre auftragen.

Schokoladetorte mit Schoko-Buttercreme — 785

- 1 EL Kakaopulver zur Creme sieben und unterrühren.

VORBEREITUNG: 30 MINUTEN
KOCHZEIT: 30 MINUTEN

ZUTATEN

120 g Mehl
2 TL Backpulver
120 g weiche Butter
120 g Zucker
2 Eier
1½ EL Kakaopulver

FÜR DIE FÜLLUNG

100 g weiche Butter
150 g Puderzucker
1 TL Vanille-Aroma

- Backofen auf 170 °C (Umluft 150 °C) vorheizen. 2 runde Backformen (18 cm Durchmesser) einfetten.
- Mehl und Backpulver in eine große Schüssel sieben, dann die übrigen Zutaten zugeben und gut verrühren.
- Die Mischung gleichmäßig auf die Backformen verteilen und im Ofen 30 Minuten backen.
- Aus der Form nehmen und auf einem Kuchengitter abkühlen lassen.
- Für die Füllung Butter und Zucker zu einer glatten Masse rühren, dann Vanille untermengen.
- Einen Tortenboden mit der Füllung bestreichen und den anderen daraufsetzen.
- Mit etwas feinem Zucker bestreuen.

KUCHEN & TORTEN

786 · 4 PERSONEN
Schwarzwälder Kirschtorte

- Backofen auf 190° C (Umluft 170 °C) vorheizen. 2 glatte runde Backformen (20 cm) mit Backpapier auslegen.
- Butter, Zucker, Mehl, Kakaopulver, Backpulver und Eier in der Küchenmaschine zu einem glatten Teig mixen.
- Den Teig auf die Backformen verteilen und 25 Minuten backen, bis die Kuchen aufgehen. Auf ein Kuchengitter stürzen und vollständig auskühlen lassen. Jeden Teigboden quer halbieren.
- Konfitüre mit Kirschen, Saft und Likör 5 Minuten erwärmen und verrühren, dann abkühlen lassen. Drei Kuchenteile damit bestreichen. 300 g Sahne leicht schlagen.
- Einen bestrichenen Teigboden auf einen Teller legen, mit ⅓ der Sahne bestreichen und mit Schokolade bestreuen.
- Zweimal wiederholen und mit dem letzten, unbestrichenen Teigboden abschließen.
- Übrige Sahne leicht schlagen und auf Oberfläche und Seiten verstreichen. Mit geriebener Schokolade bestreuen.

VORBEREITUNG: 1 STUNDE
KOCHZEIT: 25 MINUTEN

ZUTATEN

250 g weiche Butter
250 g Zucker
150 g Mehl
3 EL Kakaopulver
2 gehäufte TL Backpulver
4 Eier
350 g Morello-Kirschkonfitüre
1 Glas Kirschen entsteint, mit Saft
3 EL Kirschlikör
500 g Sahne
50 g Zartbitterschokolade, gerieben

787
Schwarzwälder Kirschtorte mit Schokoraspeln

- Für eine besonders eindrucksvolle Verzierung mit dem Gemüseschäler dünne „Locken" von der Schokolade ziehen.

788 · 8 PERSONEN
Battenbergkuchen

- Backofen auf 190 °C (Umluft 170 °C) vorheizen. Eine flache, quadratische Backform (20 cm) leicht einfetten.
- Ein Stück Backpapier von etwa 40 x 20 cm zuschneiden und in der Mitte so falten, dass eine etwa 8 cm hohe Trennwand entsteht. In die Backform legen.
- Butter, Zucker, Eier, Mehl und Vanille in der Küchenmaschine zu einem glatten Teig rühren. Den Teig je zur Hälfte in 2 Schüsseln füllen, in eine davon die Lebensmittelfarbe zugeben.
- Die Teige in die Backformhälften füllen und 30 Minuten backen. 5 Minuten abkühlen lassen.
- Die Biskuits aufeinanderlegen, Überhänge abschneiden. Längs halbieren, sodass 4 lange Quader entstehen.
- Einen hellen Teigquader der Länge nach mit Konfitüre bestreichen und an einen gefärbten pressen. Mit den übrigen beiden ebenso verfahren.
- Die Paare versetzt aufeinanderlegen, sodass ein Schachbrettmuster entsteht. Rundum mit Konfitüre bestreichen.
- Die Oberfläche mit Puderzucker bestreuen und das Marzipan auf den Umfang des Kuchens und etwa 5 mm Dicke ausrollen. Den Kuchen damit ummanteln und die Masse festdrücken.
- Mit dem Saum nach unten auf eine Platte legen, bei Bedarf Marzipanränder abschneiden und servieren.

VORBEREITUNG: 45 MINUTEN
KOCHZEIT: 30 MINUTEN

ZUTATEN

175 g weiche Butter
175 g Zucker
3 Eier
175 g Mehl, mit 7 g (1 gehäuften TL) Backpulver vermischt
1 TL Vanille-Aroma
rote Lebensmittelfarbe
6–8 EL Aprikosenkonfitüre, erwärmt
500 g Marzipan, fertig ausgerollt
Puderzucker

789 — Bananenkuchen
4 PERSONEN

VORBEREITUNG: 20 MINUTEN

KOCHZEIT: 1–1½ STUNDEN

ZUTATEN

350 g sehr reife Bananen
180 g Mehl (Type 550)
2 TL Backpulver
1 TL gemahlener Zimt
¼ TL Lebkuchen-Gewürzmischung
1 Prise Salz
150 g brauner Zucker
2 Eier, verquirlt
100 g Butter, zerlassen

- Backofen auf 170 °C (Umluft 150 °C) vorheizen. Eine mittelgroße Kastenform leicht einfetten.
- In einer Schüssel die Bananen zerdrücken.
- Mehl mit Backpulver, Gewürzen und Salz in eine weitere Schüssel sieben.
- Eier und Zucker auf das doppelte Volumen schaumig rühren, dann mit Butter verquirlen. Bananenmus unterrühren, Mehl zugeben und glatt rühren.
- Die Masse in die Form füllen und 1–1½ Stunden backen, bis bei der Garprobe kein Teig mehr am Spieß haftet.
- Zum Abkühlen auf ein Kuchengitter stürzen.

Apfel-Bananen-Kuchen — 790
- ½ geriebenen Apfel und 1 EL Rum unter das Bananenmus rühren.

791 — Rosinenkuchen
6 PERSONEN

VORBEREITUNG: 20 MINUTEN

KOCHZEIT: 1–1½ STUNDEN

ZUTATEN

175 g Farinzucker (brauner Zucker)
175 g weiche Butter
3 Eier, verquirlt
275 g Mehl, mit 2 gehäuften TL Backpulver vermischt
2 TL Lebkuchen-Gewürzmischung
175 g Rosinen, in etwas Brandy eingelegt
3 EL Milch

- Backofen auf 180 °C (Umluft 160 °C) vorheizen.
- Butter und Zucker schaumig rühren. Nach und nach die Eier zufügen und gut verquirlen. Mehl, Backpulver, Gewürz und Rosinen unterrühren und den Teig mit etwas Milch verflüssigen.
- In eine Kastenform füllen und 1–1½ Stunden backen, bis der Kuchen aufgeht und bei der Garprobe kein Teig mehr am Spieß haftet.
- Auf ein Kuchengitter stürzen und abkühlen lassen.

Schokolade-Rosinen-Kuchen — 792
- Vor dem Backen 175 g Schokoladeraspeln oder -chips unter den Teig rühren.

Gemischter Rosinenkuchen — 793
- Eine Mischung aus Rosinen und den goldgelben, intensiveren Sultaninen sorgt für hübsche Farbgebung.

KUCHEN & TORTEN

794 — 8 PERSONEN
Kokostorte

795 — Kokostorte mit Rum
- Für einen kleinen alkoholischen „Schuss" 2 EL weißen Rum in die Glasur rühren.

796 — Kokostorte mit Orangenguss
- Abgeriebene Schale von 1 Bio-Orange in die Glasur einrühren.

797 — Kokostorte mit dunkler Schokolade
- Für eine „Bounty"-Torte dunkle Schokolade reiben und auf der Torte verteilen.

VORBEREITUNG: 30 MINUTEN
KOCHZEIT: 40 MINUTEN

ZUTATEN

200 g Mehl (Type 550)
1 Prise Salz
2 TL Backpulver
75 g kühle Butter, gewürfelt
75 g Zucker
50 g Kokosraspel (ungesüßt)
abgeriebene Schale von 1 Bio-Limette
1 Ei
120 ml Milch
1 TL Vanille-Aroma

FÜR DIE GLASUR
100 g weiche Butter
150 g Puderzucker
1 TL Vanille-Aroma
Kokosraspel und abgeriebene Limettenschalen zum Garnieren

- Backofen auf 180 °C (Umluft 160 °C) vorheizen. Eine runde Kuchenform leicht einfetten.
- Mehl, Salz und Backpulver in eine Schüssel sieben. Mehlmischung und Butter mit den Fingern verreiben, dann Zucker, Kokosraspel und Limettenschale unterrühren.
- Ei und Milch verquirlen und Vanille unterrühren. In der Mehlmischung eine Vertiefung machen und die Eimischung nach und nach hineingießen, dann glatt rühren.
- Den Teig in die Backform füllen und 40 Minuten backen. Zur Garprobe einen Holzspieß in die Mitte des Kuchens stecken. Haftet kein Teig mehr daran, ist der Kuchen gar. Auf einem Kuchengitter abkühlen lassen.
- Für die Glasur Butter und Zucker schaumig rühren, dann Vanille unterrühren. Mit einem Spachtelmesser auf dem Kuchen verstreichen und dick mit Kokosraspel und Limettenschale bestreuen.

798 Schokolade-Orangen-Torte

6–8 PERSONEN

VORBEREITUNG: 30 MINUTEN
KOCHZEIT: 1 STUNDE

ZUTATEN

Saft und abgeriebene Schale von
1 Bio-Orange
225 g Mehl (Type 550)
2 EL Kakaopulver
1½ TL Backpulver
1 Prise Salz
300 g Zucker
3 Eier
250 ml Öl
1 TL Vanille-Aroma

FÜR DEN GUSS

200 g Puderzucker
3 EL Kakaopulver
150 g Doppelrahm-Frischkäse
Saft von ½ Orange
kandierte Orangenschalen zum Dekorieren

- Backofen auf 190 °C (Umluft 170 °C) vorheizen. Eine runde Springform (18 cm Durchmesser) leicht einfetten.
- Mehl, Kakaopulver und Backpulver in eine große Schüssel sieben. Zucker und Zucker untermischen und beiseitestellen.
- Eier, Öl und Vanille-Aroma verquirlen und unter die Mehlmischung heben, bis alles gut vermischt ist. Dann Orangenschale und -saft unterrühren.
- Den Teig in die Kuchenform füllen und etwa 1 Stunde backen, bis bei der Garprobe kein Teig mehr am Spieß haftet. Zum Abkühlen beiseitestellen, dann aus der Form nehmen.
- Für den Guss Puderzucker und Kakao mit dem Handrührgerät unter den Frischkäse heben und mit Orangensaft glatt und glänzend rühren.
- Den abgekühlten Kuchen mit dem Guss bestreichen und mit kandierten Orangenschalen dekorieren.

799 Schokolade-Orangen-Torte mit Karamellnüssen

- Walnüsse fein hacken und in karamellisiertem Zucker wenden. Den Kuchen damit bestreuen.

800 Orangenkuchen

8 PERSONEN

VORBEREITUNG: 20 MINUTEN
KOCHZEIT: 50–60 MINUTEN

ZUTATEN

120 g weiche Butter
250 g Zucker
3 Eier, verquirlt
Saft und abgeriebene Schale von
1 Bio-Orange
250 g Mehl (Type 550)
1 TL Backpulver

Saft von 1 Orange
3–4 EL Honig
2 Tropfen Orangenblütenwasser (nach Belieben)

1 Orange, in Scheiben geschnitten und bei 120 °C im Backofen etwa 2 Stunden getrocknet

- Backofen auf 180 °C (Umluft 160 °C) vorheizen. Eine Kastenform (etwa 1 l) leicht einfetten.
- Butter und Zucker schaumig rühren, dann nach und nach die Eier zugeben und jeweils gut verquirlen.
- Orangenschale und -saft zugeben, dann Mehl und Backpulver unterrühren. Den Teig in die Kuchenform füllen.
- 50–60 Minuten backen, bis bei der Garprobe kein Teig mehr am Spieß haftet.
- Zum Auskühlen auf ein Kuchengitter stürzen.
- Inzwischen Orangensaft und Honig erwärmen, nach Belieben Orangenblütenwasser zugeben. Den Kuchen mit einem Holzspieß mehrfach einstechen und den Orangensirup darüberträufeln, sodass er einwirken kann.
- Mit getrockneten Orangenscheiben dekorieren.

801 Orangenkuchen mit Orangencreme

- Saft und Schale von 1 Bio-Orange mit Mascarpone verrühren und zum Kuchen reichen.

KUCHEN & TORTEN

802 — Bakewell Cake
8 PERSONEN

- Eine Kuchenform mit Butter und Mehl ausstäuben. Für den Teig Mehl und Puderzucker in eine Schüssel sieben.
- Die Butter würfelweise zugeben und Mehl und Butter mit den Fingern verreiben. Salz und verquirltes Ei unterrühren und mit den Händen zu einem glatten Teig verkneten. Zu einer Kugel formen, in Frischhaltefolie wickeln und 30 Minuten kühl stellen.
- Für die Füllung die Mandeln fein hacken. Butter und Zucker zu einer glatten Masse rühren, Eier und Mandeln zugeben und verquirlen.
- Teig auf einer bemehlten Arbeitsfläche ausrollen und die Form damit auslegen. 1 Stunde kühl stellen.
- Den Teig mit Alufolie bedecken, mit Reis oder Bohnen beschweren und im vorgeheizten Backofen bei 180 °C 10 Minuten vorbacken.
- Einige Minuten auskühlen lassen, dann Himbeergelee dick darauf verstreichen. Die Füllung darauf verteilen, mit Mandelblättchen bestreuen und bei 180 °C weitere 35 Minuten backen.

VORBEREITUNG: 20 MINUTEN
KOCHZEIT: 45 MINUTEN

ZUTATEN

FÜR DEN TEIG
200 g Mehl
100 g Butter, gewürfelt
40 g Puderzucker
1 kleines Ei, verquirlt
1 Prise Salz

FÜR DIE FÜLLUNG
300 g Himbeergelee oder -konfitüre
200 g ganze Mandeln, nicht geschält
130 g weiche Butter
120 g Zucker
3 Eier
40–50 g Mandelblättchen

803 — Gewürzkuchen
6 PERSONEN

VORBEREITUNG: 20 MINUTEN
KOCHZEIT: 45 MINUTEN

ZUTATEN

250 g Mehl
3 TL Backpulver
½ TL Backsoda
½ TL gemahlener Ingwer
½ TL Lebkuchen-Gewürzmischung
75 g Zucker
75 g Butter, zerlassen
200 ml Milch
1 Ei
2–3 EL frischer Ingwer, fein gehackt

- Backofen auf 200 °C (Umluft 180 °C) vorheizen. Eine Kastenform leicht einfetten.
- Die trockenen Zutaten in einer Schüssel vermischen.
- Milch in einen Messbecher füllen, das Ei hineinschlagen und mit einer Gabel verquirlen.
- Die Eimischung zur Mehlmischung gießen und dabei mit einem Holzlöffel umrühren. Der Teig sollte ein wenig klumpen – daher nicht zu sehr glatt rühren. Frischen Ingwer zugeben und verrühren.
- Den Teig in die Backform gießen und im Ofen 45 Minuten backen, bis bei der Garprobe kein Teig mehr am Spieß haftet.
- Auf einem Kuchengitter abkühlen lassen.

804 — Dundee Cake
8 PERSONEN

VORBEREITUNG: 20–30 MINUTEN
KOCHZEIT: 1½–2 STUNDEN

ZUTATEN

175 g weiche Butter
175 g brauner Zucker
3 EL Orangenmarmelade
3 Eier, verquirlt
225 g Mehl, mit 2 TL Backpulver vermischt
1 EL gemahlene Mandeln
1 TL Lebkuchen-Gewürzmischung
½ TL gemahlener Zimt
400 g gemischte Trockenfrüchte
3 EL kandierte Kirschen
2 EL Whisky
2 EL geschälte Mandeln

- Backofen auf 150 °C (Umluft 130 °C) vorheizen. Eine Springform (20 cm Durchmesser) mit Backpapier auslegen.
- Butter und Zucker in der Küchenmaschine schaumig rühren. Marmelade zugeben und kurz mixen, dann nach und nach die Eier zugeben und jeweils gut verschlagen.
- Mehl, gemahlene Mandeln und Gewürze zugeben und gut verrühren. Getrocknete Früchte und Kirschen mit einem Metalllöffel unterrühren, dann den Whisky untermengen.
- In die Kuchenform füllen, glatt streichen und die geschälten Mandeln in Kreisen auf der Oberfläche verteilen.
- 1½–2 Stunden fest und goldbraun backen.
- 10 Minuten abkühlen lassen, dann aus der Form auf ein Kuchengitter heben.

805 — Mirabellenkuchen

8 PERSONEN

VORBEREITUNG: 25 MINUTEN
KOCHZEIT: 1 STUNDE

ZUTATEN

200 g Mirabellen (gelbe Pflaumen), halbiert und entsteint
3–4 EL Kristallzucker
120 g Mehl
120 g Zucker
1¼ TL Backpulver
1 EL Milch
1 TL Vanille-Aroma
2 Eier
100 g weiche Butter

- Backofen auf 180 °C (Umluft 160 °C) vorheizen. Eine runde Kuchenform (20 cm Durchmesser) leicht einfetten.
- Die entsteinten Mirabellen im Zucker wenden und einwirken lassen.
- Mehl in eine Schüssel sieben, Zucker und Backpulver zugeben. Eier mit Milch und Vanille-Aroma verquirlen.
- Butter mit etwas Eimischung unter die Mehlmischung rühren, dann das übrige Ei zufügen und glatt rühren.
- Den Teig in die Form füllen und die halbierten Mirabellen darauf verteilen.
- Etwa 1 Stunde backen, bis bei der Garprobe kein Teig mehr am Spieß haftet. Vollständig auskühlen lassen, dann aus der Form nehmen.

Ringlottenkuchen — 806

- Für diesen Früchtekuchen eignen sich alle Steinfrüchte. Süße Ringlotten (Reineclauden) sind besonders köstlich.

807 — Birnenkuchen

6–8 PERSONEN

VORBEREITUNG: 20 MINUTEN
KOCHZEIT: 1 STUNDE

ZUTATEN

200 g weiche Butter
100 g Zucker
100 g Farinzucker (brauner Zucker)
2 Eier, verquirlt
1 TL Vanille-Aroma
½ TL gemahlener Zimt
200 g Mehl
2 TL Backpulver
1 Prise Salz
2–3 reife Birnen, geschält, entkernt und klein geschnitten

- Backofen auf 160 °C (Umluft 140 °C) vorheizen. Eine Kastenform (ca. 1 l) leicht einfetten.
- Butter und beide Zuckerarten schaumig rühren, dann nach und nach mit den Eiern verquirlen und jeweils gut verrühren. Vanille-Aroma und Zimt unterrühren.
- Mit einem Metalllöffel Mehl, Backpulver und Salz unterrühren, dann die Birnen zugeben.
- Die Masse in die Backform füllen; die Birnen sollten möglichst gleichmäßig verteilt sein. 1 Stunde backen, bis bei der Garprobe kein Teig mehr am Spieß haftet.
- In der Fom etwas abkühlen lassen, dann aus der Form nehmen und auf einem Kuchengitter vollständig auskühlen lassen.

Apfelkuchen — 808

- Schmeckt ähnlich: Statt Birnen dieselbe Menge Äpfel klein schneiden und unterrühren.

KUCHEN & TORTEN

809
8 PERSONEN

Gestürzter Ananaskuchen

- Backofen auf 220 °C (Umluft 200 °C) vorheizen.
- Die Ananasscheiben in einer ofenfesten Bratpfanne auflegen und mit Zucker bestreuen. Sanft erwärmen, bis der Zucker schmilzt und die Ananas karamellisiert.
- Für die Masse Mehl, Eier, Milch und Vanille-Aroma in einer Schüssel verrühren, Zucker zugeben und die Masse schlagen, bis sie eindickt. Bei Bedarf mehr Milch zugeben. Die Masse sollte die Konsistenz von Schlagsahne haben.
- Die Ananas mit der Teigmasse übergießen und im Ofen 20 Minuten backen, bis der Teig bräunt und aufgeht.
- Inzwischen für die Sauce Mango mit Zucker und Wasser in einer Kasserolle erhitzen und weich garen. Mit dem Handrührgerät mixen, dann Rum und Rosinen unterrühren.
- Den Kuchen aus dem Ofen nehmen und auf einen Teller stürzen. Mit warmer Mangosauce servieren.

VORBEREITUNG: 25 MINUTEN

KOCHZEIT: 20 MINUTEN

ZUTATEN

½ reife Ananas, geschält, Strunk entfernt, in dünne Scheiben geschnitten
2 EL Zucker
180 g Mehl, mit 7 g (1 gehäuftem TL) Backpulver vermischt
2 Eier
150 ml Milch
1 TL Vanille-Aroma
2 EL Zucker

FÜR DIE SAUCE
500 g reife Mango, geschält, entsteint und gehackt
150 g Kristallzucker
200 ml Wasser
4 EL Rum
4 EL Rosinen

Gestürzter Apfelkuchen   810
- Statt Ananas eignen sich auch Apfelscheiben gut zum Karamellisieren.

811
6–8 PERSONEN

Polentakuchen

- Backofen auf 160 °C (Umluft 140 °C) vorheizen. Eine runde Kuchenform (23 cm Durchmesser) leicht einfetten.
- Butter und Zucker schaumig rühren. Nach und nach die verquirlten Eier zugeben und jeweils gut verrühren.
- Polenta, Mehl, Backpulver, Orangen- und Zitronenschale unterrühren, dann mit Orangensaft zu einem glatten, geschmeidigen Teig rühren.
- Teig in die Kuchenform gießen, glatt streichen und im Backofen 45–50 Minuten backen, bis bei der Garprobe kein Teig mehr am Spieß haftet.
- Aus dem Ofen nehmen und auf einem Kuchengitter abkühlen lassen. Vor dem Servieren mit Puderzucker bestreuen.

VORBEREITUNG: 25 MINUTEN

KOCHZEIT: 45–50 MINUTEN

ZUTATEN

250 g weiche Butter
250 g Zucker
4 Eier, verquirlt
150 g feiner Polentagrieß (Maisgrieß)
200 g Mehl (Type 550)
2 TL Backpulver
abgeriebene Schale und Saft von 2 Bio-Orangen
abgeriebene Schale von ½ Bio-Zitrone
Puderzucker zum Bestreuen

Polenta-Gewürzkuchen   812
- Für eine winterliche Variation 1 TL gemahlenen Zimt und 1 Prise Lebkuchen-Gewürzmischung in den Teig rühren.

SÜSSE KLEINIGKEITEN

SÜSSE KLEINIGKEITEN

813 — 12 STÜCK
Heidelbeermuffins

- Backofen auf 200 °C (Umluft 180 °C) vorheizen. Eine Muffinform für 12 Muffins mit Papier auslegen.
- In einer Schüssel Zucker mit Öl, Ei und Buttermilch verrühren.
- Heidelbeeren untermengen, dann Mehl mit Backpulver und Backsoda in die Schüssel sieben. Verrühren, bis ein relativ glatter, noch leicht klumpiger Teig entsteht. So werden die Muffins beim Backen locker.
- Die Masse gleichmäßig auf die Förmchen verteilen und im Ofen etwa 25 Minuten backen, bis sie bräunen und aufgehen.

VORBEREITUNG: 15 MINUTEN
KOCHZEIT: 25 MINUTEN

ZUTATEN

250 g Zucker
80 ml Öl
1 Ei
250 ml Buttermilch
200 g Heidelbeeren
300 g Mehl (Type 550)
2 TL Backpulver
1 TL Backsoda

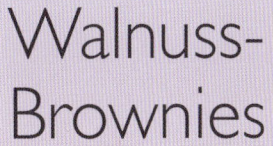

---

814 — 12 STÜCK
Muffins mit Schokochips

VORBEREITUNG: 15 MINUTEN
KOCHZEIT: 25 MINUTEN

ZUTATEN

250 g Zucker
80 ml Öl
1 Ei
250 ml Buttermilch
200 g dunkle Schokochips (Schokotropfen)
300 g Mehl (Type 550)
2 TL Backpulver
1 TL Backsoda

- Backofen auf 200 °C (Umluft 180 °C) vorheizen. Eine Muffinform für 12 Muffins mit Papier auslegen.
- In einer Schüssel Zucker, Öl, Ei und Buttermilch verrühren.
- Schokochips unterrühren, dann Mehl mit Backpulver und Backsoda in die Schüssel sieben. Rühren, bis ein relativ glatter, noch leicht klumpiger Teig entsteht. So werden die Muffins beim Backen locker.
- Die Masse gleichmäßig auf die Förmchen verteilen und im Ofen etwa 25 Minuten backen, bis sie bräunen und aufgehen.

---

815 — 16 STÜCK
Walnuss-Brownies

VORBEREITUNG: 15 MINUTEN
KOCHZEIT: 30 MINUTEN

ZUTATEN

120 g Butter
50 g Zartbitterschokolade
2 Eier, verquirlt
225 g Kristallzucker
50 g Mehl (Type 550)
1 TL Backpulver
1 Prise Salz
150 g Walnüsse, gehackt

- Backofen auf 180 °C (Umluft 160 °C) vorheizen.
- Butter und Schokolade in einer großen Schüssel über einer Kasserolle mit köchelndem Wasser zerlassen.
- Wenn sie geschmolzen sind, mit den übrigen Zutaten glatt rühren.
- In eine flache Backform füllen und 30 Minuten backen, bis der Kuchen gar ist und sich bei Berührung in der Mitte elastisch anfühlt.
- In der Form abkühlen lassen, dann in 16 Stücke schneiden und auf einem Kuchengitter vollständig auskühlen lassen.

816 — Zitronen-Cupcakes
12 STÜCK

VORBEREITUNG: 20 MINUTEN
KOCHZEIT: 20 MINUTEN

ZUTATEN

120 g Mehl, mit 5 g (1 TL) Backpulver vermischt
120 g Zucker
120 g weiche Butter
2 Eier, verquirlt
abgeriebene Schale von 1 Bio-Zitrone
2 EL Milch

FÜR DIE VERZIERUNG
120 g weiche Butter
250 g Puderzucker
Saft von 1 Zitrone

- Backofen auf 200 °C (Umluft 180 °C) vorheizen. Eine Muffinform für 12 Muffins mit Papierschälchen auslegen.
- Mehl, Backpulver, Zucker, Butter, Eier und abgeriebene Zitronenschale in der Küchenmaschine glatt rühren.
- Nach und nach die Milch zugeben, bis der Teig dickflüssig ist und vom Löffel tropft.
- Die Mischung gleichmäßig auf die Muffinförmchen verteilen und die Cupcakes im Ofen etwa 20 Minuten backen, bis sie bräunen und aufgehen.
- Inzwischen für die Verzierung Butter mit Puderzucker cremig rühren, dann Zitronensaft untermengen.
- Die Cupcakes aus der Form auf ein Kuchengitter legen und auskühlen lassen. Dann mit dem Zitronenguss garnieren.

Limetten-Cupcakes — 817
- Limette statt Zitrone ist ebenfalls köstlich – Sie werden vielleicht mehr als ein Stück wollen.

818 — Schoko-Cupcakes
12 STÜCK

VORBEREITUNG: 25 MINUTEN
KOCHZEIT: 20 MINUTEN

ZUTATEN

120 g Mehl, mit 5 g (1 TL) Backpulver vermischt
120 g Zucker
120 g weiche Butter
2 Eier, verquirlt
1 EL Kakaopulver
2 EL Milch

FÜR DIE VERZIERUNG
90 g weiße Schokolade, gehackt
350 g weiche Butter
300 g Puderzucker
120 g Sahne
Schokoplättchen zum Garnieren

- Backofen auf 200 °C (Umluft 180 °C) vorheizen. Eine Form für 12 Muffins mit Papierschälchen auslegen.
- Alle Zutaten bis auf die Milch in der Küchenmaschine glatt rühren. Dann nach und nach die Milch zugeben, bis der Teig dickflüssig ist und vom Löffel tropft.
- Die Mischung gleichmäßig auf die Muffinförmchen verteilen und die Cupcakes im Ofen etwa 20 Minuten backen, bis sie bräunen und aufgehen.
- Inzwischen die weiße Schokolade in einer Schüssel über köchelndem Wasser zerlassen, dabei ständig rühren. Beiseitestellen und kurz abkühlen lassen.
- Butter und Puderzucker schaumig rühren und die zerlassene Schokolade unterrühren. Mit Sahne zu einer lockeren Creme rühren.
- Die Cupcakes aus der Form auf ein Kuchengitter legen, etwas auskühlen lassen und mit weißer Schokocreme und Schokoplättchen verzieren.

Cupcakes mit Zuckerperlen — 819
- Zuckerperlen auf die Cupcakes streuen. Wer es kunstvoll mag, sprüht sie silber an.

SÜSSE KLEINIGKEITEN

820 — Mandel-Brownies mit Schokostückchen
16 STÜCK

821 Mandel-Kirsch-Brownies
- Als fruchtiges Extra zusätzlich 2 EL gehackte kandierte Kirschen unterrühren.

822 Pekannuss-Schoko-Brownies
- Mit Pekannüssen statt Mandeln schmecken die Brownies ebenfalls köstlich.

823 Mandel-Brownies hell & dunkel
- Zusätzlich 1 Handvoll weiße Schokochips unterrühren. Sie zergehen beim Backen.

VORBEREITUNG: 15 MINUTEN
KOCHZEIT: 30 MINUTEN

ZUTATEN
120 g Butter
50 g Zartbitterschokolade
2 Eier, verquirlt
225 g Kristallzucker
50 g Mehl (Type 550)
1 TL Backpulver
1 Prise Salz
120 g Mandeln, gehackt
120 g dunkle Schokochips (Schokotropfen)

- Backofen auf 180 °C (Umluft 160 °C) vorheizen.
- Butter und Schokolade in einer großen Schüssel über einer Kasserolle mit köchelndem Wasser zerlassen.
- Wenn sie geschmolzen sind, Eier, Zucker, Mehl, Backpulver, Salz und Mandeln zugeben und glatt rühren.
- Die Schokotropfen zugeben und gleichmäßig unterrühren, dann die Masse in eine flache, eckige Backform füllen und etwa 30 Minuten backen, bis der Kuchen gar ist und sich in der Mitte bei Berührung elastisch anfühlt.
- In der Form etwas abkühlen lassen, dann in 16 Stücke schneiden und auf einem Kuchengitter vollständig auskühlen lassen.

824

12 STÜCK–16

Schoko-Chip-Cookies

---

825 Schoko-Cookies hell & dunkel

- Zusätzlich zu den dunklen Schokochips Chips aus weißer Schokolade zugeben.

826 Cranberry-Schoko-Cookies

- Getrocknete Cranberrys hacken und statt der Schokochips unterrühren.

827 Schoko-Nuss-Cookies

- Statt der Schokochips gehackte Haselnüsse unterrühren.

VORBEREITUNG: 20–30 MINUTEN
KOCHZEIT: 20 MINUTEN

ZUTATEN

120 g Zartbitterschokolade, gehackt
150 g Mehl (Type 550)
1 EL Kakaopulver
1 TL Backsoda
1 Prise Salz
120 g weiche Butter
120 g Zucker
1 Ei
350 g Schokochips (weiß oder dunkel)

- Backofen auf 170 °C (Umluft 150 °C) vorheizen.
- Schokolade in einer Schüssel über köchelndem Wasser schmelzen, dabei häufig rühren. Zum Abkühlen beiseitestellen.
- In einer großen Schüssel Mehl, Kakaopulver und Backsoda verrühren und etwas Salz zufügen.
- In einer weiteren Schüssel Butter und Zucker cremig rühren, dann die zerlassene Schokolade einrühren.
- Das Ei, dann die Mehlmischung und schließlich die Schokochips unterrühren.
- Ein Backblech mit Backpapier auslegen und im Abstand von etwa 6 cm möglichst gleich große Häufchen aufs Blech setzen. Im Ofen etwa 20 Minuten backen, bis der Teig, der bei der Garprobe am Spieß haftet, nicht mehr flüssig, sondern relativ fest ist.
- Die Cookies kurz abkühlen lassen, dann auf ein Kuchengitter legen. Sie schmecken am besten noch warm und relativ weich.

SÜSSE KLEINIGKEITEN

828 | 12 STÜCK
Vanille-Cupcakes

- Backofen auf 200 °C (Umluft 180 °C) vorheizen. Eine Muffinform für 12 Muffins mit Papierschälchen auslegen.
- Mehl, Backpulver, Zucker, Butter, Eier und Vanille-Aroma in der Küchenmaschine glatt rühren.
- Nach und nach die Milch zugeben, bis ein dickflüssiger Teig entsteht, der vom Löffel tropft.
- Die Masse gleichmäßig auf die Muffinförmchen verteilen und im Ofen 20 Minuten backen, bis sie bräunen und aufgehen.
- Auf einem Backblech auskühlen lassen.

VORBEREITUNG: 20 MINUTEN
KOCHZEIT: 20 MINUTEN

ZUTATEN

120 g Mehl, mit 5 g (1 TL) Backpulver vermischt
120 g Zucker
120 g weiche Butter
2 Eier, verquirlt
1 TL Vanille-Aroma
2 EL Milch

Buttercreme-Cupcakes — 829
- Die Vanille-Cupcakes mit kandierten Zitrusschalen und Zitrus-Buttercreme verzieren.

830 | 24 STÜCK
Teegebäck

- Backofen auf 190 °C (Umluft 170 °C) vorheizen. Butter und Zucker schaumig rühren.
- Nach und nach Mehl und Vanille-Aroma zufügen und grob zu einem Teig vermischen. Auf einer bemehlten Arbeitsfläche glatt kneten und etwa 1 cm dick ausrollen.
- Aus dem Teig runde Kekse ausstechen oder in gleich große Stangen schneiden und auf ein Backblech legen. 20 Minuten kühl stellen.
- Anschließend im Ofen etwa 20 Minuten backen, bis sie langsam Farbe annehmen. Zum Abkühlen auf ein Kuchengitter legen, dann mit Zucker bestreuen.

VORBEREITUNG: 15 MINUTEN
KOCHZEIT: 20 MINUTEN

ZUTATEN

120 g weiche Butter
60 g Zucker
180 g Mehl (Type 550)
1 TL Vanille-Aroma (nach Belieben)
Zucker zum Bestreuen

Teegebäck mit heißen Beeren — 831
- Sie brauchen ein rasches Dessert? Frische oder tiefgekühlte Waldbeeren mit etwas Wasser und Zucker erwärmen und dazu Teegebäck reichen.

832 — Pfefferkuchenmänner

10–12 STÜCK

VORBEREITUNG: 50 MINUTEN
KOCHZEIT: 12 MINUTEN

ZUTATEN

30 g weiche Butter
25 g Zucker
½ TL Backsoda
25 g Golden Syrup (heller Zuckerrohrsirup)
1 Eigelb
125 g Mehl (Type 550)
1 TL gemahlener Ingwer
½ TL Lebkuchen-Gewürzmischung

bunte Zuckerstreusel zum Verzieren
Golden Syrup

- Backofen auf 180 °C (Umluft 160 °C) vorheizen.
- Butter und Zucker schaumig rühren, dann Backsoda, Sirup und Eigelb unterrühren.
- Mehl und Gewürze in die Schüssel sieben und alles mit einem Holzlöffel gut zu einem glatten Teig verrühren.
- Eine Rolle formen, in Frischhaltefolie wickeln und im Kühlschrank etwa 30 Minuten kühl stellen.
- Den Teig 1 cm dick ausrollen und mit einer Ausstechform Pfefferkuchenmänner ausstechen. Auf ein mit Backpapier ausgelegtes Backblech legen.
- Im Ofen etwa 12 Minuten backen, dann auf einem Kuchengitter auskühlen lassen. Nach Belieben mit Zuckerstreuseln verzieren; der Sirup dient dabei als Klebstoff.

833 — Schneemänner aus Pfefferkuchen

- Mit der passenden Ausstechform – oder einfach mit runden Formen verschiedener Größe – lässt sich hübscher Baumschmuck für Weihnachten backen.

834 — Millionaire's Shortbread

24 STÜCK

VORBEREITUNG: 30 MINUTEN
KOCHZEIT: 35–40 MINUTEN

ZUTATEN

225 g Mehl (Type 550)
100 g Zucker
225 g weiche Butter

FÜR DIE GLASUR

175 g Butter
175 g Zucker
4–5 EL Golden Syrup (heller Zuckerrohrsirup)
400 g Kondensmilch aus der Dose
200 g Zartbitterschokolade

- Backofen auf 160 °C (Umluft 140 °C) vorheizen. Eine rechteckige flache Backform leicht einfetten.
- Mehl, Zucker und Butter in der Küchenmaschine mixen.
- Zu einem glatten Teig verkneten, zu einer Kugel formen und mit den Händen flach drücken. Die Kuchenform damit auslegen und den Teigboden mit der Gabel mehrmals einstechen. 35–40 Minuten goldbraun backen und zum Abkühlen beiseitestellen.
- Für die Glasur Butter, Zucker, Sirup und Kondensmilch in einer Kasserolle verrühren, bis die Butter geschmolzen ist. Vorsichtig zum Köcheln bringen und unter ständigem Rühren weiter erhitzen, bis die Mischung eindickt und zu Karamell wird. Auf dem Teig verstreichen.
- Schokolade über köchelndem Wasser schmelzen.
- Schokolade gleichmäßig über die Karamellschicht gießen und fest werden lassen. In 24 Stücke schneiden und servieren.

835 — Millionaire's Shortbread mit Milchschokolade

- Für die Glasur eignet sich auch Milchschokolade.

SÜSSE KLEINIGKEITEN

836
30 STÜCK
Mandelbögen

- Backofen auf 170 °C (Umluft 150 °C) vorheizen. 2 Backbleche mit Backpapier auslegen.
- Butter und Zucker cremig rühren, dann nach und nach das Eiweiß zugeben und jeweils gut verquirlen. Mehl zufügen, glatt rühren und den Teig mindestens 20 Minuten kühl stellen.
- Aus der Mischung mit einem Teelöffel kleine Kreise auf das Backblech setzen. Zwischen den Kreisen genügend Platz lassen, da sie zerfließen.
- 3 Minuten backen, dann mit Mandelblättchen bestreuen und weitere 5–6 Minuten backen, bis sie goldbraun, aber nicht zu dunkel sind.
- Auf Wunsch rasch nach dem Herausnehmen kurz über den Stiel eines Kochlöffels biegen, damit die charakteristische Krümmung entsteht. Auf einem Kuchengitter auskühlen und fest werden lassen.

VORBEREITUNG: 40 MINUTEN
KOCHZEIT: 8 MINUTEN

ZUTATEN
100 g weiche Butter
100 g Zucker
3 Eiweiß
100 g Mehl (Type 550)
2 EL Mandelblättchen

Mandelbögen mit Schokoguss — 837
- Zartbitterschokolade zerlassen und die Mandelbögen damit beträufeln, dann abkühlen und fest werden lassen.

838
16–20 STÜCK
Whoopee Pies mit Schokolade

- Backofen auf 180 °C (Umluft 160 °C) vorheizen. Ein Backblech mit Backpapier auslegen.
- Schokolade und Butter in einer Schüssel über köchelndem Wasser zerlassen. Zum Abkühlen beiseitestellen.
- Zucker, Eier und Vanille verquirlen. Zimt unterrühren.
- Mehl, Kakao und Backpulver in die Schüssel sieben und verrühren. Dann die Schokolademischung untermengen.
- Mit einem Teelöffel kleine Häufchen Teig auf das Backblech setzen – es sollten 32–40 Kekse sein. Im Backofen 8 Minuten backen.
- Aus dem Ofen nehmen und die Hälfte der Kekse auf ein Kuchengitter legen. Die übrigen Kekse umdrehen und mit je einem Marshmallow belegen. Weitere 3 Minuten backen, bis die Marshmallows weich sind.
- Herausnehmen und je ein ausgekühltes Keks auf die Marshmallows drücken, sodass Doppelkekse entstehen.

VORBEREITUNG: 30 MINUTEN
KOCHZEIT: 8–12 MINUTEN

ZUTATEN
1 EL Butter
150 g Zartbitterschokolade
225 g Zucker
3 Eier
1 TL Vanille-Aroma
½ TL gemahlener Zimt (nach Belieben)
250 g Mehl (Type 550)
1 EL Kakaopulver
½ TL Backpulver
16–20 Marshmallows

Whoopee Pies mit Pfiff — 839
- 1 Prise Cayennepfeffer im Teig sorgt für etwas Schärfe.

840 Whoopee Pies mit Konfitüre

16–20 STÜCK

841 Brombeer-Whoopee-Pies

- Brombeergelee oder ähnliche, weniger süße Sorten für die Füllung verwenden.

842 Whoopee Pies mit Brombeersahne

- Beerenkonfitüre (am besten Brombeere) mit leicht geschlagener Sahne verrühren und die Kekse damit füllen.

843 Whoopee Pies mit Schokocreme

- Die Kekse mit einer dicken Schicht Haselnusscreme bestreichen.

VORBEREITUNG: 30 MINUTEN
KOCHZEIT: 10 MINUTEN

ZUTATEN

100 g Butter
200 g Zucker
2 Eier, verquirlt
2 TL Vanille-Aroma
120 ml Buttermilch
300 g Mehl (Type 550)
1½ TL Backpulver
1 TL Backsoda
1 Glas Beerenkonfitüre (z. B. Erdbeer-, Himbeer- oder rote Johannisbeerkonfitüre)

- Backofen auf 180 °C (Umluft 160 °C) vorheizen. Ein Backblech mit Backpapier auslegen.
- Butter und Zucker cremig rühren, dann nach und nach die Eier zugeben und jeweils gut unterrühren.
- Vanille und Buttermilch unterrühren.
- Mehl, Backpulver und Backsoda in die Schüssel sieben und mit einem Metalllöffel nach und nach unterrühren.
- Mit einem Esslöffel Teighäufchen auf das Backblech setzen und im Ofen 8 Minuten goldbraun backen.
- Die Hälfte der Kekse auf einem Kuchengitter beiseitestellen, die übrigen Kekse umdrehen und mit Konfitüre bestreichen. Etwa 2 Minuten weiterbacken, dann herausnehmen und die ausgekühlten Kekse auf die Konfitüreflächen pressen, sodass Doppelkekse entstehen. Auskühlen lassen.

SÜSSE KLEINIGKEITEN

844
10–12 STÜCK

Rosinenbrötchen

- Backofen auf 220 °C (Umluft 200 °C) vorheizen. Ein Backblech leicht einfetten oder mit Papier auslegen.
- Mehl, Backpulver und Salz in eine Schüssel sieben, Butterwürfel zugeben und mit den Fingern verreiben.
- Rosinen zufügen, dann mit Milch glatt rühren.
- Den Teig auf einer bemehlten Arbeitsfläche rasch verkneten. Etwa 2 cm dick ausrollen und mit einem runden Ausstecher kleine Teigkreise ausstechen. Auf das Backblech legen, den übrigen Teig erneut ausrollen und weitere Kreise ausstechen, bis der Teig aufgebraucht ist.
- Mit etwas Milch bestreichen und etwa 15 Minuten backen, bis die Brötchen goldbraun sind und sichtlich aufgehen.
- Auf einem Kuchengitter etwas abkühlen lassen, dann nach Belieben durchschneiden und z. B. mit Butter und Konfitüre bestrichen servieren.

VORBEREITUNG: 20 MINUTEN
KOCHZEIT: 15 MINUTEN

ZUTATEN

225 g Mehl, mit 2 TL Backpulver vermischt
1 Prise Salz
60 g kühle Butter, gewürfelt
1 EL Sultaninen (oder Rosinen)
1 EL Zucker
150 ml Milch

Süße Brötchen mit Trockenfrüchten   845

- Zusätzlich 1 Handvoll getrocknete Aprikosen hacken und zugeben.

846
10–12 STÜCK

Honig-Scones

- Backofen auf 220 °C (Umluft 200 °C) vorheizen. Ein Backblech leicht einfetten oder mit Backpapier auslegen.
- Mehl, Backpulver und Salz in eine Schüssel sieben, Butterwürfel zugeben und mit den Fingern verreiben.
- Honig und Zucker unterrühren, dann Milch zugeben und alles zu einem glatten Teig rühren.
- Auf einer bemehlten Arbeitsfläche rasch verkneten und etwa 2 cm dick ausrollen. Mit einem runden Ausstecher Teigkreise ausstechen und auf das Backblech legen. Den übrigen Teig erneut ausrollen und weitere Kreise ausstechen, bis der Teig aufgebraucht ist.
- Die Scones mit etwas mehr Milch bestreichen, mit Sesam bestreuen und im Ofen etwa 15 Minuten backen, bis sie goldbraun sind und sichtbar aufgehen.
- Auf einem Kuchengitter auskühlen lassen, dann nach Belieben durchschneiden und z. B. mit Butter und Konfitüre servieren.

VORBEREITUNG: 20 MINUTEN
KOCHZEIT: 15 MINUTEN

ZUTATEN

225 g Mehl, mit 2 TL Backpulver vermischt
1 Prise Salz
60 g kühle Butter, gewürfelt
1 EL Sultaninen (oder Rosinen)
1 EL flüssiger Honig
150 ml Milch
2 EL Sesamsamen oder gemischte Samen zum Bestreuen

Heidehonig-Scones   847

- Heidehonig verleiht den Scones ein intensiveres Honigaroma.

848 — Englisches Karfreitagsgebäck

12 STÜCK

VORBEREITUNG: 1 STUNDE 45 MINUTEN
KOCHZEIT: 15 MINUTEN

ZUTATEN

- 500 g Weizenmehl (Type 550)
- 75 g Butter
- 3 EL Zucker
- 1 TL Salz
- 1 TL gemahlener Zimt
- ½ TL Lebkuchengewürz
- ¼ TL frisch geriebene Muskatnuss
- 1½ TL Trockenhefe
- 1 Ei, verquirlt
- 275 ml Milch
- 120 g Sultaninen

FÜR DIE VERZIERUNG
- 120 g Mehl
- 8 EL Wasser
- 4 EL Milch
- 2 EL Zucker

- Mehl und Butter in einer großen Schüssel verreiben.
- Zucker, Salz, Gewürze und Trockenhefe untermengen, Ei einrühren und nach und nach die Milch zugeben.
- Auf einer bemehlten Arbeitsfläche etwa 5 Minuten zu einem glatten, elastischen Teig kneten. Sultaninen einkneten, zurück in die Schüssel geben und mit Frischhaltefolie zudecken. An einem warmen Ort 1 Stunde auf die doppelte Größe gehen lassen.
- Den Teig auf die Arbeitsfläche legen und erneut 5 Minuten durchkneten. In 12 gleich große Stücke schneiden und jedes Stück zu einer glatten Kugel formen. Ausstülpungen glätten. In möglichst großem Abstand auf ein gefettetes Backblech legen, ein Stück Frischhaltefolie mit Öl bestreichen und das Blech damit abdecken. Erneut 30 Minuten an einem warmen Ort gehen lassen.
- Backofen auf 200 °C vorheizen.
- Für die Kreuzzeichnung Mehl in eine kleine Schüssel sieben und mit Wasser zu einer glatten Paste rühren. Mit dem Spritzbeutel Kreuze auf die Brötchen spritzen.
- Im Backofen weitere 15 Minuten backen.
- Inzwischen Milch und Zucker in einer Kasserolle erwärmen, bis der Zucker aufgelöst und die Masse sirupartig ist. Die fertigen Brötchen damit bestreichen und auf einem Kuchengitter auskühlen lassen.

849 — Butterkekse

30–40 STÜCK

VORBEREITUNG: 1 STUNDE 20 MINUTEN
KOCHZEIT: 15 MINUTEN

ZUTATEN

- 370 g Mehl (Type 550)
- 1 Prise Salz
- 250 g weiche Butter
- 1 Eigelb
- 120 g Zucker
- 1 TL Vanille-Aroma

- Mehl und Salz in eine Schüssel sieben.
- In einer weiteren Schüssel Butter und Zucker schaumig rühren. Eigelb und Vanille unterrühren, dann nach und nach die Mehlmischung untermengen.
- Den Teig zu einer Kugel formen, in Frischhaltefolie wickeln und 1 Stunde kühl stellen.
- Backofen auf 180 °C (Umluft 160 °C) vorheizen.
- Den Teig auf einer bemehlten Arbeitsfläche etwa 3 mm dick ausrollen. Mit Teigausstechern beliebige Formen oder Kreise ausstechen und die Kekse auf mit Backpapier ausgelegte Backbleche legen.
- Im Backofen 15 Minuten hellbraun backen. Dann auf einem Kuchengitter abkühlen lassen.

850 — Zitrus-Butterkekse

- Abgeriebene Schale von 1 Bio-Zitrone und von ½ Bio-Orange in den Teig einrühren.

SÜSSE KLEINIGKEITEN

851
8–10 STÜCK

Mini-Himbeerküchlein

Kirschküchlein — 852

- Frische Kirschen entsteinen oder Kirschen aus dem Glas statt der Himbeeren verwenden.

Erdbeerküchlein — 853

- Statt der Himbeeren die Küchlein mit entstielten und halbierten Erdbeeren verzieren.

Brombeerküchlein — 854

- Statt der Himbeeren die Küchlein mit frischen Brombeeren verzieren.

VORBEREITUNG: 20 MINUTEN
KOCHZEIT: 20 MINUTEN

ZUTATEN

120 g Mehl, mit 5 g (1 TL) Backpulver vermischt
120 g Zucker
120 g weiche Butter
2 Eier, verquirlt
1 TL Vanille-Aroma
2 EL Milch
1 Körbchen frische Himbeeren

- Backofen auf 200 °C (Umluft 180 °C) vorheizen. Kleine längliche Papier- oder Silikonförmchen vorbereiten oder eine Muffinform mit Papier auslegen.
- Mehl, Backpulver, Zucker, Butter, Eier und Vanille-Aroma in der Küchenmaschine glatt rühren.
- Nach und nach die Milch zugeben und alles zu einem dickflüssigen Teig verrühren, der vom Löffel tropft.
- Die Masse gleichmäßig auf die Förmchen verteilen und je 3–4 Himbeeren leicht in die Teigoberfläche drücken. Etwa 20 Minuten backen, bis die Küchlein aufgehen und goldbraun werden.
- Aus den Förmchen nehmen und auf einem Kuchengitter auskühlen lassen.

855 — 12 STÜCK
Zitronenbaiser-Cupcakes

VORBEREITUNG: 30 MINUTEN
KOCHZEIT: 20 MINUTEN

ZUTATEN

120 g Mehl, mit 1 TL Backpulver vermischt
120 g Zucker
120 g weiche Butter
2 Eier, verquirlt
abgeriebene Schale von 1 Bio-Zitrone
2 EL Milch

FÜR DIE VERZIERUNG

2 Eiweiß
120 g Zucker

- Backofen auf 200 °C (Umluft 180 °C) vorheizen. Eine Muffinform für 12 Muffins mit Papierschälchen auslegen.
- Mehl, Backpulver, Zucker, Butter, verquirlte Eier und Zitronenschale in der Küchenmaschine glatt rühren.
- Nach und nach Milch zugeben und verrühren, bis ein dickflüssiger Teig entsteht, der vom Löffel tropft.
- Die Masse gleichmäßig auf die Förmchen verteilen und im Ofen 20 Minuten backen, bis sie bräunen und aufgehen.
- Für die Verzierung Eiweiß steif schlagen, dann nach und nach mit Zucker glänzend rühren. Je ein Häufchen auf ein Cupcake setzen und nach Belieben mit der Gabel dekorative Spitzen ziehen.
- Die Baiserverzierung kurz mit dem Bunsenbrenner oder im Backofengrill bräunen. Dann servieren.

Limettenbaiser-Cupcakes — 856

- Statt Zitronenschale Limettenschale verwenden.

857 — 12 STÜCK
Heidelbeer-Cupcakes

VORBEREITUNG: 30 MINUTEN
KOCHZEIT: 20 MINUTEN

ZUTATEN

120 g Mehl, mit 1 TL Backpulver vermischt
120 g Zucker
120 g weiche Butter
2 Eier, verquirlt
1 TL Vanille-Aroma
2 EL Milch
200 g Heidelbeeren

FÜR DIE VERZIERUNG

einige Heidelbeeren
120 g weiche Butter
250 g Puderzucker
blaue Lebensmittelfarbe

- Backofen auf 200 °C (Umluft 180 °C) vorheizen. Eine Muffinform für 12 Muffins mit Papierschälchen auslegen.
- Mehl, Backpulver, Zucker, Butter, Eier und Vanille-Aroma in der Küchenmaschine glatt rühren.
- Nach und nach Milch zugeben, bis ein dickflüssiger Teig entsteht, dann die Heidelbeeren unterrühren. Einige Heidelbeeren für die Verzierung beiseitelegen.
- Die Mischung gleichmäßig auf die Förmchen verteilen und 20 Minuten backen, bis sie bräunen und aufgehen.
- Inzwischen für die Verzierung Butter und Puderzucker schaumig rühren, dann so viel Lebensmittelfarbe unterrühren, bis der gewünschte Farbton erreicht ist.
- Die Cupcakes herausnehmen und abkühlen lassen. Dann mit Buttercreme bestreichen und mit den übrigen Heidelbeeren verzieren.

Schwarze Johannisbeer-Cupcakes — 858

- Eine weniger süße und verspielte Version ersetzt die Heidelbeeren durch schwarze Johannisbeeren.

SÜSSE KLEINIGKEITEN

859
8 PERSONEN

Mini-Bakewell-Tarts

- Mehl, Butter, Mandeln, Zucker und Salz in der Küchenmaschine krümelig rühren. Eigelb und 1 EL kaltes Wasser zugeben, kurz glatt mixen. Den Teig zu einer Scheibe formen und mit Frischhaltefolie bedeckt 1 Stunde kühl stellen.
- Den Teig auf einer bemehlten Arbeitsfläche etwa 3 mm dick ausrollen. Eine runde Kuchenform (20 cm Durchmesser) mit dem Teig auslegen, mit der Gabel einstechen und 20 Minuten kühl stellen. Backofen auf 180 °C vorheizen.
- Kleine runde Back- oder Muffinformen mit dem Teig auslegen, mit Backpapier und Backkugeln oder Reis bedecken und 20 Minuten vorbacken, dann Papier und Kugeln entfernen und weitere 5 Minuten backen. Abkühlen lassen.
- Teigböden mit Konfitüre bestreichen. Butter und Zucker schaumig rühren, Eier und Eigelb zugeben und gut verrühren. Gemahlene Mandeln und Orangenschale untermengen.
- Masse auf der Konfitüre verstreichen und weitere 20 Minuten backen. Puderzucker mit Wasser zu einer Paste verrühren, die Törtchen glasieren. Mit Mandelsplittern bestreuen.

VORBEREITUNG: 30–40 MINUTEN
KOCHZEIT: 65 MINUTEN

ZUTATEN
125 g Mehl (Type 550)
75 g Butter
1 EL Zucker
1 Ei, getrennt
1 Prise Salz
2 EL gemahlene Mandeln

FÜR DIE FÜLLUNG
2 gehäufte EL Himbeerkonfitüre
150 g Butter
150 g Zucker
3 Eier, verquirlt
1 Eigelb
150 g gemahlene Mandeln
abgeriebene Schale von 1 Bio-Orange
1 EL Mandelsplitter, geröstet
175 g Puderzucker

Mini-Pflaumen-Bakewells 860
- Statt der traditionellen Himbeerkonfitüre macht sich auch Pflaumenkonfitüre sehr gut.

861
36–40 STÜCK

Hippengebäck

- Zucker, Mehl und Salz verrühren und in der Mitte eine Vertiefung machen. Zerlassene Butter, leicht geschlagenes Eiweiß, Sahne und Vanille hineingießen und alles gut zu einer glatten Masse verrühren. Zugedeckt mindestens 2 Stunden kühl stellen.
- Backofen auf 210 °C (Umluft 190 °C) vorheizen. Zwei Backbleche leicht einfetten.
- Einen Esslöffel Teig auf ein Backblech klecksen und mit der Löffelrückseite zu einem möglichst dünnen Kreis verstreichen. 3 weitere Kreise machen, dann für 5–6 Minuten backen, bis sie am Rand zu bräunen beginnen.
- Herausnehmen und mit einem Spachtelmesser auf die Arbeitsfläche legen. Jedes Keks rasch um den Stiel eines Kochlöffels in Zigarettenform rollen. Abkühlen lassen.
- Mit dem übrigen Teig ebenso verfahren, bis er aufgebraucht ist. Wenn die gebackenen Teigkreise zu kalt und fest werden, 1 Minute im Backofen wieder aufweichen.

VORBEREITUNG: 2 STUNDEN
KOCHZEIT: 5–6 MINUTEN

ZUTATEN
500 g Puderzucker
300 g Mehl (Type 550)
1 Prise Salz
250 g Butter, zerlassen
6 Eiweiß
1 EL Sahne
1 TL Vanille-Aroma

Zimt-Hippen 862
- ½ TL gemahlenen Zimt unter die Masse rühren.

863 — Kokos-Whoopee-Pies

16–20 STÜCK

864

VORBEREITUNG: 30 MINUTEN
KOCHZEIT: 10 MINUTEN

ZUTATEN

100 g Butter
200 g Zucker
2 Eier, verquirlt
2 TL Vanille-Aroma
120 ml Buttermilch
100 g Kokosraspel
300 g Mehl (Type 550)
1½ TL Backpulver
1 TL Backsoda
16–20 Marshmallows
Kokosraspel zum Bestreuen

- Backofen auf 180 °C (Umluft 160 °C) vorheizen. Ein Backblech mit Backpapier auslegen.
- Butter und Zucker cremig rühren, dann nach und nach die Eier zugeben und jeweils gut verquirlen.
- Vanille-Aroma und Buttermilch unterrühren, dann Kokosraspel untermengen.
- In einer weiteren Schüssel Mehl, Backpulver und Backsoda vermischen und die Mischung mit einem Metalllöffel unter die Buttermischung rühren.
- Mit einem Esslöffel kleine Häufchen auf ein Backblech setzen und 8 Minuten goldbraun backen.
- Die Hälfte der Kekse auf einem Kuchengitter abkühlen lassen, die andere Hälfte auf die flache Seite drehen und mit Marshmallows belegen. Zurück in den Ofen schieben und 2 Minuten weiterbacken, bis die Marshmallows zergehen, dann die ausgekühlten Kekse daraufsetzen. Abkühlen lassen.
- Vor dem Servieren mit Kokosraspel bestreuen.

Whoopee Pies mit Schokofüllung

- Eine Hälfte der Kekse auf der flachen Seite mit Nutella bestreichen, dann die Marshmallows daraufsetzen.

865 — Whoopee Pies mit Himbeerkonfitüre

- Statt Marshmallows dick mit Himbeerkonfitüre bestreichen, dann zusammensetzen.

866 — Kokos-Zitro-Whoopee Pies

- Mit fein abgeriebener Limetten- oder Orangenschale bestreuen.

SÜSSE KLEINIGKEITEN

867 — 8 STÜCK
Mandel-Kuchenspieße

- Schokolade in einer Schüssel über köchelndem Wasser zerlassen. Die Kuchenstücke so in eine Schüssel krümeln, dass die Krümel möglichst gleich groß sind.
- Zerlassene Schokolade nach und nach unterrühren. Die Masse sollte zähflüssig und geschmeidig sein; zu viel Schokolade macht sie zu schwer für die Spieße.
- Aus der Masse golfballgroße Kugeln formen und ein Holzspießchen hineinstecken.
- In gehackten Mandeln wenden und 1 Stunde kühl stellen.

VORBEREITUNG: 1 STUNDE

ZUTATEN

100 g Zartbitterkuvertüre
250 g verschiedene fertig gekaufte Kuchen, etwa Schokoladekuchen, Früchtekuchen, Marmorkuchen, Madeira-Kuchen oder nach Belieben
4 EL Mandeln, fein gehackt

868
Mandel-Schoko-Kuchenspieße
- Zusätzlich 2 EL Schokochips unter die Mischung rühren.

869
Haselnuss-Kuchenspieße
- Gehackte Haselnüsse statt Mandeln verwenden.

870 — 50 STÜCK
Korsische Canistrelli

- Backofen auf 180 °C (Umluft 160 °C) vorheizen. Ein Backblech mit Backpapier auslegen.
- In einer Schüssel Mehl und Vollkornmehl mit Salz, Backpulver und Zitronenschale verrühren. In der Mitte eine Vertiefung machen und Olivenöl und Weißwein zugießen. Mit einer Gabel glatt rühren.
- Den Teig auf eine leicht eingeölte Arbeitsfläche legen und zu einer Kugel kneten.
- Zu einer 1,5 cm dicken Scheibe flachdrücken. Zu etwa 2,5 cm breiten Rauten schneiden und im Abstand von etwa 2,5 cm auf ein Backblech legen.
- 15 Minuten backen, dann auf 160 °C reduzieren und weitere 15 Minuten goldbraun backen.
- Auf einem Kuchengitter abkühlen lassen.

VORBEREITUNG: 30 MINUTEN

KOCHZEIT: 30 MINUTEN

ZUTATEN

150 g Mehl (Type 550)
100 g Vollkornweizenmehl
1 TL Salz
1½ TL Backpulver
abgeriebene Schale von 1 Bio-Zitrone
80 ml Olivenöl
80 ml Weißwein

871
Orangen-Canistrelli
- Statt Zitronen- Orangenschale in die Teigmasse rühren.

872 — Schokoladetrüffel
4 PERSONEN

VORBEREITUNG: 20 MINUTEN + KÜHLZEIT

ZUTATEN

300 g Zartbitterschokolade, gehackt
300 g Sahne
2 EL Butter
Kakaopulver zum Wälzen

- Schokolade in eine Schüssel füllen.
- Sahne und Butter in einer Kasserolle zum Köcheln bringen, dann die Schokolade zugeben und unterrühren, bis sie geschmolzen und gleichmäßig verteilt ist.
- Nach Belieben 1–2 EL Weinbrand oder weitere Zutaten zugeben.
- Etwa 4 Stunden kühl stellen.
- Mit eingeölten Händen aus der Mischung walnussgroße Kugeln formen und auf ein Backblech setzen. In Kakaopulver wälzen und anschließend bis zum Servieren kühl lagern.

Schoko-Likör-Trüffel — 873
- 2 EL von Ihrem Lieblingslikör, etwa Kaffeelikör oder Baileys, sorgen für feines Aroma.

874 — Vanillekaramellen
36 STÜCK

VORBEREITUNG: 45 MINUTEN + HÄRTUNGSZEIT

ZUTATEN

300 ml Milch
350 g Zucker
100 g Butter
1 TL Vanille-Aroma

- Eine Kuchen- oder Bratenform (18 cm Seitenlänge) leicht einfetten.
- Milch, Zucker und Butter in einer Kasserolle unter ständigem Rühren langsam erhitzen, bis sich der Zucker auflöst und die Butter geschmolzen ist.
- Zum Kochen bringen und 15–20 Minuten unter ständigem Rühren weiterkochen, bis die Masse eine Temperatur von 115 °C hat oder ein Löffel Karamell, in sehr kaltes Wasser geschüttet, sich zu einer Kugel formt, die man mit einem Löffelstiel aufspießen kann. Vom Herd nehmen, Vanille unterrühren und 5 Minuten abkühlen lassen.
- Mit einem Holzlöffel gut verrühren, bis die Masse eindickt, den Glanz verliert und dunkler wird.
- In die Form gießen und bei Raumtemperatur fest werden lassen. Die feste Masse in Rechtecke schneiden und servieren.

Karamellen mit Ahornsirup — 875
- Statt 1 TL Vanille-Aroma ½ TL Vanille-Aroma und 2 TL Ahornsirup einrühren.

SÜSSE KLEINIGKEITEN

876 Mince Pies

36–40 STÜCK

877 Tarte mit getrockneten Früchten

- Eine Tarteform mit fertigem Blätterteig auslegen, die Früchtemischung dick auftragen und die Teigränder einrollen.

878 Mince Pies mit Rumsahne

- Die Mini-Mince Pies warm servieren und dazu leicht geschlagene Sahne mit etwas Rum reichen.

879 Mince Pies mit Brandybutter

- 3 Minuten vor Ende der Backzeit die Teigsterne vorsichtig abheben und mit etwas Brandy-Butter bestreichen. Zurück auf die Törtchen legen, fertigbacken, sodass die Butter einwirkt, und warm servieren.

VORBEREITUNG: 45 MINUTEN
KOCHZEIT: 15 MINUTEN

ZUTATEN

250 g Mehl (Type 550)
60 g kalte Margarine
60 g kalte Butter
Saft von 1 Orange
1 Prise Salz
250 g gemischte getrocknete Früchte (z. B. Rosinen, Korinthen, Aprikosen, Kirschen, kandierte Früchte)

- Mehl, Butter und Margarine in der Küchenmaschine krümelig rühren, dann Orangensaft und Salz zugeben und glatt mixen.
- Aus der Schüssel nehmen und zu 3 Teigkugeln kneten. Jeweils zu einer Scheibe formen, mit Frischhaltefolie bedecken und 20 Minuten kühl stellen.
- Backofen auf 220 °C (Umluft 200 °C) vorheizen.
- Die Teigscheiben so dünn wie möglich ausrollen. Aus je einer Scheibe Teig kleine Tarteförmchen (4,5 cm Durchmesser) mit Teig auslegen. Wenn genug Tarteförmchen vorhanden sind, mehr als eine Teigscheibe verwenden. Jeden Teigboden mit einem Löffel Früchtemischung belegen.
- Die Teigreste erneut ausrollen und daraus kleine Sterne ausstechen. Die Törtchen damit verzieren.
- Die erste Portion Törtchen 15 Minuten backen, bis sie leicht bräunen. Aus den Formen nehmen und auf einem Kuchengitter auskühlen lassen, inzwischen den übrigen Teig zu Törtchen verarbeiten.

TEIGWAREN SÜSS & SALZIG

880 – Apfelstrudel

4 PERSONEN

- Backofen auf 190 °C (Umluft 170 °C) vorheizen. Äpfel in einer Schüssel gut mit Orangensaft verrühren, damit sie nicht braun werden. Orangenschale, Zucker, Gewürze und Sultaninen zugeben und gut verrühren.
- Die Filoteigblätter mit einem feuchten Küchentuch bedecken. Ein großes Stück Backpapier auf die Arbeitsfläche legen. Jeweils ein Blatt Filoteig herausnehmen und mit zerlassener Butter bestreichen.
- Die bestrichenen Filoteigblätter übereinanderschichten und das oberste mit Semmelbröseln bestreuen.
- Die Apfelmischung mittig auf der ganzen Länge verteilen.
- Den Teig mit dem Backpapier über der Apfelmischung zu einer dicken Rolle einschlagen.
- Auf ein Backblech legen, mit zerlassener Butter bestreichen und 35 Minuten goldbraun und knusprig backen.

VORBEREITUNG: 30 MINUTEN
KOCHZEIT: 35 MINUTEN

ZUTATEN

750 g Tafeläpfel, geschält, entkernt und gehackt
Saft und abgeriebene Schale von
1 Bio-Orange
100 g Zucker
¼ TL gemahlene Nelken
2 TL gemahlener Zimt
¼ TL frisch geriebene Muskatnuss
60 g Sultaninen
6–8 Blätter Filoteig (fertig)
60 g Butter, zerlassen
3 EL Semmelbrösel

881 – Windbeutel mit Schlagsahne

28–30 STÜCK

VORBEREITUNG: 15 MINUTEN
KOCHZEIT: 25 MINUTEN

ZUTATEN

60 g Mehl (Type 550)
1 TL Zucker
150 ml kaltes Wasser
50 g Butter, gewürfelt
2 Eier, verquirlt
300 g Sahne
30 g Puderzucker
1 TL Vanille-Aroma

- Backofen auf 200 °C (Umluft 180 °C) vorheizen.
- Ein Stück Backpapier diagonal falten und das Mehl darauf sieben. Zucker dazugeben und das Papier zu einer Tüte zusammenlegen.
- Wasser mit Butter in eine Kasserolle gießen und sanft erhitzen, bis die Butter schmilzt. Dabei gelegentlich rühren. Wenn die Mischung kocht, vom Herd nehmen und rasch Mehl und Zucker zugeben. Unter starkem Rühren mit einem Holzlöffel oder Handrührgerät zu einer glatten Masse verrühren, dann die Eier nach und nach unterrühren.
- Ein Backblech einfetten. Mit einem Teelöffel im Abstand von 2,5 cm Häufchen aufs Blech setzen.
- Im Ofen 10 Minuten backen, dann auf 220 °C erhöhen und weitere 15 Minuten backen.
- Auf einem Kuchengitter abkühlen lassen. Inzwischen Sahne, Zucker und Vanille-Aroma zu einer Creme verschlagen.
- Von den abgekühlten Windbeuteln das obere Drittel abschneiden und das untere mit Creme füllen. Deckel daraufsetzen und gleich servieren.

882 – Rindfleisch-Pie mit Nieren

4 PERSONEN

VORBEREITUNG: 2 ½ STUNDEN
KOCHZEIT: 45 MINUTEN

ZUTATEN

FÜR DIE FÜLLUNG
2 EL Öl oder Rindertalg
750 g Rinderschmorfleisch
200 g Rinderniere, gehackt
2 Zwiebeln, geschält und gehackt
1 EL Tomatenmark
1½ EL Mehl (Type 550)
2 Lorbeerblätter
2 EL Worcestersauce
450 ml Rinderfond
225 g Champignons, in Scheiben
Salz und Pfeffer
1 fertiger Mürbeteigboden

- Für die Füllung Fett in einer Pfanne erhitzen und das Fleisch darin auf allen Seiten gleichmäßig bräunen. Mit einem Sieblöffel herausnehmen und die Zwiebeln in die Pfanne geben. Goldbraun anrösten. Den Teig ausrollen. Mit knapp der Hälfte des Teiges eine Auflaufform auslegen.
- Tomatenmark einrühren und einwirken lassen, dann das Fleisch mit Bratsaft wieder zugeben. Mit Mehl glatt rühren, dann Lorbeer, Worcestersauce und Fond zugeben. Mit Salz und Pfeffer abschmecken und 1½–2 Stunden garen, bis das Fleisch zart ist.
- Die Füllung in der Auflaufform verteilen, sodass sie auf Höhe des Teigrandes ist. In die Mitte einen umgedrehten Eierbecher stellen, um den Teigdeckel zu stützen, und die größere Teighälfte auf die Pie legen. Die Ränder festdrücken und mit einer Gabel rillen, dann mit verquirltem Ei bestreichen und in der Mitte einstechen, damit Dampf entweichen kann.
- Im Ofen 40–45 Minuten goldbraun backen.

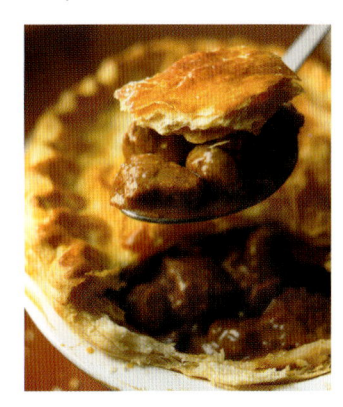

883
20 STÜCK

Croissants

884
Croissants mit gebratenen Äpfeln
- Äpfel klein schneiden, in der Pfanne mit Zucker anbraten, bis sie karamellisieren, und zu den Croissants reichen.

885
Pikante Croissants
- Mit Schinken und Käse füllen und im Ofen grillen, bis der Käse geschmolzen ist.

886
Croissant-Brotpudding
- Croissants statt Weißbrot oder Brioche als Grundlage für den Brotpudding auf Seite 201 verwenden.

VORBEREITUNG: 2 STUNDEN
KOCHZEIT: 15 MINUTEN

ZUTATEN
625 g Mehl (Type 550?)
12 g Salz
75 g Zucker
20 g Trockenhefe
500 g kalte Butter, gewürfelt
1 Ei, verquirlt

- Mehl, Salz, Zucker und Trockenhefe in einer Schüssel mit Wasser zu einem geschmeidigen Teig verrühren.
- Auf einer bemehlten Arbeitsfläche 5–8 Minuten verkneten. Dann 1 Stunde kühl stellen.
- Aus dem Kühlschrank nehmen und auf einer bemehlten Unterlage auf ein Rechteck ausrollen.
- Die Butter so in der Mitte der Teigfläche verteilen, dass zwei Drittel des Teigs bedeckt sind. Das übrige Drittel von beiden Seiten über der Butter einklappen, sodass eine dritte Schicht entsteht. In Frischhaltefolie gewickelt 1 weitere Stunde kühl stellen.
- Auf der bemehlten Arbeitsfläche den Teig erneut ausrollen und erneut wie oben einfalten. Nochmals 1 Stunde kühl stellen.
- 2 weitere Male ebenso verfahren und über Nacht in Frischhaltefolie gewickelt kühl stellen.
- Anschließend den Teig 3 mm dick ausrollen und in Quadrate mit 20 cm Seitenlänge schneiden.
- Jedes Quadrat diagonal halbieren und die Dreiecke auf einer leicht bemehlten Unterlage auslegen.
- Dreiecke zu Hörnchen einrollen, dabei nicht zu fest zusammendrücken. Backbleche mit Papier auslegen und 1 Stunde an einem warmen Ort gehen lassen. Backofen auf 200 °C (Umluft 180 °C) vorheizen.
- Mit etwas verquirltem Ei bestreichen und 15 Minuten goldbraun und knusprig backen.

TEIGWAREN SÜSS & SALZIG

887
4 PERSONEN

Brokkoli-Lachs-Quiche

- Backofen auf 200 °C (Umluft 180 °C) vorheizen und ein Backblech darin mit erwärmen.
- Butter, Mehl und Salz krümelig rühren, dann nach und nach in kleinen Mengen Wasser zugeben und mit einem Buttermesser untermischen, bis ein grober Teig entsteht. Zu einer Kugel kneten und mit Frischhaltefolie bedeckt 20–30 Minuten kühl stellen.
- Inzwischen Lachs im Ofen mit etwas Butter 15 Minuten braten, bis er sich mit der Gabel leicht lösen lässt. Abkühlen lassen, dann in grobe Flocken teilen und bei Bedarf Gräten und Haut entfernen. Brokkoli 2 Minuten dämpfen.
- Den Teig ausrollen und eine gefettete Kuchenform damit auslegen. Gut festdrücken, mit einer Gabel mehrmals einstechen und im Ofen 20 Minuten hellbraun backen.
- Brokkoli und Lachs gleichmäßig auf dem Teigboden verteilen. Eier, Eigelb, Sahne, Gewürze und Parmesan zu einer Creme verrühren und über dem Belag verteilen.
- Im Ofen weitere 35 Minuten backen. Auskühlen lassen.

VORBEREITUNG: 1 STUNDE
KOCHZEIT: 1 STUNDE

ZUTATEN
1 Kopf Brokkoli, in Röschen zerteilt
400 g frisches Lachsfilet
2 Eier + 1 Eigelb
275 g Sahne
Salz und Pfeffer
1 EL Parmesan, gerieben

FÜR DEN TEIG
110 g Mehl (Type 550)
50 g kalte Butter, gewürfelt
1 Prise Salz
kaltes Wasser zum Verrühren

Erbsen-Lachs-Quiche
888
- 150 g Erbsen zugeben.

889
12 STÜCK

Pain au Chocolat

- Den Croissant-Teig laut Rezept vorbereiten.
- Nach dem letzten Mal Ausrollen und Falten etwa 6 mm dick ausrollen und in Quadrate von 12 cm Seitenlänge schneiden.
- Auf den unteren Rand jedes Quadrats eine Schokoladestange legen und den Teig darüber zu einem Würstchen einrollen.
- Mit verquirltem Ei bestreichen und auf ein mit Backpapier ausgelegtes Blech legen. 1 Stunde an einem warmen Ort ruhen lassen.
- Backofen auf 200 °C (Umluft 180 °C) vorheizen.
- 15 Minuten backen, bis die Pains aufgehen und bräunen.
- Auf einem Kuchengitter 5 Minuten abkühlen lassen und noch warm servieren.

VORBEREITUNG: (AM VORTAG) 2 STUNDEN
KOCHZEIT: 15 MINUTEN

ZUTATEN
1 Rezeptmenge Croissant-Teig (Seite 250)
250 g Zartbitter-Schokolade (70 % Kakao), in Stangen geschnitten

Pain au Chocolat mit Erdnussbutter
890
- Den unteren Rand der Teigquadrate dick mit Erdnussbutter bestreichen, dann die Schokolade darauflegen.

891 — 24 STÜCK

Zimtschnecken

VORBEREITUNG: 2 STUNDEN
KOCHZEIT: 30 MINUTEN

ZUTATEN

75 ml lauwarmes Wasser
½ TL Trockenhefe
50 ml Ahornsirup
50 ml Butter, zerlassen
1 Ei, verquirlt
½ TL Salz
500 g Mehl (Type 550)

FÜR DIE FÜLLUNG

40 g Butter, zerlassen
1 EL gemahlener Zimt
¼ TL frisch geriebene Muskatnuss
2 EL Farinzucker (brauner Zucker)
2 EL Ahornsirup
3 EL Pekannüsse, gehackt
2 EL Sultaninen

- Wasser, Trockenhefe und die Hälfte vom Ahornsirup in einer Schüssel 15 Minuten quellen lassen.
- Restlichen Sirup, zerlassene Butter, Ei und Salz zugeben und verrühren. Mehl in eine weitere Schüssel füllen, in der Mitte eine Vertiefung machen und die Hefemischung hineingießen. Alles gut verrühren.
- Die Masse auf einer bemehlten Arbeitsfläche 8–10 Minuten verkneten. Zurück in die Schüssel geben und zugedeckt 1 Stunde gehen lassen.
- Backofen auf 170 °C (Umluft 150 °C) vorheizen.
- Den Teig abschlagen und auf einer bemehlten Arbeitsfläche auf etwa 38 x 25 cm ausrollen. Mit zerlassener Butter bestreichen, dann die Zutaten für die Fülle darüber verteilen. Den Teig zu einer dicken Rolle einrollen und leicht in die Länge ziehen (etwa auf 60 cm).
- In 5–6 cm breite Scheiben schneiden und diese in gefettete Muffinförmchen legen. 30 Minuten backen, dann auf einem Kuchengitter abkühlen lassen.

Zimtschnecken mit Cranberrys — 892

- Statt Sultaninen oder Rosinen Cranberrys verwenden.

---

893 — 28 STÜCK

Palmenblätter mit Salz und Pfeffer

VORBEREITUNG: 1 STUNDE 20 MINUTEN
KOCHZEIT: 15 MINUTEN

ZUTATEN

500 g Blätterteig (fertig vorbereitet)
Meersalz
grob gemahlener schwarzer Pfeffer
Mehl für die Arbeitsfläche
1 Ei, verquirlt

- Den Teig auf einer bemehlten Arbeitsfläche auf etwa 30 x 35 cm ausrollen.
- Mit Meersalz und gemahlenem Pfeffer bestreuen. Den Teig längs von beiden Seiten einrollen, sodass zwei Rollen entstehen, die in der Mitte zusammentreffen. Sanft zusammendrücken und 1 Stunde kühl stellen.
- Backofen auf 200 °C (Umluft 180 °C) vorheizen.
- Die Doppelrolle in etwa 1 cm breite Scheiben schneiden und auf ein Backblech legen. Mit Ei bestreichen und etwa 15 Minuten backen, bis sie bräunen und aufgehen.

Palmenblätter mit Parmesan — 894

- Zusätzlich zu Salz und Pfeffer 2 EL fein geriebenen Parmesan über dem Teig verteilen.

TEIGWAREN SÜSS & SALZIG

895
4–6 PERSONEN

Spinat-Ziegenkäse-Taschen mit Pesto

896
Mozzarella-Taschen mit Pesto
- Dünn geschnittener Mozzarella ist eine milde Alternative zum Ziegenkäse.

897
Spinat-Käse-Taschen mit Schinken
- Auf jede Spinatfüllung ein kleines Stück Schinken setzen.

898
Ziegenkäse-Taschen mit Nüssen und Honig
- Für jeden Teigkreis 1 Stück Ziegenkäse mit 1 TL Honig beträufeln und mit gehackten Walnüssen bestreuen.

VORBEREITUNG: 25 MINUTEN
KOCHZEIT: 15–20 MINUTEN

ZUTATEN

FÜR DIE FÜLLUNG
2 EL Olivenöl
1 Zwiebel, geschält und fein gehackt
500 g Blattspinat, gewaschen
Salz und Pfeffer
2 EL Pinienkerne
4 EL Parmesan, gerieben
Olivenöl
200 g Ziegenkäse, zerkrümelt

FÜR DEN TEIG
300 g Mehl, mit 12 g (2 gehäuften TL) Backpulver vermischt
½ TL Salz
4 EL Olivenöl
2 EL Weißwein
100 ml Wasser

- Backofen auf 200 °C (Umluft 180 °C) vorheizen.
- Für die Füllung Olivenöl in einer Pfanne erhitzen und die Zwiebel darin weich dünsten. Spinat zugeben und mitgaren, bis er zusammenfällt, mit Salz und Pfeffer abschmecken und alles in die Küchenmaschine füllen. Pinienkerne, Parmesan und etwas Öl zugeben und alles zu einer groben Paste mixen. Bei Bedarf etwas mehr Öl zugeben.
- Für den Teig Mehl, Backpulver und Salz in eine Schüssel sieben. Olivenöl, Wein und Wasser in einer Kasserolle erhitzen und die warme Flüssigkeit zur Mehlmischung gießen. Zu einem glatten, elastischen Teig verkneten und zu einer Kugel formen.
- Auf einer bemehlten Unterlage in 20 Stücke teilen.
- Jedes Stück grob zu einem Kreis von etwa 8 cm Durchmesser ausrollen.
- 1 TL Spinatpesto auf eine Hälfte jedes Teigkreises setzen, ein wenig Ziegenkäse daraufsetzen und die freie Teighälfte darüber einklappen. Die Ränder festdrücken.
- Ein Backblech mit Öl bestreichen, die Teigtaschen daraufsetzen und jeweils leicht einritzen, damit Dampf entweichen kann. 15–20 Minuten goldbraun backen.

899 Schinken-Pilz-Kissen

4–6 PERSONEN

VORBEREITUNG: 10 MINUTEN
KOCHZEIT: 25–35 MINUTEN

ZUTATEN

500 ml Milch
35 g Butter
2 EL Mehl (Type 550)
100 g Champignons, gehackt
100 g Schinken, gewürfelt
450 g Butterblätterteig
1 Ei, verquirlt

- Backofen auf 220 °C (Umluft 200 °C) vorheizen.
- Milch erhitzen, bis sie zu sieden beginnt. Beiseitestellen.
- Butter in einer kleinen Kasserolle erhitzen und das Mehl einrühren. Nach und nach unter Rühren die Milch zugießen und unter Rühren garen, bis eine dickflüssige, glatte Sauce entsteht.
- Pilze und Schinken einrühren und mit Salz und Pfeffer abschmecken. Vollständig auskühlen lassen.
- Teig ausrollen und in 2 gleich große Rechtecke teilen.
- Ein Rechteck auf ein Backblech legen und gleichmäßig mit der Füllung bestreichen, dabei 2 cm Rand freilassen. Die Ränder mit Ei bestreichen, die andere Teighälfte genau darauflegen und an den Rändern festdrücken.
- Mit einem scharfen Messer ein Muster einritzen.
- Im Ofen 25–35 Minuten backen, bis der Teigdeckel goldbraun ist.

Hähnchen-Pilz-Kissen 900

- Statt Schinken die gleiche Menge gegarte Hähnchenbrust hacken und zugeben.

901 Apfeltarte

4–6 PERSONEN

VORBEREITUNG: 50 MINUTEN
KOCHZEIT: 30–40 MINUTEN

ZUTATEN

FÜR DEN TEIG
75 g Mehl (Type 550)
20 g Schweineschmalz
20 g Butter
1 Prise Salz
kaltes Wasser

FÜR DIE FÜLLUNG
700 g Kochäpfel (z. B. Bramley), geschält, entkernt und geviertelt
1 EL Farinzucker (brauner Zucker)
¼ TL gemahlene Nelken
1 TL gemahlener Zimt
¼ TL frisch geriebene Muskatnuss
Aprikosenkonfitüre, erwärmt

- Backofen auf 200 °C (Umluft 180 °C) vorheizen.
- Mehl und Salz in eine große Schüssel sieben, Schmalz und Butter würfeln und mit der Mehlmischung krümelig mixen.
- 2 EL Wasser zugeben und mit dem Messer unterhacken. Alles zu einem glatten Teig vermischen und kühl stellen.
- Äpfel in dünne Spalten schneiden und mit Zucker, Nelken und Zimt in eine Kasserolle füllen. 1 EL Wasser zugeben und zugedeckt sanft erwärmen, bis die Äpfel so weich sind, dass sie fast zu Mus zerfallen.
- Den Teig auf einer bemehlten Unterlage ausrollen und eine Tarteform von 20 cm Durchmesser damit auslegen. Die gedünsteten Äpfel darauf verteilen. Mit etwas Muskatnuss bestreuen und 30–40 Minuten backen. Nach 10 Minuten auf 180 °C reduzieren.
- Herausnehmen und mit warmer Konfitüre bestreichen, damit die Äpfel schön glänzen.

Apfeltarte mit Rosinen 902

- Beim Garen 6 EL Sultaninen zu den Äpfeln zugeben.

TEIGWAREN SÜSS & SALZIG

903 — Aprikosen-Pie

4–6 PERSONEN

- Für die Füllung die Hälfte der Aprikosen in einer Kasserolle mit Wasser und Zucker sehr niedriger Hitze weich garen, dabei gelegentlich rühren. Abkühlen lassen.
- Teig nach dem Ruhen ausrollen und ⅓ davon abtrennen. Beide Teile zu Scheiben rollen, 30 Minuten ruhen lassen.
- Backofen auf 180 °C (Umluft 160 °C) vorheizen.
- ⅔ des Teigs auf die Größe einer Form mit 20 cm Durchmesser ausrollen. In die Form drücken. Den 2. Teigkreis auf Backpapier ebenfalls ausrollen und kühl stellen.
- Die Aprikosenmischung auf dem Teigboden verteilen und mit den rohen Aprikosenhälften belegen.
- Aus dem übrigen Teigdrittel Streifen schneiden, daraus ein Gittermuster auf die Pie legen und mit Ei bestreichen.
- Auf einem mit erwärmten Backblech 1 Stunde backen.
- Abkühlen lassen, dann mit etwas erwärmter Aprikosenkonfitüre bestreichen, damit die Pie glänzt.

VORBEREITUNG: 1 STUNDE 30 MINUTEN
KOCHZEIT: 1 STUNDE

ZUTATEN

FÜR DEN TEIG
doppelte Rezeptmenge Mürbeteig (siehe Apfeltarte)

FÜR DIE FÜLLUNG
500 g Aprikosen, halbiert und entsteint
2 EL Wasser
4 EL Zucker
75 g Aprikosenkonfitüre
1 Ei, verquirlt

Pfirsich-Pie — 904

- Statt Aprikosen eignen sich auch Pfirsiche sehr gut.

905 — Würstchen im Schlafrock

6 STÜCK

- Backofen auf 200 °C (Umluft 180 °C) vorheizen.
- Den Teig auf einer bemehlten Arbeitsfläche etwa auf die Dicke einer Münze ausrollen.
- Die Würste in etwa 3–4 cm lange Stücke schneiden und ein Würstchenstück an einem Ende der Teigfläche auflegen.
- Den Teig um das Würstchen einrollen und entlang der Rolle den Teig mit einem Messer oder Teigroller abschneiden. Ein Backblech mit Backpapier auslegen und das Würstchen darauflegen. Mit den übrigen Würstchen und dem übrigen Teig ebenso verfahren.
- Die Teigwürstchen je zweimal leicht einritzen und mit Ei bestreichen.
- Im Backofen 25 Minuten goldbraun backen, dann auf einem Kuchengitter kurz auskühlen lassen. Servieren.

VORBEREITUNG: 30 MINUTEN
KOCHZEIT: 25 MINUTEN

ZUTATEN

6 Bratwürste oder Cumberland-Bratwürste
1 fertiger Blätterteig (375 g)
1 Ei, verquirlt

Würstchen im Schlafrock mit Fenchel — 906

- Die Würstchen vor dem Einrollen mit zerstoßenen Fenchelsamen bestreuen.

907 — Pilz-Pie

4 PERSONEN

VORBEREITUNG: 25 MINUTEN
KOCHZEIT: 30 MINUTEN

ZUTATEN

60 g Butter
1 kg Wiesenchampignons, in dicken Scheiben
1 Zweig Thymian
2 Zweige Estragon
2 Knoblauchzehen, in feinen Scheiben
1 EL Mehl (Type 550)
50 ml Rotwein
300 ml Gemüsebrühe
2 EL Sahne
Salz und Pfeffer
500 g fertiger Blätterteig
1 Ei, verquirlt

- Backofen auf 200 °C (Umluft 180 °C) vorheizen.
- Butter in einer großen Bratpfanne zerlassen und die Pilze darin mit Knoblauch und Kräutern sanft garen, bis die überschüssige Flüssigkeit verdampft ist.
- Mehl einrühren und 2 Minuten einziehen lassen, dann nach und nach Wein und Brühe zugießen, dabei stets glatt rühren. 10 Minuten köcheln lassen, bis die Sauce glatt und dickflüssig ist.
- Aus dem Teig zwei Teigkreise mit etwas mehr als 20 cm Durchmesser ausschneiden und etwa 5 mm dick ausrollen.
- Eine Pie-Form mit einem Teigkreis auslegen, die Pilzmischung darauf verteilen und übrige Flüssigkeit beiseitestellen. Den zweiten Teigkreis daraufsetzen und die Ränder zusammendrücken. Mit Ei bestreichen und an der Oberfläche einschneiden, damit Dampf entweicht.
- Auf einem vorgewärmten Backblech 30 Minuten backen.

Spinat-Pilz-Pie — 908

- 200 g Blattspinat dämpfen und abgießen und vor der Pilzmischung auf dem Teigboden verteilen.

909 — Quiche Lorraine

4 PERSONEN

VORBEREITUNG: 50 MINUTEN
KOCHZEIT: 1 STUNDE

ZUTATEN

FÜR DEN QUICHETEIG
110 g Mehl (Type 550)
50 g kühle Butter, gewürfelt
1 Prise Salz
kaltes Wasser zum Verrühren

FÜR DIE FÜLLUNG
8 dünne Scheiben durchwachsener Räucherspeck, gewürfelt
100 g Gruyère, gerieben
2 Eier + 1 Eigelb
300 g Sahne
Salz und Pfeffer

- Backofen auf 200 °C (Umluft 180 °C) vorheizen und ein Backblech darin mit erwärmen.
- Butter und Mehl mit den Fingern zu einer krümeligen Masse verreiben. Nach und nach etwas Wasser unterrühren, damit ein glatter Teig entsteht.
- Teig zu einer Kugel formen, mit Frischhaltefolie zudecken und kühl stellen.
- Speck knusprig grillen und klein schneiden.
- Den Teig auf die Größe einer runden Tarteform ausrollen. Die Form leicht einfetten und mit dem Teig auslegen. Den Teig mehrmals mit der Gabel einstechen und im Ofen auf dem vorgewärmten Blech 20 Minuten backen.
- Käse und Speck gleichmäßig auf dem Teigboden verteilen. Eier und Sahne verquirlen und mit Pfeffer und sehr wenig Salz abschmecken. Über die Quiche gießen.
- Im Backofen 25–30 Minuten backen, bis die Eimischung stockt. Etwas abkühlen lassen, dann servieren.

Quiche Lorraine mit Brokkoli — 910

- Brokkoliröschen dämpfen und in die Füllung zugeben – das sorgt auch farblich für Abwechslung.

TEIGWAREN SÜSS & SALZIG

911
8 STÜCK

Rindfleisch-Empanadas

- Backofen auf 200 °C (Umluft 180 °C) vorheizen.
- Öl in einer Pfanne erhitzen. Zwiebel und Knoblauch darin glasig anschwitzen. Fleisch zugeben, auf starke Hitze erhöhen und anbraten, bis es gleichmäßig bräunt. Bohnen und Gewürze zugeben und weitere 5–10 Minuten garen.
- Den Teig auf einer leicht bemehlten Unterlage etwa 1 cm dick ausrollen und 8 Teigkreise von etwa 10 cm Durchmesser ausschneiden.
- 1 EL Fleischmischung auf jeden Teigkreis setzen, sodass etwa 1 cm Rand frei bleibt. Die Ränder mit etwas Ei bestreichen und den Teig in der Mitte einklappen.
- Mit einer Gabel die Ränder zusammendrücken und rillen. Die Teigtaschen mit Ei bestreichen.
- Ein Backblech einfetten und die Empanadas darauf etwa 10 Minuten backen, dann auf 180 °C reduzieren und weitere 10 Minuten backen.

VORBEREITUNG: 30 MINUTEN
KOCHZEIT: 20 MINUTEN

ZUTATEN
1 fertiger Blätterteig (500 g)
1 Ei, verquirlt

FÜR DIE FÜLLUNG
1 EL Olivenöl
1 Zwiebel, geschält und fein gehackt
1 Knoblauchzehe, fein gehackt
500 g Rinderhackfleisch
1 Dose Kidney-Bohnen (400 g), abgegossen
½ TL Cayennepfeffer
1 TL gemahlener Kreuzkümmel

912
6 PERSONEN

Zitronencreme-Tarte

VORBEREITUNG: 1 STUNDE
KOCHZEIT: 25 MINUTEN

ZUTATEN
125 g Mehl (Type 550)
60 g Butter
1 Prise Salz
kaltes Wasser
400 g Zitronencreme

- Backofen auf 190 °C (Umluft 170 °C) vorheizen. Für den Teig Mehl und Salz in eine Schüssel sieben, Butter würfeln und mit den Fingern Mehl und Butter verreiben, bis ein krümeliger Teig entsteht.
- 2 EL Wasser unterrühren und mit einem Messer zu einem glatten Teig verhacken, der nicht klebt. Zu einer Kugel formen, in Frischhaltefolie wickeln und 20 Minuten kühl stellen.
- Den Teig auf einer bemehlten Arbeitsfläche etwas größer als die Auflaufform ausrollen. Rundum einen Streifen von 8 mm abschneiden, den Formrand anfeuchten und den Teigstreifen daraufdrücken. Die Form mit Teig auslegen und an den Rändern festdrücken. Den Teig mit einer Gabel mehrmals einstechen und 25 Minuten backen, bis er hellbraun und fest ist.
- Die Zitronencreme auf dem Teigboden verteilen.
- Bei Zimmertemperatur fest werden lassen, dann servieren.

913
6 PERSONEN

Vol au Vents mit Pilzen

VORBEREITUNG: 20 MINUTEN + KÜHLZEIT
KOCHZEIT: 30–35 MINUTEN

ZUTATEN
350 g fertiger Blätterteig
1 Ei, verquirlt
3 EL Butter
500 g gemischte frische Pilze, gehackt
2 Thymianzweige
2 EL Mehl (Type 550)
300 ml Milch
2 EL Parmesan, gerieben
Salz und Pfeffer

- Mehl auf einer bemehlten Unterlage etwa 2,5 cm dick ausrollen. 6 Teigkreise zu 7 cm Durchmesser ausschneiden. Innen je einen weiteren Kreis einritzen, den Teig aber nicht durchschneiden.
- Auf ein Backblech legen und 30 Minuten kühl stellen. Den Backofen auf 200 °C (Umluft 180 °C) vorheizen.
- Die Teigböden mit etwas Ei bestreichen und 20 Minuten backen, bis sie bräunen und aufgehen. Abkühlen lassen, dann die eingeschnittenen Deckel abnehmen und das Innere leicht aushöhlen.
- Butter in einer Kasserolle zerlassen und die Pilze mit Thymian, Salz und Pfeffer dünsten, bis die überschüssige Flüssigkeit verdampft ist.
- Mehl einrühren und 2 Minuten einkochen lassen, dann Milch einrühren und 5–10 Minuten eindicken lassen. Parmesan untermengen.
- Die Mischung in die Teighüllen füllen, die Deckel darauflegen und weitere 10–15 Minuten backen, bis die Füllung Blasen wirft.

914
4 PERSONEN

Vanille-Millefeuille

915 Millefeuille mit frischen Beeren
- Die Vanillecreme-Schicht mit leicht pürierten frischen Waldbeeren belegen.

916 Millefeuille mit Orangen-Vanille-Creme
- Abgeriebene Schale von 1 Bio-Orange unter die Vanillecreme rühren.

917 Millefeuille mit gehackten Nüssen
- Besonders knusprig: Zum Bestreuen gehackte Hasel- und Pekannüsse in karamellisiertem Zucker wenden.

VORBEREITUNG: 45 MINUTEN
KOCHZEIT: 25–30 MINUTEN

ZUTATEN
1 Blatt fertiger Blätterteig
Puderzucker

FÜR DIE CRÈME PATISSIÈRE
250 ml Vollmilch
½ Vanilleschote, Samen zur Verwendung herausgekratzt
2 Eigelb
60 g Zucker
2 TL Vanillepuddingpulver
1 TL Speisestärke
25 g Butter

FÜR DIE VANILLECREME
50 ml geschlagene Sahne

- Für die Crème patissière in einer soliden Kasserolle Milch, Vanilleschote und -samen zum Kochen bringen.
- Eigelb, Zucker, Puddingpulver und Speisestärke verrühren, ⅓ der heißen Milch zugießen und verquirlen.
- Vanilleschote herausnehmen, die übrige Milch erneut zum Kochen bringen und die Eiermischung unter ständigem Rühren in die Kasserolle zugießen, bis alles erneut aufkocht. Vom Herd nehmen und die Butter unterrühren. In einer Schüssel mit Frischhaltefolie abdecken, damit sich keine Haut bildet. Abkühlen lassen, glatt rühren und die geschlagene Sahne unterheben.
- Backofen auf 190 °C (Umluft 170 °C) vorheizen. Den Teig 1,5 mm dünn ausrollen und mit einer Gabel mehrfach einstechen. Ein Backblech mit Papier auslegen, den Teig darauflegen und mit einer zweiten Schicht Backpapier und einem zweiten Backblech abdecken.
- Im Backofen laut Packungsanleitung backen. Herausnehmen, auf 240 °C (Umluft 220 °C) erhöhen.
- Die glattere Teigseite großzügig mit Puderzucker bestreuen und im Ofen einige Sekunden karamellisieren lassen. Abkühlen lassen und in 3 Streifen schneiden.
- Abkühlen lassen, dann Vanillecreme auf 1 Teigstreifen streichen, eine zweite Schicht darauflegen, erneut mit Creme bestreichen und mit einem dritten Teigstreifen bedecken.

TEIGWAREN SÜSS & SALZIG

918 — 8 STÜCK
Sizilianische Cannoli

- Ricotta mit Zucker, Zitrusschalen, Schokolade, Zimt und Pistazien verrühren.
- Eine Spritztüte mit der Mischung füllen und mit einer sauberen Tülle die Creme in die Röllchen füllen. Wer keine Spritztüte hat, behilft sich mit einem Löffelstiel. Aber Achtung, hier wird viel mehr gekleckert...

VORBEREITUNG: 15 MINUTEN

ZUTATEN

8 süße Teigröllchen zum Füllen
500 g Ricotta
50 g Puderzucker
1 EL kandierte Zitrusschalen, fein gehackt
60 g Zartbitterschokolade, in kleine Stücke geschnitten
¼ TL gemahlener Zimt
75 g geschälte Pistazien, gehackt

Cannoli mit Cranberrys — 919
- Die leicht säuerliche Schärfe getrockneter Cranberrys ergänzt gut den süßlichen Ricotta.

920 — 8 PERSONEN
Tarte Tatin mit Apfel

- Backofen auf 220 °C (Umluft 200 °C) vorheizen.
- Zucker mit 6 EL Wasser in eine Edelstahl-Kasserolle füllen und bei niedriger Hitze rühren, bis sich der Zucker auflöst. Den Löffel herausnehmen, die Hitze etwas erhöhen und kochen lassen, bis die Mischung tiefbraun ist. In eine Tarteform (23 cm Durchmesser) füllen.
- Äpfel entkernen, in dünne Spalten schneiden und eine Schicht auf dem Karamell verteilen (für einen möglichst dekorativen Deckel). Übrige Äpfel mit Zitronenschale, -saft und Zimt verrühren. In die Form füllen, festdrücken.
- Teig auf etwas mehr als die Größe der Form zuschneiden und auf die Apfelmischung legen. Die Ränder einschlagen und den Teig in der Mitte einstechen, damit Dampf austreten kann. 40 Minuten knusprig goldbraun backen.
- Saft aus der Form in eine Kasserolle gießen. Mit feinem Zucker zu Sirup einkochen. Die Tarte auf einen Teller stürzen und mit dem Sirup übergießen.

VORBEREITUNG: 25 MINUTEN
KOCHZEIT: 40 MINUTEN

ZUTATEN

1 Blatt fertiger Blätterteig
175 g Kristallzucker
1 kg Tafeläpfel
fein abgeriebene Schale und Saft von 1 Bio-Zitrone
1 TL gemahlener Zimt
75 g Zucker

Tarte Tatin mit Banane — 921
- Bananen schälen, in dicke Scheiben schneiden und wie die Äpfel karamellisieren. Sie werden besonders süß und klebrig.

922 — 6 PERSONEN

Hähnchen-Pie mit Oliven

VORBEREITUNG: 20 MINUTEN
KOCHZEIT: 25 MINUTEN

ZUTATEN

6 Blatt Filoteig
Butter, zerlassen
2 EL Olivenöl
1 Zwiebel, geschält und gehackt
2 Knoblauchzehen, in feinen Scheiben
1 TL getrockneter Oregano
1 TL gemahlener Koriander
1 Ei
Salz und Pfeffer
300 g gekochte Hähnchenteile (Reste)
200 g gemischte grüne und schwarze Oliven, entsteint

- Backofen auf 200 °C (Umluft 180 °C) vorheizen. Filoteigblätter mit einem feuchten Küchentuch bedecken.
- Öl in einer Kasserolle erhitzen und die Zwiebel darin anschwitzen. Knoblauch, Oregano und Koriander zugeben und 2 Minuten garen. Mit Ei verschlagen, Zwiebelmischung und Oliven zugeben.
- Eine Auflaufform mit Backpapier auslegen. Ein Blatt Filoteig mit zerlassener Butter bestreichen und hineinlegen. Ein zweites Blatt bestreichen und darauflegen, dann die Form um 90° drehen und 2 weitere Blätter auflegen.
- Die Hälfte der Olivenmischung auf dem Teigboden verteilen. Die Hähnchenteile in mundgerechte Stücke reißen und gleichmäßig darauf verteilen. Die übrige Olivenmischung darübergießen.
- Die übrigen 2 Filoteigblätter mit Butter bestreichen und die Pie damit bedecken. Ränder um die Füllung festdrücken, mit Butter bestreichen und 25 Minuten backen.
- Vor dem Servieren etwas abkühlen lassen.

923

Hähnchen-Oliven-Pie mit Paprika

- 3 fein gehackte rote Paprika mit den Zwiebeln andünsten.

924 — 6 PERSONEN

Hähnchen-Pie mit Pilzen

VORBEREITUNG: 50 MINUTEN
KOCHZEIT: 30 MINUTEN

ZUTATEN

2 EL Butter
3–4 Hähnchenkeulen ohne Haut und Knochen, in Stücke geschnitten
1 Schalotte, fein gehackt
100 g Champignons, geviertelt
3 Zweige frischer Thymian
2 Zweige frischer Estragon
1½ EL Mehl (Type 550)
300 ml Milch
Salz und Pfeffer
1 Ei, verquirlt

FÜR DEN TEIG

120 g Mehl (Type 550)
60 g Butter
1 Prise Salz
kaltes Wasser

- Mehl und Salz in eine Schüssel sieben, Butter würfeln und mit der Mehlmischung krümelig reiben.
- Mit 2 EL Wasser zu einem glatten Teig kneten. Kugel formen und in Frischhaltefolie 30 Minuten kühl stellen.
- Backofen auf 200 °C (Umluft 180 °C) vorheizen.
- Butter in einer Pfanne zerlassen und das Hähnchen darin goldbraun braten.
- Hähnchen herausnehmen, dann Schalotte und Pilze mit den Kräutern andünsten. Mehl einrühren, mit Milch zu einer glatten Sauce verquirlen. Fleisch zurück in die Pfanne geben, salzen, pfeffern und 10 Minuten köcheln lassen.
- Hähnchen in einer Auflaufform verteilen. Teig auf einer bemehlten Unterlage auf etwas mehr als die Formgröße ausrollen und über die Füllung legen.
- Mit Ei bestreichen und den Teig einschneiden, damit Dampf entweichen kann. Im Ofen 30 Minuten backen.

925

Hähnchen-Pie mit Schinken & Pilzen

- Etwas gehackter Kochschinken, unter die Füllung gerührt, sorgt für Geschmack.

TEIGWAREN SÜSS & SALZIG

926 — Pekannuss-Tarte

4 PERSONEN

927 — Walnuss-Tarte
- Statt Pekannüssen eignen sich auch geschälte Walnüsse.

928 — Pekannuss-Tarte mit Feigen
- Den fertigen Kuchen mit geviertelten frischen Feigen garnieren.

929 — Pekannuss-Tarte mit Datteln
- 2 EL gehackte Datteln unter die Füllung rühren.

VORBEREITUNG: 20 MINUTEN
KOCHZEIT: 45 MINUTEN

ZUTATEN
250 g fertiger Mürbeteig, dünn ausgerollt

FÜR DIE FÜLLUNG
120 g Butter
120 g Golden Syrup (heller Zuckerrohrsirup)
1 TL Vanille-Aroma
225 g Farinzucker (brauner Zucker)
3 Eier, verquirlt
300 g Pekannüsse, halbiert

- Backofen auf 180 °C (Umluft 160 °C) vorheizen.
- Eine Backform (ca. 23 cm Durchmesser) einfetten und mit dem Mürbeteig auslegen.
- In einer Kasserolle Butter, Sirup, Vanille-Aroma und Zucker bei niedriger Hitze unter ständigem Rühren zerlassen. Vom Herd nehmen und abkühlen lassen.
- Eier zugeben und gut verrühren.
- Von den Pekannüssen einige zum Dekorieren beiseitelegen. Die übrigen auf dem Teigboden verteilen und leicht hineindrücken. Mit der Sirupmischung übergießen.
- 45 Minuten backen, bis der Teig bräunt.
- Zum Schluss mit den übrigen Pekannüssen dekorieren und vor dem Servieren auskühlen lassen.

930
10–12 STÜCK

Zwiebeltörtchen

Rote Zwiebeltörtchen — 931
- Statt weißer eignen sich auch die süßlichen roten Zwiebeln.

Zwiebeltörtchen mit Paprika — 932
- 1 fein gehackte rote Paprikaschote mit der Zwiebel anrösten.

Zwiebeltörtchen mit Oliven — 933
- 1 Handvoll gehackte grüne oder schwarze Oliven in die Füllung zugeben.

VORBEREITUNG: 50 MINUTEN
KOCHZEIT: 35 MINUTEN

ZUTATEN
1 Rezeptmenge Mürbeteig (Zubereitung wie Hähnchen-Pie, Seite 251)

FÜR DIE FÜLLUNG
1 EL Butter
1 Zwiebel, geschält und in feinen Ringen
3 Eier
100 g Sahne
Salz und Pfeffer
2 EL Parmesan, fein gerieben
1 Handvoll getrocknete Tomaten

- Backofen auf 200 °C (Umluft 180 °C) vorheizen.
- Teig nach dem Ruhen etwa 5 mm dick ausrollen. Kleine Tarteförmchen auflegen und mit dem Messer Kreise herumziehen, um Tarteböden auszustechen. Die Förmchen mit den Teigkreisen auslegen und den Teig festdrücken. Bei Bedarf in mehreren Durchgängen backen.
- Die Teigböden mit der Gabel einstechen und 10–15 Minuten backen, bis sie gar und hellbraun sind.
- Inzwischen die Zwiebel in zerlassener Butter sanft rösten. In einer Schüssel Eier mit Sahne, Käse, Salz und Pfeffer verquirlen. Die Zwiebel zugeben.
- Die Mischung auf den vorgebackenen Tarteböden verteilen und jedes Törtchen mit einer getrockneten Tomate belegen. Die Tomate leicht in die Füllung drücken.
- Weitere 20 Minuten backen, bis die Eimischung stockt. Auf einem Kuchengitter abkühlen lassen, dann aus den Förmchen lösen.

TEIGWAREN SÜSS & SALZIG

934
28–30 STÜCK
Pikante Windbeutel

- Backofen auf 200 °C (Umluft 180 °C) vorheizen.
- Ein Stück Backpapier diagonal falten und wieder öffnen. Das Mehl auf das Backpapier sieben, salzen und das Papier zu einer Tüte einschlagen, die das Mehl hält.
- Butter in eine Kasserolle geben, Wasser zugießen und bei niedriger Hitze zerlassen, dabei gelegentlich rühren.
- Wenn die Mischung kocht, vom Herd nehmen und rasch das Mehl einrühren. Nach und nach Eier zugeben und jeweils gut verquirlen, bis ein glänzender Teig entsteht. Getrocknete Kräuter untermengen.
- Ein Backblech leicht einfetten und mit etwas Wasser übergießen, damit im Backofen Feuchtigkeit entsteht, durch die der Teig aufgeht. Aus der Masse teelöffelgroße Häufchen in 2,5 cm Abstand auf das Backblech setzen.
- 10 Minuten backen, dann die Hitze auf 220 °C (Umluft 200 °C) erhöhen und weitere 15 Minuten goldbraun backen.

VORBEREITUNG: 10–15 MINUTEN
KOCHZEIT: 25 MINUTEN

ZUTATEN
60 g Mehl (Type 550?)
1 Prise Salz
150 ml kaltes Wasser
50 g Butter, gewürfelt
2 Eier, verquirlt
1 EL gemischte getrocknete Kräuter

Windbeutel mit Pesto — 935
- 1–2 EL Pesto unter die Teigmasse rühren.

936
8 STÜCK
Gemüse-Empanada

- Backofen auf 200 °C (Umluft 180 °C) vorheizen.
- Kartoffeln und Karotten in kochendem Salzwasser 5 Minuten garen, dann Brokkoli zugeben und weitere 2 Minuten garen. Gut abseihen. In eine Schüssel füllen und grob pürieren.
- Öl in einer Kasserolle erwärmen und die Zwiebel darin anschwitzen, dann zum Gemüsepüree geben. Erbsen zugeben, salzen, pfeffern und würzen.
- Den Teig auf einer bemehlten Unterlage etwa 1 cm dick ausrollen und 8 Teigkreise ausstechen.
- Einen kleinen Löffel Gemüsefülle in die Mitte jedes Teigkreises aufbringen, dabei etwa 1 cm Rand frei lassen. Die Ränder mit etwas Ei bestreichen und den Teig über der Füllung einklappen und festdrücken.
- Mit einer Gabel die Ränder festdrücken und rillen. Die Empanadas mit Ei bestreichen.
- Auf einem gefetteten Backblech 10 Minuten backen, auf 180 °C reduzieren und weitere 10 Minuten backen.

VORBEREITUNG: 30–40 MINUTEN
KOCHZEIT: 20 MINUTEN

ZUTATEN
1 Packung fertiger Blätterteig (500 g)
1 Ei, verquirlt

FÜR DIE FÜLLUNG
500 g mehligkochende Kartoffeln, geschält und gewürfelt
2 Karotten, geschält und gewürfelt
1 Kopf Brokkoli, in Röschen zerteilt
1 EL Olivenöl
1 Zwiebel, geschält und fein gehackt
2 EL Erbsen (tiefgefroren)
Salz und Pfeffer
1 Prise Cayennepfeffer
1 TL Currypulver

Gemüse-Empanada mit Käse — 937
- Das Gemüse vor dem Einklappen mit leicht schmelzendem Käse (z. B. Gruyère oder Fontina) belegen.

BROT & GEBÄCK

BROT & GEBÄCK

938 — Rosinenbrioche
8 PERSONEN

- Eine Brot- oder Kastenform (etwa 23 x 13 x 7 cm) leicht einfetten. Milch mit 3 EL Wasser erwärmen und mit dem Ei verquirlen.
- Mehl, Salz, Zucker und Hefe in der Küchenmaschine vermischen, dann nach und nach die Butter zugeben und mit der Mehlmischung kurz verrühren.
- Die Mischung in eine Schüssel füllen, in der Mitte eine Vertiefung machen und die Milchmischung zugießen. Rosinen zugeben und mit einer Gabel relativ glatt rühren.
- In die Form füllen, mit Frischhaltefolie zudecken und an einem warmen, zugluftfreien Ort etwa 1 Stunde gehen lassen. Backofen auf 200 °C (Umluft 180 °C) vorheizen.
- Die Frischhaltefolie abziehen und die Brioche im Ofen etwa 30 Minuten backen, bis sie goldbraun ist und aufgeht. Vor dem Servieren abkühlen lassen.

VORBEREITUNG: 4 STUNDEN
KOCHZEIT: 30 MINUTEN

ZUTATEN

125 ml Milch
1 Ei (Zimmertemperatur)
320 g Mehl (Type 550)
1 TL Salz
1½ EL Zucker
1 Päckchen Trockenhefe (7 g)
200 g kühle Butter, gewürfelt
4–5 EL Rosinen

939 — Selbstgemachte Brötchen
12 STÜCK

VORBEREITUNG: 2 STUNDEN
KOCHZEIT: 10 MINUTEN

ZUTATEN

450 g Mehl (Type 550)
2 EL Butter
1 TL Zucker
1 TL Salz
1 ¼ TL Trockenhefe
275 ml lauwarmes Wasser
1 Eigelb, verquirlt

- Mehl in einer Schüssel mit Butter verreiben, bis eine krümelige Masse entsteht.
- Zucker, Salz und Trockenhefe unterrühren und mit ausreichend Wasser glatt rühren.
- Auf eine bemehlte Arbeitsfläche stürzen und 5 Minuten glatt und elastisch kneten. Zurück in die Schüssel geben und mit Frischhaltefolie bedeckt 1 Stunde an einem warmen Ort auf die doppelte Größe gehen lassen.
- Teig zurück auf die Arbeitsfläche geben, durchkneten und in 12 gleich große Portionen teilen. Jeweils zu einer glatten Kugeln formen, auf ein gefettetes Backblech legen und lose zugedeckt 30 Minuten gehen lassen.
- Backofen auf 200 °C (Umluft 180 °C) vorheizen.
- Mit Eigelb bestreichen, das Blech mit etwas Wasser besprühen und 10 Minuten backen, bis sie goldbraun sind und beim Antippen hohl klingen. Abkühlen lassen.

940 — Sesambrötchen
12 STÜCK

VORBEREITUNG: 2 STUNDEN
KOCHZEIT: 10 MINUTEN

ZUTATEN

450 g Mehl (Type 550)
2 EL Butter
1 TL Zucker
1 TL Salz
1 ¼ TL Trockenhefe
275 ml lauwarmes Wasser
1 Eigelb, verquirlt
3 EL Sesamsamen

- Mehl in einer Schüssel mit Butter verreiben, bis eine krümelige Masse entsteht.
- Zucker, Salz und Trockenhefe unterrühren und mit ausreichend Wasser glatt rühren.
- Auf eine bemehlte Arbeitsfläche stürzen und 5 Minuten glatt und elastisch kneten. Zurück in die Schüssel geben und mit Frischhaltefolie bedeckt 1 Stunde an einem warmen Ort auf die doppelte Größe gehen lassen.
- Teig zurück auf die Arbeitsfläche geben, durchkneten und in 12 gleich große Portionen teilen. Jeweils zu einer glatten Kugeln formen, auf ein gefettetes Backblech legen und lose zugedeckt 30 Minuten gehen lassen.
- Backofen auf 200 °C (Umluft 180 °C) vorheizen.
- Mit Ei bestreichen, mit Sesam bestreuen, Blech mit Wasser besprühen und 10 Minuten goldbraun backen, bis die Brötchen beim Antippen hohl klingen. Abkühlen lassen.

941 — 2 STÜCK

Focaccia mit Rosmarin

VORBEREITUNG: 40 MINUTEN +
2 STUNDEN GEHZEIT
KOCHZEIT: 20 MINUTEN

ZUTATEN

750 g Mehl (am besten italienisches Weizenmehl Type 00, aus dem Feinkostladen, ersatzweise Type 405)
½ TL Salz
2 TL Trockenhefe
150 ml natives Olivenöl extra
450 ml lauwarmes Wasser
grobkörniges Meersalz
1 Bund frischer Rosmarin

- Mehl und Salz in eine Schüssel sieben und in der Mitte eine Vertiefung machen. 50 ml Öl hineingießen, Hefe zugeben und mit den Fingern krümelig reiben. Etwa 400 ml Wasser zugießen und zu einem glatten Teig mixen. Bei Bedarf etwas mehr Wasser zugeben.
- Teig auf einer bemehlten Arbeitsfläche etwa 10 Minuten geschmeidig kneten und auf die Arbeitsfläche schlagen, bis der Teig sehr weich ist.
- In einer leicht geölten Schüssel mit Frischhaltefolie bedecken und an einem warmen Ort etwa 1½ Stunden auf die doppelte Größe gehen lassen.
- Teig aus der Schüssel nehmen, abschlagen und zu 2 Kugeln formen. Zu 2 Scheiben von je 25 cm Durchmesser ausrollen und 2 leicht geölte flache Kuchenformen oder Pizzableche damit auslegen. Erneut mit Frischhaltefolie abdecken und 30 Minuten gehen lassen. Den Backofen auf 200 °C (Umluft 180 °C) vorheizen.
- Abdecken und in regelmäßigen Abständen mit den Fingern eindrücken. Großzügig mit Öl beträufeln und die Vertiefungen damit ausfüllen. Mit Rosmarin belegen und mit reichlich Meersalz bestreuen. Etwas Wasser darüberträufeln und im Ofen 20 Minuten backen, bis die Focaccia aufgeht und goldbraun ist.

942 — 10 PERSONEN

Weizenvollkornbrot

VORBEREITUNG: 2 STUNDEN
KOCHZEIT: 25 MINUTEN

ZUTATEN

325 g Vollkornweizenmehl
2 TL Zucker
½ TL Salz
2 TL Trockenhefe
1 EL Öl
200 ml lauwarmes Wasser

- Mehl, Zucker, Salz und Hefe in einer Schüssel mit Öl verrühren und mit ausreichend Wasser glatt rühren.
- Auf einer bemehlten Unterlage 10 Minuten geschmeidig kneten. In eine gefettete Brot- oder Kastenform (ca. 500 g) füllen, abdecken und an einem warmen Ort 45 Minuten auf die Höhe des Formrandes gehen lassen.
- Backofen auf 200 °C (Umluft 180 °C) vorheizen.
- Abdecken und 25 Minuten backen, bis das Brot bräunt und beim Antippen hohl klingt.
- Aus der Form nehmen und abkühlen lassen.

Vollkornbrot mit Käse — 943

- Das Brot vor dem Backen mit 2 EL Parmesan bestreuen, damit eine leichte Käsekruste entsteht.

Vollkorn-Nuss-Brot — 944

- 100 g gehackte Haselnüsse in die Teigmischung zugeben.

BROT & GEBÄCK

945 — Weißbrot
10 PERSONEN

946 — Weißbrot mit Fenchelsamen
- 2 EL Fenchelsamen in den Teig zugeben.

947 — Kräuterbrot
- 1 EL getrocknete Kräutermischung in den Teig geben.

948 — Pestobrot
- 2 EL Pesto in den Teig einrühren.

VORBEREITUNG: 2 STUNDEN
KOCHZEIT: 25 MINUTEN

ZUTATEN
300 g Mehl Type 550
1 EL Butter
1 TL Zucker
½ TL Salz
1 TL Trockenhefe
175 ml lauwarmes Wasser

- Mehl und Butter in einer Schüssel mit den Fingern krümelig reiben. Zucker, Salz und Trockenhefe zufügen und nach und nach mit ausreichend Wasser zu einem glatten Teig verrühren.
- Auf einer bemehlten Arbeitsfläche 5 Minuten glatt und geschmeidig kneten. In eine gefettete Brot- oder Kastenform (500 g) füllen, lose zudecken und an einem warmen Ort 30 Minuten bis auf die Höhe des Formrandes gehen lassen.
- Backofen auf 200 °C (Umluft 180 °C) vorheizen.
- Abdeckung abnehmen und im Ofen 25 Minuten backen, bis das Brot bräunt und beim Antippen hohl klingt.
- Aus der Form nehmen und auf einem Kuchengitter abkühlen lassen.

949 — Gemischtes Nussbrot

10 PERSONEN

VORBEREITUNG: 2 STUNDEN
KOCHZEIT: 25 MINUTEN

ZUTATEN

475 g Weizenmischmehl
1 EL brauner Zucker
1½ TL Salz
1½ TL Trockenhefe
2 EL Öl
325 ml lauwarmes Wasser
200 g gehackte Walnüsse und Haselnüsse, gemischt

- Mehl, Zucker, Salz und Hefe in einer Schüssel verrühren, Öl zugeben und mit ausreichend Wasser zu einem glatten Teig verrühren.
- Auf einer bemehlten Arbeitsfläche 5 Minuten geschmeidigt kneten. Nüsse einkneten, dann zurück in die Schüssel geben, zudecken und an einem warmen Ort 1 Stunde auf die doppelte Größe gehen lassen.
- Auf einer bemehlten Arbeitsfläche weitere 5 Minuten kneten, dann zu einem ovalen Laib formen.
- Auf ein gefettetes Backblech legen und die Oberfläche einschneiden, sodass Rillen entstehen. Lose zudecken und weitere 30 Minuten gehen lassen.
- Backofen auf 200 °C (Umluft 180 °C) vorheizen.
- Mit etwas mehr Mehl bestreuen, mit etwas Wasser besprühen und 25 Minuten backen, bis das Brot bräunt und beim Antippen hohl klingt. Auf einem Kuchengitter abkühlen lassen.

950 — Gemischtes Nussbrot mit Rosinen

- 60 g Rosinen in den Teig einrühren.

951 — Roggenbrot

10 PERSONEN

VORBEREITUNG: 2 STUNDEN
KOCHZEIT: 25 MINUTEN

ZUTATEN

275 g Roggenmehl
200 g Weizenmehl (Type 550)
2 TL Kümmelsamen, leicht zerstoßen
1½ TL Salz
1½ TL Trockenhefe
2 EL brauner Zucker
2 EL Öl
350 ml lauwarmes Wasser

- Mehlsorten in einer Schüssel mit Kümmel, Salz, Hefe und Zucker verrühren. Öl einrühren, nach und nach mit ausreichend Wasser zu einer glatten Masse vermischen.
- Auf einer bemehlten Unterlage 5 Minuten glatt und geschmeidig kneten, dann zurück in die Schüssel geben und zugedeckt an einem warmen Ort etwa 1 Stunde auf die doppelte Größe gehen lassen.
- Erneut auf einer bemehlten Unterlage 5 Minuten kneten und zu einem runden Laib formen.
- Auf ein gefettetes Backblech legen und die Oberfläche einschneiden, sodass Rillen entstehen. Zugedeckt 30 Minuten gehen lassen.
- Backofen auf 200 °C (Umluft 180 °C) vorheizen.
- Mit etwas mehr Mehl bestreuen, mit etwas Wasser besprühen und 25 Minuten backen, bis das Brot bräunt und beim Antippen hohl klingt. Auf einem Kuchengitter abkühlen lassen.

952 — Roggenbrot mit Kürbiskernen

- Den fertigen Laib vor dem Backen mit 1 EL Kürbiskernen bestreuen.

BROT & GEBÄCK

953 — 16 STÜCK
Brezeln

- Mehlsorten in einer Schüssel mit Zucker, Salz und Hefe vermischen. Nach und nach mit ausreichend Wasser glatt rühren.
- Auf einer bemehlten Arbeitsfläche 5 Minuten glatt und geschmeidig kneten. In der Schüssel lose zugedeckt an einem warmen Ort 1 Stunde gehen lassen.
- Teig auf einer bemehlten Arbeitsfläche gut durchkneten, in 16 gleich große Stücke teilen und jeweils zu einer 30 cm langen Rolle formen. Die Enden in Brezelform zueinander einschlagen, verdrehen und festdrücken.
- Auf einem gefetteten Backblech lose zudecken und 30 Minuten gehen lassen.
- Backofen auf 200 °C (Umluft 180 °C) vorheizen. Die Brezeln 10 Minuten backen, bis sie bräunen.
- Inzwischen Wasser und feines Salz in einer Kasserolle erwärmen, bis das Salz aufgelöst ist. Die fertigen Brezeln damit bestreichen und mit Meersalz bestreuen.

VORBEREITUNG: 2 STUNDEN
KOCHZEIT: 10 MINUTEN

ZUTATEN
325 g Weizenmehl (Type 550)
75 g Roggenmehl
2 TL brauner Zucker
1 TL Salz
1 TL Trockenhefe
275 ml lauwarmes Wasser
3 TL feines Salz
3 EL Wasser
Meersalz

Süße Brezeln — 954
- Die Brezeln statt mit Salz mit Kristallzucker bestreuen.

955 — 8 PERSONEN
Mohnwecken

- Mehl, Hefe, Zucker und Salz in einer Schüssel verrühren. Nach und nach Butter, dann Milch und Honig einrühren und alles zu einem weichen Teig vermischen.
- Auf einer bemehlten Arbeitsfläche 10 Minuten glatt und geschmeidig kneten.
- Den Teig zu einem langgezogenen Oval formen oder zwei Stränge formen und eindrehen. Auf ein gefettetes Backblech legen und lose zugedeckt 1 Stunde auf die doppelte Größe gehen lassen.
- Backofen auf 220 °C (Umluft 200 °C) vorheizen.
- Den Wecken mit etwas mehr Milch bestreichen und mit Mohn bestreuen. Im Ofen 25–30 Minuten backen, bis der Wecken bräunt und beim Antippen leicht hohl klingt.

VORBEREITUNG: 2 STUNDEN
KOCHZEIT: 25–30 MINUTEN

ZUTATEN
500 g Mehl (Type 550)
1½ TL Trockenhefe
1 EL Honig
1 EL Butter
1 TL Salz
350 ml warme Milch
4 EL Mohn

Milchbrot mit Fenchel — 956
- Wer Anisgeschmack mag, kann den Mohn durch die gleiche Menge Fenchelsamen ersetzen.

Stollen

957 — 10 PERSONEN

Orangenstollen — 958
- Zusätzlich zur Zitrone die abgeriebene Schale von 1 Bio-Orange zugeben.

Mandelstollen — 959
- 2 EL Mandelsplitter in den Teig zugeben.

Rumstollen — 960
- Zusätzlich 4 EL Rum in den Teig einrühren.

VORBEREITUNG: 2 STUNDEN + EINWEICHEN ÜBER NACHT
KOCHZEIT: 30 MINUTEN

ZUTATEN

120 g gemischte Trockenfrüchte (z. B. Orangeat, Zitronat und Rosinen)
4 EL Rum
500 g Mehl (Type 550)
½ TL Salz
120 g Zucker
¼ TL frisch geriebene Muskatnuss
½ TL gemahlener Kardamom
½ TL gemahlener Zimt
abgeriebene Schale von 1 Bio-Zitrone
2 EL Rosinen
2 EL Mandeln, fein gehackt
1½ TL Trockenhefe
175 g Butter
1 Ei, verquirlt
175 ml warme Milch
250 g Marzipan
1 EL Butter, zerlassen
1 EL Puderzucker

- Trockenfrüchte in einer Schüssel mit etwas Rum verrühren und über Nacht einweichen.
- In einer Schüssel Mehl mit Salz, Zucker, Gewürzen, Zitronenschale, Rosinen, Mandeln und Hefe verrühren. 2 EL Butter zerlassen und zugeben, Ei unterrühren und mit ausreichend Milch glatt rühren.
- 5 Minuten glatt und elastisch kneten und zugedeckt an einem warmen Ort 1 Stunde auf die doppelte Größe gehen lassen.
- Teig gut verkneten, dann die übrige Butter würfeln und zusammen mit den Trockenfrüchten nach und nach in den Teig einkneten.
- In Backpapier gewickelt 20 Minuten kühl stellen. Dann auf einer bemehlten Unterlage auf etwa 15 x 40 cm oval ausrollen. Marzipan zu einer Rolle der gleichen Länge formen, in der Mitte des Teigs auflegen und den Stollen darüber einrollen. Auf ein gefettetes Backblech legen und weitere 30 Minuten gehen lassen.
- Backofen auf 180 °C (Umluft 160 °C) vorheizen.
- Im Ofen etwa 30 Minuten backen, dann auf einem Kuchengitter mit zerlassener Butter und Zucker bestreichen und warm servieren.

BROT & GEBÄCK

961 Nussbrot

10 PERSONEN

- Mehl, Zucker, Salz und Hefe in einer Schüssel verrühren, Öl zugeben und mit ausreichend Wasser glatt rühren.
- Auf einer bemehlten Arbeitsfläche 5 Minuten glatt und geschmeidig kneten. Die Walnüsse einkneten und in der Schüssel lose zugedeckt an einem warmen Ort 1 Stunde auf die doppelte Größe gehen lassen.
- Auf einer bemehlten Arbeitsfläche weitere 5 Minuten gut verkneten und zu einem ovalen Laib formen.
- Auf ein gefettetes Backblech legen und einige Längsrillen einschneiden. Lose zugedeckt weitere 30 Minuten gehen lassen.
- Backofen auf 200 °C (Umluft 180 °C) vorheizen.
- Mit etwas mehr Mehl bestreuen und im Backofen 25 Minuten backen, bis das Brot bräunt und beim Antippen hohl klingt. Auf einem Kuchengitter abkühlen lassen.

VORBEREITUNG: 2 STUNDEN
KOCHZEIT: 25 MINUTEN

ZUTATEN

475 g Weizenmehl (Type 1600)
1 EL brauner Zucker
1½ TL Salz
1½ TL Trockenhefe
2 EL Öl
325 ml lauwarmes Wasser
200 g Walnüsse, gehackt

Nussbrot mit Käse — 962
- Walnussbrot passt hervorragend zu einer guten Käseplatte.

963 Ciabatta

3 STÜCK

- In einer großen Schüssel 250 g Mehl mit 190 ml Wasser verrühren und 15 g Hefe zugeben. Einige Minuten gut vermischen, dann zugedeckt über Nacht gehen lassen.
- Anschließend erneut 250 g Mehl und 10 g Hefe zugeben und gut verrühren. Nach und nach Wasser und Öl unterrühren und einige Minuten in der Küchenmachine oder mit Knethaken durchkneten. Salz zugeben und alles zu einem klebrigen Teig vermischen.
- Eine große Schüssel mit etwas Öl ausstreichen, den Teig hineinlegen und zugedeckt 1 Stunde gehen lassen.
- Auf eine bemehlte Arbeitsfläche legen und weitere 30 Minuten gehen lassen.
- Backofen auf 240 °C (Umluft 220 °C) vorheizen.
- Aus dem Teig 3 etwa gleich lange Stangen formen. Ein Backblech mit Backpapier auslegen und die Stangen darauf weitere 10 Minuten gehen lassen.
- 25 Minuten backen, bis sie bräunen und aufgehen.

VORBEREITUNG: 9 STUNDEN 50 MINUTEN
KOCHZEIT: 25 MINUTEN

ZUTATEN

250 g Mehl (am besten italienisches Weizenmehl Type 00, aus dem Feinkostladen, ersatzweise Type 405)
190 ml Wasser
15 g frische Hefe
250 g Mehl (Type 00, ersatzweise Type 405)
10 g Hefe
190 ml Wasser
1 EL Olivenöl
12 g Salz

Oliven-Ciabatta mit Chili — 964
- Einige Handvoll entsteinte, gehackte Oliven und ½ TL getrocknete Chiliflocken sorgen für Würze.

965 — Tomaten-Mozzarella-Pizza

3–4 PERSONEN

VORBEREITUNG: 2 STUNDEN
KOCHZEIT: 8–10 MINUTEN

ZUTATEN

FÜR DEN PIZZATEIG
400 g Weizenmehl (Type 550)
100 g fein gemahlenes Grießmehl
½ EL Salz
1 Päckchen (7 g) Trockenhefe
½ EL Zucker
350 ml lauwarmes Wasser

FÜR DEN BELAG (PRO PIZZA)
6 EL passierte Tomaten
150 g Kirschtomaten, halbiert
1 Knoblauchzehe, fein gehackt
½ Mozzarellakugel, in Scheiben
1 TL getrockneter Oregano
natives Olivenöl extra
schwarzer Pfeffer aus der Mühle

- Mehl, Grieß und Salz in eine Schüssel füllen und in der Mitte eine Vertiefung machen. Hefe und Zucker mit Wasser verrühren, quellen lassen und in die Vertiefung füllen. Mit der Gabel in kreisenden Bewegungen vermischen.
- Wenn sich der Teig zu vermischen beginnt, mit den Händen weiter verkneten und zu einer Kugel formen.
- Den Teig etwa 10 Minuten kneten und schlagen, bis er weich und geschmeidig wird. Mit etwas Mehl bestäuben, mit Frischhaltefolie bedecken und 30 Minuten ruhen lassen.
- Etwa 30 Minuten vor der Zubereitung Backofen auf 250 °C (Umluft 230 °C) vorheizen. Aus dem Teig Pizzafladen formen. Dazu die Arbeitsfläche mit Mehl bestreuen, je ein Stück Teig abteilen und zu einer 0,5 cm dicken Scheibe ausrollen.
- Jede Pizza mit passierten Tomaten bestreichen, mit Tomatenstücken belegen. Knoblauch und Oregano darüberstreuen und mit Mozzarella belegen.
- In den Ofen schieben oder auf ein vorgewärmtes Backblech legen und 8–10 Minuten goldbraun und knusprig backen. Mit Olivenöl beträufeln und etwas schwarzen Pfeffer darübermahlen. Heiß servieren.

966 — Knoblauchbrot mit Petersilie

4 PERSONEN

VORBEREITUNG: 10 MINUTEN
KOCHZEIT: 25 MINUTEN

ZUTATEN

1 große Stange Baguette
250 g weiche Butter
3–4 Knoblauchzehen, zerdrückt
1 Bund Petersilie, gehackt
Salz und Pfeffer
ein Spritzer Zitronensaft

- Backofen auf 180 °C (Umluft 160 °C) vorheizen.
- Das Baguettebrot in Abständen von 2–3 cm tief einschneiden.
- Weiche Butter mit den übrigen Zutaten zu einer weichen Kräuterbutter verrühren.
- Die Einschnitte großzügig mit Knoblauchbutter bestreichen. Wenn etwas übrigbleibt, die übrige Knoblauchbutter auf der Brotoberfläche verteilen.
- In Alufolie wickeln und 20 Minuten backen. Die Folie öffnen und weitere 5 Minuten backen, bis das Brot an der Oberfläche knusprig ist.

Knoblauchbrot mit Käse — 967
- Dünne Scheiben Mozzarella in die Einschnitte stecken und mitbacken.

Knoblauchbrot mit Parmesanbutter — 968
- 4 EL geriebenen Parmesan unter die Kräuterbutter rühren.

BROT & GEBÄCK

969 — Indisches Naan
6–8 STÜCK

- Mehl, Zucker, Salz und Backpulver in eine große Schüssel sieben. Milch und Öl verquirlen. In der Mitte der Mehlmischung eine Vertiefung machen und den Großteil der Flüssigkeit hineingießen. 1–2 EL beiseitestellen.
- Mehlmischung von außen nach innen mit der Flüssigkeit verrühren und alles zu einem glatten Teig vermischen.
- Eine Schüssel mit etwas Öl ausstreichen, den Teig darin mit einem feuchten Küchentuch bedecken und an einem warmen, zugluftfreien Ort 1 Stunde gehen lassen.
- Anschließend den Teig abschlagen und daraus nach Belieben 6–8 gleich große Kugeln formen.
- Backofengrill auf die höchste Stufe vorheizen. Ein solides Backblech mit erwärmen.
- Die Teigkugeln mit den Fingern zu ovalen Fladen ziehen und 2 Minuten grillen. Mit zerlassener Butter bestreichen, nach Belieben bestreuen und warm servieren.

VORBEREITUNG: 2 STUNDEN
KOCHZEIT: 2 MINUTEN

ZUTATEN
250 g Mehl (Type 550)
2 TL Zucker
½ TL Salz
½ TL Backpulver
120 ml Milch
2 EL Öl

ZUM BESTREUEN
Schwarzkümmelsamen
Mohn
gehackter Knoblauch

970 — Sesamstangen
20–24 STÜCK

VORBEREITUNG: 2 STUNDEN
KOCHZEIT: 15–20 MINUTEN

ZUTATEN
450 g Mehl (Type 550)
1 Päckchen Trockenhefe (7 g)
1 ½ TL Salz
250 ml lauwarmes Wasser
Olivenöl
2 EL Sesamsamen

- Mehl, Hefe und Salz in einer Schüssel vermischen. Nach und nach das Wasser zugeben und glatt rühren.
- Mit den Händen zu einem Teig verkneten und 10 Minuten weiter glatt und geschmeidig kneten.
- Die Mischung in 20 gleich große Stücke teilen und zu Stangen rollen. Nach Wunsch so belassen oder in sich verdrehen.
- In großzügigen Abständen auf ein Backblech legen, mit einem feuchten Küchentuch bedecken und an einem warmen Ort 30 Minuten ruhen lassen.
- Backofen auf 200 °C (Umluft 180 °C) vorheizen.
- Mit Olivenöl bestreichen und mit Sesam bestreuen, dann im Ofen etwa 15–20 Minuten backen.

971 — Brioche
2 STÜCK

VORBEREITUNG: 2 STUNDEN
+ ÜBER NACHT KÜHL STELLEN
KOCHZEIT: 35 MINUTEN

ZUTATEN
2 EL Milch
2 ½ TL Trockenhefe
400 g Mehl (Type 550)
4 Eier + 3 Eigelb
2 EL Zucker
1 TL Salz
250 g weiche Butter

- Am Vortag der Verarbeitung Milch in einer Kasserolle zum Kochen bringen, dann in einen Messbecher füllen und auf lauwarm abkühlen lassen. Mit lauwarmem Wasser auf 50 ml aufgießen, Hefe einrühren und 2 EL Mehl zugeben. Zugedeckt 30 Minuten einweichen.
- Wenn die Hefe quillt, Eier, Eigelb, Zucker und Salz in einer Schüssel verrühren und die Hefemischung zugeben. Übriges Mehl einrühren und alles zu grob zu einem Teig vermischen. Zugedeckt 30 Minuten gehen lassen. Nach und nach die Butter unterrühren. Den Teig auf einer bemehlten Arbeitsfläche glatt und geschmeidig kneten, in der Schüssel zudecken und über Nacht kühl stellen.
- 2 Kasten- oder Brotformen (500 g) einfetten, den Teig halbieren und in die Formen füllen. 2 Stunden ruhen lassen.
- Backofen auf 200 °C (Umluft 180 °C) vorheizen. Die Brote mit Ei bestreichen und 15 Minuten backen. Backofenhitze auf 180 °C (Umluft 160 °C) reduzieren und weitere 20 Minuten goldbraun backen. Herausnehmen und auf einem Kuchengitter abkühlen lassen.

972 — Honigkuchen

6 PERSONEN

VORBEREITUNG: 20 MINUTEN
KOCHZEIT: 45 MINUTEN

ZUTATEN

250 g Mehl, mit 10 g (2 TL) Backpulver vermischt
½ TL Backsoda
½ TL gemahlener Ingwer
½ TL Lebkuchen-Gewürzmischung
75 g Honig
75 g Butter, zerlassen
200 ml Milch
1 Ei
2–3 EL frischer Ingwer, fein gehackt

- Backofen auf 200 °C (Umluft 180 °C) vorheizen. Eine Kastenform einfetten oder mit Backpapier auslegen.
- In einer Schüssel Mehl, Backpulver, Backsoda, Ingwer, Honig und Lebkuchengewürz sowie Butter verrühren.
- Milch in einen Messbecher füllen, das Ei dazuschlagen und mit einer Gabel verquirlen.
- Den Inhalt des Messbechers mit einem Holzlöffel unter die Mehlmischung heben. Die Masse sollte leicht klumpen, daher nicht völlig glatt rühren. Ingwer unterrühren.
- In die Form füllen und im Ofen etwa 45 Minuten backen, bis bei der Garprobe kein Teig mehr am Spieß haftet.
- Auf einem Kuchengitter abkühlen lassen.

Honigkuchen mit Mascarpone — 973

- Einen Becher Mascarpone mit etwas abgeriebener Orangenschale und Orangensaft verrühren und dazu reichen.

974 — Sesam-Brioche

2 STÜCK

VORBEREITUNG: 2 STUNDEN + KÜHLZEIT ÜBER NACHT
KOCHZEIT: 35 MINUTEN

ZUTATEN

2 EL Milch
2 ½ TL Trockenhefe
400 g Mehl (Type 550)
4 Eier + 3 Eigelb
2 EL Zucker
1 TL Salz
250 g weiche Butter
2 EL Sesamsamen
1 Ei, verquirlt

- Am Vortag Milch zum Kochen bringen, in einem Messbecher lauwarm werden lassen und mit warmem Wasser auf 50 ml verlängern. Trockenhefe einrühren, 2 EL Mehl zugeben und zugedeckt 30 Minuten quellen lassen.
- Wenn die Hefe quillt, Eier, Eigelb, Zucker und Salz in einer Schüssel verrühren, dann die Hefemischung unterrühren. Mehl zugeben und alles zu einem glatten Teig vermischen. Zugedeckt 30 Minuten gehen lassen.
- Nach und nach Butter zugeben. Wenn sie aufgebraucht ist, auf einer bemehlten Unterlage verkneten.
- In einer Schüssel zugedeckt über Nacht kühl stellen.
- Den Teig halbieren und daraus zwei Achten legen. Auf einem gefetteten Backblech 2 Stunden gehen lassen.
- Backofen auf 200 °C (Umluft 180 °C) vorheizen. Die Brioches mit Ei bestreichen, mit Sesam bestreuen und 15 Minuten backen. Auf 180 °C (Umluft 160 °C) 20 Minuten goldbraun backen. Herausnehmen, abkühlen lassen.

Mohn-Brioche — 975

- Die Brioches vor dem Backen statt mit Sesam mit Mohn bestreuen.

BROT & GEBÄCK

976 — 10 PERSONEN
Vollwertbrot

- Mehl in einer Schüssel mit Butter verreiben, bis ein krümeliger Teig entsteht. Zucker, Salz und Hefe unterrühren und nach und nach mit ausreichend Wasser glatt rühren.
- Auf einer bemehlten Arbeitsfläche 5 Minuten glatt und geschmeidig kneten. In eine gefettete Backform (500 g) füllen, lose zudecken und an einem warmen Ort 30 Minuten auf Höhe des Formrandes aufgehen lassen.
- Mit Haferflocken und Körnern bestreuen.
- Backofen auf 200 °C (Umluft 180 °C) vorheizen.
- Das Brot im Ofen 25 Minuten backen, bis es bräunt und beim Antippen hohl klingt.
- Aus der Form nehmen und auf einem Kuchengitter abkühlen lassen.

VORBEREITUNG: 2 STUNDEN
KOCHZEIT: 25 MINUTEN

ZUTATEN

300 g Weizenvollkornmehl
1 EL Butter
2 TL brauner Zucker
½ TL Salz
1 TL Trockenhefe
175 ml warmes Wasser
Haferflocken und Körner zum Bestreuen

Vollwert-Mischbrot — 977
- Für ein leichteres Weizenbrot eine Hälfte Vollwertmehl und eine Hälfte weißes Weizenmehl mischen.

978 — 3 STÜCK
Baguette

- Die erste Portion Mehl und Wasser in einer Schüssel verrühren. 15 g Hefe zugeben und einige Minuten gut verrühren, dann zugedeckt über Nacht gehen lassen.
- Anschließend die zweite Portion Mehl und Hefe zugeben und gut verrühren. Nach und nach Wasser und Öl zugießen, gut verteilen, dann Salz zugeben und verrühren.
- Den Teig in eine große, mit Öl ausgestrichene Schüssel füllen und 1 Stunde zugedeckt gehen lassen.
- Aus der Schüssel nehmen und auf einer bemehlten Arbeitsfläche weitere 30 Minuten gehen lassen.
- Backofen auf 240 °C (Umluft 220 °C) vorheizen.
- Den Teig in 3 etwa gleich lange Stangen ziehen. Ein Backblech mit Backpapier auslegen, die Stangen darauflegen und 10 Minuten ruhen lassen.
- Im Ofen 25 Minuten backen, bis das Brot aufgeht und bräunt. Auf einem Kuchengitter abkühlen lassen.

VORBEREITUNG: 9 STUNDEN 50 MINUTEN
KOCHZEIT: 25 MINUTEN

ZUTATEN

250 g Mehl (Type 405)
190 ml Wasser
15 g frische Hefe
250 g Mehl (Type 405)
10 g frische Hefe
190 ml Wasser
1 EL Olivenöl
12 g Salz

Rosmarin-Baguette — 979
- 2 EL fein gehackte Rosmarinblätter in den Teig zugeben.

980 — 3 STÜCK

Oliven-Ciabatta

VORBEREITUNG: 9 STUNDEN 50 MINUTEN
KOCHZEIT: 25 MINUTEN

ZUTATEN

250 g Mehl (am besten italienisches Weizenmehl Type 00, aus dem Feinkostladen, ersatzweise Type 405)
190 ml Wasser
15 g frische Hefe
250 g Mehl (am besten Type 00, ersatzweise Type 405)
10 g Hefe
190 ml Wasser
1 EL Olivenöl
12 g Salz
100 g gemischte grüne und schwarze Oliven, entsteint und halbiert

- Die erste Portion Mehl und Wasser in einer Schüssel verrühren. 15 g Hefe zugeben und einige Minuten gut verrühren, dann zugedeckt über Nacht gehen lassen.
- Die zweite Portion Mehl und Hefe zugeben und gut verrühren. Nach und nach Wasser und Öl zugießen, gut verteilen, Oliven und Salz zugeben und verrühren.
- Den Teig in eine große, mit Öl ausgestrichene Schüssel füllen und 1 Stunde zugedeckt gehen lassen.
- Aus der Schüssel nehmen und auf einer bemehlten Arbeitsfläche weitere 30 Minuten gehen lassen.
- Backofen auf 240 °C (Umluft 220 °C) vorheizen.
- Den Teig zu 3 Dreiecken formen. Ein Backblech mit Backpapier auslegen, die Stangen darauflegen und 10 Minuten ruhen lassen.
- Im Ofen 25 Minuten backen, bis das Brot aufgeht und bräunt. Auf einem Kuchengitter abkühlen lassen.

Oliven-Ciabatta mit Sardellen — 981

- Einige sehr fein gehackte Sardellenfilets in den Teig zugeben.

982 — 10 STÜCK

Bagels

VORBEREITUNG: 3 STUNDEN
KOCHZEIT: 12–15 MINUTEN

ZUTATEN

500 g Mehl (Type 550)
2 EL Zucker
1 TL Salz
1 ¼ TL Trockenhefe
300 ml lauwarmes Wasser
1 Eigelb, verquirlt

- Mehl mit der Hälfte des Zuckers, Salz und Hefe in einer großen Schüssel verrühren und mit Wasser glatt rühren.
- Auf einer bemehlten Unterlage 5 Minuten kneten und in der Schüssel lose zugedeckt an einem warmen Ort 1 Stunde gehen lassen.
- Auf einer bemehlten Arbeitsfläche abschlagen, kneten und in 10 gleich große Stücke teilen. Jeweils zu einer Kugel formen und in der Mitte ein Loch machen.
- Auf mit Backpapier ausgelegte Bleche legen, zudecken und 30 Minuten gehen lassen.
- Backofen auf 200 °C (Umluft 180 °C) vorheizen.
- 2 l Wasser mit dem übrigen Zucker zum Kochen bringen. Die Bagels einzeln ins Wasser legen und 2–3 Minuten garen, bis sie an die Oberfläche kommen. Mit einem Sieblöffel herausnehmen und abtropfen lassen.
- Zurück auf das Backblech legen, mit Ei bestreichen und 12–15 Minuten goldbraun backen.

Sesam-Bagels — 983

- Mit Öl bestreichen und mit Sesamsamen bestreuen.

BROT & GEBÄCK

984 Brioche-Brötchen
16 STÜCK

985 Brioche mit pochierten Früchten
- Brioche zum Frühstück mit frisch pochierten Früchten servieren.

986 Brioche mit karamellisierten Äpfeln
- Apfelscheiben in Butter und Zucker dünsten und zur Brioche servieren.

987 Zimt-Brioche
- 1 TL gemahlenen Zimt in den Teig zugeben.

VORBEREITUNG: 2 STUNDEN + KÜHLZEIT ÜBER NACHT
KOCHZEIT: 15–20 MINUTEN

ZUTATEN
2 EL Milch
2 ½ TL Trockenhefe
400 g Mehl (Type 550)
4 Eier + 3 Eigelb
2 EL Zucker
1 TL Salz
250 g weiche Butter

- Am Vortag Milch zum Kochen bringen, in einen Messbecher füllen und lauwarm werden lassen. Mit warmem Wasser auf 50 ml verlängern und Hefe einrühren. 2 EL Mehl zugeben und zugedeckt 30 Minuten quellen lassen.
- Wenn die Hefe quillt, Eier, Eigelb, Zucker und Salz in eine weitere Schüssel füllen und die Hefemischung zugießen. Mehl zugeben und alles zu einem relativ glatten Teig verrühren. Zudecken und 30 Minuten gehen lassen.
- Den Teig in eine Rührschüssel füllen und am besten mit Knethaken nach und nach die Butter unterkneten. Wenn sie aufgebraucht ist, den Teig herausnehmen und auf einer bemehlten Arbeitsfläche mit den Händen glatt und geschmeidig kneten.
- In der Schüssel über Nacht zugedeckt kühl stellen.
- Für die Brötchenoberteile vom Teig 16 kleine Stücke abschneiden. Den Rest in 16 größere Stücke schneiden, diese zu Kugeln formen und in gefettete Briocheformen legen.
- Die kleinen Teigstücke zu Kugeln formen und darauflegen. 2 Stunden auf die doppelte Größe gehen lassen.
- Backofen auf 200 °C (Umluft 180 °C) vorheizen. Die Brioches mit Ei bestreichen und 10 Minuten ruhen lassen. Bei 180 °C (Umluft 160 °C) 5–10 Minuten goldbraun backen. Aus den Formen nehmen und abkühlen lassen.

Rauchwurst-Ciabatta

988 — 12 PERSONEN

Ciabatta mit Speck — 989
- Statt der Rauchwurst dieselbe Menge Räucherspeck würfeln und zugeben.

Ciabatta mit Gorgonzola — 990
- Gorgonzola oder anderen Blauschimmelkäse fein würfeln und in den Teig zugeben.

Ciabatta mit Fontina-Käse — 991
- Fontina ist gut zum Schmelzen geeignet. Kleine Würfel davon in den Teig zugeben.

VORBEREITUNG: 9 STUNDEN 50 MINUTEN
KOCHZEIT: 25 MINUTEN

ZUTATEN

250 g Mehl (am besten italienisches Weizenmehl Type 00, aus dem Feinkostladen, ersatzweise Type 405)
190 ml Wasser
15 g frische Hefe
250 g Mehl (Type 00, ersatzweise Type 405)
10 g Hefe
190 ml Wasser
1 EL Olivenöl
12 g Salz
100 g spanische Paprikawurst oder andere würzige Rauchwurst, gewürfelt

- Die erste Portion Mehl und Wasser in einer Schüssel vermengen. 15 g Hefe zugeben und einige Minuten gut verrühren, dann zugedeckt über Nacht gehen lassen.
- Die zweite Portion Mehl und Hefe zugeben und gut verrühren. Nach und nach Wasser und Öl zugießen, gut verteilen, dann Salz unterrühren. Die gewürfelte Wurst untermengen.
- Den Teig in eine große, mit Öl ausgestrichene Schüssel füllen und 1 Stunde zugedeckt gehen lassen.
- Aus der Schüssel nehmen und auf einer bemehlten Arbeitsfläche weitere 30 Minuten gehen lassen.
- Backofen auf 240 °C (Umluft 220 °C) vorheizen.
- Den Teig zu 3 etwa gleich langen, flachen Stangen formen. Ein Backblech mit Backpapier auslegen, die Stangen darauflegen und 10 Minuten ruhen lassen.
- Im Ofen 25 Minuten backen, bis das Brot aufgeht und bräunt. Auf einem Kuchengitter abkühlen lassen.

BROT & GEBÄCK

992 — 10 PERSONEN — Apfelbrot

- Mehl, Salz, Zucker, Gewürze und Hefe in einer Schüssel verrühren. Nach und nach Öl zugeben und mit ausreichend Wasser glatt rühren.
- Auf einer bemehlten Arbeitsfläche 5 Minuten glatt und geschmeidig kneten. Die Apfelstücke einkneten. Zurück in die Schüssel geben und zugedeckt an einem warmen Ort 1 Stunde auf die doppelte Größe gehen lassen.
- In eine gefettete Brot- oder Kastenform (500 g) füllen und an einem warmen Ort zugedeckt weitere 30 Minuten bis auf Höhe des Formrandes gehen lassen.
- Backofen auf 200 °C (Umluft 180 °C) vorheizen.
- Abdeckung entfernen und im Ofen 30 Minuten backen, bis das Brot bräunt und beim Antippen hohl klingt.
- Aus der Form nehmen und abkühlen lassen.

VORBEREITUNG: 2 STUNDEN

KOCHZEIT: 30 MINUTEN

ZUTATEN

450 g Mehl (Type 550)
1½ TL Salz
2 TL Zucker
1 TL gemahlener Zimt
1 Prise gemahlene Nelken (nach Belieben)
1 EL Honig
1 ¼ TL Trockenhefe
2 EL Öl
275 ml lauwarmes Wasser
100 g Äpfel, geschält, entkernt und fein gehackt

Apfel-Gewürzbrot — 993

- Für mehr Würze 1 Prise Lebkuchen-Gewürzmischung zugeben.

994 — 4 PERSONEN — Früchtebrot

- Backofen auf 140 °C (Umluft 120 °C) vorheizen.
- In einer großen Schüssel Früchte und kandierte Zitrusschalen mit Orangensaft verrühren und 2 Stunden einziehen lassen.
- In einer weiteren Schüssel Mehl, Backpulver und Gewürze verrühren, dann Butter, Zucker, Eier, Honig und abgeriebene Orangenschale unterrühren. Gut vermischen, dann die Früchte zugeben.
- Eine Brot- oder Kastenform mit Mehl bestäuben und die Masse hineinfüllen. Im Ofen 90 Minuten backen.
- 1 Stunde abkühlen lassen, dann aus der Form nehmen. Auf einem Kuchengitter fertig auskühlen lassen.

VORBEREITUNG: 2 ½ STUNDEN

KOCHZEIT: 90 MINUTEN

ZUTATEN

2 EL getrocknete Aprikosen, gehackt
2 EL Datteln, gehackt
2 EL getrocknete Pflaumen, gehackt
2 EL kandierte Kirschen, gehackt
1 EL Orangeat und Zitronat
2 EL Rosinen
abgeriebene Schale und Saft von
1 Bio-Orange
450 g Mehl (Type 550)
2 TL Backpulver
1 TL Lebkuchen-Gewürzmischung
½ TL gemahlener Zimt
200 g weiche Butter
200 g Zucker
6 Eier
100 g Honig

Früchtebrot mit Butter und Konfitüre — 995

- Früchtebrot, mit Butter und Konfitüre bestrichen, passt gut zum Tee.

996 — Tomatenbrot
10 PERSONEN

VORBEREITUNG: 2 STUNDEN
KOCHZEIT: 30 MINUTEN

ZUTATEN

450 g Mehl (Type 550)
1½ TL Salz
2 TL Zucker
1 ¼ TL Trockenhefe
2 EL Olivenöl
275 ml lauwarmes Wasser
100 g eingelegte getrocknete Tomaten, in feine Streifen geschnitten

- Mehl, Salz, Zucker und Hefe in einer Schüssel verrühren. Öl zugeben, dann mit ausreichend Wasser glatt rühren.
- Auf einer bemehlten Arbeitsfläche 5 Minuten glatt und geschmeidig kneten. Die Tomaten einkneten. Den Teig zurück in die Schüssel geben, lose zudecken und an einem warmen Ort 1 Stunde auf die doppelte Größe gehen lassen.
- Eine Brot- oder Kastenform (500 g) einfetten, den Teig hineinfüllen und lose zugedeckt an einem warmen Ort weitere 30 Minuten bis auf Höhe des Formrandes gehen lassen.
- Backofen auf 200 °C (Umluft 180 °C) vorheizen.
- Abdecken und 30 Minuten backen, bis das Brot bräunt und beim Antippen hohl klingt.
- Aus der Form nehmen und auf einem Kuchengitter abkühlen lassen.

Tomatenbrot mit Oliven — 997
- 1 Handvoll gehackte schwarze Oliven sorgt zusätzlich für Würze.

998 — Pita-Brot
12 STÜCK

VORBEREITUNG: 2 STUNDEN
KOCHZEIT: 35 MINUTEN

ZUTATEN

500 g Mehl (Type 550)
1 TL Salz
1 TL Trockenhefe
1 EL Butter
300 ml lauwarmes Wasser

- Mehl in einer Schüssel mit Salz und Hefe vermischen. Butter und Wasser zugeben und alles zu einem glatten Teig verrühren.
- Auf einer bemehlten Arbeitsfläche 5 Minuten glatt und geschmeidig kneten. Zurück in die Schüssel geben, lose zudecken und an einem warmen Ort etwa 1 Stunde auf die doppelte Größe gehen lassen.
- Auf der bemehlten Arbeitsfläche erneut 5 Minuten kneten, dann in 12 gleich große Stücke teilen. Jedes Stück zu einer Kugel rollen, flachdrücken und zu einer Scheibe von 15 cm Durchmesser formen. Auf einem Backblech an einem warmen Ort weitere 15 Minuten gehen lassen.
- In einer soliden Bratpfanne bei mittlerer Hitze etwas Öl erwärmen. Je 1–2 Fladenbrote darin 3 Minuten braten. Wenn Blasen entstehen und das Brot stellenweise schwarz wird, wenden und auf der anderen Seite braten.
- In der Mitte durchschneiden und noch warm verzehren.

Vollkorn-Pita — 999
- Das Weißmehl durch die gleiche Menge Vollkornmehl ersetzen.

BROT & GEBÄCK

Brasilianisches Pão de queijo

1000 — 4 PERSONEN

1001 Pão de queijo mit Gorgonzola

- Statt der Mischung aus Gruyère und Cheddar Gorgonzola verwenden.

1002 Pão de queijo mit Räucherspeck

- Etwas gekochter Räucherspeck, fein gehackt, passt gut zum Käsearoma.

1003 Pão de queijo mit Rosmarin

- Für etwas rustikale Würze 1 EL fein gehackten frischen Rosmarin zum Teig geben.

VORBEREITUNG: 20 MINUTEN

KOCHZEIT: 10–15 MINUTEN

ZUTATEN

480 g Kartoffelmehl
100 g Butter, gewürfelt
2 Eier, verquirlt
Salz und Pfeffer
100 g Mozzarella, fein gehackt
100 g Käse (z. B. Gruyère und Cheddar), gerieben
6 EL Milch

- Backofen auf 200 °C (Umluft 180 °C) vorheizen.
- Butter und Kartoffelmehl mit den Fingern verreiben, bis ein krümeliger Teig entsteht.
- Salz, Pfeffer, Eier und Käsesorten zugeben und gut verrühren. Nach und nach die Milch zugeben und verrühren, bis ein glatter Teig entsteht.
- Je 1 EL der Masse mit leicht geölten Händen zu einer Kugel formen. Auf ein ausgelegtes Backblech legen und mit dem übrigen Teig ebenso verfahren.
- Im Backofen 10–15 Minuten backen, bis der Käse austritt und die Bällchen aufgehen und goldbraun sind.

EINGEMACHTES

EINGEMACHTES

1004 — ERGIBT 1,5 KG
Erdbeerkonfitüre

- Erdbeeren entstielen und säubern. In einen Einkochtopf oder eine hitzebeständige Kasserolle füllen und mit Zucker bestreuen. Über Nacht ziehen lassen.
- Den Topf bei niedriger Hitze erwärmen, damit der Zucker schmilzt und die Erdbeeren weich werden. Den Topf nur leicht schwenken, nicht rühren, damit die Erdbeeren nicht zerfallen.
- Wenn der Zucker vollständig aufgelöst ist, Zitronensaft zugeben, die Hitze erhöhen und alles zum Kochen bringen. 8 Minuten kochen, dann vom Herd nehmen.
- Zur Garprobe einen Löffel Konfitüre auf einen kalten Teller geben. Wenn sie fest wird, ist sie fertig. Anderenfalls weitere 3 Minuten garen und die Probe wiederholen.
- Vom Herd nehmen und 15 Minuten fest werden lassen, dann in ausgekochte Einmachgläser füllen und sofort fest verschließen.

VORBEREITUNG: 24 STUNDEN
KOCHZEIT: 30 MINUTEN

ZUTATEN

1 kg Erdbeeren, fest und nicht überreif
850 g Zucker
Saft von 2 Zitronen

1005 — ERGIBT 1,5 KG
Himbeerkonfitüre

VORBEREITUNG: 24 STUNDEN
KOCHZEIT: 30 MINUTEN

ZUTATEN

1 kg Himbeeren, fest und nicht überreif
750 g Zucker
Saft von 1 Zitrone

- Himbeeren entstielen und säubern. In einen Einkochtopf oder eine hitzebeständige Kasserolle füllen und mit Zucker bestreuen. Über Nacht ziehen lassen.
- Den Topf bei niedriger Hitze erwärmen, damit der Zucker schmilzt und die Himbeeren weich werden. Den Topf nur leicht schwenken, nicht rühren, damit die Himbeeren nicht zerfallen.
- Wenn der Zucker vollständig aufgelöst ist, Zitronensaft zugeben, die Hitze erhöhen und alles zum Kochen bringen. 8 Minuten kochen, dann vom Herd nehmen.
- Zur Garprobe einen Löffel Konfitüre auf einen kalten Teller geben. Wenn sie fest wird, ist sie fertig. Anderenfalls weitere 3 Minuten garen und die Probe wiederholen.
- Vom Herd nehmen und 15 Minuten fest werden lassen, dann in ausgekochte Einmachgläser füllen und sofort fest verschließen.

1006 — ERGIBT 200 G
Zitronencreme

VORBEREITUNG: 5 MINUTEN
KOCHZEIT: 20 MINUTEN

ZUTATEN

abgeriebene Schale und Saft von
1 großen Bio-Zitrone
75 g Zucker
2 Eier
50 g Butter

- Zitronenschale und Zucker in eine Schüssel geben. In einer weiteren Schüssel Zitronensaft und Eier verquirlen, dann die Masse zur Zuckermischung gießen.
- Butter klein würfeln und zugeben. Die Mischung über einer Kasserolle mit köchelndem Wasser unter ständigem Rühren erhitzen und etwa 18–20 Minuten garen, bis sie zu glänzen beginnt.
- Vom Herd nehmen und abkühlen lassen. Dann in ein ausgekochtes Einmachglas füllen und gekühlt aufbewahren.

Himbeer-Johannisbeer-Konfitüre

1007 · ERGIBT 750 G

VORBEREITUNG: 10 MINUTEN
KOCHZEIT: 30–35 MINUTEN

ZUTATEN

450 g schwarze Johannisbeeren und Himbeeren, gemischt
450 g Zucker
Saft von 1 Zitrone

- Von den Beeren Blätter und Stängel entfernen und die Früchte in eine Kasserolle füllen. Bei niedriger Hitze erwärmen und die Kasserolle gelegentlich schwenken, aber nicht rühren, damit die Früchte nicht zerfallen.
- Vorsichtig Zucker unterrühren, damit die Früchte nicht zerdrückt werden. 15 Minuten weitergaren, bis der Zucker vollständig aufgelöst ist.
- Anschließend Zitronensaft zugeben, auf starke Hitze erhöhen und zum Kochen bringen. 10 Minuten kochen lassen, dann vom Herd nehmen.
- Zur Garprobe einen Löffel Konfitüre auf einen kalten Teller geben. Wenn sie fest wird, ist sie fertig. Anderenfalls weitere 5 Minuten garen und die Probe wiederholen.
- Vom Herd nehmen und 15 Minuten fest werden lassen, dann in ausgekochte Einmachgläser füllen und sofort fest verschließen.

Johannisbeerkonfitüre — 1008

- Statt Johannisbeeren und Himbeeren eine Mischung aus weißen, roten und schwarzen Johannisbeeren verwenden.

Orangenmarmelade

1009 · ERGIBT 1,5 KG

VORBEREITUNG: 2 STUNDEN 45 MINUTEN
KOCHZEIT: 15–45 MINUTEN

ZUTATEN

1 l Wasser
500 g Sevilla-Orangen (Bitterorangen)
1 Zitrone
1 kg Kristallzucker, erwärmt

- 1 l Wasser in eine große Kasserolle füllen. Orangen und Zitrone halbieren, Saft auspressen, Kerne entfernen und den Saft zum Wasser zugießen.
- Die Schale der Orangen mit einem scharfen Messer in sehr feine Streifen schneiden und zugeben.
- Alles zum Köcheln bringen und etwa 2 Stunden durchgehend köcheln lassen, bis die Schalen sehr weich sind.
- Zucker zugießen und bei niedriger Hitze rühren, bis der Zucker aufgelöst ist. Die Hitze erhöhen, zum Kochen bringen und 15 Minuten kochen, dann zur Garprobe einen Löffel Marmelade auf einen kalten Teller geben. Wenn sie fest wird, ist sie fertig. Anderenfalls weitere 10 Minuten garen und die Probe wiederholen.
- Vom Herd nehmen und 20 Minuten fest werden lassen, dann in ausgekochte Einmachgläser füllen und fest verschließen.

Blutorangenmarmelade — 1010

- Mit Blutorangen schmeckt die Marmelade milder und fruchtiger.

EINGEMACHTES

1011
4 PERSONEN
Birnen in Vanillesirup

- In einer großen Kasserolle 1 l Wasser zum Köcheln bringen. Zucker, Teebeutel, Vanilleschote und -samen sowie die Zimtstange zugeben und 5 Minuten köcheln lassen.
- Birnen zugeben und weitere 20 Minuten sanft köcheln lassen, bis die Birnen weich sind.
- Birnen und Teebeutel herausnehmen, auf starke Hitze erhöhen und die Flüssigkeit zu einer sirupartigen Masse einkochen lassen.
- Die Birnen mit Sirup beträufelt servieren.

VORBEREITUNG: 10 MINUTEN
KOCHZEIT: 50 MINUTEN

ZUTATEN

4 feste, reife Birnen, geschält
150 g Zucker
4 Teebeutel (Earl Grey)
1 Vanilleschote, längs halbiert
1 Zimtstange

Birnen in Teesirup   1012
- Den Earl Grey durch Darjeeling-Teebeutel ersetzen und wie oben beschrieben zubereiten.

1013
ERGIBT 2 KG
Eingelegte Zwiebeln Chili-Dill

- Eine große Schüssel mit kochendem Wasser füllen und die Zwiebeln 1–2 Minuten darin einweichen – so lässt sich die Schale leichter lösen. Abgießen, kurz abkühlen lassen und dann schälen.
- 2 Einmachgläser (1 l Inhalt) zur Hälfte mit Zwiebeln füllen. Je etwas Einlegegewürz darüberstreuen, 1 Knoblauchzehe, eine halbe Chilischote und die Hälfte vom Dill zugeben. Mit mehr Zwiebeln auffüllen und mit etwas mehr Einlegegewürz ergänzen.
- Die Gläser bis knapp unter dem Rand mit Essig auffüllen, sodass die Zwiebeln vollständig bedeckt sind. Mit Deckeln fest verschließen.
- Die Zwiebeln können kühl und dunkel bis zu 8 Wochen gelagert werden.

VORBEREITUNG: 20 MINUTEN

ZUTATEN

1 kg Perlzwiebeln
1 EL Einlegegewürz
1 rote Chilischote, halbiert
1 Bund Dill
2 Knoblauchzehen, geschält
900 ml Malzessig

Eingelegte Zwiebeln traditionell   1014
- Für die bodenständige Version die Chilischote weglassen.

1015 Mango-Chutney
ERGIBT 250 G

1016 Mango-Limetten-Chutney
- Für feines Limettenaroma klein geschnittene Limette mit Schale zugeben.

1017 Apfel-Mango-Chutney
- Einen Apfel klein würfeln und zu der Mischung zugeben.

1018 Ananas-Mango-Chutney
- Für ein besonders fruchtiges Chutney ein (nicht zu großes) Stück Ananas klein würfeln.

VORBEREITUNG: 10 MINUTEN
KOCHZEIT: 2–3 STUNDEN

ZUTATEN

1 TL Kreuzkümmelsamen
1 TL Bockshornklee-Samen
1 TL Senfkörner
10 schwarze Pfefferkörner
8 Kardamomkapseln
8 Gewürznelken
1 Zwiebel, geschält und in feinen Ringen
4 leicht unreife Mangos, geschält und gewürfelt
4 Knoblauchzehen, zerdrückt
1 rote Chilischote, fein gehackt
2 EL frischer Ingwer, gerieben
350 g Farinzucker (brauner Zucker)
2 TL Salz
400 ml Weißweinessig

- Eine solide Bratpfanne erhitzen und alle ganzen Gewürze darin ohne Öl 2 Minuten anbraten, bis sich das Aroma entfaltet.
- In einen Einkochtopf oder eine hitzebeständige Kasserolle füllen und die übrigen Zutaten zugeben.
- Alles sanft zum Köcheln bringen und 2–3 Stunden köcheln lassen, bis die Flüssigkeit fast verdampft ist und die Mischung eindickt und sirupartig wird.
- Abkühlen lassen, dann in ausgekochte Einmachgläser füllen und fest verschließen.
- Die Gläser erst beschriften, wenn sie vollständig ausgekühlt sind.
- 8 Wochen ziehen lassen, dann verwenden.

EINGEMACHTES

1019
ERGIBT 500 G

Eingelegte Pilze

- Essig, Salz, Lorbeer, Nelken, Knoblauch und Thymian in eine Kasserolle füllen und 150 ml Wasser zugießen. Alles zum Kochen bringen.
- Die Pilze putzen und bei Bedarf grob in Stücke schneiden. Zum Essigsud geben und 5–10 Minuten mitköcheln lassen.
- Mit einem Sieblöffel die Pilze herausnehmen und auf Küchenpapier mindestens 2 Stunden trocknen lassen.
- Ausgekochte Einmachgläser so hoch wie möglich mit den Pilzen füllen und diese mit Öl bedecken. Fest verschließen und kühl und dunkel bis zu 1 Monat lagern.

VORBEREITUNG: 15 MINUTEN

KOCHZEIT: 10 MINUTEN

ZUTATEN

300 ml Weißweinessig
½ EL Salz
2 Lorbeerblätter
3 Gewürznelken
2 Knoblauchzehen, geschält
3 Thymianzweige
500 g gemischte Waldpilze
200 ml natives Olivenöl extra

Scharf eingelegte Pilze — 1020
- Für feine Schärfe eine ganze rote Chilischote einschneiden und mitgaren.

1021
ERGIBT 2 KG

Dattel-Chutney mit roter Zwiebel

- Butter in einer Kasserolle zerlassen und die Zwiebeln zugeben. Zucker darüberstreuen, Datteln, Thymian, Chili und Gewürze zugeben und alles etwa 45 Minuten kochen, bis die Zutaten sehr weich und die Mischung dunkelrot und klebrig ist.
- Wein, Essig und 100 ml Wasser zugießen und die Mischung weitere 30 Minuten köcheln lassen, bis sie zu einer sirupartigen Masse eingedickt ist. Zur Probe einen Holzkochlöffel durch die Masse ziehen: Wenn der Löffelstiel eine Spur hinterlässt, ist das Chutney fertig.
- Abkühlen lassen, dann in ausgekochte Einmachgläser füllen und fest verschließen.

VORBEREITUNG: 20 MINUTEN

KOCHZEIT: 1 STUNDE 15 MINUTEN

ZUTATEN

150 g Butter
2 kg rote Zwiebeln, geschält und in dünnen Ringen
150 g Zucker
100 g Datteln, gehackt
2 Thymianzweige
1 Prise Chiliflocken
750 ml Rotwein
300 ml Sherryessig
Salz und Pfeffer

Apfel-Zwiebel-Chutney — 1022
- Statt der Datteln dieselbe Menge geschälte, gehackte Äpfel zugeben.

1023 Limettenmarmelade

ERGIBT 2 GLÄSER

VORBEREITUNG: 10 MINUTEN
KOCHZEIT: 50–55 MINUTEN

ZUTATEN

16 große Limetten
500 g Kristallzucker

- Von der Hälfte der Limetten die Schale abziehen und in feine Stifte schneiden. Beiseitestellen. Die Limetten auspressen, Fruchtfleisch und Kerne ebenfalls beiseitestellen.
- Limettensaft in eine große Schüssel (mindestens 2 l) gießen und mit Wasser auf 1,7 l auffüllen.
- Fruchtfleisch und Kerne in ein Baumwolltuch (Musselin) füllen und zu einem Bündel knoten. Über Nacht in der zugedeckten Schüssel ziehen lassen.
- Danach Saft, Schale und Musselinbündel in einer Kasserolle 35 Minuten erwärmen, bis die Schale weich ist.
- Backofen auf 170 °C (Umluft 150 °C) vorheizen.
- Für die Garprobe einige kleine Teller in den Tiefkühlschrank stellen.
- 2 Einmachgläser mit Deckel im Ofen zum Sterilisieren erhitzen. Musselinbeutel aus der Limettenmasse nehmen und abkühlen lasen.
- Zucker unter die Limettenmasse rühren und den Musselinbeutel über der Kasserolle ausdrücken.
- 10–12 Minuten kochen lassen, dann vom Herd nehmen. 1 TL auf einen gekühlten Teller geben und kurz abkühlen lassen. Die Masse ist fertig, wenn sie geliert und sich Haut bildet. Wenn nicht, weitere 3–4 Minuten kochen.
- Die fertige Marmelade in die Gläser füllen und fest verschließen oder vor dem Servieren abkühlen lassen.

1025 Piccalilli – Eingelegtes Senfgemüse

ERGIBT 1 KG

VORBEREITUNG: 20 MINUTEN
KOCHZEIT: 25 MINUTEN

ZUTATEN

1 Kopf Blumenkohl, in Röschen
250 g kleine Zwiebeln, geschält und grob gehackt
500 ml Malzessig
¼ TL frisch geriebene Muskatnuss
½ TL gemahlener Piment
1 Zucchini, fein gehackt
250 g grüne Bohnen oder Stangenbohnen, klein geschnitten
150 g Zucker
1½ TL Salz
1 Knoblauchzehe, zerdrückt
1 EL Senfpulver
¼ TL Cayennepfeffer
1½ TL Kurkuma
3 EL Mehl (Type 550)

- Blumenkohl, Zwiebel und Essig in einer Kasserolle mit Gewürzen vermischen und alles zum Kochen bringen. Zugedeckt 7–8 Minuten köcheln lassen.
- Zucchini, Bohnen und Zucker unterrühren, Knoblauch und Salz zugeben und weitere 5 Minuten garen, bis das Gemüse zart, aber noch knackig ist.
- Den Essigsud in eine Schüssel abgießen.
- Senf, Cayennepfeffer, Kurkuma und Mehl vermischen und mit 5 EL frischem Essig und etwas Wasser zu einer losen Paste verrühren. Einen großen Esslöffel Essigsud mit verquirlen. Die Mischung in eine Kasserolle gießen.
- Unter Rühren zum Kochen bringen. Nach und nach den übrigen Essigsud einrühren und etwa 5 Minuten kochen.
- Gemüse in eine Schüssel füllen, mit Essigmischung übergießen und gut verrühren. In ausgekochte Einmachgläser füllen und fest verschließen. Der Picalilli hält sich kühl und dunkel gelagert bis zu 3 Monaten.

Piccalilli-Salat 1026

- Mit frischem Salat serviert, eignet sich Piccalilli gut als rasches leichtes Mittagessen.

EINGEMACHTES

1027 Eingelegter Rotkohl

ERGIBT 2,25 KG

Eingelegter Rotkohl scharf · 1028
- Etwas getrocknete Chili sorgt für feine Schärfe.

Eingelegter Rotkohl mit Dill · 1029
- Für einen skandinavischen Touch ½ Bund Dill zugeben.

Eingelegter Rotkohl mit Ingwer · 1030
- Für fernöstliche Würze 1 EL frischen Ingwer mit Essig und Gewürzen ziehen lassen.

VORBEREITUNG: 2–3 STUNDEN

ZUTATEN

1 EL Einlegegewürz
1 EL Koriandersamen
1 l Malzessig
850 g Rotkohl, Strunk entfernt und gehackt

- Essig und Gewürze in eine Kasserolle gießen und langsam zum Köcheln bringen. Beiseitestellen und 2–3 Stunden ziehen lassen.
- In eine große Schüssel abseihen, Rotkohl zugeben und gut vermischen.
- Die Mischung in ausgekochte Einmachgläser füllen und gut verschließen. Kühl und dunkel gelagert ist sie bis zu 8 Wochen haltbar.

1031 Eingelegte Eier

ERGIBT 1 GLAS

VORBEREITUNG: 2 STUNDEN 20 MINUTEN

ZUTATEN

10 Eier, gekocht und geschält
500 ml Weißweinessig
1 Zwiebel, geschält und in Ringen
1 rote Chilischote, halbiert
3 Knoblauchzehen, geschält
1 TL Salz
8 schwarze Pfefferkörner ganz

- Essig und Gewürze zum Kochen bringen und 10 Minuten köcheln lassen. Beiseitestellen und 2 Stunden ziehen lassen.
- Einmachgläser auskochen. Ganze Eier in die Gläser füllen und mit Gewürzessig aufgießen, sodass die Eier vollständig bedeckt sind. Bei Bedarf etwas Wasser zugießen.
- Hält sich kühl und dunkel gelagert bis zu 1 Monat.

Scharf eingelegte Eier — 1032

- Eine rote Chilischote mit Essig und Gewürzen mitkochen.

1033 Selbstgemachter Ketchup

ERGIBT 1 L

VORBEREITUNG: 25 MINUTEN
KOCHZEIT: 1 STUNDE

ZUTATEN

1 Zwiebel, geschält und gehackt
½ Fenchelknolle, Strunk entfernt, gehackt
2 Selleriestangen, gehackt
Olivenöl
2 cm frischer Ingwer, in feinen Scheiben
3 Knoblauchzehen, in Scheiben
½–1 rote Chilischote, Samen entfernt, fein gehackt
1 Bund frischer Basilikum
1 EL Koriandersamen
3 Gewürznelken
Salz und Pfeffer
500 g reife Tomaten
1 Dose Tomaten gewürfelt (400 g)
200 ml Rotweinessig
3 EL brauner Zucker

- Zwiebel, Fenchel und Sellerie mit 4 EL Olivenöl in eine große Kasserolle geben. Gewürze und Kräuter zugeben, großzügig salzen und pfeffern und 15 Minuten sanft garen, bis die Zutaten weich sind.
- Tomaten zugeben, zum Kochen bringen und 30–40 Minuten lang etwa auf die Hälfte einkochen lassen.
- Basilikum zugeben und die Mischung portionsweise in der Küchenmaschine pürieren. Durch ein Sieb in eine saubere Kasserolle streichen.
- Essig und Zucker zugeben und weiter einkochen lassen, bis die Masse die Konsistenz von Ketchup hat.
- Mit Salz und Pfeffer abschmecken, in ausgekochte Flaschen füllen und im Kühlschrank lagern.

Grüner Ketchup — 1034

- Grüne statt roter Tomaten sorgen auch für eine Farbvariation.

EINGEMACHTES

1035 | 4–6 PERSONEN
Tomaten-Salsa

- Für die Salsa alle Zutaten gut verrühren und mindestens 30 Minuten im Kühlschrank ziehen lassen.
- Anschließend bei Bedarf mit Salz und Pfeffer abschmecken.

VORBEREITUNG: 10 MINUTEN

ZUTATEN

6 reife Tomaten, fein gehackt
2 Avocados, entsteint und das Fruchtfleisch gewürfelt (nach Belieben)
1 rote Zwiebel, geschält und sehr fein gehackt
1 Knoblauchzehe, zerdrückt
Tabascosauce
6 EL Olivenöl
Saft von 2 Limetten
Salz und Pfeffer
½ Bund Koriandergrün, fein gehackt

Tomaten-Mango-Salsa | 1036
- Fein gewürfelte Mango sorgt für eine frische, fruchtige Note.

1037 | 4 PERSONEN
Eingelegte Auberginen

- Auberginen der Länge nach in etwa 1 cm dicke Scheiben schneiden. Großzügig mit Öl bestreichen, mit Salz und Pfeffer würzen und in der Grillpfanne oder im Backofengrill zart und goldbraun grillen.
- Chili, Knoblauch, Gewürze und Oregano in einer Pfanne mit 200 ml Olivenöl übergießen und sanft erwärmen.
- Ein breites Einmachglas auskochen. Die Auberginenstreifen hineinschieben und mit der Öl-Gewürz-Mischung übergießen. Die Auberginen sollen vollständig mit Öl bedeckt sein.
- Einmachglas oder -gläser fest verschließen und bis zum Gebrauch im Kühlschrank aufbewahren.

VORBEREITUNG: 10 MINUTEN
KOCHZEIT: 20 MINUTEN

ZUTATEN

1 Aubergine
Olivenöl
Salz und Pfeffer
1 rote Chilischote, halbiert
2–3 Knoblauchzehen, geschält
2 Lorbeerblätter
½ EL Koriandersamen
1 TL Kreuzkümmelsamen
1 TL getrockneter Oregano
natives Olivenöl extra

Eingelegte Zucchini | 1038
- Zucchini lassen sich ebenso zubereiten und einlegen wie Auberginen – ein praktisches Rezept, wenn eine reichliche Ernte aus dem Garten zu verarbeiten ist.

1039 Englisches Mincemeat
ERGIBT 1,5 KG

1040 Süßes Kirsch-Mincemeat
- 1 kleine Handvoll kandierte Kirschen sorgt für eine süße, kindgerechte Fruchtmischung.

1041 Nuss-Mincemeat
- Statt Mandeln Nüsse zugeben.

1042 Blätterteig-Mince Pies mit Eis
- Blätterteig in Quadrate schneiden, mit Mincemeat füllen und die fertigen Teigtaschen mit Eiscreme servieren.

VORBEREITUNG: 12 STUNDEN
KOCHZEIT: 20–30 MINUTEN

ZUTATEN
250 g Kochäpfel, geschält, entkernt und gewürfelt
100 g Rindertalg, klein geschnitten
175 g Rosinen
175 g Sultaninen
175 g Orangeat und Zitronat, gehackt
abgeriebene Schale und Saft von 1 Bio-Orange
abgeriebene Schale und Saft von 1 Bio-Zitrone
1 EL Mandelblättchen
2 TL Lebkuchen-Gewürzmischung
½ TL gemahlener Zimt
¼ TL frisch geriebene Muskatnuss
4 EL Brandy

- Alle Früchte und Gewürze gut vermischen und zugedeckt 12 Stunden ziehen lassen.
- Den Backofen auf 120 °C (Umluft 100 °C) vorheizen. Die Früchtemischung in eine Bratform füllen, mit Alufolie bedecken und im Ofen erwärmen, bis der Rindertalg schmilzt und eine Schicht auf den Früchten bildet.
- Herausnehmen, ein wenig abkühlen lassen und den Brandy unterrühren. Die Mischung in ausgekochte Einmachgläser füllen und die Gläser gut verschließen.

EINGEMACHTES

1043 Eingelegte Oliven
ERGIBT 250 G

- Oliven, Knoblauch, Oregano, Chili und Zitronenschale gut vermischen und die Mischung in eine Schüssel oder ein Einmachglas füllen.
- Mit Olivenöl bedecken, das Glas gut verschließen und zum Marinieren mindestens 2 Tage beiseitestellen. Anschließend sind sie servierfertig.

VORBEREITUNG: 10 MINUTEN

ZUTATEN

250 g grüne Oliven
3 Knoblauchzehen, geschält
1 EL getrockneter Oregano
1 TL getrocknete Chiliflocken
1 Streifen abgeriebene Zitronenschale, ohne Pelz
natives Olivenöl extra

1044 Eingelegte Oliven mit Orangen
- Ein Stück abgeriebene Orangenschale, zusätzlich zugegeben, verleiht den Oliven einen südfranzösischen Touch.

1045 Rote-Rüben-Konfitüre
4 PERSONEN

- Rote Rüben in kochendem Wasser etwa 1 Stunde weich garen. Mit einem Spieß testen, ob sie schon weich sind.
- Mit Küchenhandschuhen die Schale entfernen. Die Roten Rüben grob hacken, sodass sie ihre Konsistenz behalten.
- Zusammen mit Zucker und Kreuzkümmel in eine Kasserolle füllen und etwa 30 Minuten kochen, bis die Masse geliert. 1 TL auf einen gekühlten Teller geben und kurz abkühlen lassen. Die Masse ist fertig, wenn sie beim Antippen nachgibt, aber nicht einsackt. Anderenfalls weitere 3–4 Minuten garen und die Probe wiederholen, bis die Konfitüre fertig ist. Bei Bedarf etwas Wasser zugeben, damit die Masse nicht anbrennt.
- Die fertige Konfitüre in ausgekochte Einmachgläser füllen und gut verschlossen im Kühlschrank aufbewahren.

VORBEREITUNG: 10 MINUTEN
KOCHZEIT: 1–2 STUNDEN

ZUTATEN

2 Rote Rüben, geputzt, die Blätter entfernt
1–2 EL Zucker
1 TL gemahlener Kreuzkümmel
Wasser

1046 Scharfe Rote-Rüben-Konfitüre
- Etwas getrocknete Chili schmeckt pikant und neutralisiert die Süße.

1047 Aprikosenkonfitüre

ERGIBT 4 GLÄSER

VORBEREITUNG: 45 MINUTEN + EINLEGEN ÜBER NACHT
KOCHZEIT: 20 MINUTEN

ZUTATEN

1½ kg reife Aprikosen
700–800 g Zucker
1 Vanilleschote, längs halbiert
Saft von 1 Zitrone

- Früchte halbieren, entsteinen. ⅓ der Steine beiseitelegen.
- Aprikosen und Zucker in eine Kasserolle füllen (wenn die Früchte süß sind, mit etwas weniger Zucker beginnen). Vanilleschote, -samen und Zitronensaft unterrühren und über Nacht ziehen lassen.
- Steine in ein Küchentuch wickeln und mit einem Hammer aufschlagen, um die inneren Kerne herauszulösen.
- Die Kerne in kochendem Wasser 1 Minute blanchieren, in eiskaltes Wasser legen und die Haut ablösen. Halbieren und zur Aprikosenmischung in die Kasserolle geben.
- Bei niedriger Hitze unter Rühren erwärmen, bis der Zucker aufgelöst ist. Dann auf starke Hitze erhöhen und etwa 20 Minuten kochen lassen, bis die Mischung eindickt. Ein Geleetest ist hier nicht nötig.
- 20 Minuten abkühlen lassen, dann in ausgekochte Einmachgläser füllen. Die Vanilleschote entfernen. Gut verschlossen im Kühlschrank aufbewahren.

Pfirsichkonfitüre — 1048

- Für eine besonders sommerlich-fruchtige Variante die Aprikosen durch Pfirsiche ersetzen.

1049 Schokoladenaufstrich

ERGIBT 1 GLAS

VORBEREITUNG: 15 MINUTEN
KOCHZEIT: 5 MINUTEN

ZUTATEN

100 g Zartbitterschokolade, gehackt
200 g Haselnüsse
50 ml Öl
1 EL Demerarazucker
1 Prise Salz

- Schokolade in einer Schüssel über köchelndem Wasser zerlassen, dabei regelmäßig rühren. Zum Abkühlen beiseitestellen.
- Haselnüsse im Backofengrill einige Sekunden rösten. Achtung, sie verbrennen leicht!
- Die Nüsse in der Küchenmaschine fein hacken, dann mit Zucker und Salz mixen. Dazwischen Masse, die am Schüsselrand hängen bleibt, einrühren.
- Zerlassene Schokolade gut untermischen, dann langsam das Öl einträufeln und untermischen. Die Masse in ein ausgekochtes Einmachglas füllen und gut verschließen. Vor dem Gebrauch mindestens 4 Stunden kühl stellen.

Schoko-Gewürz-Aufstrich — 1050

- Etwas gemahlener Zimt oder Muskatnuss in der Masse wirkt wärmend.

EINGEMACHTES

1051 — ERGIBT 1 KG
Apfel-Rosinen-Chutney

Birnen-Rosinen-Chutney 1052
- Noch feiner im Geschmack ist das Chutney, wenn die Äpfel durch fein geschnittene geschälte Birnen ersetzt werden.

Mango-Apfel-Chutney mit Rosinen 1053
- 2 Mangos, geschält und gewürfelt, sorgen für fruchtige Süße.

Apfel-Pflaumen-Chutney 1054
- Statt der Rosinen passen auch Pflaumen gut zum Apfelaroma.

VORBEREITUNG: 30 MINUTEN
KOCHZEIT: 1 STUNDE 30 MINUTEN

ZUTATEN

1,8 kg Kochäpfel, geschält, entkernt und gewürfelt
3 Zwiebeln, geschält und fein gehackt
Saft von 1 Zitrone
1 EL Senfkörner
850 ml Apfelessig
450 g Rosinen
1 EL frischer Ingwer, gerieben
½ TL gemahlene Nelken
2 TL Salz
850 g Farinzucker (brauner Zucker)

- Apfelstücke, Zwiebeln, Zitronensaft, Senfkörner sowie ⅔ vom Essig in einer Kasserolle zum Kochen bringen. Die Hitze reduzieren und etwa 1 Stunde köcheln lassen.
- Rosinen zugeben. Ingwer, Nelken, Salz, Zucker und den übrigen Essig unterrühren und mindestens 30 Minuten weitergaren, bis die Masse eindickt.
- In ausgekochte Einmachgläser füllen, gut verschließen und auskühlen lassen. Das Chutney kann kühl und dunkel bis zu 6 Wochen gelagert werden.

1055
ERGIBT 1 L

Beerenkonfitüre

Heidelbeerkonfitüre 1056
- Statt gemischter Beeren nur Heidelbeeren einkochen.

Gemischte Beerenkonfitüre mit Brombeeren 1057
- Für eine spätsommerliche Variation Brombeeren statt Kirschen zugeben.

Gemischte Beerenkonfitüre mit Himbeeren 1058
- Ebenfalls köstlich sommerlich: frische Himbeeren zu den Beeren mischen.

VORBEREITUNG: 24 STUNDEN
KOCHZEIT: 30 MINUTEN

ZUTATEN

1 kg gemischte Beeren (Erdbeeren, rote Johannisbeeren) und entsteinte Kirschen
750 g Zucker
Saft von 1 Zitrone

- Erdbeeren entstielen und putzen. Alle Früchte in einen Einkochtopf oder eine große Kasserolle füllen und mit dem Zucker bestreuen. Über Nacht ziehen lassen.
- Anschließend bei niedriger Hitze erwärmen, bis der Zucker schmilzt und die Früchte sehr weich sind. Möglichst nicht umrühren, damit die Früchte nicht zerfallen oder zerdrücken. Stattdessen die Kasserolle gelegentlich schwenken.
- Wenn der Zucker vollständig aufgelöst ist, Zitronensaft zugeben. Auf starke Hitze erhöhen, zum Kochen bringen und 8 Minuten kochen, dann vom Herd nehmen.
- Zur Garprobe einen Löffel Konfitüre auf einen kalten Teller geben. Wenn sie fest wird, ist sie fertig. Anderenfalls weitere 3 Minuten garen und die Probe wiederholen.
- Vom Herd nehmen und 15 Minuten fest werden lassen, dann in ausgekochte Einmachgläser füllen und fest verschließen.

EINGEMACHTES

1059 Pflaumenkonfitüre
ERGIBT 2 KG

- Von den Pflaumen Stängel und Blätter entfernen. Pflaumenhälften in einer Kasserolle bei niedriger Hitze erwärmen, Wasser zugießen und köcheln lassen, bis die Früchte gerade weich werden. Nicht umrühren, damit sie nicht zerfallen. Die Kasserolle nur schwenken.
- Zucker vorsichtig unterrühren, um die Pflaumen nicht zu zerdrücken. 15 Minuten weitergaren, bis der Zucker vollständig aufgelöst ist.
- Auf starke Hitze erhöhen, aufkochen und 10 Minuten kochen lassen. Dann vom Herd nehmen.
- Zur Garprobe einen Löffel Konfitüre auf einen kalten Teller geben. Wenn sie fest wird, ist sie fertig. Anderenfalls weitere 5 Minuten garen und die Probe wiederholen.
- Vom Herd nehmen und 15 Minuten fest werden lassen, dann in ausgekochte Einmachgläser füllen und fest verschließen.

VORBEREITUNG: 10 MINUTEN
KOCHZEIT: 30–35 MINUTEN

ZUTATEN
1 kg Pflaumen, halbiert und entsteint
225 ml Wasser
700 g Zucker

Pflaumenkonfitüre mit Zimt — 1060
- ½ TL gemahlenen Zimt – mehr braucht es nicht, um der Konfitüre sanft wärmende Würze zu verleihen

1061 Ananaskonfitüre
ERGIBT 1,5 KG

- Ananasfruchtfleisch in kleine Stücke schneiden, mit Zitronensaft beträufeln und 2 Stunden einwirken lassen.
- In einer Kasserolle zum Köcheln bringen und 1 Stunde weich garen.
- Zucker zugeben und rühren, bis er aufgelöst ist. Dann die Masse zum Kochen bringen und 15 Minuten kochen lassen. Zur Garprobe einen Löffel Konfitüre auf einen kalten Teller geben. Wenn sie fest wird, ist sie fertig. Anderenfalls weitere 10 Minuten garen und die Probe wiederholen.
- Vom Herd nehmen und 20 Minuten fest werden lassen, dann in ausgekochte Einmachgläser füllen und fest verschließen.

VORBEREITUNG: 2 STUNDEN
KOCHZEIT: 1 STUNDE 30 MINUTEN

ZUTATEN
1 kg Ananas, geschält
Saft von 2 Zitronen
500 g Kristallzucker

Ananaskonfitüre mit Chili — 1062
- ¼ rote Chilischote, ohne Samen und fein gehackt, neutralisiert die Süße der Ananas.

Register

Aioli 26
Ananaskonfitüre 297
Ananaskonfitüre mit Chili 297
Ananas-Mango-Chutney 286
Apfel-Bananen-Kuchen 224
Apfelbrot 279
Apfel-Gewürzbrot 279
Apfelkuchen 228
Apfel-Mango-Chutney 286
Apfelmus selbstgemacht 30
Apfel-Pflaumen-Chutney 295
Apfel-Rosinen-Chutney 295
Apfel-Rosinen-Crumble 208
Apfelstrudel 249
Apfeltarte 254
Apfeltarte mit Rosinen 254
Apfel-Ziegenkäse-Salat 122
Apfel-Ziegenkäse-Salat mit Honig-Senf-Dressing 122
Apfel-Zwiebel-Chutney 287
Aprikosenkonfitüre 294
Aprikosen-Pie 255
Arancini mit Gorgonzola 77
Arancini mit Tomaten und Mozzarella 77
Arme Ritter 21
Arme Ritter mit Käse 21
Arme Ritter mit Speck und Ahornsirup 21
Arme Ritter pikant 21
Austern mit Kräutersauce 183
Avocado-Tsatsiki 29

Baguette 275
Bakewell Cake 227
Bananenkuchen 224
Banoffee Pie 213
Basmatireis mit Erbsen 74
Basmatireis mit Gemüsemais 74
Battenbergkuchen 223
Bayerische Creme mit Erdbeeren 203
Béchamelsauce 31
Beef Tatar 135
Beef Tatar mit Estragon 135
Beef Tatar mit Pommes frites 135
Beef Tatar scharf 135
Beef Wellington 125
Beeren-Clafoutis 207
Beerenkonfitüre 296
Birnen in Teesirup 285
Birnen in Vanillesirup 285
Birnenkuchen 228
Birnen-Rosinen-Chutney 295
Birnen-Rosinen-Crumble 208

Biskuitroulade mit Kirschfüllung 221
Blätterteig-Mince Pies mit Eis 292
Blumenkohlcremesuppe 37
Blumenkohl-Gratin 97
Blutorangenmarmelade 284
Bœuf Bourguignon 132
Bœuf Bourguignon mit Knoblauchbrot 132
Bœuf Choucroute 133
Bœuf Stroganoff 133
Bohnensuppe mit Gemüse und Rauchwurst 48
Bohnensuppe mit Tomate und Paprika 48
Bratäpfel mit Karamellsauce 211
Brathähnchen mit Salbeibutter 169
Bratwürste mit süßer Zwiebelsauce 145
Bratwürste mit Zwiebelsauce 145
Brezeln 269
Brioche 273
Brioche mit karamellisierten Äpfeln 277
Brioche mit pochierten Früchten 277
Brioche-Brötchen 277
Broccoli & Salmon Quiche 251
Brokkolisuppe mit Feta 47
Brombeerküchlein 241
Brombeer-Whoopee-Pies 238
Brotpudding 201
Bulgursalat 119
Bunte Gemüsesuppe 37
Bunte Kartoffelpuffer 90
Bunte Ofenpaprika 100
Bunte Paprika-Tortilla 20
Bunte Paprika-Tortilla mit Serrano-Schinken 20
Bunter Bohnensalat 106
Bunter Salat 119
Bunter Salat mit Oliven 119
Burger mit Lammfleisch 165
Burritos 128
Buttercreme-Cupcakes 235
Butterkekse 240
Butter-Kräuter-Sauce 28
Buttersauce 28

Caesar Salad 112
Caesar Salad mit Hähnchen 112
Cannoli mit Cranberrys 259
Cassoulet nach Toulouser Art 163
Chicken Nuggets 180
Chicken Nuggets mit Crackerkruste 180
Chili con Carne 128
Chili überbacken 128
Chili-Rindfleisch mit Nudeln 133
Chinakohlsalat mit Apfel 117
Chinesische Nudelsuppe 45

Christmas Cake mit Käse 217
Ciabatta 271
Ciabatta mit Fontina-Käse 278
Ciabatta mit Gorgonzola 278
Ciabatta mit Speck 278
Conchiglie mit Erbsen und dicken Bohnen 63
Conchiglie mit Garnelen und Pesto 58
Conchiglie mit gemischten Pilzen 63
Conchiglie mit Krebsfleisch und Pesto 58
Conchiglie mit Pesto-Creme-Sauce 63
Confit-Karotten 98
Confit-Karotten à l'Orange 98
Consommé 27
Coq au vin 176
Coq au vin rouge 176
Cottage Pie 129
Cottage Pie mit Kartoffel-Meerrettich-Kruste 129
Cranberry-Sauce 32
Cranberry-Sauce mit Senf 32
Cranberry-Schoko-Cookies 234
Crème brûlée 203
Crème Caramel 202
Crème Caramel Orange 202
Croissant-Brotpudding 250
Croissants 250
Croissants mit gebratenen Äpfeln 250
Cupcakes mit Zuckerperlen 232
Curry-Hackfleischbällchen 148

Dattel-Chutney mit roter Zwiebel 287
Dattel-Pekannuss-Kuchen 220
Dattel-Walnuss-Kuchen 220
Daube mit Bulgur 137
Daube provençale 137
Dicke Zucchinisuppe 48
Dorsch-Parmentier 188
Dundee Cake 227

Eier Benedict 8
Eier Benedict mit Brunnenkresse 8
Eingelegte Auberginen 291
Eingelegte Eier 290
Eingelegte Oliven 293
Eingelegte Oliven mit Orangen 293
Eingelegte Pilze 287
Eingelegte Zucchini 291
Eingelegte Zwiebeln Chili-Dill 285
Eingelegte Zwiebeln traditionell 285
Eingelegter Rotkohl 289
Eingelegter Rotkohl mit Dill 289
Eingelegter Rotkohl mit Ingwer 289
Eingelegter Rotkohl scharf 289

Englischer Biskuitkuchen 215
Englischer Christmas Cake 217
Englischer Christmas Pudding 207
Englisches Karfreitagsgebäck 240
Englisches Mincemeat 292
Ente à l'Orange 178
Ente mit Blutorangen 178
Enteneier 15
Entrecôte mit gebratenen Pilzen 131
Entrecôte mit Ofentomaten 131
Erbsengazpacho mit Käse 47
Erbsen-Lachs-Quiche 251
Erbsenmus 99
Erbsen-Spinat-Suppe 41
Erbsensuppe mit Minze 41
Erdbeerkonfitüre 283
Erdbeerküchlein 241
Erdbeer-Roulade 221

Fajitas mit Hähnchen 170
Fajitas mit Steak 170
Farfalle mit buntem Sommergemüse 61
Farfalle mit Wintergemüse 61
Farfalle mit Würstchen und Gemüse 59
Fasan mit Birnen und Salbeibutter 173
Fasan mit Räucherspeckstreifen 173
Fenchel-Birnen-Rucola-Salat mit Makrelen 115
Fenchelsalat mit Apfel und Rucola 115
Fenchelsalat mit Birne und Brunnenkresse 115
Fenchelsalat mit Birne und Rucola 115
Fenchelsalat mit Orange 111
Fisch im Backteig 186
Fisch mit Süßkartoffel-Parmentier 188
Fischeintopf mit Rotwein-Tomatensauce 192
Fischeintopf mit Tomatensauce 192
Fischfond 33
Fischstäbchen 194
Fischstäbchen mit Sauce Tatar 194
Fischsuppe 43
Fischsuppe mit Aioli 43
Fischsuppe mit Parmesan-Croûtons 43
Flan mit Brunnenkresse und Feta 104
Fleischbällchen chinesisch 148
Fleisch-Cannelloni 53
Fleisch-Cannelloni mit Tomatensauce 53
Fleischeintopf mit Sauerrahm 149
Florentiner Frühstückseier 19
Florentiner Frühstückseier mit Tomaten 19
Florentinische Eier mit Ofenchampignons 9
Florentinische Eier mit Sauce Mornay 9
Florentinische Eier mit Speck 9
Florentinische Eier mit Tomatensauce 9

Flusskrebs-Salat 121
Focaccia mit Rosmarin 266
Forellen-Saltimbocca mit Chili 189
Französische Zwiebelsuppe 46
Französisches Erbsengemüse 108
Französisches Erbsengemüse mit Bohnen und Artischocken 108
Frikassee aus Meeresfrüchten 190
Frische Gnocchi 62
Frittata mit grünem Spargel 13
Frittata mit Spargel und Schinken 13
Frittata mit Zucchini, Tomaten und Feta 13
Frittata mit Zucchini, Tomaten & Taleggio-Käse 13
Früchtebrot 279
Früchtebrot mit Butter und Konfitüre 279
Fruchtgelee mit Prosecco 205
Frucht-Sushi 73
Frucht-Sushi exotisch 73
Frühkartoffeln mit Butter und Kräutern 87
Frühkartoffeln mit frischen Pilzen 85
Frühkartoffeln mit Minz-Aioli 95
Frühkartoffeln mit Räucherspeck 85
Frühkartoffeln mit Rosmarin 85
Frühkartoffeln mit Senfbutter 87
Frühkartoffeln sautiert 85
Frühstücks-Frittata 15
Frühstücks-Frittata mit Blutwurst 15

Gänseleberterrine 177
Gänseleberterrine auf Steak 177
Garam Masala-Rindfleisch 130
Garnelen-Kokos-Törtchen 192
Garnelensalat mit Pilzen und Kapern 122
Gazpacho 38
Gazpacho mit Grillpaprika 38
Gebackene Garnelen 185
Gebackene Süßkartoffeln 92
Gebackene Süßkartoffeln mit Chili 92
Gebackener Blumenkohl 105
Gebackener Blumenkohl mit Tomaten-Chili-Konfitüre 105
Gebackener Vanillepudding 12
Gebratene Garnelen 191
Gebratene Jakobsmuscheln 191
Gebratene Lammschulter mit Thymian 159
Gebratene Nudeln mit Kalmar 72
Gebratene Rüben mit Balsamicoessig 103
Gebratener Schinken mit Lauchpüree 141
Gebratener Truthahn 172
Gebratener Truthahn mit Kräuterbutter 172
Gebratenes Rebhuhn mit Pflaumensauce 174
Gedämpfter Lachs 189

Gefüllte Auberginen 109
Gefüllte Ofenkartoffeln 83
Gefüllte Paprika 136
Gefüllte Paprika mit Gurken 136
Gefüllte Tomaten 12
Gefüllte Tomaten à la provençale 102
Gefüllte Tomaten mit Champignons 12
Gefüllter Fasan 169
Gegrillte Kartoffeln 84
Gegrillter Mais 108
Gegrillter Mais mit Mayonnaise und Käse 108
Gegrillter Wolfsbarsch 189
Gegrilltes Hüftsteak mit Pilzen 127
Gegrilltes Hüftsteak mit Sauce Béarnaise 127
Gemischte Beerenkonfitüre mit Brombeeren 296
Gemischte Beerenkonfitüre mit Himbeeren 296
Gemischter Rosinenkuchen 224
Gemischter Sprossensalat 120
Gemischtes Nussbrot 268
Gemischtes Nussbrot mit Rosinen 268
Gemüsechips 88
Gemüse-Conchiglie mit Pesto 63
Gemüse-Couscous 97
Gemüse-Empanada 263
Gemüse-Empanada mit Käse 263
Gemüse-Estouffade mit Bohnen 103
Gemüse-Estouffade mit Limabohnen 103
Gemüsefond 27
Geräucherte Makrelen-Mousse 194
Gestürzter Ananaskuchen 229
Gestürzter Apfelkuchen 229
Gewürzkartoffeln 89
Gewürzkuchen 227
Gewürzspieße 131
Gnocchi in Tomatensauce mit Basilikum 61
Gratin Dauphinoise 81
Gratin mit Würstchen und Sellerie 145
Griechischer Bauernsalat 112
Griechischer Salat mit Thunfisch 112
Grießpudding mit Brombeeren 202
Grießpudding mit Himbeeren 202
Grüne Pfeffersauce 28
Grüne-Bohnen-Salat mit jungen Zucchini 104
Grüner Ketchup 290
Grünes Hähnchencurry 174
Grünes Thai-Curry mit Fisch 132
Grünes Thai-Curry mit Rindfleisch 132

Hachis Parmentier Bourguignon 134
Hackfleischbällchen 125
Hackfleischbällchen mit Fond 162
Hähnchen Kiew 171

Register

Hähnchen- oder Lamm-Burritos 128
Hähnchen-Cordon-Bleu 179
Hähnchen-Oliven-Pie mit Paprika 260
Hähnchen-Pie mit Oliven 260
Hähnchen-Pie mit Pilzen 260
Hähnchen-Pie mit Schinken & Pilzen 260
Hähnchen-Pilz-Kissen 254
Hähnchenbrust mit Speck und Käse 181
Hähnchencurry mit Kokosmilch 174
Hähnchensalat mit Rahmdressing 123
Hähnchensalat mit Trauben und Nüssen 123
Hähnchenschenkel mit Cashewkernen 178
Hähnchenspieße 147
Hart gekochte Eier mit Béchamel 19
Hart gekochte Eier mit Sauce Mornay 19
Haselnuss-Kuchenspieße 245
Hawaii-Spieße 147
Hawaii-Spieße de luxe 147
Heidehonig-Scones 239
Heidelbeer-Cupcakes 242
Heidelbeerkonfitüre 296
Heidelbeermuffins 231
Heilbutt mit roter und weißer Zwiebel 185
Heilbutt mit zweierlei Zwiebeln 185
Herbstliches Fruchtgelee 205
Himbeer-Fool 199
Himbeer-Johannisbeer-Konfitüre 284
Himbeer-Roulade 221
Himbeerkonfitüre 283
Hippengebäck 243
Honig-Scones 239
Honigkuchen 274
Honigkuchen mit Mascarpone 274
Hüftsteak in Honig 134
Hüftsteak mit Honig und Senf 134
Hüftsteak mit Pilzsauce 127
Hühner-Gemüse-Suppe mit Basilikum 45
Hühner-Gemüse-Suppe mit Nudeln 45
Hühnerbrühe 35
Hühnerleberpastete mit Rotwein 171
Hühnersuppe mit Nudeln und Fleisch 79
Hummer mit Paprika-Brandy-Sauce 195
Hummer mit Paprika-Chili-Sauce 195
Hummer-Frikassee 190
Hummer-Frikassee mit Basmatireis 190

Indische Linsen-Tomaten-Suppe 37
Indisches Naan 273
Irish Stew 155
Italienische Fleischspieße 131

Jakobsmuscheln gebraten mit Lauch 183

Kaffeetorte mit Pekannüssen 219
Kaffeetorte mit Walnüssen 219
Kaffeetorte mit Zimt 219
Kaffeetorte mit Zucker & Zimt 219
Kalte Zitronen-Charlotte 200
Kaninchen-Colombo 150
Karamellen mit Ahornsirup 246
Karamellisierte Schweinerippchen 140
Karibisch gebackener Schellfisch 185
Karotten-Gewürzkuchen 218
Karottenkuchen 218
Karottensalat mit grünen Oliven 114
Karottensuppe mit Rüben-Chips 39
Kartoffelchips mit Gewürzmayonnaise 88
Kartoffelchips mit saurer Kräutersahne 88
Kartoffelchips mit Zitronen-Senf-Dip 88
Kartoffelgratin mit Munster-Käse 93
Kartoffelgratin mit Würstchen 145
Kartoffel-Käse-Püree 82
Kartoffeln Bäckerart 93
Kartoffeln mit Tomaten-Aioli 95
Kartoffel-Pilz-Püree 82
Kartoffelpuffer mit Paprika 90
Kartoffelpüree mit Gorgonzola 82
Kartoffelsalat 91
Kartoffelsalat mit Dillmayonnaise 91
Kartoffelsalat mit Kapern 91
Kartoffelsalat mit Meerrettich 91
Kartoffel-Sellerie-Paillasson 92
Kartoffel-Sellerie-Paillasson mit Thymian 92
Käsekuchen mit Ahornsirup 206
Käsekuchen mit Trauben und Feigen 206
Käsekuchen mit Waldbeeren 206
Käsekuchen mit Zitrusnote 206
Käse-Makkaroni 58
Käse-Makkaroni mit Tomaten 58
Käse-Rührei spanische Art 16
Kirsch-Clafoutis 207
Kirschküchlein 241
Kirsch-Tiramisu 212
Kirschtomaten-Salat mit Feta 113
Knackiger Asia-Salat 111
Knoblauchbrot mit Käse 272
Knoblauchbrot mit Parmesanbutter 272
Knoblauchbrot mit Petersilie 272
Knoblauch-Minzsauce 30
Kochschinken mit Apfel 143
Kochschinken mit Birnen 143
Kochschinken mit Kohlgemüse 141
Kochschinken mit Lauch-Kartoffelpüree 141
Kohlsprossen mit Maroni & Speck 97
Kokos-Krebs-Törtchen 192

Kokostorte 225
Kokostorte mit dunkler Schokolade 225
Kokostorte mit Orangenguss 225
Kokostorte mit Rum 225
Kokos-Whoopee-Pies 244
Kokos-Zitro-Whoopee Pies 244
Koriander-Tsatsiki 29
Korsische Canistrelli 245
Kotelett & sautiert Kartoffeln 139
Kräuter-Aioli 26
Kräuterbrot 267
Kräuter-Fischlaibchen 193
Kräuterhähnchen mit Zitrone 170
Kräuter-Hollandaise 25
Kräuter-Rührei-Toast 6
Krautsalat 121
Krebs-Frikassee 190
Krebsscheren mit Paprikasauce 195
Kürbis-Quinoa-Salat 121
Kürbissuppe mit Haselnüssen 39
Kürbissuppe mit Rosmarinnüssen 39

Lachsnudeln mit Erbsen und Brokkoli 76
Lachsnudeln mit Spargel 76
Lachssteak mit Court Bouillon 191
Lamm in Milchsauce 155
Lamm im Teigmantel mit Honigfeigen 166
Lamm-Navarin 157
Lamm-Navarin mit Pesto 157
Lamm sautiert mit Frühlingsgemüse 165
Lamm-Cassoulet 163
Lammcurry mit Zwiebeln und Banane 157
Lammcurry mit Zwiebeln und Kochbananen 157
Lammeintopf 156
Lammeintopf mit Rüben 156
Lamm-Hachis Bourguignon 134
Lammkeule à l'orange 160
Lammkeule marokkanische Art 161
Lammkeule mit Kichererbsen 164
Lammkeule mit Kräutern 161
Lammkeule mit Speckfüllung 155
Lammkeule mit Tomaten 164
Lammkeulen indisch 161
Lammkoteletts Knoblauch-Orange 156
Lammkoteletts mit Bohnenpüree 167
Lammkoteletts mit feinen Bohnen 158
Lammkoteletts mit gemischten Johannisbeeren 158
Lammkoteletts mit Johannisbeerglasur 158
Lammkoteletts mit Johannisbeer-Senf-Sauce 158
Lammkoteletts mit Kartoffelpüree 167
Lammkoteletts mit Kräuter-Walnuss-Kruste 160
Lammkoteletts mit Minze und Chili 156

Lammkoteletts mit Parmesan und Koriander 164
Lammkoteletts mit Parmesan, Basilikum und Petersilie 164
Lammkoteletts mit Pinienkruste 160
Lamm-Rogan-Josh 166
Lamm-Rogan-Josh mit Gewürzkartoffeln 166
Lammschulter mit Lavendel 159
Lammspieße spanische Art 159
Lammsteaks mit griechischem Salat 162
Lammsteaks mit orientalischem Salat 162
Lamm-Tajine 165
Lamm-Tajine mit Couscous 167
Lamm-Tajine mit Zitronencouscous 167
Langustencocktail 186
Lasagne Bolognese 52
Lasagne Bolognese mit Spinat 52
Lasagne mit Rucola und Brunnenkresse 65
Lasagne Tricolore 65
Lauchsuppe mit Kartoffeln 46
Leberpastete mit Cognac 171
Limettenbaiser-Cupcakes 242
Limetten-Cupcakes 232
Limettenmarmelade 288
Linsensuppe mit gerösteten Haselnüssen 42

Madeira-Kuchen 216
Madeira-Kuchen mit heißen Beeren 216
Madeira-Kuchen mit Schlagsahne 216
Madeira-Kuchen mit Schokosauce 216
Madeira-Sauce 27
Madeira-Sauce geräuchert 27
Makkaroni mit Tomaten & Oliven 59
Mandelbögen 237
Mandelbögen mit Schokoguss 237
Mandel-Brownies hell & dunkel 233
Mandel-Brownies mit Schokostückchen 233
Mandel-Kirsch-Brownies 233
Mandelkuchen 220
Mandel-Kuchenspieß 245
Mandel-Schoko-Kuchenspieße 245
Mandelstollen 270
Mango-Apfel-Chutney mit Rosinen 295
Mango-Chutney 286
Mango-Limetten-Chutney 286
Mangospieße 147
Marinierte Hüftsteaks 127
Marinierte Lammspieße 159
Marinierte Sardinen mit Paprikasalat 193
Marmorkuchen 217
Marmorkuchen mit pochierten Erdbeeren 217
Marokkanische Hackfleischbällchen 162
Meeresfrüchte im Backteig 186

Meeresfrüchte-Tagliatelle a Bianco 57
Meerrettich-Sauce 31
Meerrettich-Sauce mit Kapern 31
Melanzane alla Parmigiana 98
Melanzane Parmigiana mit Zucchini 98
Mexikanischer Thunfischsalat 120
Miesmuscheln mit Apfelwein 184
Milchbrot mit Fenchel 269
Millefeuille mit frischen Beeren 258
Millefeuille mit gehackten Nüssen 258
Millefeuille mit Orangen-Vanille-Creme 258
Millionaire's Shortbread 236
Millionaire's Shortbread mit Milchschokolade 236
Mince Pies 247
Mince Pies mit Brandybutter 247
Mince Pies mit Rumsahne 247
Minestrone 38
Mini-Bakewell-Tarts 243
Mini-Himbeerküchlein 241
Mini-Pflaumen-Bakewells 243
Minz-Mayonnaise 23
Minzsauce 30
Mirabellenkuchen 228
Mississippi Mud Pie 209
Mississippi Mud Pie mit frischen Beeren 209
Mohn-Brioche 274
Mohnwecken 269
Mozzarella-Taschen mit Pesto 253
Muffins mit Schokochips 231
Mus aus dicken Bohnen 99
Muscheln à la marinière 184

Nudeln chinesisch mit Frühlingszwiebel 75
Nudeln mit Fleisch und Zitronengras 79
Nudeln mit Garnelen und Gemüse 72
Nudeln mit Hähnchen und Erbsen 78
Nudeln mit karamellisiertem Hähnchen 79
Nudeln mit karamellisiertem Tofu 79
Nudeln mit Lachs und Senfsauce 76
Nudeln mit Paprikawurst und Erbsen 78
Nudeln „Ratatouille" 64
Nudeln „Ratatouille" mit Pesto 64
Nudeln Tricolore mit Basilikumöl 52
Nudelsalat mit Basilikumdressing 122
Nudelsalat mit Garnelen und Artischocken 123
Nudelsalat Schinken-Artischocke 123
Nudelsuppe mit Garnelen 45
Nudelsuppe mit Gemüse 49
Nudelsuppe mit Hähnchen 49
Nudelsuppe mit Kürbis 49
Nudeltopf mit Gemüse 49
Nussbrot 271

Nussbrot mit Käse 271
Nuss-Mincemeat 292
Œufs en cocotte auf Toast 17
Œufs en cocotte mit Tomaten und Käse 17
Œufs en cocotte scharf 17
Œufs en cocotte Tomate-Knoblauch 17
Ofenkartoffeln mit Cottage Cheese 84
Ofenkartoffeln mit Fleischfülle 83
Ofenkartoffeln mit Käse und Speck 93
Ofenkartoffeln mit saurer Kräutersahne 84
Ofenpaprika 100
Ofen-Süßkartoffeln mit Chili 83
Ofentomaten mit Rosmarin 99
Ofentomaten mit Sherryessig 99
Oktopus mit roten Zwiebeln 197
Oliven-Ciabatta mit Chili 271
Oliven-Ciabatta 276
Oliven-Ciabatta mit Sardellen 276
Omas Kartoffelpüree 82
Omelett mit Kartoffeln 81
Omelett mit roter Zwiebel 14
Omelett mit Zwiebel und Minze 14
Omelett mit Zwiebel und Petersilie 14
Omelette Surprise 211
Orangen-Canistrelli 245
Orangenkuchen 226
Orangenkuchen mit Orangencreme 226
Orangen-Limetten-Charlotte 200
Orangen-Mandel-Kuchen 220
Orangenmarmelade 284
Orangenpudding 201
Orangenstollen 270

Paella 67
Pain au Chocolat 251
Pain au Chocolat mit Erdnussbutter 251
Palmenblätter mit Parmesan 252
Palmenblätter mit Salz und Pfeffer 252
Panierte Champignons 105
Panierte Champignons scharf 105
Panierte Hähnchenschnitzel 176
Panierte Hähnchenschnitzel mit Weichkäse 176
Panierte Schweinekoteletts 151
Panna Cotta mit Himbeeren 203
Pão de queijo 281
Pão de queijo mit Gorgonzola 281
Pão de queijo mit Rosmarin 281
Pappardelle in Schnittlauchcremesauce 55
Pappardelle mit Schnittlauch-Käse-Sauce 55
Paprikacremesauce 195
Paprikaspießchen 149

Register

Paprika-Truthahn 172
Pasta Caponata 64
Pasta mit Lachs 65
Pasta mit Thunfisch und Gemüse 65
Pastinakensuppe mit Parmesan 44
Pastinakensuppe mit Speck 44
Patatas Bravas 94
Patatas Bravas mit Paprika 94
Patatas-Bravas-Tortilla 94
Pekannuss-Schoko-Brownies 233
Pekannuss-Tarte 261
Pekannuss-Tarte mit Datteln 261
Pekannuss-Tarte mit Feigen 261
Peking-Ente 177
Peking-Ente mit Chili 177
Penne mit Pilzsauce 55
Penne mit Schinken-Sahne-Sauce 55
Perlhuhn mit Orangen 180
Perlhuhn mit roten Linsen 180
Pesto 23
Pestobrot 267
Pfannkuchen mit Schoko-Cointreau-Sauce 6
Pfannkuchen mit Schokoladensauce 6
Pfefferbohnen 109
Pfefferkuchenmänner 236
Pfirsichgelee 205
Pfirsichkonfitüre 294
Pfirsich-Pie 255
Pflaumenkonfitüre 297
Pflaumenkonfitüre mit Zimt 297
Piccalilli – Eingelegtes Senfgemüse 288
Piccalilli-Salat 288
Pikante Croissants 250
Pikante Windbeutel 263
Pilaw-Reis 67
Pilz-Pie 256
Pilz-Risotto mit Paprika und Tomaten 78
Pilz-Rührei auf Toast 16
Pilz-Rührei mit Speck 16
Pilzsuppe 41
Pilzsuppe mit Käse-Croûtons 41
Pita-Brot 280
Pochierte Birnen 209
Pochierte Birnen in Rotwein 209
Pochierte Birnen mit Schokoladensauce 209
Pochierte Eier auf Schwarzbrot 18
Pochierte Eier mit Pilzen 18
Pochierte Eier mit Pilzen und Spinat 18
Pochierte Eier mit Sauce Aurore 11
Pochierte Eier mit Tomaten 11
Pochierte Eier mit Wiesenchampignons 18
Pochierter Fisch 191

Polenta-Gewürzkuchen 229
Polentakuchen 229
Pommes mit Sauce Béarnaise 95
Potato Wedges 86
Potato Wedges aus dem Ofen 90
Potato Wedges mit Knoblauch und Rosmarin 86
Potato Wedges mit Specksplittern 90

Quattro Formaggi mit Pfiff 35
Quiche Lorraine 256
Quiche Lorraine mit Brokkoli 256

Ratatouille 101
Ratatouille asiatisch 101
Ratatouille mit Risotto 101
Ratatouille-Salat 101
Ratatouille-Variation 64
Rauchwurst-Ciabatta 278
Rebhuhn geschmort mit Kohl und Speck 175
Rebhuhn geschmort mit Weißwein 175
Rebhuhn mit Brombeersauce 174
Rebhuhn mit Schwarz- oder Grünkohl 175
Rebhuhn mit Wacholderbeeren 175
Red Snapper mit gebratenem Lauch 184
Regenbogen-Salat 118
Regenbogen-Salat mit Tomaten 118
Reis auf kantonesische Art 70
Reis kantonesisch mit Ente 70
Reisnudel-Laibchen 67
Reis-Päckchen 74
Reis-Päckchen mit Thai-Dip 74
Reispudding 72
Reispudding mit karamellisierten Äpfeln 72
Reispudding mit Karamell-Nuss-Sauce 70
Reispudding mit Karamellsauce 70
Reispudding-Kuchen 75
Reissalat 119
Rigatoni mit Auberginen & Ziegenkäse 62
Rigatoni mit Zucchini-Ziegenkäse-Füllung 62
Rinderbraten mit Mandelkruste 126
Rinderbraten mit Pistazienkruste 126
Rinder-Carpaccio 136
Rinderhachse à la Créole 137
Rinderschmortopf 126
Rinderschmortopf mit Sellerie 126
Rinderwangen à la Créole 137
Rindfleisch marokkanisch mit Kichererbsenmus 130
Rindfleisch-Empanadas 257
Rindfleisch-Pie mit Nieren 249
Ringlottenkuchen 228
Rippchen chinesische Art 140
Risotto Milanese 71

Risotto Milanese mit Garnelen 71
Risotto Milanese mit Pancetta 71
Risotto mit Ossobuco 71
Risotto mit Pancetta und Gemüse 69
Risotto mit Speck und Parmesan 69
Roggenbrot 268
Roggenbrot mit Kürbiskernen 268
Rohkostsalat mit Bohnen und Brokkoli 104
Rohkostsalat mit Wurzelgemüse 107
Roquefort-Sauce mit Mohn 33
Rosenpudding 12
Rosinenbrioche 265
Rosinenbrötchen 239
Rosinenkuchen 224
Rosmarin-Baguette 275
Röst-Frühkartoffeln 89
Röst-Frühkartoffeln mit Paprika 89
Röstkartoffeln mit Käsesauce 86
Röstkartoffelscheiben mit Béchamel 86
Rotbarbe mit Oliven und Pesto 196
Rotbarbe mit Pesto 196
Rotbarbe mit Pesto Rosso 196
Rote Linsensuppe mit Chorizo 42
Rote Zwiebeltörtchen 262
Rote-Rüben-Konfitüre 293
Rotwein-Pilz-Sauce 32
Rotweinsauce sehr fein 32
Rüben pfannengebraten 103
Rührei auf Toast 11
Rührei de luxe 11
Rührei spanische Art 16
Rührei-Toast 6
Rumstollen 270

Safran-Aioli 26
Safran-Risotto 77
Safran-Risotto mit Pilzen 77
Sag Aloo 89
Salade Niçoise 116
Salade Niçoise mit Hähnchen 116
Salade Niçoise mit Sardellen 116
Salade Niçoise mit Thunfisch aus der Dose 116
Salat aus gemischten Bohnen 106
Sandwiches mit Rotbarbe und Pesto 196
Sandwiches süßsauer 144
Sardinen mit Tomaten-Paprika-Salsa 193
Satay Chicken 179
Sauce Béarnaise 24
Sauce Choron 24
Sauce Gribiche 25
Sauce Hollandaise klassisch 25
Sauce Mornay 31

Sauce Normande mit Austern 34
Sauce Normande mit Kräutern 34
Sauce Normande mit Wein 34
Sauce Normande mit Zitrone 34
Sauce Quattro Formaggi 35
Sauce Tartare 25
Sauerkrauttopf mit Blutwurst und Speck 153
Sauerkrauttopf mit Entenkeule 153
Sauerkrauttopf mit Hähnchenflügeln 153
Sauerkrauttopf mit Schweinebauch 153
Sautierter Wirsingkohl mit Speck 106
Sautiertes Blattgemüse chinesisch 106
Scampi-Spießchen mit Gurken 188
Scharf eingelegte Eier 290
Scharf eingelegte Pilze 287
Scharf gebratene Lammkeule 160
Scharfe Fischsuppe 43
Scharfe Karottensuppe 39
Scharfe Lammspieße 163
Scharfe Pfeffersauce 28
Scharfe Rote-Rüben-Konfitüre 293
Scharfe Tomatensuppe 44
Scharfer Fleischeintopf mit Paprika 149
Schinken mit Lauchpüree und Senfsauce 141
Schinken-Omelett mit Pilzen 7
Schinken-Pilz-Kissen 254
Schinken-Tomaten-Omelett 7
Schmorfleisch 129
Schmorfleisch „Fünf Gewürze" 148
Schmorfleisch mit Kohlgemüse 148
Schmorfleisch mit Portwein 129
Schneemänner aus Pfefferkuchenteig 236
Schnelle Hühnersuppe 35
Schoko-Biskuitroulade 221
Schoko-Brotpudding 201
Schoko-Chip-Cookies 234
Schoko-Cookies hell & dunkel 234
Schoko-Cupcakes 232
Schokofondantkuchen 210
Schokofondantkuchen mit Orange 210
Schokofondant-Tarte 211
Schoko-Gewürz-Aufstrich 294
Schokoladenaufstrich 294
Schokolade-Kaffee-Kuchen 215
Schokoladen-Reispudding mit Dörrobst 73
Schokoladen-Reispudding mit saurem Obst 73
Schokolade-Orangen-Torte 226
Schokolade-Orangen-Torte mit Karamellnüssen 226
Schokolade-Rosinen-Kuchen 224
Schokolade-Tiramisu 212
Schokoladetorte mit Buttercreme 222
Schokoladetorte mit Konfitüre und Creme 222

Schokoladetorte mit Schoko-Buttercreme 222
Schokoladetorte mit Orangencreme 222
Schokoladetrüffel 246
Schoko-Likör-Trüffel 246
Schoko-Mousse mit Minze 199
Schoko-Nuss-Cookies 234
Schoko-Toffee-Kuchen 218
Schoko-Toffee-Kuchen mit Himbeerfüllung 218
Schottische Eier 7
Schottische Eier mit Blutwurst 7
Schwarze Johannisbeer-Cupcakes 242
Schwarzwälder Kirschtorte 223
Schwarzwälder Kirschtorte mit Schokoraspeln 223
Schweinebraten in Milch 152
Schweinebraten mit Polenta 152
Schweinebraten mit Zwiebel-Knoblauch-Confit 143
Schweinefilet Kiew 171
Schweinefilet mit Blauschimmelkäse 151
Schweinefilet mit Käsesauce 151
Schweinefilet mit Kohlgemüse 144
Schweinefilet mit Sommergemüse 144
Schweinefleisch süßsauer 144
Schweinefleisch thailändische Art 146
Schweinefleisch-Colombo 150
Schweinefleisch-Colombo mild 150
Schweinefleisch-Colombo mit Spinat 150
Schweinekotelett & Kräuterkartoffeln 139
Schweinekoteletts in Apfelwein 146
Schweinekoteletts in Biersauce 146
Schweinekoteletts mit Kräuterpanier 151
Schweinelende mit Äpfeln und Crumble 139
Schweinelende mit Bratensaft 142
Schweinelende mit glasiertem Gemüse 142
Schweinelende mit Kümmelsamen 142
Schweinelende mit Wurzelgemüse 142
Schweinelende mit Zwiebelconfit 143
Schweineschnitzel mit Curryzwiebeln 146
Seeteufel mit Lauch 184
Seeteufel-Spieße 188
Selbstgemachte Brötchen 265
Selbstgemachte Burger 125
Selbstgemachte Pasta 51
Selbstgemachte Pommes frites 95
Selbstgemachter Ketchup 290
Selbstgemachtes Vanilleeis 213
Sellerie-Bravas 94
Selleriesalat mit grünen Oliven 114
Selleriesalat mit Remoulade 107
Selleriesalat mit Sherryessig 107
Senf-Vinaigrette 23
Senf-Vinaigrette mit Estragon 24
Senf-Vinaigrette mit Minze 24

Sesam-Bagels 276
Sesam-Brioche 274
Sesambrötchen 265
Sesamstangen 273
Shortbread-Banoffee-Pie 213
Shrimps-Cocktail 186
Sizilianische Cannoli 259
Sommerliches Fruchtgelee 205
Spaghetti Bolognese 51
Spaghetti mit grünem Pesto 60
Spaghetti mit Mascarpone-Pesto 60
Spaghetti mit Pesto Rosso 60
Spaghetti Tricolore 60
Spare Ribs 140
Spare Ribs sehr scharf 140
Spargelcremesuppe 40
Spargelcremesuppe mit Brunnenkresse 40
Spargelcremesuppe mit Kräutercroûtons 40
Spargelcremesuppe mit Parmesan 40
Spargelcremesuppe mit Speck 47
Spargel-Erbsen-Risotto 69
Spargel-Risotto 69
Spargel-Tagliatelle 56
Spiegelei 15
Spiegelei mit Champignons 10
Spiegelei mit Kräutern 10
Spiegelei mit Schinken 10
Spießchen mit roten Paprika 149
Spinat-Cannelloni mit Mascarpone 53
Spinat-Feta-Törtchen 104
Spinat-Gnocchi 62
Spinat-Käse-Taschen mit Schinken 253
Spinat-Pilz-Pie 256
Spinat-Ricotta-Cannelloni 53
Spinatsalat mit Ei und gemischten Tomaten 118
Spinatsalat mit frischem Lachs 117
Spinatsalat mit Räucherlachs 117
Spinatsalat mit Tomaten und Ei 118
Spinat-Ziegenkäse-Taschen 253
Spiralnudeln mit Sauce Tricolore 52
Sprossensalat mit Pilzen und Sellerie 120
Steinpilz-Risotto 68
Steinpilz-Risotto mit Petersilie 68
Steinpilz-Risotto mit Rotwein 68
Steinpilz-Risotto mit Schinken 68
Stollen 270
Süße Brezeln 269
Süße Brötchen mit Trockenfrüchten 239
Süßes Kirsch-Mincemeat 292
Süßkartoffeln aus dem Ofen 83
Süßkartoffeln gegrillt 84
Süßkartoffel-Püree 81

Register

Süßkartoffelsuppe 42
Süßkartoffelsuppe mit Garnelen 42

Tagliatelle Carbonara 51
Tagliatelle mit Dill-Aioli 57
Tagliatelle mit Hackfleischbällchen 56
Tagliatelle mit Lammhackfleisch 56
Tagliatelle mit Meeresfrüchten 57
Tagliatelle mit Spargel und dicken Bohnen 56
Tagliatelle mit Tintenfisch 57
Tandoori-Huhn 173
Tandoori-Huhn in Pitabrot 173
Tarte mit getrockneten Früchten 247
Tarte Tatin mit Apfel 259
Tarte Tatin mit Banane 259
Teegebäck 235
Teegebäck mit heißen Beeren 235
Thunfisch in Kräuter-Oliven-Kruste 187
Thunfisch mit Harissa-Paprika 187
Thunfisch-Carpaccio 136
Thunfisch-Nudeln 76
Thunfischsalat mit Eiern 120
Thunfischsteak mit Paprika 187
Thunfischsteak mit Paprika und Tomaten 187
Thunfisch-Zucchini-Tortilla 20
Tikka-Spieße 163
Tintenfisch mit Chili-Mayonnaise 197
Tintenfisch mit roten Zwiebeln 197
Tintenfischringe mit Sauce Béarnaise 197
Tiramisu 212
Toad in the Hole 152
Toad in the Hole mit Salsiccia 152
Toffeekuchen mit Sherry-Sahne 204
Tomaten mit Speckfüllung 102
Tomaten mit Taleggio-Füllung 102
Tomaten mit Thunfisch-Füllung 102
Tomaten-Aioli 26
Tomatenbrot 280
Tomatenbrot mit Oliven 280
Tomatencremesuppe mit Basilikum 44
Tomaten-Mango-Salsa 291
Tomaten-Minestrone 38
Tomaten-Mozzarella-Pizza 272
Tomaten-Mozzarella-Salat 113
Tomaten-Mozzarella-Salat mit Blattspinat 113
Tomatensalat 111
Tomatensalat mit Ziegenkäse 113
Tomaten-Salsa 291

Tomaten-Sellerie-Sauce 33
Tomatensauce 61
Tortellini in Brodo 59
Tortelloni in cremiger Tomatensauce 54
Tortelloni in Tomatensauce 54
Tortelloni mit Tomaten-Mozzarella-Sauce 54
Tortelloni mit Tomaten-Speck-Sauce 54
Tortilla mit Kirschtomaten, Petersilie und Ziegenkäse 8
Tortilla mit Tomaten, Koriander und Feta 8
Truthahn-Blanquette 179
Truthahnbrust im Speckmantel 181
Truthahnbrust mit Pesto Rosso 181
Tsatsiki 29
Tsatsiki mit Dill 29

Überbackene Gnocchi mit Tomatensauce 61

Vanille-Cupcakes 235
Vanilleeis mit Fruchthauch 213
Vanillekaramellen 246
Vanille-Millefeuille 258
Vanillepudding 201
Venusmuscheln mit Knoblauch 183
Vermicelli Knoblauch-Petersilie 75
Vichyssoise (kalte Lauchsuppe) 46
Vol au Vents mit Pilzen 257
Vollkornbrot mit Käse 266
Vollkorn-Nuss-Brot 266
Vollkorn-Pita 280
Vollwertbrot 275
Vollwert-Mischbrot 275

Wachtel mit Cashews 178
Waldorfsalat 114
Waldorfsalat mit Kräutermayonnaise 114
Walnuss-Brownies 231
Walnuss-Tarte 261
Weißbrot 267
Weißbrot mit Fenchelsamen 267
Weiße Schoko-Mousse 199
Weißkohlsalat mit Apfel 117
Weizenvollkornbrot 266
Whoopee Pies mit Himbeerkonfitüre 244
Whoopee Pies mit Konfitüre 238
Whoopee Pies mit Pfiff 237
Whoopee Pies mit Schokocreme 238
Whoopee Pies mit Schokofüllung 244

Whoopee Pies mit Schokolade 237
Windbeutel mit Pesto 263
Windbeutel mit Schlagsahne 249
Würstchen im Schlafrock 255
Würstchen im Schlafrock mit Fenchel 255
Wurzelgemüse-Salat 107
Würzige Kartoffeln mit Brokkoli 87
Würzige Kartoffelpfanne mit Spinat 87
Würzige Kräuter-Fischlaibchen 193
Würziges Apfelmus 30
Würziges Lammfilet 166
Würziges Rindfleisch mit Bohnenmus 130
Würziges Rindfleisch mit Kichererbsen 130

Zabaione mit Erdbeeren 204
Zabaione mit Feigen 204
Ziegenkäse-Taschen mit Nüssen und Honig 253
Zimt-Brioche 277
Zimt-Hippen 243
Zimtschnecken 252
Zimtschnecken mit Cranberrys 252
Zitronenbaiser-Cupcakes 242
Zitronencreme 283
Zitronencreme-Tarte 257
Zitronen-Cupcakes 232
Zitronenhähnchen Sesam-Ingwer 169
Zitronen-Ingwer-Soufflee 200
Zitronen-Ingwer-Soufflee mit Thymian 200
Zitronenkuchen mit Guss 215
Zitronen-Limetten-Sorbet 212
Zitronenmeringue-Kuchen 208
Zitronensorbet 212
Zitronen-Truthahn 172
Zitrus-Butterkekse 240
Zitrus-Hähnchen 170
Zucchini italienische Art 100
Zucchini italienische Art mit Ricotta & Sardellen 100
Zucchini-Risotto mit Paprika und Tomaten 78
Zucchinisuppe 48
Zucchini-Tortilla mit Lachs 20
Zuckererbsen mit Erdnüssen 109
Zwiebel-Käse-Omelett 14
Zwiebelsuppe mit Pilzen 46
Zwiebeltörtchen 262
Zwiebeltörtchen mit Oliven 262
Zwiebeltörtchen mit Paprika 262